非洲华人社会经济史

李安山 著

The Social and Economic History of the Chinese Overseas in Africa

·下·

江苏人民出版社

目　录

第二十四章　华文教育的兴衰与复苏

新华中学是我们的大家庭，老师是我们的家长，同学就是我们的兄弟姊妹，老师教导我们，就如家长教育他们自己的女儿一样。看吧！在各老师的尽心费力教导下的学生，当他们踏出校门后，遍布在天南地北，校友有的是医生、工程师、教授、科学家……①

——慧绮（新华中学校友）

在目前的南非，华文是全无实用价值的，可是，让年轻的一代学习华文，可以帮助他们拓展未来的世界观。

——黄世杰（南非德班中华公会前会长）

在二战后的十多年里，非洲各地华侨兴起了一股华文学校热。从 20 世纪 40 年代后期到 50 年代末，在非洲几个华侨较多的地区新建和扩建了一批华文学校，这段时间可谓华文教育的兴盛期。然而，由于多方面因素，这些学校后来有的停办，有的转向，有的合并，华文教育从 20 世纪 60—70 年代遭遇到极大的挫折。从 80 年代开始，随着中国改革开放的浪潮，中非关系的快速发展使非洲国家需要熟悉汉语的人才，华人与中

① 慧绮：《毛埠民主的摇篮——新中》，[毛里求斯]《华侨商报》，1953 年 9 月 29 日。

国的联系日益紧密。这些因素促使华人教育开始复苏。本章将研究华文教育兴衰的过程,展现华文学校半个多世纪以来的演变,并分析非洲华文教育衰落与复苏的原因。在二战以后的半个多世纪里,华文教育几起几落,可谓与国际局势、中国国运以及所在国政策紧密相连,大致经历了兴盛的20世纪50年代、衰落的60—70年代和复兴的80—90年代。

一、非洲华文教育的兴盛(20世纪50年代)

在20世纪50年代,中华人民共和国成立不久,中国政府大力鼓励华侨子女回国参加祖国建设。在这种大环境的影响下,不少华人坚持华文教育,让子女接受中华文化的熏陶。有的华侨子女在当地接受了一定的华文教育后回国继续接受高等教育,有的华侨直接将子女送回祖国接受教育。这种大环境和风气对非洲各国的华文教育起到一种促进作用。

(一)华校扩建热潮的持续

20世纪50年代,当时的华文教育仍相当活跃。一方面是二战后扩建学校的后续影响还在,另一方面华人中不同的政治态度使大家保持着一种活力,互相竞争,这种竞争也表现在华文教育上。毛里求斯的华文教育一直走在前面,新华学校(中学)在当地华人的早期教育中起到了不可替代的作用。即使在毛里求斯的罗帝利岛,尽管华侨人数不多,但客属华侨和南顺华侨在二战以后各自建成了自己的学校——中山小学和振华小学。留尼汪的华文学校主要是战后所建,多时达到12所。在南非,由于华侨不许进白人学校,华文学校一直比较发达,曾达到12所,以伊丽莎白港、比勒陀利亚和约翰内斯堡三地的华文学校比较正规,尤以约堡的国定中学为最。在马达加斯加,华文学校最多时达13所,其中一些是在战后兴建的,如塔那那利佛的京华小学(1949年)、菲亚纳兰楚阿华侨小学(1946年),兴文学校则在战后由华侨募捐盖起了新校舍。葡属东非的贝拉和洛伦索-马贵斯的华侨学校都进行了扩建。①

前章已经专门描述过战后非洲华文学校的扩建情况。在此再举一例。在葡属东非的贝拉港，华侨学校的扩建已是侨校创建以来的第四次，其主要原因是“近年来，侨童人数激增，因实际需要，筹建新校，实为刻不容缓之举”。尽管费用不菲，然而，当地的侨领和热心华文教育的华人的信念依然。

> 我们坚信“有志者事竟成”“自助者人助之”的古训，不辞劳苦，也不畏困难，以期尽忠职守。一切事情已如上述，实际上的需要也很明显：我们深知欲能完成这个使命，非获得全非侨胞们一致的援助不可。我们鉴于[近]年各地兴学兴建校之风起云涌，我们深信各地侨胞们都是热心教育、爱群爱国、乐善不倦的。我们在这里建校，自其近者小者言，是求侨教的发展，自其大者远者言，是为国家在教育政策上尽其应尽的义务；础于国家教育整个系统上讲，各地侨校原是此整个系统内构成份子。侨胞对之应有其友谊下义务上彼此互助之理由。所以我们敢以这里的建校视为侨胞们共同的事，以我们的责任，视为侨胞共[同]的责任。因此，特派代表余真和、容学英、甄景炎、霍运深等，准备于月内首途，专程往访各地亲爱的侨胞们，请求指教，呼吁援助！②

此后，这几位身负重任的华人在南部非洲各地奔波，为扩建事宜尽心尽力，其助学之心天地可鉴。

华校的扩建潮直到 20 世纪 60 年代还在持续。留尼汪的华民学校在 1962 年仍在扩建校舍。

> 留尼旺埠上华民学校，开办以来，时近廿载，因办理认真，成绩

① 可参见本书附录二《非洲华文学校一览表》。

②《卑罅华侨建校委员会向全非侨胞呼吁援助》，[南非]《侨声报》，1948 年 9 月 4 日至 9 月 7 日连载，转引自李安山编注：《非洲华侨华人社会史资料选辑（1800—2005）》，第 244—246 页。“卑罅”为贝拉之旧称。

卓著，深得同侨赞许，是前数年募款购买校舍一举成功，该校现设有日课班与夜课班，有中文西文教员二人，采中西并重制，中西文时间相等，过去在该校肄业侨生均能直接长篇西校，而且成绩优良，现为徇山区侨众请求拟扩充宿舍，俾远道学童便利来校就读，以认识祖国语文，不致为西人同化。经决定于最近期间出发向全侨劝募，闻该埠同侨均热心赞助襄成喜举云。又该校拟于春节期间表演游艺话剧，不收入场券以娱乐侨众，同时借此引起侨生欣赏祖国文化艺术兴趣，转移向心，现正在加紧练习中，预料届时演出，当比去年春节更为出色云。①

（二）华文教育的兴盛：以新华中学为例

毛里求斯一般有三类学校：白人自己的私立学校、公立学校和华文学校。华人上华文学校虽然可以学中文和中国文化，但要交学费，而且影响英文和法文的学习。历史悠久的新华学校创立于1912年，开始是小学。应家长的强烈要求，1941年扩大成为中学。当时，一些家长鼓励孩子从学校毕业后，回中国接受高等教育。在黄金时期，新华学校的在校生一度超过1 200名。新华学校像一座桥梁，将中国的文化传统传播给毛里求斯新的一代。20世纪40年代末，毛里求斯有多所华文学校，中华学校和培英学校都在招生，60年代均因生源问题而关闭。1947年，毛里求斯的新华学校有100多名学生。1949年新华学校董事会内部意见分歧，致使常务董事全体辞职，校董会也随之解散，学校教务处于停顿状态。邓军凯挺身而出，组织校务委员会，以代替校董会，从而挽救了危局。毛岛侨胞因之公推邓先生为新华学校校长。当时，大多数华侨对祖国的建设事业充满乐观自豪的感情。

其他国家的华文教育也有类似情况。南非华文学校在繁荣时曾达

① 《旺埠消息：华民学校扩建宿舍，该区侨胞热烈赞助》，[毛里求斯]《国民日报》，1962年1月17日。

到 12 所之多。在 20 世纪 40 年代曾建立了 8 所华文学校，后来的发展也屡遇困境。这里的华人的主要困境是法律上的种族歧视政策使得华校的建立在用地方面受到严重掣肘。约翰内斯堡国定中小学是南非华文学校中办得比较好的，1943 年成立，后又于 1950 年建成新校舍，进展较为顺利，但经费始终是一件难事。比勒陀利亚华侨公学建立后，得到华侨支持，1958 年学生曾达 150 人；后来，因为扩建校舍事一直未能落实，生源保持在 50—100 名左右。南非东部的华侨小学于 1951 年改为华侨中学，1957 年学生约 90 人，在 1958 年由开普教育部接管。克勒普敦华侨学校的天主教背景为其发展提供了一定的有利条件，主要是学生可直接升入白人天主教中学，特别在 20 世纪 50—60 年代，学生人数多时达到 90 名。此外，东伦敦和伊丽莎白港的华文学校在发展过程中也有类似情况。①

毛里求斯的新华中学（简称“新中”）是非洲华文教育的一个里程碑，也是整个南部非洲华文教育的领头羊。邻近地区如法属留尼汪和马达加斯加的华侨华人子女也前往该校就读。全国人民代表大会代表邓军凯先生曾在该校教国文课并两度出任校长。中华人民共和国成立后，有不少该校毕业生回中国大陆升学，许多人大学毕业后留在中国工作。这里的学生充满朝气和对新时代的热情和希望，有一种新华中学学生特有的自豪感。

> 新中是有相当悠久历史，她是毛埠学校中[首]屈一指的。今天她是遵照祖国新民主主义教育方针施行新教育的一间学校。在反动势力仍未彻底消灭的环境里，虽曾时刻被破坏攻击，但她却能坚持斗争下去，如今更比以前有生气和可爱了。每当上学时，数百个精神饱满的同学，陆续进入校门，以兴奋的情绪，迎接紧张的学习生活，同学们对功课互相切磋，充分发挥互助精神。在下课时，同学们

① 周南京：《南非华侨华人教育概述》，《八桂侨刊》，1997 年第 3 期，第 1—6 页；吴小佛、杨道麟：《南非华文教育浅论》，《八桂侨刊》，2013 年第 1 期，第 67—71 页。

来来往往高声的谈笑着，在广场上活泼地跳跃着，露出活泼高兴的神情，全校布满着快乐融洽的气氛，这正象征着生活在毛泽东时代的青年学生是幸福的。老师认真教好学生，不断地提高同学的文化水平，这种艰巨的工作，是祖国及学校交给每位神圣的教育工作者的光荣任务。因此同学们通过老师耐心地教导与反复地讲解做好学业，时时关心同学的功课，所以同学也很尊敬师长。新友们和新中同学们，是同气连枝的，经常交流学习方面所得的知识和做事经验，大家团结一致，共谋学校达到尽善尽美的阶段。①

新中是我们的大家庭，老师是我们的家长，同学就是我们的兄弟姊妹，老师教导我们，就如家长教育他们自己的女儿一样。看吧！在各老师的尽心费力教导下的学生，当他们踏出校门后，遍布在天南地北，校友有的是医生、工程师、教授、科学家、军干等等。在欧洲，也有不少新中校友在那里学习，由以上种种的事实，都可证明新中的程度比任何学校的程度，都要高得多。……在教室里，假如有个同学对学业有些不明了时，成绩优异的同学，便去帮助他，各同学都有互相帮助，切磋琢磨、砥砺学问的精神。大家都认为你的痛苦，就是我的痛苦，你的快乐，就是我的快乐。在这种情形之下，各同学都得益不浅。下课后，你可以看到无数天真活泼的小天使，三五成群，手携手在游戏场上，跑跑跳跳，更有些同学在教室里讲故事，高谈阔论的谈笑着，像这样的大家庭生活，是多么写意啊！②

为了活跃气氛，增加新华校友的团结与友谊，加强学校与社会的交往，提高新华学校学生的荣誉感和自豪感，新华学校校友会曾于1953年联合新华中学、新青年书店、生活书店、华侨商报等机构，面向整个华侨社会举办全侨运动会，成为当年的壮举。当时的广告对举办运动会的目的有以下说明："我们衷心希望全体侨胞，不论职业年龄，宗教信仰，政治

① 晓芳：《新中，我忘不了你》，[毛里求斯]《华侨商报》，1953年9月29日。
② 慧绮：《毛埠民主的摇篮——新中》，[毛里求斯]《华侨商报》，1953年9月29日。

见解，都来参加这次全侨性运动大会。借此来观摩我们技术，交流我们经验，交流我们情感，从而促使我们华侨团结，并掀起侨胞爱好体育风气。在另一方面，我们更衷心渴望一向热爱体育的侨胞，一本畴昔爱护运动员精神，多多惠赠。”全侨运动会规模盛大，分为四个组：男子甲组（面向社会）、女子甲组（面向社会）、男子乙组（新华中学）、女子乙组（新华中学）、团体组和丙组（仅限于新中小同学报名）。比赛项目颇为丰富，以男子甲组为例，共有 11 项，其中赛跑项目有 5 项，即 100 米、220 米、440 米、880 米、1 000 米、铅球、铁饼、跳高、跳远、跳脊、单车。①

一些华侨青年回到祖国，在各高等院校接受教育。当时经常有华侨青年回国接受高等教育的消息，表现出一种蓬勃向上的氛围。1953 年 7 月 12 日，新华中学校友会设茶会欢送邓齐英等十余位校友返回中国大陆学习。当时，已有几十位校友回到祖国学习，有的是夫妻一起回国。②当时，毛里求斯的侨胞还专门组织了返国学习团。他们在出发前发出倡议：“为了适当地利用每一片段的时间，充分地发挥友爱互助的精神，以集体的行动处理旅途间的一切问题。”③毛里求斯侨商黄皇元之女黄环娇曾执教新华中学小学部，1953 年考入北京十二女中高中部，又于 1957 年考进了河北师范学院教育系。④ 1957 年，一位名叫桂珍的学生从天津四中写信给她的朋友：“我感谢祖国对我的培养，感谢我的母亲把我送回祖国来学习，并感谢同学们对我的关怀。”⑤

由于新华中学的办学时间长，影响大，它在毛里求斯华文教育史上留下了自己的印迹。然而，从 20 世纪 60 年代起，越来越多的华人家长选择政府开设的公立学校。⑥

---

①《新友会举行全侨运动大会筹委会紧急通知》，[毛里求斯]《华侨商报》，1953 年 8 月 17 日。

②《热烈欢送返国校友》，[毛里求斯]《华侨商报》，1953 年 7 月 13 日；《叶顺兴同志伉俪返国志庆》，[毛里求斯]《华侨商报》，1953 年 9 月 19 日。

③《为筹组“返国学习团”告返国同志书》，[毛里求斯]《中国时报》，1954 年 2 月 8 日。

④ [毛里求斯]《新商报》，1957 年 9 月 25 日。

⑤《给朝阳同学们的一封信》，[毛里求斯]《新商报》，1957 年 2 月 15 日。

⑥《新华学校》，*China Town Magazine*，No. 1, December, 2015, p. 20.

如果读“番书”(当地华人称读西文学校)则不用交学费,可以学会英文和法文,便于谋生。华人一般就读于教会资助的公立学校。课程的安排,每天上午上课之前要先祷告,下午放学之前有半小时的宗教课程。虽然这些学校的学生绝大多数信教,但也收不信教的学生。一星期上课五天,课程有英语、英国历史、法语、法国历史、数学、毛里求斯地理等课。公立学校的学生全部是土人(非洲黑人的后裔)、印度人(包括现在的巴基斯坦人,当时的印度包括现在的巴基斯坦)、华人等有色人种的孩子,白人的儿童一个也没有,他们另设自己的学校,偶尔也有极个别的贫穷的混血儿。①

(三) 留尼汪的华文教育

留尼汪的中文小学在20世纪50年代时比较兴旺。抗日战争期间,因侨童已不可能回中国就学,华侨先于1943年9月创立了光华小学,1944年12月17日又办了华民小学。当时华侨办学热情十分强烈,华文学校如雨后春笋,几年内竟然出现12所之多。② 根据留尼汪中华总商会的统计,1955年全岛有4 000多名华侨,适龄入学的侨生(6—14岁)共600多人,其中有一部分入公立学校读书,只有200多名有机会接受华文教育。③

留尼汪华文学校一览表(1951年)

所在地	中文名称	语言	负责人	教员	人数
圣但尼	华民学校	客家话	Mme Actif	M. M. Han-Ching, Wong Menfi, Liu Yilun	50
圣但尼	中华学校	广东话	Mme Chane-Hune	M. Cheung Sœur Wang	53

① 刘新粦:《他山之石》,第54—55页。刘新粦先生于2000年9月10日惠赠大作,笔者在此表示由衷谢意。

② 何静之编著:《留尼旺岛华侨志》,第39—40页;Edith Wong-Hee-Kam, *La Diaspora Chinoise aux Mascareignes*, pp. 240-253, 375-393.

③ 汤曼莉编著:《海上传奇:留尼汪华人华侨志》,第91页。

续　表

所在地	中文名称	语言	负责人	教员	人数
圣路易	中华学校	客家话	Mlle Payet Lea	M. Ng Tock Mine	79
圣安德烈	光华学校	广东话	Mme Polder Raoul	M. M. Thiaw Ki-angti, Chane-Lap, Law Yanhim, Law Liansu, Huang Youji, Jiu Suihou	56
圣贝努瓦	?	客家话	M. Payet Raphaël	M. Lim Yi Tsong	22
顶磅	旺华学校	客家话	MmePaulin August	M. Ah-Chine	97
圣皮埃尔	育侨学校	客家话	Mlle Leveneur	M. M. Tsen Ying-fa, Su Tsongliong	50
圣保罗	文华学校	客家话	?	?	90
圣保罗	兴华学校	广东话	Mlle G. Rivière	?	75

资料来源：Edith Wong-Hee-Kam, *La Diaspora Chinoise aux Mascareignes*, p. 381.

1951年7月(一说1950年9月)，法国神父桑怀仁(Père Salens Michel)和中华总商会会长陈俊杰(Ah Kite)商量后，双方在圣但尼市合办了一所中法学校(1959年迁至圣保罗)。1954年蓝秉和神父(Père Antoine Lan)接替桑怀仁的职务，继续从事传教与华文教育的工作。① 一位后来去香港当小学校长的老师回忆了在留尼汪教书的情况。他曾于20世纪50年代在圣保罗一所小学里任教：

在圣保尔(即圣保罗)，我们有75名学生，全部是中国人，是商人的儿子，他们分在三个班里，教学用语一半是中国话，一半是法国话。最小的学生七岁，最大的十七岁，最高水平达到结业。学生们都住宿。八点上课，中午十二点放学，课间休息十分钟，下午二点上

① 汤曼莉编著：《海上传奇：留尼汪华人华侨志》，第91—94页。蓝神父是湖北人，能说普通话、客家话、广东话和法语，加之善于交际，做事专一，深得主教信任和留尼汪居民的爱戴。他致力于当地华文教育，将一个废弃的早期别墅改造成为中法学校的校舍。

课，上到四点，接着是散步与晚餐。1957年，我被任命为圣但尼中法学校校长。学生在那里学广东话，临结业前学点国话。①

华文学校的教学中注重培养学生的道德品质，也很注重体育锻炼。一位在中法学校学习过的学生回忆了他当时的住宿和学习情况：

> 我们二百名学生都穿制服。六点起床。起床后洗冷水浴，刮胡子，做体育活动。早餐有甜面包和牛奶。八点上课，十一点半集合，然后午餐。课一直上到十六点三十分，然后是体育活动，打篮球、踢足球、田径活动。六点晚餐，洗脸，洗澡，一直晚自习到八点。每星期一，每个学生都在挂有孙逸仙的厅室里作演讲。学校里有十七项规则要遵守：站直，有礼貌，听话，守纪律，帮助人，不吵架，等等。特别强调有礼貌，要尊敬师长，信奉孔子哲学。②

当时，一些留尼汪的华侨及其子女也有选择回祖国大陆安居或接受高等教育的。如陈兴宁先生在留尼汪侨居30多年，是留尼汪著名的中医，于1956年5月与儿子、媳妇、孙子一起回国，从他学医10余年的儿子陈公望进入广东省中医进修学院继续深造。③ 留尼汪的华文教育曾受到法国强制同化政策的影响。留尼汪成为法国海外省后，法国政府规定所有本地生必须进入法文学校读书，这一政策对华校造成很大打击。

二、华文教育的重重困难

(一) 不承认双重国籍的政策

中华人民共和国建国初期面临着西方敌对势力的重重包围，加之中国政府在对周边国家的政策中采取了不适当的做法（主要是支持当地的

① 多米尼克·迪朗、让·亨顿：《留尼汪华侨史》，载方积根编：《非洲华侨史资料选辑》，第494页。

② 同上书，第494—495页。

③ [毛里求斯]《新商报》，1957年4月6日。

共产党组织从而威胁到东南亚政权的利益），使近邻国家的政府产生不信任感甚至敌意，从而带来了双方关系的紧张状态。为了解除这些国家对中国政权产生的压力，加强睦邻友好关系，中国政府于 1955 年签订《中华人民共和国与印度尼西亚共和国关于双重国籍问题的条约》，采取不承认双重国籍的政策。① 随后，中国政府根据这一政策与尼泊尔（1956 年）、蒙古（1957 年）、马来西亚（1974 年）、菲律宾（1975 年）、泰国（1975 年）等邻国解决了双重国籍问题。这一政策于 1980 年在《中华人民共和国国籍法》中以法律形式确定下来。

中国政府在 1955 年决定采取不承认双重国籍的政策是一种无奈的选择。20 世纪 50 年代后期，由于取消双重国籍政策及中国国内形势的变化，中国对侨生的态度发生了变化，建国初期积极鼓动侨生回国参加祖国社会主义建设的政策也相应改变。中国政府从 1955 年宣布放弃对双重国籍的承认以后，国外侨民有一个从彷徨到改变、从不适应到适应的过程——这一过程直到现在仍有所表现。

这种政策取向决定了华人的选择：从以前习惯了的“叶落归根”到迫不得已的“落地生根”。这种大环境的变化实际上敲响了非洲各国华文教育衰退的警钟。

（二）居留国政策的困扰

当时，在非洲国家进行华文教育有诸多困难。这些困难可以大致分为两类：一类是由于华侨的移民身份与居留国的关系而造成的，另一类是由华侨自身内部而产生。

居留国政策对华人产生影响从而影响到华文学校的运营。例如，南

① 关于中国学者对这一问题较权威的研究，参见周南京、梁英明《略论中国血统主义的历史作用》，《华侨历史》，1986 年第 4 期；蔡仁龙《印度尼西亚华侨国籍问题的产生及其演变》，载福建省华侨历史学会编：《华侨历史论丛》第二辑，1985 年。还可参见吴前进《国家关系中的华侨华人和华族》，北京：新华出版社，2003 年，第 126—54 页；刘华《华侨国籍问题与中国国籍立法》，广州：广东人民出版社，2004 年，第 160—92 页；程希《从“双重国籍”的放弃看中国侨务与外交的关系》，《东南亚研究》，2004 年第 3 期。

非的种族隔离政策直接影响到华人及其子女的教育问题，20 世纪 70 年代开始准许华人子女入读白人学校又对华文学校造成冲击。在留尼汪，法国的强制同化政策一直对华人保存中华文化各方面都有限制。华文学校的校址或校舍往往因身份问题使得买地（或租地）成为难题。这些国家或地区往往禁止华侨华人购置地产。华侨往往通过各种办法来解决地产或校舍问题：一是通过已经入籍的华人来解决购置地产的问题；二是通过当地配偶来解决；三是通过邀请教会组织（或神父）来主持从而变通解决校舍问题；四是通过中国领事馆的名义来购置土地（如约翰内斯堡）；五是以租借方式解决校舍问题（如留尼汪）。当地政府针对华文学校的相关政策也很重要，主要表现在两个方面：对华文学校办学的政策或华校毕业生继续学业的问题。例如，南非一直不许华人进入白人学校刺激了华文学校的建立。法国政府在留尼汪施行强制同化政策，对华人自行办校耿耿于怀，并迫使所有本地生进入法语学校。华人学生从华文学校毕业后，小学存在升中学的问题，中学生存在考入学的问题，当地政策在年龄或条件上是否容许往往成为华人必须应对的问题。

（三）授课语言、师资与经费诸问题

困境之三包括语言、师资、经费、种族等问题。因为华侨华人来自各地而操不同语言，主要是三种语言即国语、客家语和广东语。由于华人派系明显，也确实存在沟通障碍，教学语言往往形成难题。还有口语与文字的不统一。虽然汉语的书写方式只有一种，但各地发音千差万别。华侨和华人往往不谙普通话，在家讲的或是客家话，或是广东话，或是其他的家乡话，用什么语言教学成了很难统一的问题。有时，这一问题成了汉语教学的主要障碍。在留尼汪，当地华侨学校曾提倡采用国语教学，但遭到家长的反对。他们的理由也十分实际：子女若只懂国语，回家后与父母交谈不方便。因此当地华文学校只到高小才采用国语教学。①

---

① 何静之编著：《留尼旺岛华侨志》，第 40—45 页。

有的地方因华侨口语不同，分设学校，结果分散了人力、物力、精力和财力。究竟用哪种语言作为教学语言成为诸侨校的一个重要问题。

师资是另一个重要问题。当时，当地通晓华文的文化人并不多，要从国内邀请，一是资质问题即是否有合格的人愿意受聘，二是移民手续问题，在当时多个国家（地区）禁止亚洲人（中国人）入境的情况下谈何容易。华侨和华人一般都为生存而忙碌，自愿充当汉语教师的极少，要找到合格的教师更不容易。仅有的几位华文教师在东南部非洲和西印度洋地区的马达加斯加、留尼汪和毛里求斯等地都教过书，这些华文教师包括福建籍的章罗桥、四川籍的廖刚鲁、毛里求斯新华中学的王阴毅和周蓉华夫妇、江苏籍的邵学敏、天津籍的沈慕涵和广东籍的张锦銮等人。他们大都是 20 世纪 50 年代以前来到非洲的，虽然来自祖国各地，但为非洲侨童的华文教育贡献了自己的毕生精力。后来者从事华文教育的极少，原来的华文教师则因为经济或生源因素而不得不离开教职。正如一位华文教师所说："我是留尼汪最后一个侨教工作者。这时我也不能不忍痛离开工作了 25 年的岗位。"①

经费也是一直困扰着华文教育的问题，置办地产、建造校舍、聘请教师、管理程序等一系列过程都需要经费。有的华文学校通过教会得以延续，但相当多的华校在 20 世纪 60—70 年代不得不停办或交给当地政府管理主要是因为经费问题。如何处理华人与其他种族通婚而产生的混血儿的入学问题有时成为难题。由于他们往往随父亲而从属于华人社区，而有的华人不认同他们，这也成为华校的困境。

（四）生活环境与语言环境迥异

当然，华文教育还存在着其他与形势有关的诸多困难，主要是实际需要不迫切。学习语言本应从小抓起，然而，侨童从小就接触当地语言，

---

① Edith Wong-Hee-Kam, *La Diaspora Chinoise aux Mascareignes*, p. 465. 在 20 世纪 50 年代中期，南非开普省皇后镇的汉语教师张素芬(Chang Seu Lau)仍坚持在一所华侨学校里给 17 名侨童上小课。Melanie Yap and Dianne Leong Man, *Colour, Confusion and Concessions*, p. 299.

与汉语相比，当地语言的优越之处显而易见：当地学校用语，就业范围扩大，生活前景更有保障，融合程度加快，更为居留国所接受。换言之，当地语言是求学、升学、找工作和融入当地社会的必要条件。相对而言，掌握汉语的必要性远远没有掌握当地语言那样迫切。侨童只懂当地语言，不谙汉语，不愿到华校读书。华文学校教学以祖国语言为主，一般不参加当地小学毕业会考。这样，学生虽然读了几年英文或法文，却不能参加会考，中文又没有实际用处，因此大部分侨童都不愿意进华文学校，也不鼓励弟妹们学中文。欧铁先生在分析海外华文教育的困难时指出：

> 从小在海外生长的华裔子弟，每天生活的环境缺乏中国文化背景的刺激，对中国事物感到非常陌生，在了解和吸收中国文化方面自然比较困难，一则孙悟空或哪吒的故事对侨童而言尚不如 E. T.、小红帽或白雪公主来得熟悉贴切，甚至一个汉堡包、一片蛋糕要比一个粽子、一片月饼较受欢迎，再讲述深入一点的中国哲理，往往会误认为那是不可能发生的事情，因而产生一种抗拒的心理。而中国文字与其先入为主的拼音文字比较当然困难多了。①

（五）中国政策之变与华人选项之难

“中侨委”是中华人民共和国华侨事务委员会的简称，“文化大革命”以前负责海内外的侨务工作。1958 年，中侨委指出，鉴于当前国内外实际情况，特别是华侨本身的利益，华侨需要长期在国外居留，就应该参加当地的经济、文化事业，促进中国与侨居国的友好关系。在处理华侨学生回国升学问题时，对于高中尚未毕业的学生，要劝告其父兄妥善地安排他们在侨居地继续就学。② “这不但符合实际需要（事实上绝大多数华

① 欧铁编著：《南非共和国华侨概况》，第 61—62 页。

②《归国华侨学生教育工作方针政策若干问题》，1958 年，安溪县档案馆，档案号：0048 - 001 - 0021 - 0036，转引自上官小红：《建国后归国侨生安置工作探析》，《东南亚研究》，2017 年第 1 期，http://556613.kuaizhan.com/53/0/p4037873736cc22.

侨学生都留在当地升学或就业，不可能回来）和华侨的长远利益，而且符合我国外交政策和侨务工作的根本方针。”①这一政策的转变重点是：从鼓励侨生回国参加祖国建设到希望他们在侨居地继续就学。

由于鼓励华人子女在当地居留就业，中国政府对这些海外游子的关切听起来比较空洞。在海外华侨来看，中国政府已经不鼓励他们回国。这一政策转变首先是迫使华人将“叶落归根”的传统观念转变到“落地生根”的现实选项，从而间接影响到华人子女的教育问题。正如毛里求斯甘地学院中文高级讲师聂俊璎老师所言：

> 国际形势和由此形成的毛岛华侨社会心理的巨大变化，对毛里求斯的汉语教学产生了根本性的影响。战前，华侨送子女入校就读，不仅是为了后代不忘本，了解和继承中华民族的优秀文化传统，而且是为他们将来回中国读书和发展作准备。当时，中文学校在毛岛遍地开花，欣欣向荣。战后，由于大多数华侨都选择了融入毛岛主流社会，不再返回中国，这就使中文的实用价值降低，使汉语教学失去了最根本、最强大的动力。②

尽管她这里所说的“战后”这一时间概念不太准确，但毛里求斯华侨的这种心态变化确实对华侨子女的教育和华文教育的衰落起到了决定性的作用。

三、华文教育的衰落（20 世纪 60—70 年代）

（一）缓慢的衰落与两种态度

谈到华文教育的衰落，我们要注意两点。第一，非洲地区华文教育

---

①《传达贯彻归国侨生教育工作方针政策若干问题》，1958 年 4 月 19 日，福建省档案馆，档案号：0178－013－0016－0013，转引自上官小红：《建国后归国侨生安置工作探析》，《东南亚研究》，2017 年第 1 期，http://556613.kuaizhan.com/53/0/p4037873736cc22.

② 聂俊璎：《毛里求斯汉语教学现状和发展前景》，未刊稿。在此感谢聂老师惠赠此稿。

的衰落是一个过程，并非一蹴而就。这种衰落实际上也表现在各华校的广告上。1962 年年初，由周焕多先生担任校长的留尼汪中法学校的广告出现在毛里求斯的华文报刊上，言明“学费一律免收”。① 居尔皮普中华小学（校长钟寿昌）、毛里求斯东区中华小学（校长李锦岳）、国民中学暨附小（校长陈凯）等华文学校均在中文报刊上大打广告。② 这从某种意义上说明了争夺学生生源的困境，也说明了华文教育热情的下降。第二，并非所有的华校都在 20 世纪 60 年代走向衰落。留尼汪的华民学校 1962 年仍在进行校舍的扩建以满足华人家长与侨生的需要。葡属东非华文教学也是如此。当时的贝拉港的华人教育仍然相对兴盛。1968 年，贝拉中华会馆的侨教竟然能盈余 2 000 多镑。“故此对于侨教之改进，应如何添聘老师，增加教学钟点，同时，亦应逐渐推行国语教学，以符合家长们之愿望”。③

在 20 世纪 60 年代初，在华人中间存在着两种态度：对华文教育的担忧和乐观。当时，老一辈华侨对侨教的局面忧心忡忡。 篇题为《漫谈侨教》的文章中，作者谈起侨教，不勉痛心疾首：“说起侨教，尤其是模里斯的侨教，便会头痛。时至今日，侨教已是奄奄一息之秋。根据一个高明的医生，如果碰到如此垂危的病人，应该从速对症下药，或流向药液，或灌输新血，或用养（氧）气做特殊的急救，等工作医务上的措施。但是，这个奄奄一息的侨教，不但没有得到名医合理的诊治，反而大有割开血管任它流去最后一滴血之势。”④

在 1962 年毛里求斯《国民日报》发表的题为《侨教永远是春天》的文章里，作者的想法肯定是过于乐观，似乎忽略了外部环境的影响。

> ……无可否认，本岛侨教在埠政府自由民主教育制度下，可以获得充分发展，绝无其他侨居地之限制各民族文化措施，空为发展

① 《中法学校招生简章》，［毛里求斯］《国民日报》，1962 年 1 月 4 日。
② 可参见［毛里求斯］《国民日报》，1962 年 1—3 月各期。
③ 《卑拉中华会馆新行政措施》，［南非］《侨声报》，1969 年 1 月 23 日。
④ 有仪：《漫谈侨教》，［毛里求斯］《国民日报》，1962 年 1 月 5 日。

> 侨教、培植扩展侨运之境界，而自由侨教之所以日趋衰颓，外在原因固有，而内在关系，尤为首要，毋庸否认。复次，如邻岛留尼旺中法学校董事会，亦为了发展华侨教育，特于目前在厘订改革招生计划词中宣称："惟若因一时权宜之故，致令下一代全被西人同化，而贻终身受外人之讥笑，则求学不可惜耳！试观本岛一、二留学法国侨生，因不谙祖国语文，曾在外人面前受窘情形，可为殷鉴。是以有识之士，莫不认华侨子女，处今日之环境，西文教育固当重要，而中文教育，亦绝不能偏废，否则数典忘祖。二、三十年后，本岛华侨即有灭种之痛。"侨教重要，不可偏废，该校大声疾呼旺岛同侨负起保存祖国文化之责，更可为本岛侨校董事当局殷鉴。……"侨教永远是春天"，只要我们坚定：中国国辉永远不灭，华侨教育文化绵延久长。事在人为，侨教的支撑，终可在忠贞志士苦斗中发扬，在所谓"无办法"中创造新的天地，企予望之。①

在这里，作者将侨教的作用直接上升到保存祖国文化的高度，体现了华侨仁杰之士的视野和远见。然而，在华侨为自身生存操心，为子女发展费力之时，对后代就业与前途的担忧超过了其他想法，他们中绝大多数以宗主国语言为主要选择是自然之举。

(二) 华文教育：苦苦支撑与边缘化

这些担心并非没有道理。由于法国政府的强制规定，留尼汪华文学校或是受到种种限制，或是被迫关闭。从 20 世纪 60 年代开始，留尼汪诸多华文学校多因生源问题而停办，只剩下圣但尼的华民学校和中法学校因为采用双语教学而得以维持。到 1977 年，中法学校已没有一位华裔学生。何静之先生从事 25 年侨教工作，也不得不离开这个他贡献了一生中最宝贵时光的职业。② 实际上，到 70 年代，这些非洲国家的大部

---

①《侨教永远是春天》(社论)，[毛里求斯]《国民日报》，1962 年 1 月 5 日。

② 汤曼莉编著：《海上传奇：留尼汪华人华侨志》，第 95 页。

分华文学校已关闭。在毛里求斯,1962 年,新华学校学生仅余 250 人。① 1973 年(一说 1975 年),毛里求斯华文教育的最后一个堡垒——新华中学及其附小继中华中学关闭后也停办了。② 学校由全日制改为补习班,为一些青少年侨生利用课余或业余时间补习华文。华文教育事业从此一蹶不振。1976 年,毛里求斯政府引入义务教育体制。一方面是政府接管了青年学生的教育问题;另一方面,华人作为一个少数族裔,对自己的文化传统教育缺乏系统计划,华文学校被改成幼儿园,华文教育几乎被边缘化。③

马达加斯加华文学校兴盛时曾达到 13 所之多。1972 年减少到 8 所,后以减至 5 所,最后在 1995 年时只剩下 2 所。以位于费内里弗的中山学校为例。该校建于 1938 年抗日战争爆发后,原名中正学校。④ 初期为私塾,借中华会馆为校址,1957 年在中华会馆的号召下建成新教学楼。1954 年,学生增加到 629 人,1968 年减少至 288 人,后因生源下降经费紧张,遂于 1976 年与塔马塔夫华体学校合并为塔马塔夫华侨小学。⑤ 南非的多所华校于 20 世纪 60—70 年代停办,如东伦敦中华学校(1963 年)、伊丽莎白港华侨教育学院(1970 年)、克勒普敦华侨学校(1973 年)。南非与中国台湾关系在 70 年代后期加强以后,允许华裔进入白人学校,这一政策对南非的华文学校影响很大。例如,开普敦中华学校 70 年代

① 刘岩:《毛里求斯汉语教学的历史发展与现状》,载马洪海主编:《汉语国际教育研究》(第 1 辑),上海交通大学出版社,2016 年,第 119—210 页。

② 刘新粦:《漫谈毛里求斯华侨教育》,《华侨教育》第 1 期(1983 年 4 月);刘新粦:《他山之石》,第 71 页。

③ 难怪有华文老师对这种情况很不满意:"毛里求斯政府是实行多元文化教育政策。七十年代开始,政府在华人子弟比较集中的十一间小学和三所中学设汉语课,至今已有三十多年的历史。这三十多年来,政府学校的汉语教学效果如何?大家心知肚明不需要我多说。"见潘福:《在毛里求斯汉语教学研讨会上的发言》,2008 年 11 月 18 日。潘福老师在 2016 年 11 月 27 日将这一讲话稿通过电邮惠寄笔者,在此表示衷心感谢。

④《费内里弗兴文学校》,载黄昆章主编:《华侨华人百科全书》,第 62 页。有人将其称为"兴文学校",有误。实际上,塔马塔夫 1938 年也建成一所华文学校,称为"兴文学校",1940 年由中国国民党驻马达加斯加直属支部接办,称为"党立兴文学校"。

⑤《马达加斯加华文教育》,载黄昆章主编:《华侨华人百科全书》,北京:中国华侨出版社,1999 年,第 176—177 页。

学生人数锐减，于1980年关闭。有的华文学校由于经费问题，移交给当地政府，改制为公立学校，如约翰内斯堡国定中小学。①

留尼汪岛华侨教师联谊会曾召集该岛热心华文教育的有关人士商讨发展华文教育的问题。当时大家一致认为，只有使华文学校的毕业生就业有前途，华文学校才有前途。为了促进华文教育，教师联谊会分别致函各华校，敦请华校负责人兼顾中、法文的教学。结果，实施了这一双语并重措施的两所华文学校——华民学校和中法学校维持的时间相对较长。由此看来，关键是华侨青年的学业与职业是否能挂钩。如果华侨青年以中文为主要语言，他们可以在当地找到的工作机会微乎其微：在中文报馆工作，在政府办的中小学（毛里求斯）当汉语教员等。为了便于毕业找工作，为了更有利于与当地融合，相当多的华侨学生或华裔青年选择上西文学校。

（三）西文教育的推崇

从根本上说，中华民族是一个十分重视教育的民族。早期非洲华侨几乎全部是祖辈务农，极少受过教育。然而，他们对人生的认识和对美好生活的向往促使他们对后代的教育极端重视。他们的生存哲学十分简单明了："唯有读书高"——要真正在海外立足，必须要有知识。他们艰苦创业，以前主要将积蓄汇寄回家以买地置业，希望到时候能回国安享晚年，后来，当他们决定在非洲定居后，就千方百计地送子女接受教育。以前，有钱人家总是请一位中国老先生给孩子教中国书法、绘画和中国传统文化。当男孩长大后，将他们送到中国去接受更系统的训练以完成他们的学业。当然，即使是将孩子送回中国大陆或去中国台湾接受教育也碰到过一些烦恼的事："没想到，那些最早回到中国升学的华裔孩子，纷纷写信回来向家长诉苦：到台湾的侨生升学考试压力大，功课常常

① 周南京：《南非华侨华人教育概述》，《八桂侨刊》，1997年第3期，第1—6页；欧铁编著：《南非共和国华侨概况》，第56—60页。

追不上校方的要求，而且在台湾没有亲人照顾，思乡情绪无法疏解；回大陆的侨生因为不能适应当时的政治环境，常有无所适从的感受，希望家里设法将他们接回侨居地。"①这些情况开始让华人家长认识到侨居地与祖国的区别。

然而，后来情况发生了变化。华人努力将自己的孩子送到西方，主要是因为将他们送往中国的条件已经不存在了。很多华人将子女送到英国、法国、美国、加拿大等发达国家接受高等教育。华人让子女接受西方教育有多个原因：一是当时华人将孩子送加中国接受教育的希望因中国国内的政治局势而受挫，他们自己也不得不在当地留下来。二是殖民政府及后来独立后的非洲国家政府的公立学校教育免费，使用的是当地的官方语言（英、法语），同时学生可以拿到政府认可的学位证书。这些无疑使得学生毕业后容易找到工作。第三，当地政府为优秀学生提供奖学金，使他们可以到欧洲国家接受高等教育，这一点对重视教育的华人家庭而言十分重要，华人充分利用了这一机会。二战结束以后特别是从20世纪60年代起，在非洲各地华人中出现了一批受过西方高等教育的华裔。与绝大多数从事商贩或经营店铺的祖辈不同，他们开始投身于政府部门或从事律师、医生、教师等职业。

在毛里求斯，每年都有获得官费津贴的优秀学生到欧洲读大学。1918年起每年1名，1947年起每年2名，1970年增至6名，1977年扩至16名，后来又增至18名。1926年，第一名华人学生陈海生考取官费留学生。30年代考取官费留学的华人有何珊、古达祥和吴宁彝3人。从1959年起每年均有华裔青年考取官费留学生，1970年全国6名官费生全部是华人。据统计，到80年代中期为止，共有108名华人考取了官费留学生。1982年毛里求斯全国官费大学生考试，考取到国外读大学的学生共有16人，其中华裔就占了10名。② 1984年考上官费留学的华裔达

① 汤曼莉编著：《海上传奇：留尼汪华人华侨志》，第95页。

② 葛仁局：《炎黄子孙在海外》，第43—44页；李原、陈大璋：《海外华人及其居住地概况》，北京：中国华侨出版公司，1991年，第320页。

12 名之多。1983—1993 年期间，每年考上的都有七八名以上。1993 年 7 名考上官费留学英国的华裔青年为彭金霞、梁清清、张发昌、萧庆华、林绮华、吴玉芳、钟满昌。①

在南非，种族隔离制一直影响着当地华侨的教育。早在 1941 年，第一名华人学生 Ted Wong Hoption 被接纳入威特沃特斯兰特大学(简称金山大学)的医学系；随后，在 40 年代共有 20 余名华人学生先后进入金山大学的医学系，他们分别来自德班、伊丽莎白港、金伯利、东伦敦等地。1953 年后，医学系采用了名额分配制，第一年新生中仅为非白裔学生保留了 8 个名额，而在牙医、职业疗法和理疗等专业则不许非白人学生涉足。金山大学校方明确宣布：其办学方针是“学术上的非种族隔离和社会生活的种族隔离”。另一所对非白裔学生开放的大学是开普敦大学。这所学校接纳第一名华人学生是在 1942 年。② 即使在如此艰苦的条件下，华裔大学生的比例仍然很高。作为第一个接受华人学生的南非大学，金山大学的华裔学生占南非华裔大学生总数的 70%以上。③

马达加斯加的很多华侨将自己的子女直接送到欧美大学继续深造。马达加斯加的“华侨学校”毕业的华侨子弟中，早在 20 世纪 60 年代即有 20 位赴巴黎求学归来，在马岛均有相当地位。④ 在留尼汪，华裔青年的学习成绩一直是社区的骄傲。除了在一般学科门类十分突出外，华裔在数学和医学方面表现特别显著；在数学学院和医学院里，他们总是占大多数。二战以后，他们中有很多到法国留学，特别是到埃克斯、图卢兹和蒙彼利埃等地。1973 年，在巴黎各大学学习的 1 000 名留尼汪大学生中，有 500 名是华裔。⑤

---

①《毛里求斯华人欢宴庆贺——林检样获国家勋章，七学生考取留英生》，《华声报》，1994 年 5 月 27 日。

② Melanie Yap and Dianne Leong Man, *Colour, Confusion and Concessions*, pp. 307 - 308.

③ 欧铁编著：《南非共和国华侨概况》，第 68 页。

④ 郑向恒：《马拉加西侨情》，[台北]《侨务月报》第 166 期，1967 年 6 月 16 日。

⑤ 多米尼克·迪朗、让·亨顿：《留尼汪华侨史》，载方积根编：《非洲华侨史资料选辑》，第 495 页。

(四) 西文教育的成就

那些能有机会去西方大学或在南非大学求学的华人子女大部分取得了骄人的成就。在这些知识阶层中,有通过自我奋斗而成为侨领的南非老一辈华人梁禄元,有在法国取得博士学位的留尼汪侨领刘锡辉,有在政界颇有成就的留尼汪华人曾宪建和毛里求斯华人曾繁兴,有大学毕业后积极投身民族独立运动的津巴布韦华裔朱惠琼。这些知识分子中有的是德高望重的医生,如南非的关运添,毛里求斯的陈海生、徐惠琳和留尼汪的霍明祥;有的是当地颇有名气的司法界或经济界人士,如毛里求斯的陈庆彛、陈念汀和林满登;有的是从事研究的学者,如毛里求斯的李卓凡姐妹,南非的叶慧芬、梁瑞来和留尼汪岛的黄素珍;有的是著作颇丰的作家或政论家,如毛里求斯的钟华、吴国赞、吴辅林等;有的是卓有成就的科学家,如南非的第一位华人博士李喜萍和青年建筑家黎永强。还有的成了当地的公职人员,这在毛里求斯特别突出,如陈绍礼在 20 世纪 50 年代即被任命为市政厅的建筑工程师,谢声涛为当时总督指定的电影检查委员,吴达杰为卫生局的医生。①

华人新移民对子女的要求都比较严格,华人青年的学习抓得很紧,成绩也相当优秀。例如,出生于香港的韦小华随家人于 1977 年移民南非,就读于金山大学矿冶工程系。他勤奋学习,成绩优异。1992 年,他发现了钨碳化物的结晶体的"硬度性",这一发现对冶金矿业发展有所贡献。提供他奖学金的 MINTEC 公司决定继续支持他攻读冶金硕士学位。

个案一:吴国赞

吴国赞(1932—)毛里求斯教育工作者、诗人。他出生在梅县,1937 年随母去毛里求斯。中学毕业后,吴国赞赴英国留学。

① [毛里求斯]《中国时报》,1954 年 1 月 22 日;[毛里求斯]《华侨日报》,1955 年 12 月 21 日。

1962年在伦敦加入“语言学家协会”。1963年，他在伦敦获得文学学士学位。1974年在巴黎获得法国视听教学法证书。吴国赞从1979年起任毛里求斯居尔皮普市国立第二中学校长，1986年任阿尔法书院院长。他还担任《毛里求斯时报》(英、法文周刊)专栏作者30余年。他一生著述甚多，虽以诗作为主，但也有短篇著作，如法文诗集《雨逛》①(1952年)、《二年教育生活》(短篇，1954年)、《未完成的日报》②(1956年)、《尘世的状态》③(1971年)、《对现在的回忆》(1975年)以及《华人的宗教实践、仪式和信仰》、《基督教的信仰——中国的文化》。他是印度洋作家协会会员，巴黎新闻记者与作家协会会员，在毛里求斯文坛享有颇高声誉。

个案二:李喜萍——南非华裔中的第一位博士

李喜萍的父亲李铿发在40年代末从中国大陆来到南非，可以说是赤手空拳闯天下。刚来时，他以洗地板、打蜡为生，省吃俭用，靠着自己的勤奋和逐渐积蓄起一些资金，便自己开起了工厂。现在，他在南非一些地方拥有数家工厂，也成了一位热心公益的侨领。他省吃俭用，将女儿李喜萍送进大学。李喜萍完成大学本科后，又开始了研究生学习。在一项关于植物疾病防预的博士论文研究实验中，她发现了树瘤杆菌的一个亚变种，以此可控制一种称之为虫瘿的植物瘤。这对南非及世界农业界来说是一个福音。据统计，世界各国的农作物每年都遭此种疾病的侵害，其损失常在千万美元之上。这项研究成果被刊登在美国微生物协会出版的权威性刊物上后，受到国际学术界的重视。她也因此获得南非金山大学遗传学系的博士学位。二十四岁的李喜萍不仅是第一个在金山大学遗传学系获得博士学位的人，她也是南非华侨子弟中第一个获得博士学位

① 一译《飘荡》。

② 一译《没有写完的日记》。

③ 一译《尘世的条件》。

的人。①

个案三:黎永强——年青的建筑设计家

黎永强是一位刚满19岁的大学生。他从小就好学上进,成绩优异。高中毕业后,黎永强考取了南非约翰内斯堡工艺学院。他天资聪慧,勤奋好学,刻苦钻研。在大学期间,他提出的一种建筑方面的水管交换理论,获得了建筑界的高度评价,他也因之获得威特沃特斯兰特建筑公会颁发的"最佳实习生奖"和南非水泥研究所颁发的"最佳建筑科学学生奖"。他再接再厉,又发明了水管装置的新方法,从而大大提高了当地的建筑技术。这项成就使他获得了全南非建筑技术设计的一等奖,同时他被提名为1989年南非最佳建筑科学学士奖。这是他在建筑设计方面的一大成就,他成为南非第一个获此殊荣的中国人。

四、华文教育的复苏(20世纪80年代以来)

(一) 新机遇——汉语能力与胡清芳座谈会

中国国门的打开大大加强了华侨与中国的交往。随着中国对外交往的拓展和加深,中国人有更多的机会访问非洲,非洲华侨华人也有更多的机会了解中国。在这种新形势下,具备汉语能力成了最大的优势,这为华文教育提供了新的机遇。

1. 朱復翔的中文与蒋鸣庆的爱情

1980年6月4日,中国手球队访问留尼汪。在华人的助威下,他们第一次踏上留尼汪的土地就赢得了比赛的胜利。朱復翔先生是当年接待中国手球队的留尼汪华人。老先生出生在留尼汪,是第二代华人。7岁时,在其父亲的安排下,他和妹妹回到中国老家梅州念书,学习中文和

---

①《南非华裔女青年获金山大学博士学位》,《华声报》,1984年8月26日。

中国传统文化。1947年,22岁的朱先生回到留尼汪,开始继承父业,经营超市。因为留尼汪华人中会说汉语的人很少,所以当时请他接待。根据朱先生的说法:“这是国内第一个正式访问留尼汪的代表团”。他仍然保留着一张1980年他接待的中国手球队队员的集体签名。1982年,朱先生创建了留尼汪“中华文化促进会”,担任第一任会长,当时成员包括十几位侨领,相当于“民间领事馆”。90岁的朱先生说一口略带乡音的流利的中文。2015年,他在接待中国记者时说了一句令人心酸的话:“这里70岁以上的华人才会讲中文,年轻的都不会。”①蒋鸣庆正是当年女子手球队中的一员,她在那场至今仍让人难以忘怀的比赛中被留尼汪华人的热情所感动。让人惊奇的是,她竟然在留尼汪收获了自己的爱情。她与当地一名华侨青年相爱,从此移居留尼汪。现在,她成了圣皮埃尔市的议员,同时兼任上海市海外交流协会常务理事和广东省海外交流协会理事,为中国与留尼汪之间的友好合作牵线搭桥。②

机遇使海外华人不断地熟悉中国,认识中国。1983年,中国展览团参加在津巴布韦布举办的国际博览会。当津巴布韦华人听说中国参加在西部城市布拉瓦约的国际博览会时,大家欣喜若狂,奔走相告。这是中国第一次参加这里的国际博览会。让展览团成员感受最深的是华裔的热情帮助和他们对故乡的眷恋之情。“多少年来,我们和故乡没有联系,就像没有家的孤儿一样。这次我们不仅见到故乡的亲人,看到中国的产品,还可以从此找到自己的家。”很多津巴布韦华人用这样的语言来表达他们的思乡之情。展览团抵津后,每天都有华人前来探望,畅述他们对故乡的思念。“华人在当地一般都很富有,但是他们说,优裕的生活不能弥补他们对故乡的思念之情。很多人坚持收听北京国际广播电台

---

①《留尼汪的华人“民间外交家”》,2015年9月21日,新华网,http://news.xinhuanet.com/overseas/2015-09/21/c_128250890.htm。

② 汤曼莉编著:《海上传奇:留尼汪华人华侨志》,第210页。

的节日。"[1]1984年,《人民日报》高级记者柯月霖在访问摩洛哥时,碰到了一位在当地定居的老华侨。这位已在摩洛哥工作了近半个世纪的老人用汉语向他诉说了自己在摩洛哥安家的经历以及对祖国的思念之情。[2] 这种例子不胜枚举。

2. 从新华学校复学到王惠君的文章

华侨已基本上在居留国定居,经济条件也大大改善,而中国政府需要的是投资、技术和人才。随着中国经济的增长和中非关系的快速发展,非洲国家需要与中国加强合作,华侨华人又一次被推到舞台的中央。这一大环境的改善为华文教育提供了新的机会。华文教育虽有诸多困难,但这是中国文化在非洲传承的基本手段,一些有远见的华侨开始大力呼吁抓紧华文教育。在马达加斯加和留尼汪,华侨中要求开办华文学校的呼声在加强。在毛里求斯,政府于20世纪70年代初期实行多元文化的政策,1976年引入义务教育,同时在中小学设立东方语言的课程,以弘扬各东方民族的优秀文化传统。[3] "华文教育正式被纳入国民教育的轨道。在汉语教学方面,有五所中学(三所公立学校、两所私立学校)开设了中文课。小学则有十一所。此外,还设有师范学校,培养专职汉语教师。1983年,自中、毛两国签署了文化交流协定以来,常年都有中国政府派遣的专家来毛里求斯促进中文教学,中文教育出现了转机。"[4]

有着华文教育传统的毛里求斯新华学校在停办数年后于1979年又重新开办。董事会同仁发扬华人热心办教育的优良传统,举办华文周末

---

① 沈志德:《拳拳思乡情》,《华声报》,1983年8月23日。作者作为中国展览日的成员来到津巴布韦参加国际博览会,这是他对当地华人的观感。

② 柯月霖:《"浪迹天涯,落叶归根"——一位摩洛哥老华侨的身世》,《华声报》,1984年8月12日。

③ 在毛里求斯,东方语言主要指印地语、马拉蒂语、泰米尔语、蒂里固语、乌尔都语、阿拉伯语和汉语。参见王雪辉《毛里求斯中学汉语教学现状与对策研究:以鸠必皇家中学为例》,甘地学院硕士学位论文,2015年。

④ 聂俊璎:《毛里求斯汉语教学现状和发展前景》,未刊稿。

班、幼儿班和上午班，对华文教育做了许多努力，并取得一定成绩。20 世纪 80 年代初，当地华人对振兴华文教育表现出极大热情。新华中学的校友提出了各种口号："侨胞们，校友们，团结起来，振兴母校！""为发扬祖国的文化，为我们的年青一代做出更多的贡献！"新华学校校董会从广州聘请了一名文娱教员前往任教，聘期为 1983—1985 年。这位女老师姓洪，原籍江西南昌，因长期在广州生活工作，能讲普通话、广东话和简单的客家话。她毕业于幼儿师范专科学校，对儿童教育颇有经验，既能歌善舞，又精通乐器。可以看出，侨胞对老师的资质要求颇高，实际上他们不仅希望自己的孩子学习广东方言，还要会讲普通话，学习中国的音乐和舞蹈。①

1980 年 12 月，毛里求斯华人天主教神父吴时春创办明德中心，以期作为宗教、文化、教育、体育、社会活动的场所。该中心一方面以讲授音乐、舞蹈、太极拳的方式传播中华文化，使华人有更多机会了解自己的历史传统，另一方面提供汉语、书法等课程。明德中心提供成人汉语教育，分设国语班（分初级、中级和高级班）、粤语班（分初级和中级班），还有舞蹈班（分儿童、初级、中级和高级班）和韵律班。同时，中心开办了一所幼儿园，接纳来自不同族群的儿童 100 余名（2016 年达 125 名）。中心还定期举办宗教和社会活动，曾多次参加毛里求斯政府文化艺术部组织的一年一度的"汉语（普通话）话剧比赛"。自 1987 年以来，明德中心出版刊物《晨曦》。② 明德中心确实为保存和传播中华文化起到了重要的作用。然而，华文教育在毛里求斯的振兴还有待时日。

从 1986 年开始，新华学校周末补习班的学生人数逐年增加。1989 年 10 月，华裔胡清芳由英国回毛岛度假。鉴于华文教育问题的严重性，他主持召开了"重新估价当地华文教育问题"的座谈会。他对毛里求斯的华文教育问题忧心忡忡，呼吁大家不分派别政见，为发展当地华文教

① 刘新粦：《他山之石》，第 71 页。

②《路易港明德中心》，载黄昆章主编：《华侨华人百科全书·教育科技卷》，第 169 页；Pascale Siew：《唐人街：毛岛往事》，第 172—173 页。

育出谋献策。令他意想不到的是，赴会者空前踊跃，表现出毛里求斯华人社会对华文的高度关心和历史责任感。此次座谈会有100余人参加，华人各派都有，包括新老社团、三家报馆，连中华日报、中华中学校友会、华光归联都派人参加。中国驻毛里求斯大使馆也派了4人参加，给予支持。会上发言者一致强调华人要学习中文，不能数典忘祖，对振兴华文教育各抒己见。隔天座谈会在伦敦中学继续举行。此次座谈会提出了一些好的建议。

- 办一个中西并进的高水平中学(吴国赞)；
- 创办各种华文学校的意见(胡清芳总结)；
- 决定成立华文教育促进会(胡清芳)；
- 举办一次青少年夏令营活动(胡清芳)；
- 创办新华神童班的建议(李步达)。

1989年11月24日，毛里求斯华文教育促进委员会成立。委员会对毛里求斯华文教育的情况进行了调查整理，写成《毛里求斯华人教育前景报告书》，分送毛里求斯教育部和中华人民共和国国务院侨办、文化部、驻毛里求斯大使馆以及各位热心华文教育者。1990年8月，毛里求斯政府派邓军凯之子、侨领邓抗升参加第三届国际汉语教学讨论会。随后，李步达等人又参加了1990年10月在北京召开的首届华文教学研讨会。虽然毛里求斯政府有意发展华文教育，但如果没有相关的配套政策能激起华人社区特别是青年人的积极性，华文教育不景气的局面一下难以改变。然而，随着中国-毛里求斯关系的提升，中非合作的快速发展以及中国在国际舞台上综合国力的加强，毛里求斯华人学中文的热情也在升温。1992年，中国文化中心开办的汉语班受到华裔青少年家长的热烈欢迎，他们纷纷将自己的孩子送到中心来学习。结果，报读汉语班的人数大大超过了计划招收数额。组织者只好扩大招生，开办两个汉语班，分为初级班和中级班，以满足程度不同的华裔青少年及家长的要求。①

---

①《广东侨报》，1993年1月1日。

20世纪90年代，新华学校补习班已发展到恢复“新华学校”的名称，设幼儿班和周末班。周末班分小学部和中学部，小学部分小一至小五5个班，中学部分中一至中五5个班。幼儿班儿童每天除学习英法文外，还学华文和客家话。小学部入学儿童均为小学生，中学部的学生则基本上是全日制中学的学生。教师绝大部分是当地华人，也有个别从中国聘请，主要是通过中国(国务院侨办)介绍过来。教师用普通话讲课，教授汉语拼音。为了适应学生报考英国剑桥大学主办的中学毕业考试华文科的需要，还开设有翻译课，高年级学生还开设书法课。学校教学得到了毛里求斯和中国两国政府的大力支持。中国驻毛里求斯大使馆曾于1988年捐赠两个教室的讲台和学生课桌椅。1994年12月，中国全国人民代表大会华侨委员会代表团访问毛里求斯时向新华学校捐赠15万卢比。在毛里求斯文化艺术部“1995年汉语话剧比赛”中，新华学校6名学生演出的《一个热水瓶》获得第一名，应聘在该校任教的中国老师孙慧敏被评为最佳编剧和最佳导演。①

1997年11月，毛里求斯、留尼汪和塞舌尔归侨联谊会会长王惠君在《镜报》上刊登长文，连载八期。文章提出了一个十分重要的观点：

> 要振兴华文教育和扭转华文教育的颓势，不能单依赖当地的政府的多语教学的体制和措施，而应采取双管齐下的双轨制的办法，就是毛国教育部，应加强和重视华语教育，聘请和培养合格的华语教师，对现有的华文教师则必须定期集训和组织交流教学经验，以提高师资素质。另外要增加广播电台、电视台的华语节目，以便在华人中传播和普及华语(普通话)，这是一面。另一方面，要发扬华人热心办教育的优良传统……充分动员华人社会不分派别和左中右，成立毛里求斯华文德育基金会，或新的华文教育促进会，推选有威望和热心华文教育的各界人士担任成员，同时充分动员全体华人慷慨捐款，万众一心，群策群力，建立一所高水平、设备完善的华文

---

①《路易港新华学校》，载黄昆章主编：《华侨华人百科全书·教育科技卷》，第169页。

> 中学和附小，实行中、英、法文并进，并结合毛岛实际情况的体制，使其水平能与政府中、小学竞争，并参加当地的考试，做法可参考毛岛法文中学而保有华文学校的特色。

这一观点的重要性是认识到要振兴华文教育光靠政府不行，必须调动华人社区自己的力量。虽然新华学校董事会一直在举办华文周末班、幼儿和上午班，并做出了许多努力且取得一定成绩，但这远远未能达到预期效果。因此，作者认为应该在此基础上整合华人力量，为华文教育的再次繁荣而努力。王惠君将这一行为称为“百年树人和造福下一代的义举”。①

3. 驻华大使的中文水平：朱志筠的优势

中非关系的加强需要华人的贡献，而能说中文的华人具有这种交往的优势。毛里求斯那威恩·拉姆古兰总理（老总理拉姆古兰之子，印度后裔）在访问中国后，觉得中国的发展速度非常快，毛里求斯应该加强与中国的贸易关系。他经过一番考察，决定请毛里求斯前华人部长、著名侨领朱梅彝先生之女朱志筠担任毛里求斯驻华大使。朱志筠在她的书里描绘了中非合作的机遇与她会说中文这种才能之间的关系：

> 1997年，那威恩总理访华到了北京、上海，上海的变化让他惊叹不已，他觉得同中国发展贸易的潜力巨大。第二年，在我回毛里求斯期间，那威恩总理找到我，希望我到中国当大使。欣喜之余我很犹豫。我没有外交经验。我知道总理选中我的原因，一是我的普通话好，二是我帮助先生做生意很成功。其间，我也获知当地很多华侨有意去做大使，但因为他们大多在英国留学，许多人都已淡忘普通话，总理最后认为我更有优势。②

---

① 王惠君：《毛里求斯华文教育的症结及出路》，载李安山编注：《非洲华侨华人社会史资料选辑（1800—2005）》，第349—350页。

② 朱志筠：《写我真情》，第38页。

(二) 华文教育的复苏

1. 毛里求斯

正是在毛里求斯华人的积极推动下，毛里求斯的华文教育一点点恢复起来。甘地学院是非洲地区少有的一个开设中文系的高等学校(埃及开罗大学也开设中文系)。甘地学院中文系不但和教育学院合作培养汉语教育专业的各层次人才，还和毛里求斯大学合作培养汉语专业的专科、本科及研究生人才。此外，甘地学院中文系还负责整个毛里求斯汉语教材的编写和修订及汉语教学大纲的制定等工作。从 1980 年成立至 2014 年，甘地学院一直只有一位老师负责汉语教学。李顺清老师最先负责这一工作，从 1996 年起由聂俊璎老师负责。2014 年聂俊璎老师退休后，负责甘地学院中文系工作的是吴媛君老师。毛里求斯政府对华文教学也十分重视，教育部专门设有汉语督学一职，对全国各小学的汉语教学情况进行监督检查，负责正式在编教师的工作调动和考核，以及兼职教师的聘任和工作安排。由于这一职位的重要性，一般要经过长期的教学工作才能胜任。一般需担任了三年副校长才可成为助理督学，而一位老师要教学十年后才可以成为副校长。原来的督学退休后，助理督学才能成为正督学。毛里求斯的历任督学为李顺清(兼)、李美云、林曼谷(同时期黄丽蓉为助理督学至退休)，目前的督学是温红红老师。①

毛里求斯的华文教育并非没有隐忧。潘福老师在 2008 年的汉语教学会议上提出了两个重要观点:家庭教育的重要性和国家战略制定的缺失。“中国人移民到非洲的毛里求斯来，已有二百多年的历史了。从整体来说，第二代只保留祖先的文化和传统观念 50%，第三代丢掉了 75%，第四代连中国话都不会说，有些人连中文名字也没有。相比之下，都是生活在毛里求斯的大家庭里，印度族、回族的下一代保留本民族的文化和传统观念比

① 刘岩:《毛里求斯汉语教学的历史发展与现状》，载马洪海主编:《汉语国际教学研究》(第 1 辑)，第 191—210 页。

华族强得多。为什么会出现这种状况呢？固然有多方面的原因，但我想：主要是没有摆正融入主流社会与继承中华文化优良传统的关系，家庭教育跟不上去。”这里作者强调的并不仅是汉语，而是中华文化的教育。她指出有的华人学业（事业）上很出色，却连自己的父母都不愿意养。同时，她还指出了毛里求斯汉语教学中存在的问题，认为毛里求斯主管部门应负责任。“没有把培养汉语教师当成发展毛岛汉语教学的重要战略步骤来执行。退休教师比新培养的教师多就是明证。七十年代培养的十名小学汉语教师有七、八位已经退休了，还在位的两、三位正式教师中，除一位是中年外，其余不久也将退休。未来的形势还是临时教师比正式教师多。”①这可谓一语中的。然而，从另一个角度看，王惠君先生提出的双管齐下的办法是值得我们注意的。华人作为少数族裔，在对后代进行自身语言文化的教育方面，如果光靠政府来设计和规划，恐怕是不够的。

毛里求斯华文学校一览表(2016 年)

华文学校	Chinese Schools	负责人	Administrator
新华学校	Chinese Middle School	林努宏	Mr Lam Cham Kee, Noo Hung
光明学校	Guang Ming School	叶燕珍	Mrs Kong, Jenny
华夏学校	Hua Xia School	王晓鹃	Mrs Chue Show Pin, Xiaojuan
中华学校	Chung Hwa Kindergarten	无信息	Mr Li Man Chong, Ah Miao

资料来源：毛里求斯青年侨领冯景广先生提供。

2. 南部非洲

在南非，华文教育也在逐渐发展。1976 年 4 月，南非驻台北总领事馆升级为大使馆。由于双方外交关系的加强，南非准许华人进入白人学校，这一措施导致华文学校生源减少甚至关闭。由于其他华文学校的停办，约翰内斯堡华侨国定学校于 1979 年增设中学班，学校改名为约翰内斯堡华侨国定中小学。然而，学生人数骤降直接影响到校方的学费收

① 潘福：《在毛里求斯汉语教学研讨会上的发言》，2008 年 11 月 18 日（未刊稿）。

入,财务出现赤字。校方经过商议,决定将该校交由南非德兰士瓦省教育厅主办。南非方面草拟一块 4.25 英亩的土地以修建校舍,教育厅负责一切费用,所有课程、授课时数、设备和师资等都与一般的公立学校相同,并获准教授中文课程且被列为必修课程,唯中文部经费和老师全交由中文部董事会负责,当时的董事会与教职员任职情况如下:

董事长:马荣带先生

副董事长:严诺先生

名誉董事长:何添、潘伯光、梁柏霜、霍汝锦(曾先后担任过董事长)

管理会主席:岑永贯

家长会主席:陆丽燕

校长:刘丽颜

华文教师:吴万生、欧铁、梁芷江

约翰内斯堡华侨国定中小学的宗旨是中英并重、术德兼修。学校为了弘扬中华文化,特别推行民族精神教育,每次中国节日都会举办活动以示庆祝。该校教学质量优良,每年高三毕业生升学率高达 95%以上。1980 年,该校正式改制成为公立学校。由于学校运作有方,深得南非教育当局的重视。1985 年,教育厅拨款 14 万兰特新盖科学馆一座,后来,又拨款 225 万兰特兴建学生宿舍及添置室内设备。新宿舍于 1986 年底竣工,解决了远道学生的住宿问题。邻国莱索托、博茨瓦纳的华裔学生都来该校就读。20 世纪 90 年代中期,国定中小学已有 20 间教室,400 多名学生,中小学生各占一半,幼儿园有 60 多名儿童,寄宿生有数十人。学生中有南非第四、第五代华裔,有来自中国台湾、中国香港、中国大陆新移民的孩子,也有占学生总数 20%的黑人、白人和混血人子女。教学语言有汉语、英语和南非荷兰语三种。学生毕业后可通过会考升入大学。这种教学和管理模式为华人子女融入当地主流社会创造了条件。①

---

①《约翰内斯堡华侨国定学校》,载黄昆章主编:《华侨华人百科全书》,第 383—384 页;欧铁编著:《南非共和国华侨概况》,第 58—60 页。

比勒陀利亚的华侨公学在1990年盖起了新的校舍。2007年，由南非华人、三九国际集团董事长徐有强先生发起创办了中国大陆在南非的第一所华文学校。由于当地华人的推动以及中国-南非经贸关系的快速发展，南非已经将中文列为小学必修课。

由于大批台商的涌入，南部非洲的一些国家都建起了中文学校。有的是从华侨中文班开始的(如科特迪瓦)。主要功能有三个:一是为华商子女的教育提供方便，二是为了传播中华文化，三是为了给当地希望学习中文的民众提供方便。

台商经营的华文学校(2003年)

所在国	名称	建校时间
南非	华心中文学校	1996
史瓦济兰(斯威士兰)	史瓦济兰中华学校	?
赖索托(莱索托)	赖索托王国中华学校*	1991
象牙海岸(科特迪瓦)	阿必尚(阿比让)中文学校**	1999

资料来源:中华经济研究院编:《华侨经济年鉴欧非篇 2002—2003年》,台北，2004年，第241,252,265,281页。

*1994年8月，学校因当地骚乱迁至南非淑女镇，更名为“赖斐台商学校”。

**该校在20世纪90年代初由台商叶英敏夫人发起，当时只是华侨中文班。

3. 马达加斯加

马达加斯加的华文教育也在逐步复苏。1995年，两所华文学校一直坚持开课，有华侨华人子女、中国-马尔加什人混血儿和外族儿童共100余人就读。近年来为适应学生继续升学和就业、谋生的需要，华文学校减少了教授汉语的时间，每周上华文课5学时，附设的幼儿园则每周上华文课2学时。华文学校的经费一方面靠学费，另一方面靠捐款。如其他华文学校所遇到的情况一样，两所华文学校目前因华人老师后继无人和经费短缺而处境困难。所幸的是，随着中国与马达加斯加关系的提升，位于费内里弗的中山学校声誉渐高。21世纪以来，中山学校学生数量增加，原有教室已不敷应用，亟待增建。该学新楼自2011年7月开始动工后，由于马达加斯加政局不稳及经济疲软等因素，侨团和学校难以支撑全部建设费用。马达加斯加华侨华人慷慨解囊，捐资助学；祖（籍）国政府为关怀和支持海外侨胞的华文教育，传承中华文化，也予以资助。由于广大华侨华人的努力，新楼终于 2015 年年初顺利建成。①

（三）华文教育的多种形式

非洲华人中的华文教育除了传统的华文学校和新移民近年来所开设的华文学校或华文班之外，还的另外的途径。

第一，一些当地的学术机构或团体自行开设的中文课程。开罗大学的中文系、毛里求斯甘地学院的中文系及南非大学和斯坦陵布什大学等机关机构开设了中文课程，可供学生选修。1986 年，毛里求斯华人创办中国音乐学校，地点设在路易港，主要老师来自中国。董事长萧友进（Lew Chin Sin Chan），名誉董事长为毛里求斯教育部部长巴舒亚孟。1988 年 6 月，该校举办音乐会纪念学校成立两周年，表演浙东锣鼓、柳琴、竖琴、女声弹唱、客家山歌、土著乐曲等节目，深受好评。虽然该校受到 1993 年大火殃及，但学校仍然坚持办学。该校还开办周末华语班，1994 年 12 月华语班第一届学员结业。②

第二，宗教机构的华文教育。在有华人的非洲诸国，天主教/基督教的传教与华文教育始终联系在一起。③ 近来，一些热心华文教育的华人宗教组织积极参与传播中华文化的教育事业。试举一例。博茨瓦纳首都的哈博罗内教会（The Church in Gaborone）中一群热心的基督徒，“本着神的爱，我们成立了‘光爱教育中心’。通过本中心，诚意与每一位关心孩子

---

①《马达加斯加费市中山学校举行新教学楼落成典礼》，2015 年 3 月 5 日，中国侨网，http://www.chinaqw.com/hwjy/2015/03-05/40125.shtml.

②《路易港中国音乐学校》，载黄昆章主编：《华侨华人百科全书》，第 169 页。

③ Melanie Yap and Dianne Leong Man, *Colour, Confusion and Concessions*, pp. 303 - 306; Edith Wong-Hee-Kam, *La Diaspora Chinoise aux Mascareignes*, pp. 254 - 261; Sydney Sylvon, *A Dragon in Dodoland, Dr. Patrick Chui Wan Cheong, Pioneer of hi-tech medicine in Mauritius*, Coromandel: City Clinic Limited, 2009, pp. 65 - 74.

的家长们分担教育孩子的重要职责”。这个光爱教育中心“以非营利和资源回馈的性质运作的。希望在最合理的教育收费与维持发展教育质量水平之间达到最好的平衡”。以下是光爱教育中心的招生简章：

招生年龄：5—13岁(小学一年级—六年级)中国儿童

招生名额：第一阶段27名

教材：苏教版、北师大版、中国全日制小学课程

授课课程：数学、语文、历史、地理、音乐、美术、手工(小班授课，每班不多于9人)

授课时间：固定周一至周五 下午2:30—5:30

收费标准：P900/月(60课时)

师资力量：爱神爱人，品学兼优，热爱教育，关爱儿童，大学毕业，经过专业培训(略)①

这份广告刊登在中文报纸上，这些基督徒应是华人。从使用的教材看，他们应该是来自中国大陆的新移民。教学课程和师资力量表明他们是一群才艺不错的知识青年。由于教学语言是汉语，这种校外带有辅导性质的教学必将推进当地的华文教育。在南非，1994年由慧礼法师开办的非洲佛学院所设课程中也有中文。②

第三，中国一些机构与非洲国家的华人团体开办的一些短期训练班。一些侨团利用中华会馆开设了一些华文补习班，其目的既是为华裔补习汉语，也使一些老侨有机会温习提高自己的汉语水平，还可以增加华人之间的交流。有时，中国的相关机构也会短期访问，开设各种培训班。例如，中国甘肃省侨办曾于2016年12月在毛里求斯举办过一场“中华文化大乐园”的活动，承办者为毛里求斯中文教师联合会。此次活动的主要目的是“为了让华裔有机会就地学习丰富的中国文化”。讲学团分别由14位老师组成，分别讲授8种不同的文化课程，包括舞蹈、音

① 《光爱教育中心招生简章》，[博茨瓦纳]《博华日报》，2008年11月20日，第6版。

② 袁南生：《走进非洲》，第249页。

乐、古诗新唱、中国茶与泥塑、中国面点、手工、书法和武术。①

当然,最重要的是孔子学院和孔子课堂在非洲大陆的设立。这些专门进行汉语语言教学和中华文化传播的教育机构的开设主要是为了满足非洲民众中的汉语爱好者的需要,也为华侨华人提供了学习汉语的便利。

在整个非洲大陆,共有 33 个国家设有 48 所孔子学院。此外,在 15 个非洲国家设有孔子课堂 27 个。虽然毛里求斯的华人较多,关于设立孔子学院的建议早在 2007 年即已提出,但由于毛里求斯是中国在海外最早设立中国文化中心的国家,自己又有一套相对完整的汉语教学体系,因此直到 2016 年 12 月,毛里求斯第一所孔子学院才得以设立。孔子学院在非洲进行汉语教学的主要对象是外国人而非华人,其出现也为华文教育带来了诸多便利,孔子学院与华文教育的有机结合是中国政府和非洲国家教育部门积极应对的政策选项,如何最大限度地利用这一资源则是非洲各国华人应该考虑的问题。

从非洲各国华文教育的兴衰可以看出,诸多因素影响着华文教育。从根本上看,中国的综合国力、在国际政治经济中的地位、其对华侨华人的政策、国际环境以及居留国的移民政策与华文教育也有重要的关联,更关键的因素是华文教育与华侨青年的就业和前途直接相关。

① 《毛里求斯中文教师联合会通告"中华文化大乐园"毛里求斯营》,[毛里求斯]《华声报》,2016 年 11 月 7 日。

第二十五章　非洲华人社团的传承与演变

生长在旧社会的我，受了奴化教育和封建思想的影响，不单头脑简单，思想落后，而且生活也很腐化，没有一点儿朝气。自加入青年进修会后，始吸收了很多的知识，我得到了真正的友情，它启发了我，鼓舞了我，纠正了我一切不正确的思想，引导着我向光明的、正确的大道上前进，我开始学习一切新的东西，树起了新的观念，认识了伟大的祖国，认清了新的时代，心中感到无比的兴奋和愉快。①

——刘方（毛里求斯青年）

我们提出把上海商会从一个"同乡联谊性质的侨团向具有现代意义的商会转型"，这个"现代意义"的内涵包括：在（居住国）政治上推出自己的代言人，在经济上融入主流渠道，在政策上有影响力、话语权和推动力。能不能做到，我们没有把握，但我们会坚持努力。

——姒海（南部非洲上海工商联谊总会会长）

由于中国大陆与中国台湾分治造成了特殊政治环境，非洲华人的政治生态受到严重影响（特别在前期），本章首先分析了几个主要非洲国家

① 刘方：《"青年进修会"改造了我》，［毛里求斯］《华侨商报》，1953年8月6日。

(地区)华人的政治倾向，随后展示了华侨华人组织的聚合与分散，即从以中华会馆为核心的组织到各种社会团体的演变过程，特别对传统的社团和新移民的社团进行了较为详细的剖析。

一、战后非洲华侨华人中的政治生态

(一) 毛里求斯华人中的爱国倾向

二战结束以后，在华人相对集中的几个非洲国家或地区，华人在相当大的程度上受到中国大陆与中国台湾两个政权对立这一局面的影响。在毛里求斯，亲中国大陆的华人力量相对较强，其中一个重要原因是有像邓军凯先生这样的一批爱国人士。邓军凯先生在抗日战争期间就为爱国捐输尽心尽力。1949 年中华人民共和国成立后，他出任新华中学校长，以仁和会馆、新华中学和《华侨商报》为核心，组建青年进修会、业余文化社等进步青年社团。1954 年 7 月，邓军凯以非洲区华侨代表身份回北京出席第一届全国人民代表大会。① 这一荣誉是对毛里求斯华侨华人热爱祖国、传播祖国文化的肯定。此外，多批毛里求斯的华人青年一起组织去中国大陆观光访问或求学，对中华人民共和国成立后的巨大变化有亲身感受。因此，毛里求斯侨领中相当多的人倾向于中国大陆。

亲台湾政权的华人有自己的报刊，亲中国大陆的政治倾向也会引起亲台湾华人派别的反击。当时发生的一起由个别华人起诉仁和会馆的产业仁和旅馆的案件(下面将专门论及)就代表着这种政治斗争的激化。一篇文章说明了这种局面：

> 就这个案件的整体说来，这并不是什么“维护先贤产业”或是

---

①《邓军凯》，载周南京主编：《华侨华人百科全书・人物卷》，第 111 页；《邓军凯先生遗书二封》，载李安山编注：《非洲华侨华人社会史资料选辑(1800—2005)》，第 257—258 页。还可参见《纪念第一届全国人民代表非洲区华侨代表邓军凯先生逝世三周年特刊》，[毛里求斯]《新商报》，1957 年 11 月 15 日。

“保护公产”(反动派向侨胞骗款的一种漂亮语)的案件,说穿了,这只是毛岛华侨的政治斗争,也就是本岛民主人士与被祖国人民赶在台湾一隅的蒋介石国民党死硬派企图倾覆本岛侨胞进步社团财产斗争表面化,这种斗争将会随着中国人民的解放台湾和蒋介石的覆亡而消灭。这是理所当然的。①

当然,这种政治歧见一度影响着华侨华人之间的团结。

(二)马达加斯加和留尼汪华人中的派别交锋

在马达加斯加,由于它的地理位置和“大岛”的作用,国民党的力量在这里一直比较活跃。虽然在1930年曾受到法国殖民政府的打击,一些积极的国民党党员被驱逐出境,但该地的国民党支部一直活动频繁。侨领陈铁魂于1948年被选为侨居海外国民第41区国民大会代表。由于这一地区的重要性和华侨人数相对较多,国民政府对马达加斯加也相对比较重视,并于1946年3月1日在此设立领事馆,由谷兆芬出任领事,其职权范围包括马达加斯加和留尼汪。从对海外侨民的行政管理的角度看,马达加斯加与中华民国政府的关系相对比较密切。然而,1949年,谷兆芬率领驻马达加斯加领事馆全体人员与国民党政府断绝一切关系,并向新成立的中华人民共和国中央人民政府投诚,这一举动对当地国民党势力造成了一定打击。据当时的巴黎《华侨时报》讯:

旅居马达加斯加岛的华侨一致警告国民党反动分子,要赶快改过自新,投靠人民。该岛华侨二十余年来遭到国民党匪徒与法帝勾结的各种压迫与剥削。但在去年中华人民共和国成立后侨胞均感到他们的幸运到了。他们时刻没有忘掉祖国,而且需要一富强的祖国来保护他们的正常权利。该岛华侨一致严正的警告国民党反动分子残余在海外的早日觉悟。如果反动到底,这是无疑问的等于自

① 小鱼:《仁和案的真相》,[毛里求斯]《华侨时报》,1956年3月12日。

> 杀，如再梦想骑在侨胞头上压迫和剥削，那么侨胞一定联合起来以正义的力量制裁这反动党徒一脚踢进棺材里。①

这种带有强烈措辞的语言现在看起来很情绪化，但确实反映了当时的政治分化。当然，马达加斯加华人亲中国大陆和亲中国台湾的力量之间仍然不断交锋。例如，“马达加斯加华侨支援反攻复国总会”成立于1962年11月12日，其意识形态色彩十分明显。1972年马达加斯加与台湾的国民党政府断绝外交关系后，华人中的两派曾一度形成对立。②留尼汪当时受法国政府的控制，在发展与中国大陆的关系方面前期有起色，后受到掣肘，华人与中国的关系逐渐疏远。③

(三) 南非华人中的亲国民党倾向

南非的情况较为特殊，这主要取决于以下因素。第一，由于这里从20世纪初就设有中国政府的总领事馆，民国时期，国民政府又多次派人视察南非侨社，华人与中国政府的关系一直相对较为持续和巩固。国民党当局退居台湾后，仍然与南非保持了这种并未断绝的领事关系。领事馆的喉舌《侨声报》长期发挥着重要的宣传作用，也不断加强华人与国民党政府的关系。第二，中华人民共和国成立后，台湾的国民党政权仍然不断加强对非洲地区的控制。1954年，台湾侨委会的代表萧次尹专门访问了南非(及葡属东非)，与廖纲鲁等侨领交流甚多，以加强与南非侨社之联系。中国人的正统观念极强，始终认为台湾的国民党政权是正统，因此南非的华侨华人在相当长的时间内对台湾国民党政权抱有希望。第三，1967年，南非在台湾开设领事馆，1970年升级为总领事馆。从1971年起，台湾因被逐出联合国从而在国际上更为孤立，与南非的联系加强，遂于1973年在开普敦设立“领事馆”。这种政治上的互相依靠后来又因为南非

---

① 《马达加斯加华侨警告岛蒋匪徒赶快投靠人民》，《侨讯》，第4期(1950年8月31日)，转引自李安山编注：《非洲华侨华人社会史资料选辑(1800—2005)》，第256页。

② 陈铁魂：《马拉加西共和国华侨概况》，第38—40页。

③ 何静之编著：《留尼旺岛华侨志》，第58—59页。

经济形势恶化而进一步加强。1975 年,双方签订有效期为三年的贸易协定,以促进贸易关系。1976 年,双方关系由“领事关系”升为“大使关系”。① 这种局面对南非华人的直接影响是认为台湾代表着中国,从而使华人中亲台湾的势力一直处于优势。目前,南非华人中的这两种派别之间的隔阂仍然存在。

1980 年 3 月,台湾当局“总理”孙运璇访问南非,随后南非政府决定邀请华人代表参加南非总统咨询委员会②,时任“总领事”的罗明元也极力推进此事。从台湾方面说,这一做法等于使华人有机会参与南非高层的决策咨询,有益于对南非政府高层施加影响力,但这一政策与南非华人致力于种族平等的一贯做法颇不相容。台湾方面避开南非社区代表擅自做主的举动引发了南非华人社区的较大反感。南非华人意识到他们的身份认同存在着一个重要选择:他们究竟是中国人还是南非人?③ 正如朴尹正指出的:

> 总统委员会提名事件以及总领事违背大多数华人意愿卷入与南非政府的谈判等事件引起极大争议,在总领事与年轻华人之间本已不断升级的紧张关系中这些争议犹如最后一根稻草,最终引爆了华人社群内部关于效忠与认同的质疑,这些质疑已发酵了近四十年。在南非住了近一百年,一些人终于开始感觉更像南非人而不是中国人。教育和专业化水平增强了他们的自信心,他们认为自己至少能够在南非政府面前代表自身的利益。回应总统委员会提名的危机事件推动各地区协会重新交流,并推动南非华商总会(CASA)④在 1981 年成立。⑤

---

① 龙向阳:《中国台湾与非洲的关系》,第 123—127 页。

② 关于总统咨询委员会,还有另外两种译法,“总统咨议院”(欧铁)与“总统委员会”(吕云芳)。参见欧铁编著《南非共和国华侨概况》,第 81—84 页;朴尹正《荣誉至上——南非华人身份认同研究》,第 58—59 页。

③ Melanie Yap and Dianne Leong Man, *Colour, Confusion and Concessions*, pp. 410 - 414.

④ 南非华人习惯称为“中华总公会”,本书采用“中华总公会”。

⑤ 朴尹正:《荣誉至上——南非华人身份认同研究》,第 59 页。

此次事件对台湾国民党政府在南非华人中的威信是一次极大的打击，南非华人不再将其看作自身的代表或救助的对象。南非中华总公会的成立对南非华人自身意识的觉悟起到了一个重要的推动作用。

以上非洲各国华人的政治倾向从多方面影响着这些国家华人的处境、他们的社会团体以及他们与中国的关系。当然，随着非洲国家的独立浪潮、中国与相关非洲国家建立外交关系以及中国在国际舞台上日益重要的作用，这种政治倾向的影响会日益减少，华人的社区组织、社会交往以及教育文化活动的特点也会随之有所变化。

二、非洲中华会馆的变迁

(一) 中华会馆的演变：毛里求斯与南非

与中华会馆相类似的华人组织的名称各异，除“中华会馆”外，还有“中华总公会”“中华公会”“华商总会”等。为方便计，我们在文中统一称为“中华会馆”。最早成立这种组织的目的主要是联合华人的力量，共同面对生存与发展的挑战。因此，当时中华会馆的主要任务是将华商联合起来组成一种力量一致对外。这点我们在前章已经提过。华人社团组织的持续发展和趋向统一是其战后以来的一个特点。在非洲各地，中华会馆起着一种其他组织不可替代的作用，其以各种形式为会员提供保护，为会员创造更多的商业机会，减少会员因种族、文化、法律和其他因素而造成的损失，对会员的生活困难给予实质性的帮助。① 随着时间的推移，这一目的虽然仍然很重要，但中华会馆其他方面的作用也开始显现，例如推动中文教育、联系情谊、帮助当地的华籍侨民解决困难等。

---

① 关于各地的华人社团，可参见 Melanie Yap and Dianne Leong Man, *Colour, Confusion and Concessions*, pp. 321 - 326, 331 - 408, 412 - 414；为之：《留尼汪的华裔族群社团》，《华声报》，1988 年 6 月 3 日；缪化民：《马达加斯加的华裔族群社团》，《华声报》，1991 年 9 月 10 日；缪化民：《毛里求斯的华裔族群社团》，《华声报》，1991 年 9 月 20 日。

1. 毛里求斯的华商总会

毛里求斯的华商总会是非洲成立最早的华侨商会，也是被当地政府承认的华侨最高社会团体。华商总会组织健全，有自置的会所，且有固定经费，是毛里求斯侨胞中的领导机构。华商总会设理事会，理事长每年改选，其人选由广府人与客家人轮流担任，会址设在路易港。毛里求斯各地设有当地的中华商会。二战后相当长的一段时期内，毛里求斯的华商总会因受到国共对立这一政治因素的影响而相对封闭，其间毛里求斯的著名华人朱梅彝一直担任华商总会会长。虽然华商总会在华侨与政府之间充当中介作用，但由于会员有一定的局限性，在华人中的影响力有限。①

毛里求斯华商总会及各地中华商会一览表(1954 年)

地区	名称	现在负责人
路易港	华商总会	朱梅彝
东区	中华商会	李承相
西区	中华商会	郑伯言
庞普勒穆斯区	中华商会	李仲民
罗斯希尔区	中华商会	陈达
博巴森区	中华商会	—
百瓜区	中华商会	邹新华
居尔皮普区	中华商会	钟一肩
埋布区	中华商会	胡稍荣
咭磅区	中华商会	钟永瑮

资料来源：萧次尹编著：《非洲华侨经济》，第 111—113 页。

2. 南非的中华会馆

1944 年，南非的中华总公会（the Chinese Association of South Afri-

① 关于毛里求斯华人社团的详细情况，可参见萧次尹编著《非洲华侨经济》，第 111—117 页。

ca)曾是一场为华人争取更大利益的运动的组织者。这一组织并非公认代表南非的华人。南非华人的统一组织成立于1954年4月，当时称为“南非洲中华总公会”(Central Chinese Association of South Africa)，该组织在20世纪50年代和60年代前期的反对种族歧视、争取华人权利的斗争中起到了十分关键作用。然而，诸如权力之争和个性不同等问题也困扰着南非洲中华总公会。南非学者叶慧芬认为，在处理各种事务时，老一代华侨与青年华裔之间最关键的是一个“忠诚”问题——忠于南非还是忠于中国。由于各种矛盾和冲突，南非洲中华总公会于1967年停止了活动。

南非各地中华会馆主要负责人一览表(1947—1948年)

地区	组织名称	1947年	1948年
德兰士瓦	杜省中华总公会	黎兆佳	霍秀石
开普敦	开普中华会馆	梁铣	梁铣
伊丽莎白	玻埠中华会馆	林绍长	林绍长
东伦敦	东伦敦中华会馆	李成根	黄英明
德兰士瓦	杜省华侨妇女协会	黎彩钿	梁淑真
德兰士瓦	联卫会	陆子明	钟锡钿
德兰士瓦	维益社	朱轰	朱轰

资料来源：[南非]《侨声报》，1947—1948年。

20世纪80年代以来，华人组织的聚合趋势有所加强。例加，南非的18个华人组织于1980年完成了百余年来当地华人的宿愿，决定成立统一组织。这一决定主要源于台湾当局建议南非政府委任一位华人代表参加南非总统咨询委员会。这一事件引发了台湾当局和南非本土华人社区二者究竟谁能代表南非华人社区的问题。南非总统咨询委员会委任华人代表事宜似乎是1980年3月台湾当局“总理”孙运璇访问南非的直接后果。南非华人对这一问题的反感源于三个原因：一是这一政策设计由白人政府提出，具有强烈的种族隔离含义；二是他们一直致力于争取平等权利,此举却将华人与有色人和印度人一同作为另类对待;三是南非的黑人社会对这一政策持反对态度,认为这种做法不可能解决南非的种族问题,如果华人参与这一咨询委员会无异于将自己置于与黑人对立的地位。[①] 正是基于台湾方面在不与南非华人社区商量的情况下越俎代庖的做法,南非华人认识到必须有一个代表自己民意的组织。1980 年 9 月,南非华人组织召开大会,并任命了一个负责联合事务的委员会。1981 年 3 月,该委员会召开了一次代表大会,18 个华人组织参加了会议。会议通过了成立南非中华总公会的章程,南非中华总公会正式成立,这一组织成为代表南非全境华人的组织,英文名称为"the Chinese Association of South Africa",简称"CASA"。该组织的宗旨是为南非华人争取所有权利;保持和维护南非华人的文化认同;保障和促进华人的利益;协助华人社区克服各种困难;培育华人间的和谐与友谊并促进华人社区与其他社区的友好关系。[②] 南非这一统一华人组织的成立为团结南非华裔做出了重要贡献。1996 年,中国大陆的新移民又成立了南非中华工商联合会,这个组织的宗旨是认同一个中国,热爱中华民族;促进会员间事业发展;互助互爱;促进会员在中国与南非两国间积极开展经贸往来和文化交流,提高会员在南非的经济和社会地位。[③]

(二) 留尼汪中华总商会的两度更名

1916 年成立的留尼汪中华总商会一直为当地华人服务,其功能有时甚至超出了自身组织的范围。例如,在二战期间,它鼓励其成员不仅生产岛内的必需品(甚至包括钞票),还积极发动华商为中国抗日战争捐款捐物。"留尼汪银行当时资金短缺,一度无法支付现金。中国商人,特别

---

① Melanie Yap and Dianne Leong Man, *Colour, Confusion and Concessions*, pp. 410 - 411;欧铁编著:《南非共和国华侨概况》,第 82—83 页。还可参见第二十六章中有关南非总统咨询委员会委员霍成坚的论述。

② Melanie Yap and Dianne Leong Man, *Colour, Confusion and Concessions*, p. 412;Linda Human, *The Chinese People of South Africa*, pp. 61 - 69.

③ 温宪:《我们的心永向祖国——记南非中华工商联合会》,《人民日报》,1996 年 10 月 3 日。

是远离圣但尼地区的人，便为顾客提供一种特殊货币，使高原地区的种植者能够凭借这些‘货币’将每年的劳作所得存到中国商人的小店里，从而换取生活必需品。”[①]然而，这个功能齐全的华人组织在战后遇到了来自当地政府方面的阻力，特别是留尼汪从1946年成为法国的海外省之后。留尼汪中华总商会在20世纪50年代初突然被迫停止运转。

这一变故实际上有三个原因：第一，大环境的影响。由于冷战的因素，两个阵营对立的局面使法国敌视中国的政策传导到这个海外省，留尼汪当局对带有“中华”字样的“留尼汪中华总商会”这一名称提出质疑。第二，法国历来崇尚文化优越的政策，一直对殖民地采取同化政策。早在殖民统治时期，法国殖民政府曾对留尼汪和马达加斯加等地的中国移民实行强迫改姓名的措施。留尼汪成为法国的海外省后，亦采取强制同化政策。当局针对华人采取多种规定，包括对华文学校进行限制，迫使关门；要求所有本地学生必须上法文学校；华人协会更名也在限制措施之列，并由政府当局管辖。最后，也是十分重要的因素是商业竞争。留尼汪华商表现出来的巨大竞争力使当地的法国商人感到威胁，他们希望借助政府的相关政策来打压华商。

1953年，具有长期历史的留尼汪中华总商会被迫停办。后来，商会领导层经过多方协商并决定更改名称后，留尼汪当局才允许商会保留下来。1953年7月10日，留尼汪华商协会（ACCR，Association des Commerçants Chinois de la Réunion）成立，继续履行中华总商会的职责。[②] 1960年期间，留尼汪华商协会共有成员400多人。因留尼汪华人一直将此组织称为“中华总商会”，以下文中仍以“中华总商会”相称。

留尼汪中华总商会职员名单[③]

会长：张世模

① 汤曼莉编著：《海上传奇：留尼汪华人华侨志》，第24页。

② 同上书，第74—75页。

③ 何静之编著：《留尼旺岛华侨志》，第53页。此处未标明年份。何静之的著作虽然出版于1966年，但成书于1962年。

副会长：周焕多、曾昭敏

秘书：霍训康

理财：侯绍城

副理财：李新奎

理事：侯兴长、侯经始、刘锡江、刘智初、陈丽池、周孝尚、刘焕文、陈俊杰、张钊元

办公室秘书：夏明义

在维护留尼汪华商经营生计的过程中，中华总商会与当地政府不断抗争。在留尼汪，酒类生意的利润率与其他生意相比是比较高的，大部分华侨经营的商店都是杂货和酒类一起卖。1953 年，法国政府下令禁止留尼汪华侨经营酒吧生意，这条禁令对当地华侨的生计影响甚大。这一法令公布后，留尼汪中华总商会立即召集会员大会，一致推选第一任会长刘文波的儿子、在法国获得博士学位的刘锡辉赴巴黎与法国最高行政当局交涉。经过他的交涉，华侨原已领有经营酒吧业牌照者的权益得到了保护，法国政府准许他们的酒吧继续经营，但规定不得将该牌照转让给其他人。这样的处理办法虽然仍旧保留了对华侨的歧视，但与原来颁布的法令相比要宽松得多。1956 年，法国政府又颁发新条例：凡持有酒吧牌照而兼营日用百货生意的商店，须将酒吧与日用百货的营业场所完全分隔，不得混杂。条例的主要目的是不让到酒吧饮酒的顾客（绝大多数是男子）与购买日用百货的顾客（主要是女子）混杂。然而，华侨所经营的商店都是兼营酒吧和杂货的，且大都是家庭店铺，人手不足，实行分隔不仅会产生人手问题，而且有些商店因建筑的关系无法使酒吧自成一家。在这种情况下，留尼汪中华总商会又一次请刘锡辉博士与行政当局交涉。结果当局同意准许华商在杂货店内间隔一屋，作为酒吧顾客饮酒场所，不必另开街门。此一修正使华侨商店免去了不少麻烦。①

随着时局的变迁，加之华裔继承父业经商的逐渐减少，华商协会的

① 何静之编著：《留尼旺岛华侨志》，第 67—68 页。

影响力有所下降。协会进行了多项改革，包括20世纪70年代发行法中双语杂志以鼓励年轻人的加入，80年代修改章程以对各种华人团体开放等。1992年，霍名祥医生当选为会长。为了适时应变，他与其他负责人商量后决定将协会名称改为“留尼汪中国商人、企业家、管理者协会”（Association des Commerçants，Chefs de'entreprise et cadres Chinois de la Réunion）。① 通过这种方式，协会将留尼汪所有华人团体联合了起来，这样，协会的代表性进一步加强。从此，留尼汪政府当局每当有涉及华人利益的公共事务或有关留尼汪经济、社会和文化的重大事宜或决策，一般都会邀请协会代表参与咨询。

留尼汪中华总商会历任会长（至2016年）

中文姓名	法文姓名	中文姓名	法文姓名
刘文源（字文波）	Akwon Lawson	侯绍尧	Ah-Yon
张德生	Thuong Hime	张世模	Roger Thuong-Hime
谢双发	Thia-Song-Fat	陈耀基	André Chane-Hive
刘锡辉	Raymond Lawson	陈造彝	Vincent Simjee
吴森祥	Michel Ha-Sam	霍明祥	Francois Fock-Yee
陈俊杰	An-Kite	刘汉明	Jacques Law-Ye
刘锡江	Guy Lawson	周国亮	Pascal Thiaw-Kine
侯兴长	Alexandre Ah-Sing	侯沐凯②	Alex How-Choong

资料来源：汤曼莉编著：《海上传奇：留尼汪华人华侨志》，第78页。

（三）其他国家的中华会馆

在马达加斯加，“华侨公社”这一具有普遍代表性的组织仍在为各地华侨提供服务。1964年，马达加斯加尚有大小华人社团55个。当时，塔马塔夫的华人约有3 000人，“该城特色是：街上到处是黄包车、双牛运输

---

① Edith Wong-Hee-Kam，*La Diaspora Chinoise aux Mascareignes*，pp. 335 - 336.

② 原书出版早，无侯沐凯会长的名字，根据2016年实际情况补充。

车，想必是从前的老华侨们所传下来的中国习俗”。这里也有华侨公社，“此公社为一关帝庙，进门处为一红脸神像，忠义千秋，还供有香烛果盘，两扇大门贴有对联一副。令人如同置身中国大陆一般，可见华侨们对祖先们是如何的敬仰了”。① 到 20 世纪 80 年代初，马达加斯加还有 24 个华人社团，但一直未形成统一的华人组织。各地华人组织各有其名，有的称为“华侨公社”或“华侨协会”，有的称为“中华会馆”，有的称为“华侨俱乐部”，有的称为“侨团”，还有的称为“青年会”或“同乐会”。在马达加斯加，较大的华人社团为“塔马塔夫省华侨公社”和“京城华侨公社”。②

莫桑比克马普托的中华会馆是在华人先驱谢三（葡语 Ja Assam）所捐土地上由华人于 1903 年建造的。这里后来扩建为中华小学，并成为华人社会的活动场所。③ 早期的国民党支部是租赁来的一栋洋楼，内部按东方情调布置得富丽堂皇，后来衰落。致公堂会所是会员集资兴建的一座两层高的别墅楼，也很华丽，以前也曾辉煌过，后因资金短缺，会务活动日益减少。贝拉的中华会馆是莫桑比克当地最大的华人团体，历史上这里的华人也最多。贝拉港的中华会馆在 20 世纪 60 年代末曾有过改革，颇有成效。这些改革包括与当地华侨妇女会联合举办各种活动，加强侨校建设，进行户籍调查，向中华会馆申请发给证件（如出生证、结婚证、学历证、职业证、亲属关系证），以及代填申请护照表格等，且免收手续费，受到侨胞们的称赞。④

中华会馆在维护华人的利益方面起到了很大的作用。除了华侨较多的毛里求斯、留尼汪、马达加斯加和南非等地外，津巴布韦的华人在 1962 年成立了华人协会，科特迪瓦的华侨在 1977 年组成华侨联谊会，利比里亚（1989 年）、多哥（1989 年）等多个非洲国家也先后成立了中华商会或中华

① 郑向恒：《马拉加西侨情》，[台北]《侨务月报》，第 166 期（1967 年 6 月 16 日），第 25 页。马拉加西即马尔加什，为马达加斯加人的称呼。

② 方积根、李秀华：《马达加斯加华侨的历史与现状》，载方积根编：《非洲华侨史资料选辑》，第 70—81 页。

③ 剑虹：《莫桑比克华侨的历史与现状》，《西亚非洲》，2007 年第 5 期，第 58 页。

④《卑拉中华会馆新行政新措施》，[南非]《侨声报》，1969 年 1 月 23 日。

会馆。这些组织虽然由新移民创立,但仍在起着综合性的社会作用。

(四) 台湾华商的社会活动与台商协会

如前所述,台湾从20世纪60年代起即不断有华商移民非洲。他们中有的是从援助非洲的"先锋案"中留下来(或完成任务后返回非洲)的,有的是从国外完成学业后选择来非洲创业,还有的是直接从台湾、香港或东南亚来非洲国家经商的自由移民。台商的触角在20世纪60—70年代已经伸到非洲大陆的多个国家。①

当时,一位台湾人在游记中写道:到了马达加斯加就像到了自己祖国一样,中国气息随处可见,丝毫没有身在非洲之感,因为"在商店林立的马拉加西街道上,到处可以看到中国招牌的商店,我们进去买东西时,特别有种亲切之感。此地的华侨大都是经商的,如经营进出口、日用品、照相馆等;也有的是开酒厂、烟厂的,可见华侨在此经济之雄厚,华侨们之所以在经济上占得重要地位,主要的是靠他们的刻苦俭朴,惨淡经营,这是非洲人士所赶不上的"。作者提到马达加斯加的华人组织与社团活动,例如"星马公社""华侨公会"等。有意思的是,这些社团既是他们的聚会之所,也是他们的食堂和酒店,有的装潢得古色古香,充满着中国情调。② 从这些描绘看,华侨在马达加斯加的影响力不仅表现在经济上,而且表现在文化上。

从20世纪60年代以来,从香港和台湾到非洲的华侨日益增多,以前华人很少涉足的西非也出现了不少台商。60年代末,加纳的华侨比以往增加了许多,连同眷属在内,共有250余人。主要有三个来源:一是由于尼日利亚多年内战,独立初期在尼日利亚经商的华侨中间出现了向加

---

① 徐知音:《中国人在利比亚》,[台北]《侨务月报》,第165期(1966年5月),第24页;徐妫:《侨居东非掇拾》,[台北]《侨务月报》,第200期(1969年4月16日),第18页;商岳衡:《在非洲的中国人》,[台北]《侨务月报》,第217期(1970年9月16日),第12页;《侨生在象牙海岸》,《四海之友》,第13期(1975年9月15日),第14页。象牙海岸即今科特迪瓦。

② 郑向恒:《马拉加西侨情》,[台北]《侨务月报》,第166期(1967年6月16日),第25页。

纳转移的趋势;二是在加纳有两家新开工的纺织印花厂,吸收了大批来自香港的华侨;三是台湾当局根据援非"先锋案"派往加纳的农耕队有十余人。当时的一篇有关加纳华侨圣诞节聚会的报道很有意思。

> 第一次是圣诞节晚会,那是由天马纺织厂主办的。天马厂每年十二月廿四日都照例举行一次华籍员工同乐会,并邀厂外华侨以及有关人士参加。不过这一次更加热闹,一方面厂的业务扩充,员工增加了百分之五十。另方面,由奈及利亚[①]特别包机,飞来参加第二天婚宴的侨团三十多人,也被邀请参加这个盛会。因此男女老少,合共起来,总有三百多人。那天晚上包总经理的公馆,竟成了天马住宅区的一座水晶宫,灯火辉煌,彩色缤纷,车水马龙,道为之塞。园子里布置得美仑[②]美奂,井井有条。一个角落是各种游艺,吸引了孩子们和青年们,射枪啊,钓鱼啊,当他们赢得许多奖品时,更是兴高采烈。园子中央是一列列桌椅,久违的太太先生们围桌倾谈,举杯相祝。继而表演节目,开始有歌咏,有钢琴演奏,有跳舞等表演,节目繁多。而最精彩的节目该是那自助餐了,两大长桌上全是中国菜,熏鱼、卤鸭、素鸡、焖笋……都是平时看都看不到的东西,琳琅满目,真是丰盛。虽然大家排着长龙,耐着性子,等着机会取食,肚子里直唱空城计,但是瞧着那一盘盘的美味,也就够愉快的了。餐后还有大摸彩,奖品中有大型的收音机,全套的照相仪器等,而每位来宾至少有项高贵的奖品。这个大聚会热闹到一时半,大家才带着大包小包,高高兴兴地散去。[③]

随着台湾与非洲一些国家关系的推动,特别是农技援非"先锋案"的开展,使不少台湾人认识到非洲是一块宝地,可谓百废待兴,来经商的人日益增多,有的开始向非洲的轻纺工业领域投资,特别是纺织、搪瓷、塑

① 即尼日利亚。

② 原文如此。

③ 王申望:《加纳华侨大聚会》,[台北]《侨务月报》,第199期(1969年3月16日),第30页。

胶等行业。台湾商人的增加既是台湾经济发展和科技成果的外溢，也是非洲经济发展的需要。① 由于台商不断增多，他们开始成立自己的组织，主要是有助于他们经商的台商协会。1994 年，非洲台湾商会联合总会(African Taiwanese Chambers of Commerce，ATCC)成立，该会是一个非营利组织，每年 6 月左右召开会员大会，改选会长、副会长及理监事。该会成立之目的在结合非洲各地创业和投资的会员并创造彼此商业机会，由非洲各地分会合组而成并隶属于世界台湾商会联合总会。

非洲台湾商会联合总会的宗旨如下：

• 促进非洲各地区台商之联谊与互助合作，共谋发展工商业及开拓国际市场。

• 加强非洲各地区台商间之联系与互助交换工商管理经验。

• 提供非洲各地区台商各种工商及财经资讯，进而强化区域性经贸合作关系。

• 提升台商之非洲社会及国际地位，并促进各国对台商权益之保障。

• 促进非洲各区域内社会文化交流，以增进共同了解与经贸发展。

该会设理事会为最高执行机构，由名誉总会长、总会长、副总会长为当然理事，及由各会员主体共推举五十人为理事而组成理事会，理事任期一年，连选得连任。② 基于这一原则，非洲台湾商会联合总会每年举办年会，并有相应主题。例如，该会于 2007 年 6 月 29—30 日在南非约翰内斯堡举办第十三届年会，主题为“在地深耕 · 永续发展”，意在“鼓励在非洲的所

---

① 有关中国台湾人 20 世纪 80—90 年代投资南非的情况，可参见 Xiao Xin，“Chinese Immigration to South Africa, from the Early 20th Century to the Apartheid Years”，Paper Presented in “African Economic History International Conference”，Shanghai Normal University，June 12，2016.

②《非洲台湾商会联合总会简介》，参见 http://baike. baidu. com/link? url=2fufcpHT2WC10SpQ-bbwQOHRfZfV3hsZI57uVWvu59IuD_A_L37eGT8yQ_jIIOyBhBSMwoMa_yI60jBd5NeJj7vrkEuhOgWnoYlaqJN_ypMEansamQ58Icc6iW8bPacmQZ45aU74fEsiuobza8c724RtmiMZQ2mgYoro2EY276gWBtoVoK2kCITxCHmItugltbCMcwpIGKtg71QueIpF1 _ # reference -[1]- 8689365 - wrap.

有台湾商人，要将非洲真正作为他们的创业热土，在这片贫瘠又富饶的土地上耕耘；并发扬台湾人的精神，在这里生根发芽、成长，并取得永续发展”。会议结束后，会长黄咏翰又主持了第十四届总会长及理事会的选举，并选举德班的林资益为新一届总会长。① 2013 年，非洲台湾商会联合总会会长为黄柏锴。非洲多国的台湾商会均隶属于非洲台湾商会联合总会。

台商协会基本分布(2002—2003 年)

国家	名称	华人人数	台商人数
南非	非洲台湾商会联合总会	45 000	12 000
南非	非洲台湾人协会	45 000	12 000
斯威士兰	斯威士兰中华公会	1 700	200
莱索托	莱索托台湾商会*	6 600	600
象牙海岸	象牙海岸台湾商会	—	35
加纳	加纳台湾商会	—	40
尼日利亚	尼日利亚台湾商会	—	24 家
马拉维	马拉维台商协会	—	60
毛里求斯	毛里求斯台湾商会	30 000	100

资料来源：中华经济研究院编：《华侨经济年鉴欧非篇 2002—2003 年》，台北，2004 年，第 237—289 页。

* 莱索托台商于 1976 年成立中华商会，1995 年为配合世界台湾商会联合总会更名为“莱索托台湾商会”。世界台湾商会联合总会之首任会长为莱索托台商、长青汽车董事长吴松柏。

中华会馆这类组织在当代仍然起着重要的作用。它们一方面成为中国政府的联络员，扮演着非官方领事馆的角色，负责接待来非洲参观访问的中国重要人士；另一方面，它们也成为当地华人利益的代表，在沟通双方商界的关系上作用显著。此外，中华会馆也参与各种双向文化交流活动。中国政府十分注意培育对华友好势力，每次在国庆、春节或大的庆典时节，中华会馆总会被列入邀请名单。

① 《非洲台商会召开 13 届年会》，[南非]《华侨新闻报》，2007 年 7 月 2 日。

三、20 世纪下半叶华人社团的聚合与分离

(一) 华人社团的多样化

从西印度洋地区的几个岛国和南部非洲而言，早期华人以客家人和广府人组织为多，如南非伊丽莎白港的梅县侨商公会、毛里求斯客家人组织仁和会馆和广府人组织南顺会馆、留尼汪港口市梅县侨胞于1959年创办的华侨文化协会等。有的是宗亲性组织，以姓氏集团为主，如南非的霍氏旅馆、毛里求斯的新安堂（古氏）、留尼汪的世昌堂（陈氏）等。莫桑比克的四邑会馆是为当地广东四邑人士组建的团体，联安社是南顺人士组建的社团。四邑会馆和联安社建立的宗旨是加深同乡之间的联络，互相扶助，二者经费均靠月捐的收入来维持。有的社团则是以年青人为主体、以联谊聚会为特征的青年组织，大部分为文化娱乐组织，以各种音乐、舞蹈、摄影、文学为主要活动内容。还有华文学校的校友会，最著名的是毛里求斯的新华中学校友会和南非约翰内斯堡的国定中学校友会。非洲台商社团已如前述。

在留尼汪，华人社区的宗亲组织一直存在，并保持着旺盛的生命力。这主要归功于两个因素：一是虽然在殖民时期法国政府想尽办法推行同化政策，但华人以其特有的智慧用各种办法将各种宗亲传统保存下来，因为这是他们唯一可以辨识和继承的家族因素。二是他们从早期就保存着宗亲会所作为聚会地，各个会所都有自己的场所，都有祖宗的牌位，都有亲人们的墓葬，这些都是活生生的物质存在，成为他们保存宗亲组织的保障。

留尼汪已置有产业的乡族团体

名称	宗旨	创立日期	现任经理	地址
世昌堂	联络广东南海顺德两县陈氏侨胞乡谊	1896	陈绍广	圣丹尼市圣安妮路
利涉堂	联络广东顺德腾冲乡周刘唐侨胞乡谊	1897	周焕多	同上

续 表

名称	宗旨	创立日期	现任经理	地址
梅县公司	联络广东客籍各姓侨胞乡谊	1897	陈龙长	圣比尔市布累华地尼路
南顺堂	联络广东南海顺德两县各姓侨胞乡谊	1919	陈宗汉	圣比尔市方树华马至而路
新隆旅馆	联络广东顺德新隆乡陈氏侨胞乡谊	1919	陈权	圣丹尼市圣安妮路
联义堂	联络广东南海顺德两县各姓侨胞乡谊	1919	陈润珠	港口市
联胜堂	同上	1924	黎荣沃	圣保罗市沙打加里加路

资料来源:何静之编著:《留尼旺岛华侨志》,第 52 页。

这一时期留尼汪的华人青年组织也比较活跃,特别是体育方面。从 1952 年以后,沿海各城市的华人青年先后组织篮球队,积极参与当地组织的篮球锦标赛,历年奖牌多由华人球队获得。港口市的梅县籍华侨在 1959 年创办华侨文化协会,原本计划办华侨小学,因立案及师资遇到困难,后改为俱乐部。1962 年,圣保罗市华侨陈育林、陈焕章等人及天主教华人神父蓝秉和等发起组织华侨青年体育会,内设篮球、排球、乒乓球等球队,另设国语会话讲习班和音乐班,该会有会员 58 人。同年,圣皮埃尔市华侨青年曾昭敏、陈造粦等人发动组织华侨体育文化联谊会,40 余名会员多为华侨知识青年。①

留尼汪各市镇华侨组织的篮球队

城市名称	队名	发起人	球员组成
圣丹尼市(Saint Denis)	飞鹰队	侯兴长	现在球员全是华侨
港口市(Le Port)	东方队	陈文高	现在球员与土人混合
圣累市(Saint Leu)	疾风队	曾剑鸣	同上
圣路易市(Saint Louis)	中华队	张钊元	同上

① 何静之编著:《留尼旺岛华侨志》,第 57—58 页。

续　表

城市名称	队名	发起人	球员组成
圣比尔市(Saint Pierre)	中正队	郑域熙	同上
担邦市(Le Tampon)	华侨队	林诗玉	同上
圣旦地市(Saint Andre)	光华队	周孝尚	同上

资料来源:何静之编著:《留尼旺岛华侨志》,第 57 页。

毛里求斯的华人社团组织(不完全统计)

宗亲性团体:

新安堂(古)、吴氏清源联谊会、霍宅、何宅、刘氏商馆、西河堂(林氏集义会)、南阳堂(叶)、三槐堂(王)、安定堂(梁)、安定堂(胡)、沛国堂(朱)、河南堂(丘)、三省堂(曾)、陇西堂(李)、杨氏自治会、侯氏家族自治会、陈世昌堂、黎氏旅馆、刘关张赵古城会馆、陈氏爱敬社。①

地域性团体:

仁和会馆、南顺会馆、丰顺同乡会、客属会馆。

商业性社团:

崇联馆、新生馆、集和馆、学陶旅舍、大联馆、联卫、嘉兴馆、岭南馆、岭东旅馆、嘉宁馆、竞业商驻、大同商馆、集宁馆、富国华侨、梅江馆、新隆永安、达卢革新馆、安定商驻。

校友会:

新华中学校友会、新中红旗同学会、新中黎明同学会、群星同学会、培英中学校友会。

全岛华侨组织:

华商总会、关帝庙董事会、华人社团联合会、华人妇联会、毛中

① 这些宗亲组织每年开会选举理事会。会议的主要议程为宣读及批准会员大会记录;理事长报告一年来会务概况;批准上年度本社收盘结算表;选举本年度理事和监事。具体例证可参见《陈氏爱敬社通告》,[毛里求斯]《国民日报》,1962 年 1 月 18 日。

友协、(各地)妇联、华联会。

华侨行业组织：

各地中华商会，饼业、白酒行业协会，护商区分会，小商人协会，新华学校、中文教师联合会。

除了中华商会和一般的华侨联谊会外，华侨社会团体中有的是传统的地域性社会组织。在台湾学者萧次尹编著的《非洲华侨经济》一书中，他列出了毛里求斯的社会团体(见下表)。从这一社会团体名单中，我们可以发现以下几点：第一，得到政府承认并已在政府立案的并不多，47 个社团中，只有 13 个在政府立案，占总数的 27%。第二，姓氏或宗亲习称直接出现在组织名称里的有 15 个，如吴氏延陵馆、刘氏商驻、王氏商驻、张氏旅馆、林家馆、侯氏安国旅社、陈氏爱敬社、李家馆、侯氏家族自治会、陈世昌堂、霍宅、黎宅、罗宅、何宅、钟氏敦睦堂，还有带有约定俗成的宗亲名称的组织，如江夏堂(黄姓)①、陇西堂(李姓)②。第三，当时，毛里求斯华侨绝大多数从事商业，极少数从事医生、律师、教授、老师、工程师、记者等职业，有的已经取得英国籍的成为当地政府公务员。由于华侨大部分经营商业贸易，以上商馆、商社、商驻、旅社、旅馆、会馆以及以堂、馆、会、社等为名称的华侨组织多以家族姓氏为集团，从事各种与商业有关的经济活动。这些组织一方面组织和协调商业活动，另一方面进行各种与家族联谊有关的活动，类似俱乐部性质，既方便了各姓氏的亲情联谊，又交换各种信息。当然，这种带有浓厚家族性质的组织的社会功能后来逐渐被新社会组织所取代，因为后者主要以职业、兴趣和娱乐方式为纽带。第四，还有的社会组织名称里直接带有联谊慈善的性质，如陈氏爱敬社、钟氏敦睦堂。

---

① 江夏堂是世袭的郡望，源于江夏郡，是流传最广的一个黄姓堂号。江夏郡为秦南郡地，汉初置江夏郡，今德安、承天、汉阳、武昌、黄州境地。西汉以后，各朝曾设置江夏郡。

② 唐贞观十二年，唐太宗诏令天下，陇西为李姓的郡望。海内外李姓的郡望、堂号均以陇西命名。陇西堂位于甘肃省定西市陇西县城北关、渭河之滨的李家龙宫公园。

毛里求斯社会团体一览表(1954 年)

名称		负责人	附注	说明
1	崇联馆	林治芳	政府立案	
2	新生馆	萧益风		
3	吴氏延陵馆	吴昌参		
4	南阳馆	邓淼云		
5	刘氏商驻	刘杞彝		
6	集和馆	熊炳生		
7	学陶旅舍	余少轩		
8	王氏商驻	王宝章		
9	大联馆	林嘉兰		
10	联卫	霍康能		
11	嘉兴馆	梁浩荣		
12	葛岸	岑炳昌	政府立案	
13	安定商社	胡清昌		
14	张氏旅馆	张让城	政府立案	
15	岭南馆	黎念		
16	革新馆	杨镜荣		
17	仁和旅馆		该馆因“亲共分子”把持,经政府解散正义侨胞正提请改组,在诉讼中	
18	大和馆	李淑贵		
19	永安商驻	李根义		
20	达庐	罗铭义		
21	江夏堂	黄敬生	政府立案	
22	林家馆	林甘雨	政府立案	
23	新隆永安	陈炳		
24	梅江馆	钟伙源		

续 表

	名称	负责人	附注	说明
25	富国华侨	王少胡		
26	集宁馆	寥显然		
27	侯氏安国旅社	侯胜凯	政府立案	
28	大同商社	钟进琳		
29	竞业商驻	陈集初		
30	三氏馆	林康		
31	陈氏爱敬社	陈容辉	政府立案	
32	嘉宁馆	李学铭		
33	李家馆	李权旺		
34	陈世昌堂	陈汝添	政府立案	
35	侯氏家族自治会	侯棣华		
36	霍宅		政府立案	
37	陇西堂	李昌新	政府立案	
38	黎宅	黎念祖	政府立案	
39	岭东旅社	古安元		
40	罗宅	罗允		
41	德裕庐	王水龙		
42	何宅	何诚	政府立案	
43	梅新商馆	李森枝		
44	罗格园	刘祥		
45	钟氏敦睦堂	钟敦荣	政府立案	
46	古成会馆	刘再		
47	云台馆	邓应惠		

资料来源:萧次尹编著:《非洲华侨经济》,第113—116页。

(二) 华人社团的政治化

在南非、毛里求斯、马达加斯加和留尼汪等地,华人之间因政治派别之争而屡屡诉诸报纸杂志,有的社团也是华人间政治歧见争斗的产物,如1968年在毛里求斯建立的“中华文化中心”即是一例。1974年，该中心曾邀请李登辉率领台湾裕隆篮球队访问毛里求斯，因球队获胜，被称为“一次极为成功的国民外交”。当然，中华文化中心在宣传中华文化，开设华文补习班等方面也做了不少工作。

毛里求斯中华文化中心任职

主席	朱梅粦
副主席	梁艳琴
第一副理事长	罗新昌
第二副理事长	侯忠芳
顾问	李丽生
中文秘书	严俊杰
西文秘书	林国琪
财务	黄吉祥、朱汉球
文康①	侯瑞玲、田挺芳
公共关系	钟涛彬
理事	钟旋楷、田禄芳
会计	林连春
稽查	田新芳②

虽然华侨华人两派因政治歧见互不相让，攻讦不断，甚至偶有冲突，但通过法律来攻击对方的不多。“仁和案”是一个特例。

我们注意到，上表中有关仁和旅馆的备注中标明：“该馆因‘亲共分子’把持，经政府解散正义侨胞正提请改组，在诉讼中。”这里有必要说明一下“仁和案”。此表摘自台湾学者萧次尹编著的《非洲华侨经济》。萧次尹曾于1954年到非洲进行实地调研，当时“仁和案”仍在进行。此案主要反映了毛里求斯华侨中两派（亲中国大陆政权与亲台湾国民党政

① 原文如此。

② 陈英东：《模里西斯华侨概况》，第40—42页。

权)的矛盾。实际上,毛里求斯以及非洲各国的华侨华人中一直存在着这两派的矛盾,华人报刊上的政治争论甚至骂战不时显现。①

仁和会馆一直是在亲中国大陆派(古少彬等)手中,亲台湾派(李伯宇、侯仁兴、李天保)力图"倾覆仁和产业",向高等法院控告仁和旅馆已停止活动,请求高等法院判决该旅馆交由政府管理。② 1955 年 8 月 12 日,毛里求斯高等法院判决如下:

> 我们认为原告人提出维护仁和旅馆产业一案,鉴于上述特殊情况,及特别由原告人在 1954 年以前,对上述组织所采取的消极态度,如果被告人(古少彬及其他,他们于 1955 年 6 月 10 日同时为被告人)能提出适当保证的话,则我们认为此种保证即已足够,同时必须指出,被告人已表示,愿意提供适当保证,因此,我们批示:对于仁和旅馆产业的保管、维持,及正当管理的保证,应由被告人自判决日起十五天内签署十七万五千盾的证券,由二人至四人共同签署,签证人之不动产,应值上述数额,未曾负任何债务,并且呈证明其为不动产所有人。如果被告未能依照上述各款提供保证,则本院将判决司法委托。③

这样,法院否决了原告要求仁和产业应由政府管理的要求,认为仁和旅馆之职员能够负起保护仁和产业之责任。从这一诉讼中可以看出,当时,毛里求斯华侨中在拥护中国大陆的共产党政权还是拥护台湾的国民党政权这一问题上存在着严重分歧。

由于毛里求斯的华侨以客家人居多,客属华人组织仁和会馆在当地

---

① 参见《〈华侨商报〉社长李禹臣的两个郑重声明》,《社论:那些回共产祖国的人》,转引自李安山编注:《非洲华侨华人社会史资料选辑(1800—2005)》,第 267—268 页,273—274 页。

②《中国时报》,1955 年 8 月 13 日。

③《"仁和案"高院总结判词(判决)》,《中国时报》,1955 年 8 月 17 日。"【编者按】关于高院判决被告人应签署十七万五千盾之保证一事,当仁和旅馆对原告控诉申辩时即已自行提出,该辩辞中明白表示,当选之二十一名仁和议员,可以提出与仁和产业估价同等数目之保证金,故法院判词中有:被告人已经表示愿意提供适当保证字样,但法院尚认为二十一名议员无需全数担(原文为'提',有误)保,只需要二人至四人签署保证已可。"

政府和华人中享有较大的声望。该组织也一直热爱祖国，1949 年 10 月 1 日中华人民共和国成立时，该组织会所也升起五星红旗。仁和会馆曾组织不少毛里求斯青年参观访问中国大陆。1984 年 3 月，仁和会馆的章程得以修订，在组织架构、产业管理和大众服务等方面得以完善。例如，它的宗旨有五条：

甲、在本会会员或其眷属逝世时给予物质或财政协助；

乙、设立学校、图书馆等，给予大众的教育上的便利；

丙、促进大众的体育生活；

丁、协助本会贫苦会员或其眷属或其他大众；

戊、促进大众的文化、道德及宗教事业。①

在纪念该组织成立 125 周年时，毛里求斯的总统和总理分别为会馆题词。总统卡萨姆·乌蒂姆在题词中写道："仁和会馆在社会、文化与宗教领域里，长期为传统文化与宗教的存在而努力，是完全值得我们祝贺的。同时，我趁这个机会，对仁和会馆的创立者表示赞赏。他们的贡献，他们的激励，在为众多的毛里求斯人的家庭的生存起了作用。"②

毛里求斯仁和会馆历届会长名录（1950—2016 年）③

年份	中文名	西文名
1950—1952	林甘雨	
1953—1954	林迪长	
1955—1960	古少彬	Mr. VENPIN Louis Marcel
1961—1963	刘宜钊	Mr. LAN YEE CHIU Rene

①《毛里求斯仁和会馆章程（1984 年 3 月修订）》，载李安山编注：《非洲华侨华人社会史资料选辑（1800—2005）》，第 323—327 页。此章程为打字稿，系仁和会馆前会长刘攸宪先生在任期间馈赠。

② 摘自《毛里求斯仁和会馆建馆一百廿五周年——纪念特刊》，路易港，1996 年 11 月 10 日，无页码。

③ 仁和会馆的工作人员于 2017 年 2 月 27 日通过电邮寄给笔者仁和会馆历届会长的相关资料，使笔者得以对以前的数据进行补充，在此表示由衷的感谢。

续 表

年份	中文名	西文名
1964—1971	黎子达	Mr. LAI PAT FONG Louis C. B. E
1972	林德元	Mr. LAM YAN YU
1973—1981	熊炳生	Mr. PIANG SANG
1982—1983	林鑫登	Mr. AH FAT Lim Him Teng
1984	吴源祥	Mr. NG CHENG HIN Ng Nyan Seong
1985	林鑫登	Mr. AH FAT Lim Him Teng
1986—1987	林检祥	Mr. LIM KIAN SIANG Louis O. S. K
1988	吴志云	Mr. NG YELIM Robert
1989—1991	林检祥	Mr. LIM KIAN SIANG Louis O. S. K
1992	李济祥	Mr. LI KOOK TSEUNG Y. K.
1993	林政宏	Mr. LAM CHING WANG Lim Chin Fen
1994—1997	林检祥	Mr. LIM KIAN SIANG Louis O. S. K
1998	刘攸宪	Mr. LAU YAU HIN
1999	林检祥	Mr. LIM KIAN SIANG Louis O. S. K
2000—2001	李秉耐	Mr. LI TING CHUNG Roger P. N. O. S. K
2002—2005	林检祥	Mr. LIM KIAN SIANG Louis O. S. K
2006—2007	林法荣	Mr. LAM YAN YU Lim Fat
2008	李秉耐	Mr. LI TING CHUNG Roger P. N. O. S. K
2009	吴国通	Mr. NG HA KWONG Henry
2010	林万侨	Mr. LAM HANG A. T.
2011—2012	吴国通	Mr. NG HA KWONG Henry
2013—2014	林孟超	Mr. LIM FAT Man Chiu Ah Men
2015—2016	林孟超	Mr. LIM FAT Man Chiu Ah Men

(三) 活跃的华裔青年团体

南非因种族隔离制度，华人中除了主要的华商团体和一些宗教慈善组织外，几乎没有其他方面的社团。金山大学中国学生会是一个特例。金山大学是南非率先接受华侨学生就读的大学。种族隔离期间，在金山大学就读的华裔学生占南非华裔大学生总数的70%以上。① 1949年，金山大学的华裔学生决定组织中国学生会，以“增进其学业及彼此情感与乎为华人福利而服务”，并选出该会主席黄岑华。② 这一组织的成立为华裔学生的学业和生活带来了诸多便利。

非洲华裔团体中有很多是体育竞技和文化娱乐组织，这些大多数是在战后兴起的以年青人为主的组织，如20世纪50年代以来留尼汪成立的飞鹰队、东方队、疾风队、中华队、中正队、华侨队、光华队等华侨球队。1962年12月圣皮埃尔市曾昭敏等人发起组织华侨体育文化联谊会。马达加斯加塔马塔夫华侨成立了华侨体育会（简称“华体”，这一组织中设有各种球队），当时葡属东非贝拉港的华侨成立了东华体育会。此外，一些宗教组织中华裔青年也相当活跃。

在毛里求斯，华裔青年组成各种社会团体，主要包括文娱体育方面或联谊友好方面的组织，也有宗教慈善方面的组织。

青年团体：

新雄青年友谊促进会、青年进修会、新青年、中国青年友联会、西河青年会、野草青年会、中国自由青年会。

文化体育团体：

国乐研究社、蓝白健美会、长风体育会、海燕体育会、鳗江体育会、摄影联合会、培英武术中心（武协会）、飞龙体育会、波累太极会、荷精太极会、鸠必太极会、中华金狮队、中华武术醒狮会、阿洛拉舞狮队、中国音乐学校、中国文化中心、亚济拉文艺团、华龙会、齿轮会。

---

① 欧铁编著：《南非共和国华侨概况》，第68页。

②《金山大学组织中国学生会》，[南非]《侨声报》，1949年2月12日，转引自李安山编注：《非洲华侨华人社会史资料选辑（1800—2005）》，第253页。

球队(篮球):

长风、艺联、飞龙(甲)、飞龙(乙)、海燕、新雄、新友、野草、新风、华清、黑鹰、新中、星光、怒潮、朝阳。

华侨宗教团体:

华侨天主教会、华人基督徒聚会、关帝庙董事会。

南非的华人也组织起来,自娱自乐。南非业余文艺社成立于1950年,第一任主席为梁喜先生,后来霍汝芬先生也担任过文艺社主席。该社不仅为华侨带来了文学娱乐活动,也为侨社提供了各种服务,贡献良多。例如,当南非国会颁布种族分区法后,文艺社立即翻译成中文,散发给侨众,供大家参考。该社还努力推进华侨教育,一是帮国定中学演剧筹款,所得不菲;二是开办中华文化补习班,为那些失学者提供学习机会。文艺社还举办华侨摄影展、创办《好望角》杂志、公演话剧,为提高南非华侨的文化水平,促进正常健康的文化生活,使中华文化发扬光大做出了不小的贡献。

南非侨影社成立于1953年,社友都是南非摄影学会会员,并常年参加各种影展。由于摄影成绩极佳,获得社会好评,并参加约翰内斯堡开埠70周年纪念摄影展。展览除展示自己会员的作品外,还从美洲、菲律宾和香港等地征集各种佳作,开创在南非举办华人摄影展览之先河,使得远在非洲他国的华人也要求将作品移往南非展示。1962年,约翰内斯堡业余音乐社成立,共有会员80余人,分为演奏组和演唱组。会员都是喜爱中国文学、音乐、戏剧的男女侨胞。演奏组经常演奏各种中西乐器,参加各种表演或伴奏;演唱组则在各种场合参加公演,表演传统粤剧或时代歌曲。1982年8月15日,约翰内斯堡中华文化中心成立,中心为当地华侨提供各种服务,也进一步活跃了侨社的文化活动。①

20世纪下半叶,非洲华人因中国政治运动频繁而不知所措,加之华商为生存发展而抱团自保,各种宗亲社团发挥着乡亲互助、慈善福利和

---

① 欧铁编著:《南非共和国华侨概况》,第51—54页。

文化教育等功能。

四、21 世纪非洲华人社团的新特点

21 世纪以来，非洲各国的华侨华人社团组织蓬勃发展，这些华侨华人社团的一个重要特点是新、老、台三部分界限明确，在南非尤其明显。西印度洋地区岛国的华裔社团多以专业、体育、娱乐、慈善为主；台湾侨胞社团虽然以经商投资为主，也有一些从事文化传播和慈善活动；中国大陆社团主要还是以宗亲社团和经济团体为主。

(一) 华裔社团功能的延伸

1. 留尼汪华裔社团的新趋势

西印度洋地区诸岛国的华人组织经历了各种变迁后，开始了新的一轮整合和重组。除前面提到的中华会馆一类的组织外，留尼汪关帝中华文协董事会在 1980 年重组，其因会址设在圣皮埃尔关帝庙内而得名。其宗旨是联络感情，团结侨胞，介绍新中国，弘扬中华文化，为大众谋福利。该会拥有会员 2 000 多人，现任董事会会长是钟松芳。[①] 在留尼汪圣伯努瓦的中国文化协会(Chinese Cultural Association of Réunion)也是一个由华裔发起的保存和发扬中华文化的组织。霍明祥医生组织了一个中国-留尼汪爱心慈善基金会(Association Solidarité Chine-Réunion)。[②]

华裔周贤忠(Daniel Thiaw-Wing-Kai)的哥哥周国亮曾是留尼汪中华总商会的会长，一直热心为留尼汪华人社区服务。他自己既是留尼汪华人社团联谊会(Federation des Associations Chinoise de la Réunion)

---

① 笔者 2016 年 11 月访问留尼汪时，该会会长钟松芳及董事会负责人侯沐凯、陈庆添等邀请中国代表访问圣皮埃尔，在关帝庙里进行交流并热情地带领我们参观新建的关帝庙和市景并赠送相关资料。在此对钟松芳会长及留尼汪关帝中华文协董事会表示衷心的感谢。

② 有关华裔青年的各种社团，参见 Edith Wong-Hee-Kam, *La Diaspora Chinoise aux Mascareignes*, pp. 338 – 339.

的现任会长，前些年(2011—2012 年会长)又和李顺成(Jean Cheung-Ah-Seung，2013—2014 年会长)等人负责留尼汪关帝联谊会，每年积极组织各种联谊活动。尽管周贤忠目前就任留尼汪中华总商会会长，但他似乎有用不完的劲。“与其他团体及个人合作帮我们更好地与本地融合。华人子女通过参加这样的活动，对中国文化的认识会更直观、深入，感情也更深厚了。”他对自己的定位是“五个周贤忠”：信息工程专家、社会活动家、慈善家、多个商贸社团的参与者(如当地企业家协会会长)和一家之主。①

留尼汪学者廖遇常认为，中国近年来的一系列通过社会、文化、语言和宗教实践推动“寻根”的行动极大地促进了留尼汪华人的文化回归。然而，他也提出了诸多疑问：“但是，这一积极推进中华文化因素重新回归的行动，对华人来说会否不是一种新的文化放逐而新的苦难来源？重新回归中华文化需要付出怎样的人文及心理代价？寻找‘中国根’是该种族一种新的社会幻觉，一种虚假的身份追寻吗？”同时，他认为留尼汪华人与中华文化之间的关系已不存在，并认为在留尼汪这样一个克里奥尔人占 90%的社会里，中华文化几乎绝迹于人们的日常生活。② 然而，从我们对留尼汪的研究和实地考察看，当地的华人确实经历过法国殖民统治的强制的同化政策，他们不能保留自己的中文名字，不能开办中文学校，不能随意宣传自己的文化传统。然而，经过这么长时间的禁锢与摧残，中国文化仍在当地随处可见，关帝庙存在于多处，而且华人正在圣皮埃尔重修一个更大的关帝庙，华人餐馆随处可见、留尼汪已经将汉语

---

① 汤曼莉编著：《海上传奇：留尼汪华人华侨志》，第 206—207 页。2016 年 11 月笔者访问留尼汪时，应周贤亮会长、侯沐凯会长和霍明祥前会长邀请去霍会长住宅访问并一起共进晚餐，留尼汪银行副总侯慧慧女士、留尼汪大学孔子学院外方院长管美玲女士和青年企业家陈庆添先生等留尼汪侨领均在场。霍宅是一座具有 200 多年历史的克里奥尔式建筑风格的文化遗迹，受到留尼汪政府的保护。笔者在此对留尼汪诸位侨领的热情款待表示衷心感谢。

② 廖遇常(Live Yusion)：《留尼旺岛华人后裔的文化回归：新的文化放逐？还是新的苦难？》(周舟译)，载吕伟雄主编：《世界海外华人研究学会地区性非洲国际会议论文摘译》，香港社会科学出版社有限公司，2008 年，第 229—236 页。(原文译成“廖裕常”)

纳入小学生选修外语课程，从这些都可以看到中华文化的影响力。可以这样说，中国历史和文化传统开始重新受到重视，留尼汪华人与中国的关系日益密切。

2. 毛里求斯华裔社团的多元化

毛里求斯华裔社团的一个最大特点是多元化。在 2016 年最新的社会组织名单上，除了与传统的经商贸易相关的组织外，相当一部分与文化教育有关，其中 12 个组织与中文教育、新华中学、校友等性质相关。另一类是与中华传统文化有密切关系的，与舞龙舞狮及武术或中国功夫有关的协会达 10 个之多，还有中国侨民文化遗产方面的、中国历史方面的、中国文化方面的等等。第三类是多与妇女、老年及健康有关。第四类是宗教组织。

毛里求斯的南顺会馆于 1998 年与义兴公祠合并，在路易港的繁华地区盖了一幢新会所。在一些移民入籍政策较为宽松的居留国(地)，华侨加入当地国籍的日益增多。一些传统意义上的地域性和宗亲性华人社团组织由于其固有的封闭性和排他性，对于已经入籍的华人来说已经没有从前那种吸引力了，但这并非说传统华侨社团组织已无存在之必要。

毛里求斯华人主要社团组织(2016 年)

	社团或单位	ORGANISATION	会长	PRESIDENT
1	仁和会馆	Heen Foh	林孟超	Lim Fat, Ah Men
2	华联	Hua Lien	李国提	Li Chap Yin, Bernard
3	南顺会馆	Nam Shun	霍裕壮	Fok Kan, Philippe
4	华人社团联合会	Federation of Chinese Societies	熊仕忠	Hung Wai Wing, Mario
5	福禄寿联谊会	Fook Lo Soo Senior Citizens Association	黄导琪	Tai Kie
6	平安联谊会	Ping On	曾繁仁	Tsang Kwai Yew, Roland(VP)
7	华晴乐龄会	Hwa Kuang Senior Citizen Club	无信息	Ng Wan Sam, Moy Yin

续 表

	社团或单位	ORGANISATION	会长	PRESIDENT
8	新中校友会	Chinese Middle School Welfare Association	李训祥	Lam Kam Yue, Lam Shune Siong
9	新中同学会	无信息	李碧霞	无信息
10	华人妇女联合会	Women Association for the Promotion of Chinese Culture	郑莲友	Lam Kee, Zheng Lian You
11	冰威廉妇联会	Plaine Wilhems Women Association	田丽英	Chan Yin, Joyce
12	华光妇女联谊会	Hwa Kuang Women's Association	钟彩仙	Tin Kin Wang, Rose Marie
13	华晴会	Hwa Kuang Senior Citizen Club	张银英	Ng, Marie-Therese
14	华侨书报社	La Librarie Chinoise Association	武松光	Ng Thow Hing, Claude
15	客属会馆	Hakka Association	李丽生	Ah Lee, Seng
16	华商总会	Chinese Chamber of Commerce	黎广来	Lai Fak Yu, Llloyd
17	华商经贸联合会	Chinese Business Chamber	无信息	Onsiong, Lee Meng How
18	霍氏旅馆	Fock Diack Society	无信息	Fok, Guy
19	中国侨民文物协会	Chinese Diaspora and Heritage Association	曾繁兴	Tsang Man King, Joseph
20	辛亥革命一百周年庆祝委员会	Organizing Committee for the Celebration of the 100th Anniversary of China's 1911 Revolution	侯清发	How, Ching Fat
21	中国大专院校同学会	China Universities Student Association	刘建国	Liu, Jan
22	毛中友好协会	Amicale Chine Maurice	李基昌	Li Kwong Wing, Kee Chong

续　表

	社团或单位	ORGANISATION	会长	PRESIDENT
23	中国和平统一促进会	MCPP Reunification of China	李济祥	Li，Kook Tseung
24	文化交流动协会	Culture on the Move	曾杏英	Siao，Salette
25	中国武术联合会	Mauritius Wushu Federation	约瑟夫	Yong，Dhan
26	龙狮舞联合会	Dragon and Lion Dance Federation	黎国杆	Lai Wai，Bruno
27	太极天虹协会	Taiji Association	管文豪	Koon Kam King，Maxime
28	太极生活会	Taichi for Life	无信息	Li，Doris
29	健身气功协会	Health Qigong Association Mauritius	约瑟夫	Yong，Dhan
30	华人武术协会	Chinese Martial Arts Association	无信息	无信息
31	光华舞狮团	Kwong Hwa Lion's Group	无信息	无信息
32	阿提拉文化团	Attila Cultural Group	无信息	Yap Kwong，Ah Leong
33	金狮圈	Golden Lion Circle	黄士雄	Wong，Mike
34	华人少林功夫舞狮协会	Chinese Shaolin Kungfu and Lion Dance Association	无信息	Chan Tsun Ching，Jose
35	中山堂	Chung San	无信息	Li Moy Lin，Dominique (Interim)
36	中中校友会	Alumni Association	无信息	Mrs Li Piang Nam，Kathleen
37	明德中心	Ming Tek Centre	无信息	Chee Kim Ling，Cyril
38	华人天主教会	Mission Catholique Chinoise（PL，PW，RB，BdT）	无信息	Fon Sing，Helene
39	华龙会	Fa Liung Association	无信息	无信息

续 表

	社团或单位	ORGANISATION	会长	PRESIDENT
40	华人基督教会	Chinese Christian Fellowship(PL, RH)	无信息	Tin, Stephane
41	华文作家协会	Chinese Writers Association	申清芬	Li Wan Po, Janet
42	中文教师联谊会	Mandarin Teacher's Association	倪怡	Ni, Yi
43	汉语促进会	Chinese Speaking Association	黄导琪	Ah Kioon, Kwet Khee
44	华语促进会	Chinese Speaking Union	熊仕忠	Hung Wai Wing, Mario
45	中国音乐学校	School of Chinese Music	肖友进	Sin Chan, Lew Chin
46	瑞龙安老院	Sui Loong Elder Center	江友锦	Kong, Jean-Paul (Manager)

资料来源：毛里求斯青年侨领冯景广先生提供，在此致谢。

华裔社团中有一个重要倾向是传统宗亲组织的功能转向。以前，这些华人宗亲组织的排外性比较强，随着时代的变迁，这种特点逐渐弱化，而为民众服务特别是为特定群体服务的功能加强。例如，毛里求斯的广府宗亲组织南顺会馆为了适应老年人的需要，成立了南顺会馆老年人协会。有毛里求斯"唐人街的百事通老人"之称的安妮玛丽古文彬女士(Mrs. Anne Marie Venpin)①目前就在这一组织工作。她回忆以前辛苦劳作的时光以及现在的休闲日子：

> 那时候，为了能准时交付客人的订单，我时不时就得连夜赶工。如今，我已经老了，无法再从事那么高强度的工作了，我更乐意多花些时间做些力所能及帮助他人的事情。几年前，我被选为南顺会馆老年人协会主席，南顺会馆是由来自广东南海和顺德的移民组成的一个社

① 她的中文名又作"黎旺金"，是南顺会馆的名誉主席。参见 Pascale Siew：《唐人街：毛岛往事》，第 194 页。"黎旺金"似为广东话的翻译，其丈夫为古氏家族(古文彬、古少彬等)，此书的中文版译为"黎氏"。

团联盟组织。南顺会馆老年人协会对在毛里求斯的老年人来说是很重要的一个组织，它为老年华人们提供了一个交流的平台，大家一起交流防范老年人健康疾病问题，比如说阿兹海默症(老年痴呆症)。①

非洲一些国家的政府将主要的扶贫慈善工作承担起来，从而使得一些宗亲社团的主要功能之一有所削弱。南顺会馆的这种转向既能保持宗亲社团的生命力，也能使社团成员老年时有所作为，有所依靠。

其他国家的华人社团也有所发展。华裔青年组织比较活跃，除了与经济活动相关的社团外，这些团体或是倾向文化娱乐，或是热衷体育竞技，或是涉及宗教慈善。在南非成立了不少弘扬中华文化，研习武术或强身健体的青年组织，如南非业余文艺社、中华文化中心太极拳社、中华文化中心国术促进会、约堡太极拳健卫会等。南非华裔青年还组织了南杜省体育会、北杜省体育会、中华体育会、金龙篮球队及其他各省的代表队。华人还专门成立了自己的慈善组织，如 1976 年成立的基督教华人敬老基金会、1981 年成立的南非华人康宁安老院等。②

(二) 香港与台湾华商的社会组织

香港移民从 20 世纪 90 年代开始在南非投资，主要原因有多个：一是从香港的情况看，当时相当多的中国大陆人移民香港，多少挤压了部分香港人的生存和发展空间；香港人担心 1997 年后英国将香港移交给中国后，香港的经济发展可能受到影响。二是从非洲的情况看，南非政府为了吸引外资，从 20 世纪 80 年代后期就颁布了多项鼓励外来投资移民的政策。③ 更重要的是，曼德拉出狱后国际制裁开始放松或解除，南非

---

① “The Living Repository of our Chinatown”, *ChinaTown Magazine*, July 2016, p. 27.

② 欧铁编著:《南非共和国华侨概况》，第 66—69 页。

③ 例如，1986 年 6 月 13 日修改 1937 年的《外国人法案》第四段第三条款，实际表明来南非的外国人都有希望成为南非居民；前来南非投资的股东或主要投资人，均可申请长期居留权；金融上实行“外资优惠汇率”(Financial Rand)；内政部大规模放宽投资签证。参见欧铁编著《南非共和国华侨概况》，第 85—91 页。

经济的前途看好。此外，香港华商从20世纪60年代开始投资非洲。目前他们在西非国家（如尼日利亚和加纳）的多个工业领域的地位仍然非常重要。① 最重要的是，一些著名的家族企业如查氏集团、董氏集团和李氏集团都在非洲发展得非常好，这种形势刺激了其他香港投资商。② 值得注意的是，尽管香港人的经济活动非常频繁，但他们在社团组织方面似乎并不活跃。根据统计，21世纪初期，尽管南非的华人组织已达百余个，但具有香港地区特色的只有一个。③ 他们也有自己的社交活动或俱乐部，但带有区域性特点的社团较少，这可以从两个方面解释：一是到非洲来投资的多是家族企业，已经习惯于创业阶段的单打独斗，对那些在非洲投资初期的带有强烈地域性特点的社团不习惯；二是他们的国际化程度相对较高。

此外，台湾华人在非洲特别是南部非洲也有各种团体，如南部非洲台湾同乡会、南部非洲台湾客属联谊会、绿社、南非华人妇女会、华心文教基金会、华夏体育总会、国际佛光会、慈济基金会、斯威士兰纺织成衣出口协会（台商与其他国家厂商一起成立）、台湾旅模（毛里求斯）同乡联谊会、台湾大专生在模（毛里求斯）协会。根据南非华人网的粗略统计，带有台湾特色的社团有44个。④

《南非华人史》的作者叶慧芬和梁瑞来在一篇论及新南非诞生后十年来南非华人社区发展的文章中认为，以前的南非华人内聚力相当强，

---

① 尼日利亚的香港人至今仍然怀念他们在20世纪70年代的日子——经济发展相对繁荣，社会交往频繁，安全没有问题。Giles Mohan, Ben Lampert, May Tan-Mullins & Daphine Chang, *Chinese Migrants and Africa's Development: New Imperialists or Agents of Change*, pp. 76-77, 86-87, 96-98, 147-148.

② 有关香港人在20世纪90年代投资南非的情况，可参见 Xiao Xin, "Chinese Immigration to South Africa, from the early 20th century to the Apartheid years", Paper Presented in "African Economic History International Conference", Shanghai Normal University, June 12, 2016.

③ 袁南生：《走进非洲》，第243页。

④ "南非华人社团汇总"，南非华人网，http://www.nanfei8.com/bbs/forum.php?mod=viewthread&tid=4799

因为他们要集中力量对付种族隔离制带来的各种困境。新南非诞生后，从中国台湾、中国香港和中国大陆涌进来的一大批移民使华人社区人数大大增加，多元倾向增强，华人社团也丰富多彩，包括妇女组织、艺术文化组织、宗教组织、体育组织和贸易促进组织。①

(三) 新移民团体的迅速崛起

华侨社团大量涌现是非洲华人新移民中的一个重要特征，这些社团基本上是循着华人移民海外的生存逻辑而逐渐建立的。第一步是为了生存，这是新移民抵达非洲后的根本要求，他们在陌生的国土上需要抱团取暖。袁南生先生在论及非洲华人社团时认为："非洲华人社团经历了一个从传统到现代、从靠忠义维系社团到靠会章组织社团、从组织单一到组织多样、从生存诉求到多种诉求的发展过程。"②这是有一定道理的。最初的社团基本上是以朋友和宗亲或地域为条件组织的。最有意思的例子是津巴布韦在 20 世纪 90 年代末期成立的非正式组织"单身俱乐部"和"鞍山九人帮"，前者由一些未婚或已婚但配偶留在国内的青年组成，后者由 9 名籍贯为辽宁鞍山的老乡按照年龄排序构成。③ 然而，这种为了丰富个人生活而临时组织起来的仅带有联谊性质的社团，实在难以满足新移民的需求，随着当地形势的各种挑战以及中国移民增多的新环境，一些致力于促进中国与所在国双边经贸合作和保障华侨利益的社团开始出现。

中国新移民的社团如雨后春笋般建立。以南非为例，在种族隔离制之下，华人社团少得可怜。然而，进入新世纪以后，南非社团增加到 100 余个，其中具有台湾地区特色的团体 43 个，具有中国大陆特色的团体 32

① Melanie Yap and Dianne Leong Man, "The Chinese Community in South Africa after 1994", in Celebrating Ten Years of Freedom in South Africa and the South Africa-China Partnership, *People's Daily*, Special Issue, 2004, p. 97.

② 袁南生:《走进非洲》,第 240 页。

③ 沈晓雷:《试析中国新移民融入津巴布韦的困境》,《国际政治研究》,2015 年第 5 期,第 134 页。

个,具有香港特色的团体1个,具有老侨特色的团体12个,中性团体10个。有的是具有性别意义的,如全非洲女企业家工商联合会。该会于2007年9月19日在约翰内斯堡成立,前任会长和现任会长分别由陈丽辉和张晓梅担任,目前该会主要在南非开展活动。还有不少是地区性组织,如福建同乡会、闽南总商会、上海工商联谊会、黑龙江同乡会、南通商会等。在2017年,针对南非茨瓦尼市市长姆西曼加访问中国台湾台北市的事件而发布的《致南非民主联盟和茨瓦尼市市长的公开信》上签名的南非华人组织达106个,这一数字尚未包括南非的台湾地区华人组织。①

与新移民相关的华侨团体涵养面很大,有的是世界性组织的分会,例如世界华商在多个非洲国家设有分会,世界华商马达加斯加分会即是一例。第二类是全非洲的华人组织,比较突出的是全非洲中国和平统一促进会。如前章所述,全非洲中国和平统一促进会最早于2002年4月19日在南非约翰内斯堡成立,随后相当多的国家和地区都相继成立了和平统一促进会(简称和统会)。② 第三类是中资企业在相当多的非洲国家设有商会,如津巴布韦中资企业商会。这类商会往往还设有会长单位和理事单位,会长单位由在该国影响力较大的中资企业担任。如津巴布韦中资企业商会的会长单位是天泽烟草公司,理事会单位15家;常务副会长单位3家,分别为中钢津巴布韦铬业有限公司、安徽外经建设集团华安津巴布韦有限公司和华津水泥有限公司(中材);副会长单位由江西国际经济技术合作公司等12家单位组成。需要注意的是,这种商会常驻人员很难算作移民,他们多是企业派往非洲的工作人员,有一定工作期限。

---

① 参见南部非洲上海工商联谊会会长姒海致李安山邮件,2017年02月24日06:35:00(星期五)。

② 有关一些非洲国家华侨华人希望和平统一,反对分裂的活动的相关资料,参见李安山编注《非洲华侨华人社会史资料选辑(1800—2005)》,第376—382,392—393,396—397,470—474页。

(四) 新移民团体个案:津巴布韦华侨社团与南非福建同乡会

津巴布韦新移民社团出现在20世纪90年代末期,当时一些青年组成了自娱自乐的非正式团体。沈晓雷认为,这种非正式团体不但丰富了当时人数很少的新移民群体的生活,更为此后建立的侨团组织培养了一些领导人。津巴布韦两个最有代表性的团体为津巴布韦华商联合总会和津巴布韦华人华侨联合总会。津巴布韦华商联合总会(简称“华商会”)是新移民在津巴布韦的第一个正式华侨社团组织,其成立源于2004年8月津巴布韦政府的一个通知。当时,津巴布韦政府突然宣布当月26日将大幅提高部分进口商品关税,绝大多数华商尤其是经营服装鞋帽及箱包的华商将因此遭受重大损失。为应对此突发事件,28位华商组织起来,在中国驻津大使馆的协调下争取了两个月的宽限期,从而避免了损失。以此为契机,华商会于2004年10月3日在哈拉雷喜来登酒店成立。2014年3月31日成立的津巴布韦华人华侨联合总会(简称“华联会”)是津巴布韦另一重要的华侨社团。该会根据会员的籍贯或成员现在所居城市下设10个分会,包括北方同乡会、湖南分会、湖北分会、江浙分会、山西分会、布拉瓦约分会、奇诺伊分会、奎鲁分会、宾杜拉分会和穆塔雷分会。①

津巴布韦华人华侨主要社会团体(2015年)

所在地	名称	成立日期	负责人	备注
哈拉雷	华商联合总会	2004年10月3日	李加琦、郭发新、李新烽*	简称“华商会”
哈拉雷	和平统一促进会	2005年4月17日	李加琦	
哈拉雷	中资企业商会	2006年6月2日	天泽公司	会长单位

① 沈晓雷:《试析中国新移民融入津巴布韦的困境》,《国际政治研究》,2015年第5期,第129—152页。

续 表

所在地	名称	成立日期	负责人	备注
布拉瓦约	华人华侨联谊会	2007年9月18日	现为华人华侨联合总会布拉瓦约分会	
哈拉雷	中华北方同乡会	2010年9月19日	罗跃胜	
哈拉雷	湘商会	2010年	胡建萍	
哈拉雷	乒乓球协会	2013年12月	杨栓喜、汪礼平*	
哈拉雷	河北商会	2014年	李新烽	
哈拉雷	华人华侨联合总会	2014年3月31日	丛玉玲	简称“华联会”
哈拉雷	爱心妈妈	2014年	彭燕	慈善组织

资料来源：沈晓雷：《试析中国新移民融入津巴布韦的困境》，《国际政治研究》，2015年第5期，第134—135页；以及相关报刊网络资料。

* 指成立至今的各任会长。

南部非洲的福建移民是最大的华人群体，这是学界公认的事实。①正如早期中国移民一样，福建移民的社团组织以宗亲地域为主，福建同乡会几乎在南部非洲每个国家都有，在莱索托甚至还有福清人同乡会。1997年6月29日，一批南非的福建新移民自发成立了南非（中华）福建同乡会，会长由全体理监事会成员以无记名投票的形式选举产生。2002年7月，他们又自愿出资98万兰特（当时1美元相当于10兰特）在约翰内斯堡西门町街39号购置地产作为福建会馆。开馆当天，正率领经贸代表团访问南非的福建省省长习近平亲临现场，为会馆揭牌。在致辞中，他代表福建人民对远离祖国万里的福建同胞表示慰问，对福建会馆开馆表示祝贺，并希望南非的福建同胞生意兴隆，幸福平安，加强与家乡

① 这类研究相当多，参见万晓宏《南非华人现状分析》，《八桂侨刊》，2007年第1期，第28页；Terence McNamee, with Greg Mills, et al., *Africa in Their Words: A study of Chinese traders in South Africa, Lesotho, Botswana, Zambia and Angola*, pp. 16－18.

的联系，为福建的发展贡献力量。南非中华福建同乡会首届会长叶北洋指出，福建会馆是由福建同胞自愿赞助购置的，这充分体现了福建人的团结精神和中华民族的奉献精神，会馆为南非的福建同胞和中国同胞提供了一个必要的活动场所，会馆欢迎各界朋友光临。时任中国驻南非大使刘贵今、驻约翰内斯堡总领事叶明朗以及南非华人华侨数百人出席了开馆仪式。①

自南非福建同乡会成立以来，福建人移民南非的人数迅速增长，10年来已拥有1 000多名会员，成为南非当地社会具有相当影响力的社团组织。2007年9月13日，南非福建同乡会理事会一致同意，鉴于南非福建同乡会在南部非洲发展迅速，决定更名为南部非洲中华福建同乡会。2013年，据南部非洲中华福建同乡会第九届会长杨天峙介绍，该会是南非最大的华人同乡会，拥有1.5万名会员。该会不仅多次帮助福建老乡和其他华人渡过难关，而且在当地也投身公益性事业，积极捐款捐物，为增进中南两国人民的友谊和发展两国的经贸往来做出了贡献。自第九次选举开始，会长和理监事会成员每届任期由两年变为三年。②

(五) 新移民团体的通信工具：中文网络媒介

随着网络媒介的快速发展，一些新移民团体将网页、电子刊物或网上论坛作为自身组织的一种新的宣传工具，有的网上论坛成为非洲华人共享信息和交流信息的便捷平台。以下略举几例。

《非洲侨网》(www. qiaowang. org)是为了适应全媒体的发展需求，满足读者对非洲时事的关心，使读者更便捷地了解非洲《华侨周报》所报道的内容，面向全非的大型门户网站。主要报道非洲各国的新闻，中非关系也是其报道重点之一。

---

①《南非福建会馆开馆习近平为会馆揭牌》，2002年7月20日，人民网/中国网，http://www.china.com.cn/chinese/ChineseCommunity/176136.htm；袁南生：《走进非洲》，第243页。

②《南部非洲福建同乡会选出第九届会长》，2013年8月3日，新华网。

2014年3月30日，由津巴布韦华商会主办的津巴布韦华人网(http://www.zimbbs.com/)正式上线。该网站以服务津巴布韦全体华人，提供新闻、信息、商业生活资讯和创建华人的精神家园为宗旨，下设津巴动态、商会资讯、政策法规、文学天地、国情介绍和商业信息等板块，目前已成为了解津巴布韦和津巴布韦华人社区最重要的网络平台。《津巴布韦时报》(*ZIMBABWE TIMES*)是由津巴布韦华人华侨联合总会常务副会长赵科2014年12月1日创办的微信公共信息平台(微信号为zimbabwe-times)，主要以报道津巴布韦当地新闻、非洲新闻、中非关系为主，同时记录华人在津巴布韦的生活、工作状况。它以民间人士的视角，透视津巴布韦社会百态，所设栏目主要包括新闻纵览、热点分析、投资资讯、华人社区和便民信息等。该微信平台每周一、三、五推送，订阅客户近千人，受到包括中国驻津大使馆在内的广泛关注。华商会于同年12月13日推出的《津巴布韦华人网》微信平台正式上线(微信号为Zimbabwe_ChineseWeb)，每周一至周六推送，栏目设置主要包括华人社区、津巴布韦新闻、中非新闻和便民服务台，与津巴布韦华人网相互补充，成为继《津巴布韦时报》后的另一重要微信平台。①

马里华侨华人联合总会的网站办得很有章法。主要有四个栏目：在“关于我们”栏目有“关于我们”“马里华人活动”“关于疟疾”“会员企业介绍”和“联系小编”等次栏目。“关于我们”次栏目主要是介绍马里华侨华人联合总会的会章和会规；“华人活动”次栏目里有关中国驻马里大使馆以及中国驻马里大使的活动内容较多，有关华人的社会新闻较少，颇有曲高和寡、不接地气的感觉。“投资指南”中则有各种中国驻马里大使馆的通知、马里政府的法规、财政预算方案、有关投资政策以及马里的劳工、税收和承包政策，还有对马里经商环境以及马里劳动法的介绍。在“时政动态”中有“社会综合”和“关注非洲”，分别介绍中国时事和非洲

① 沈晓雷：《试析中国新移民融入津巴布韦的困境》，《国际政治研究》，2015年第5期，第135—136页。

时事。

《尼日利亚华人网》是尼日利亚华人自己办的一个网站。它主要集中报道尼日利亚及非洲时政，特别是及时转载尼日利亚当地报纸的报道，是一个及时了解非洲及尼日利亚的便利渠道，同时也提供签证、旅行、汇率等信息。用它自己的话来说："我们不仅关注尼日利亚，关注非洲大陆，我们以全球视野，家国情怀，打造海外华人世界有见地、有深度、有观点、有内涵、有情怀、有乐趣的华文媒体平台。立足尼日利亚，辐射非洲大陆，走进尼日利亚的桥梁，了解尼日利亚的窗口。"

《安哥拉华人报》(*angolanews*)定位为"安哥拉华人自己的报刊"(cnangola@163.com)，是一份及时报道安哥拉经济社会消息的中文电子报。设有"安国华埠""本地新闻"和"勾搭小编"等栏目。"安国华埠"专门有"华埠早闻""头条推介"和"华企招聘"等内容。"本地新闻"则有"社会动态""经济发展"和"旅游资源"等标题。"勾搭小编"则列有"优秀征文""黄页资讯"和"加入观察员"等内容。从新闻发布的角度看，颇有时效性。每期的"华埠早闻"有 15 条左右的新闻，内容涉及中国驻安使馆消息、较重要的中国企业活动(联欢会、慈善)、安防信息等。

《莫桑比克华人报》自称是"莫桑比克华人自己的报纸"。虽然这一电子报不定期地推荐最新的莫桑比克新闻资讯、华人新闻、社区等信息，但给人感觉其最大特点是时效性。以上列出的非洲各国华人微信平台发布的信息比现实要稍微晚一拍，而《莫桑比克华人报》则基本上是同步的。其内容涵盖面比较广，从国际新闻到其微信公众号——马普托专线 84－1847131，84－2033578。

五、结论：国际化与地方化的双重进程释疑

人类历史就是一部移民的历史。从古代开始，人们从一个地方迁移到另一个条件更好的地方，或是为了生存，或是为了发展。到了近代，人类建立了一整套所谓国际体系，边界的设立成为民族国家的必备条件。

无论是从国内或国际角度来看，海外移民也就成了一个“问题”。然而，在古代，虽然交通条件并不优越，但如果从边界流动的角度看，移民似乎更为随意。在印度洋地区，人们的迁移具有很长的历史。海上交通促使人们在亚洲和非洲之间移动和交流。① 这种人口迁移也留下了诸多值得探讨的问题。

刘宏通过对东南亚华人社团的研究，提出海外华人中存在着全球化与地方化的双重进程：“我们必须强调海外华人社团的国际化是在日益地方化的背景下发生的，全球化与地方化在实际上是同一进程的两个方面。”他进而认为，“海外华人社团国际化的主要动力是建立于地方性认同（文化、习俗、方言、祖籍地）的基础上，而国际化的进程又反过来加强了地方性因素（如侨乡经济、海外华人对原籍的情感）的重要性，也成为海外华人社团在国界之内发展壮大的推动力。”②虽然他似乎将“全球化”与“国际化”等同，但这一观点涉及的概念是指国际化。对于这一观点，具体情况要具体分析。

从非洲的情况看，由于存在着大量新移民这一特定因素，在移民初期社团的组建上，各种地方性因素仍然起着极其重要的作用，这实际上是世界移民过程中的一种惯例，也是人类在求生存谋发展的迁徙过程中的一种理性选择。然而，时代的变迁使中国向海外移民的条件有所改变。其一是中国作为制造大国或“世界工厂”的定位，这为中国商品远销非洲提供了先决条件；其二是科技的发展和互联网的普及，这使移民在中国或非洲的营销环境以及一般意义上的经济和社会联系变得十分便捷；其三是非洲大陆大部分国家处于发展启动期这一因素为中国商品提供了广阔的市场，从而为大量中国新移民提供了施展才能的空间。“许

① Li Anshan, “African Diaspora in China: Reality, Research and Reflection”, *The Journal of Pan African Studies*, 7:10(May, 2016), pp. 10 – 43; Li Anshan, “Contact between China and Africa before Vasco da Gama: Archeology, Document and Historiography”, *World History Studies*, 2:1(June, 2015), pp. 34 – 59.

② 刘宏：《海外华人社团的国际化：动力·作用·前景》，《华侨华人历史研究》，1998 年第 1 期。

多人相信海外侨团不过是少数'自以为发达人士'借以炫耀成功和财富的台阶，亦或是'一群乌合之众'的取暖烤炉，我们不否认这种现象和动机的存在，但我们从不如此定义自己。……在遥远的非洲，海外侨团不仅要成为同乡联谊的平台，也应该主动承担起坚持和发展族群利益的社会责任。"这种客观的定位应该是非洲或海外侨团努力的方向。①

如何理解这些新移民社团的国际化呢？首先，他们从中国移民非洲并在另一个国家成立社团，这种社团本身就是经济全球化过程的产物，是一种典型的国际化。然而，如果从"双重进程"的角度看，他们社团的国际化取决于三个条件：一是社团领导人的国际视野。领导人或董事会是否具有这种视野，他们是否看到了社团国际化的必要性。二是社团的性质。如果是从事大宗商品的社团，这种社团的国际性可能会显得十分必要；但如果是社区进行某种特定活动的社团（娱乐、慈善、学习），成员可能觉得没有必要国际化。三是社团所在国家的条件或社团自身条件是否具备。这一点应该是每个社团在所谓的"国际化"之前应该考虑的因素。当然，从宏观上看，国际化与地方化永远是移民社团的一种互动过程。

① 姒海：《追逐梦想总是百转千回让我们依然坚持追逐》，载南部非洲上海工商联谊总会编：《追梦——上海人在非洲》，"序"。

第二十六章　非洲华人的文化生活与社会活动

本人是生长祖国的一个青年男子，籍贯梅县，现年廿岁，生性爱好阅读及摄影、娱乐、交友等。我抵毛[里求斯]已三年余，因为生活枯燥，缺少朋友，所以我鼓起男气向喜欢交友的青年伸出至诚的手，希望未来的笔友们多多指教。你(妳)们将来的笔友信美

——《毛里求斯报》上的征友启事

忘掉语言，就是失去根源。

忘记祖宗，就是失去灵魂。

——毛里求斯前文化部部长曾繁兴《客家史诗》

非常忙碌，慕名而来的人越来越多。这更坚定了我的信心，我要坚持"诚实"的原则，在技术上精益求精，对待病人有博爱之心，态度和蔼，不分肤色、贵贱，一视同仁，坚持人道主义。

——几内亚华人赖翠玲医生，1989 年 10 月 5 日

海外华人的移民定居过程往往要经历一个由被动到主动，由自发到自觉的过程。从早期的求生存以逐渐适应当地社会，再从谋发展到寻求转变自己，最后融入当地社会。"对移民而言，民族认同可以是一个积极

的过程，也可以是一个消极的过程，可以是一个主动的过程，也可以是一个被动的过程。然而，在面临只有一种选择的时候，这决不会是一个轻松的过程。”①在这一漫长的移民认同的过程中，作为社会的人，华侨华人有自己的理想追求、文化娱乐和社会生活。他们在政治认同、经济利益与社会融合中取得了许多成就，也有所缺失。本章主要探讨非洲华人的文化生活和社会活动，他们对中国文化的坚守与疏离，华人报刊的兴衰与复苏以及华人的各种社会活动，包括唐人街与中餐馆，婚姻与丧葬以及其他社会交往。

一、华人文化生活的演变

(一) 华人的激情岁月

在 20 世纪 50—60 年代，华人中的文化组织相对活跃。当时，由于国共双方的矛盾激烈，华人社会受到直接影响，致使一些社团组织、报纸杂志和文化活动均受到波及。这个时期文化生活有两个重要特征：青年人中间表现出强烈的“求变”愿望，各种文化活动中的意识形态色彩非常强烈；华人社会处于躁动之中，青年爱美、交友、好动和追求时尚等特点不时体现出来。

1. “青年学子的共鸣——不满现状”

20 世纪 50—60 年代的毛里求斯青年焕发着一种活力，青年们互相帮助，互相鼓励。如前章所述，当时由毛里求斯青年自发组织的文化团体相当多，包括学习、进修、阅读、交流、文娱、体育等方面。以华侨青年进修会为例。这是在爱国侨领邓军凯先生主持下于 1952 年 10 月 22 日创建的毛里求斯爱国华侨青年的组织。在 1953 年 10 月 1 日召开的第四次会员大会上，“青年进修会组织章程”经修改后通过。其宗旨是“以联系情感，提高学习效能，发扬团结互助至爱之精神”。会员须是“凡思想

---

① 李安山：《非洲华侨华人史》，第 503 页。

进步以及愿意学习祖国新文化、无不良嗜好之青年”。青年进修会还编辑了《星光》，为半月刊，其目的十分明确：“为加紧学习，充实自己……”发刊词《我们的话》表达了一代朝气蓬勃的毛里求斯华人青年的激情：

> 如所周知，自祖国解放以来，一般侨胞的思想，已有了新的变化，但这还不过是开始而已，无可讳言的，目前毛岛的华侨社会还被封建残余的旧势力所支配着。因此，便使每个有志向的青年产生了共鸣——不满现状。我们是一群职业青年，学习时间本是有限的，但为了要改变我们单调的、寂寞的、甚至是没落的生活方式，使我们的生活充实起来，为了跟上新时代的步伐，适应祖国的需求，我们毅然不顾任何困难，尽力达成我们的理想——创造了《星光》。我们这一群远离故乡的游子，在新祖国的感召下，已经从梦中醒过来了。毛泽东思想的教育，给予我们尊重的力量，我们已鼓起了坚强的勇气，向周围的反动势力作殊死的斗争。我们深信，胜利是属于勇敢人的，我们更以虚心学习的态度，期望着能学得更多的知识。……趁着《星光》创刊的日子，呼吁进步的侨胞给我们作有力的支柱，使《星光》能逐渐地充实起来，与大家共同向着光明的前途迈进。

《星光》给自己规定了明确的目标：以崭新的姿态，有明确的立场，走群众路线，发挥集体学习的效能。它负有两大任务：一是发扬爱国主义，谈论祖国的新人新事，介绍祖国在建设中的伟大成就，列举人民政府爱护与关照华侨的事例，帮助侨胞沟通思想，认识祖国的伟大；二是打击敌人，根据事实，粉碎谣言，争取团结侨胞的民主力量。

青年人对《星光》是充满期待的。一篇题为《歌颂星光的诞生》的诗歌，将毛里求斯的青年对现实的不满和对冲破黑暗的期许表达得淋漓尽致。

> 星光！星光！
> 你是个辉煌灿烂的星光，
> 你在这黑暗的夜里，
> 放射出万丈光芒。

你冲破了眼前的黑暗,创造着未来的光明。
星光! 星光!
你是个伟大的星光。
你在这布满了黑暗的毛岛上,
放射出强烈的光芒。
你鲜红的烈火,照耀着满地红光。
星光! 星光!
你像海燕一般的英勇,
飞跃在暴风雨的天空。
天空布满了黑暗,
你要飞跃得更英勇,冲破周遭的黑暗!
星光! 星光!
你像光辉的灯塔,
给在黑暗中摸索着的人们,指引了光明的方向。
年青的同志们啊!
我们要奋发前进,
让神圣的星光更光荣灿烂吧!

这些华人青年组织的文化团体使整个华人社会充满朝气。然而,这种局面后来因为中国国内的政治变化和华侨华人与国内交流的减少而未能继续,华人的社团组织也逐渐向具有中性的文体娱乐和慈善宗教等方面转向。

2. 文化活动:对理想和知识的追求

理想和知识是许多华人青年的共同追求,中华人民共和国的成立给非洲华侨青年带来了希望和理想。由满怀激情的青年们组成的团体既为当时的青年提供了一个交流思想的平台,也使一些青年改变着自己。一篇题为《"青年进修会"改造了我》的文章充分说明了这些青年组织的影响力,也是当时青年思想的具体体现。

> 生长在旧社会的我，受了奴化教育和封建思想的影响，不单头脑简单，思想落后，而且生活也很腐化，没有一点儿朝气。自加入青年进修会后，始吸收了很多的知识，我得到了真正的友情，它启发了我，鼓舞了我，纠正了我一切不正确的思想，引导着我向光明的、正确的大道上前进，我开始学习一切新的东西，树起了新的观念，认识了伟大的祖国，认清了新的时代，心中感到无比的兴奋和愉快。①

当时，位于毛里求斯路易港的新青年书店(New Youth Book Club)主要是从中国进口各种图书供知识青年阅读。该书店的图书目录第1号主要是各种政治读本及中国政府的会议文件，第4号是字典和教学方面的工具书。《新青年书店图书目录》第2号和第3号书单可以十分清晰地表明当时毛里求斯青年人的爱好以及毛里求斯华侨社团与中国的关系。第2号书单包括《钢铁是怎样炼成的》《卓娅与舒拉的故事》《平原烈火》《铁流》《白求恩大夫》《中国震撼着世界》《好儿女》《真正的人》《绞刑架下的报告》《人民的呼声》《挺进大别山》《三千里江山》《考验》等，第3号书单主要是国内学者的书，如《为新中国奋斗》《太阳照在桑乾河上》《新中国妇女在前进》《闻一多选集》《郭沫若选集》《巴金选集》《红军长征的故事》《林则徐和平英团》《毛泽东的成长》《在荆江分洪工地》等。②

为了鼓励健康的生活，新青年书店还发起赠报运动，赠送《华侨商报》给有贫苦又希望读报的人。“往往有很多爱读报纸的人们，因环境上的限制，不能得到他所喜欢的报纸来阅读”，因此，新青年书店邀请其他机构一起，给有困难的工友们、学生们一点帮助。结果，新华中学校友会赠报10份(3个月)，青年进修会赠送5份(3个月)。③ 还有另外的华人书店，立意甚高，生意都不错。④ 有的直到现在仍在毛里求斯华人社区很

① 刘方:《“青年进修会”改造了我》，[毛里求斯]《华侨商报》，1953年8月6日。
② 《新青年书店图书目录第2号》，[毛里求斯]《华侨商报》，1953年7月6日。
③ [毛里求斯]《华侨商报》，1953年11月27日。
④ Pascale Siew:《唐人街:毛岛往事》，第101页。

活跃。①

3. 文化活动：对生活的欣赏

亨顿和迪朗在他们的著作中记载了一位留尼汪华人的经历。这位华人曾与其他人开办过华民学校，这表明他当时是一位侨领，也是一位注重中华文化的人。“1952 年，他的儿子开了一家照相馆。当时，他自己已是烟草厂的会计了。1966 年，他回到大陆中国。1973 年，去过台湾。回留尼汪时，他带回几本心爱的书，如：《唐诗三百首》，古代文学史，现代文化史，二本关于清朝的书，一些有关学习官话的书及一本联络指导。他还买了一本《新婚青年控制生育》的论著，是吴连德博士著的，1926 年在上海曾出过英文版。”②看来这位华人十分喜爱中国古代与现代文学，他回过中国大陆和中国台湾，买的是自己心爱的书。

1957 年毛里求斯《新商报》还专门开辟了《生力》栏目，为中国青年联谊会的生活文学版。同一年，1954 年成立的华侨业余文工社也在《新商报》上主编《学习》栏目。华侨业余文工社由朱维导先生任社长，经常举办各种活动。音乐队出演的次数最多，戏剧的演出，三年来大小演出共有八次。朱维导先生总是开导文工社成员，将团体比喻为一只船，成员都是船夫，只有大家努力才能成功。③

1957 年 11 月，一群华人海员在毛里求斯停靠，得到了以朱维导先生为首的当地华侨的热情接待，大家一起举办联欢舞会。海员离港后，全体华籍船员于 11 月 15 日致函朱先生：

> 逝水般的光阴，一去不再回头，联欢舞会的盛况，记忆犹新。临江惜别的觉悟，使人感动。可是，这一切一切只能留待我们去回味和追忆——如今，我们又已经海角天涯，寄踪于南非的得品（Durban，即德班）……欢叙的时间，虽然仅得四个钟头，但由于各位的热

---

① 《华侨书报社召开十一月份常务会议通告》，《华声报》，2016 年 11 月 7 日。

② 多米尼克·迪朗、让·亨顿：《留尼汪华侨史》，载方积根编：《非洲华侨史资料选辑》，第 492 页。

③ 《文工团庆祝成立三周年》，［毛里求斯］《新商报》，1957 年 8 月 6 日。

情谦让,使我们有一种“他乡遇故知”的感觉,这一印象,留在我们的脑海深处,永远不会磨灭。……我们大家同是国家的主人,就应该团结一致,靠着自己的力量,来巩固我们的国土,建设自己的国家。我们虽是远离祖国的人,但我们的心,永远不会忘记伟大的祖国。……华侨与海员,所居的地域虽异,而所处的环境相同,但愿今后我们能够肩并肩、手牵手,朝向着共同的目标,迈步前进……①

这种对新中国的热爱之情跃然纸上。

有的华人通过诗歌来抒发自己种对祖国的热爱。一位家长在送孩子回国读书后赋诗两首,以表达自己的感情。用今天的观点看,这些诗歌似乎有点过于正统,但当时华人中这种挚爱相当普遍,这就是历史。

其一

负笈从师暂别离,聊将心事勉吾儿:国家路线躬行践,身体康强慎护持;

学习要臻真美善,看齐须向马恩斯。光荣榜上题名日,乐叙大伦共展眉。

其二

前年欢送儿女别,今日同情你北归。五亿雍和皆胜友,九州博大满光晖②。

优良品质宜改错,刻苦精神要发挥。过渡时期加奋勉,完成三好莫相违。③

(二) 作为调味剂的文化生活

1. 竞技运动与体育才能

华侨青年希望通过竞技活动来表现自己,而篮球是大家十分喜爱的

① 《海上寄情》,[毛里求斯]《新商报》,1957年12月14日。

② 原文如此。

③ 闲吟:《勉二儿回国求学两律》,[毛里求斯]《华侨时报》,1956年4月21日。

运动。[①] 当时，在毛里求斯每年至少有三类华人组织的篮球赛。一是1951年由天主教的房神父首创的华侨天主教杯篮球赛。[②] 其次是1954年设立的“仁和杯”年度篮球赛，由华侨体育联合会组织。[③] 第三是1957年设立的“华强杯”篮球赛，由著名的华强胶鞋厂侨商萧耀盛赞助。[④] 一些体育组织也有分有合，例如神鸟体育会(Phenix)即由黑鹰队和野猫队于1956年6月19日合并而成。留尼汪的华侨青年也十分热衷于各种球类及舞会活动。在20世纪60年代，华侨青年组成了七支篮球队和两支排球队，他们在足球、网球、乒乓球中都有积极表现。1962年青年体育会的排球队曾获得留尼汪排球锦标赛冠军。[⑤] 1969年，东非和南非各地区的华人曾组织过一场球赛。1969年4月4日至7日，东非南非华侨埠际球赛进行了四天，种类包括羽毛球、篮球、乒乓球、垒球。参赛球队共有八支，分别为东省伊丽莎白港、东伦敦、金伯利、开普敦、贝拉港、罗得西亚、南德兰士瓦、北德兰士瓦。[⑥]

1984年2月18日，留尼汪岛华人李秀奎(Chan Liat Louis)先生的儿子李传标(Chan Liat François，一译李传彪[⑦])和女儿李小云(Chan Liat Marina)双双获得全法空手道甲级锦标赛男女冠军。当时，巴黎《欧洲时报》和毛里求斯的《华侨时报》都在显著位置刊登了这一消息。这次锦标赛在巴黎举行，来自法国各省市和海外省的120人参加了比赛。当这一消息传到留尼汪，全岛华人欢呼雀跃，认为这是全岛的光荣。当地法文报纸在第一版刊登了李传标和李小云的照片，大加赞扬，并预祝他们代表法国参加欧洲及世界锦标赛时取得好成绩。李秀奎先生有六子一女，皆为黑带高手，堪称“武术之家”。李小云1982年曾获法国女子比赛

---

① Pascale Siew:《唐人街：毛岛往事》，第108—109页。

② [毛里求斯]《华侨时报》，1956年3月24日。

③ [毛里求斯]《中国时报》，1954年2月27日。

④《侨商萧耀盛热心体育资助“华强杯”篮球赛》，[毛里求斯]《新商报》，1957年3月15日。

⑤ 何静之编著：《留尼旺岛华侨志》，第67页。

⑥《东南非洲埠际球赛筹划妥当四日开始》，[南非]《侨声报》，1969年4月1日。

⑦ 汤曼莉编著：《海上传奇：留尼汪华人华侨志》，第138页。

第三名,1983 年获第二名,并曾代表法国参加第十八届欧洲武术冠军赛,获第五名。① 虽然李秀奎自己只读过高中,但他坚持让孩子读书。他从小教育孩子:别人以为中国人是弱者,好欺负,你们就要去学武术,既强身健体,也可保护自己。其子创立了留尼汪的第一家空手道学校,后在留尼汪遍设武馆,还带有其他国家来的学生。长孙李成裕(Chan Liat Yves)于 1998 年获得印度洋地区空手道冠军,其他孙儿也获得留尼汪的不同年龄段的空手道冠军,李家可称得上是"功夫世家"。②

在毛里求斯,华人青年组织中很多都是与体育活动有关的,如蓝白健美会、长风体育会、海燕体育会、鳗江体育会、培英武术中心(武协会)、飞龙体育会、波累太极会、荷精太极会、鸠必太极会、中华金狮队、中华武术醒狮会、阿洛拉舞狮队,以及各种篮球队,如长风、艺联、飞龙(甲)、飞龙(乙)、海燕、新雄、新友、野草、新风、华清、黑鹰、新中、星光、怒潮、朝阳。他们想尽办法来充实自己的业余生活,特别是通过体育锻炼来增强凝聚力。华侨青年会明确表示:"我们是在学的一群,欲想多购置一些图书及运动器具,来充实我们的组织。"③留尼汪的华裔青年生性活跃,对各种体育竞技运动特别喜爱。④

华侨华人有时举行各种汇演和比赛,以弘扬中华文化。1986 年 7 月 11—13 日,留尼汪的华人在圣但尼市和顶磅市、圣皮埃尔市分别举办中国民族舞蹈大汇演。采花舞、江南丝竹舞、小霓裳舞和敦煌彩塑舞等,可谓美轮美奂。当时,毛里求斯的中国舞蹈老师马雅云和武术老师梁东升分别客串演出了《春江花月夜》和《追鱼》以及南拳和刀剑。这次汇演准备充分,节目丰富多彩,优美的舞姿和精湛的武艺不时博得阵阵掌声,得到了包括当地华侨在内的广大观众的好评。当地报纸电台用"迷人的""美妙的""神奇的"和"令人兴奋、回味悠长的演出"来形容这次大汇演。

---

①《留岛华人两兄妹荣获武术双冠军》,《华声报》,1984 年 6 月 17 日。

② 汤曼莉编著:《海上传奇:留尼汪华人华侨志》,第 138—140 页。

③ [毛里求斯]《华侨时报》,1956 年 3 月 5 日。

④ Edith Wong-Hee-Kam, *La Drispora Chinoise aux Mascareignes*, pp. 338- 339.

此次汇演既满足了广大侨胞的需要，也体现了当地华侨的精诚团结。①

2. 文化中心的建立与各种活动

对当地华人而言，文化生活既是一种调味剂，也是学习和传播中华文化，以及大家接触、交流的机会。各种社团组织或文化中心为华人提供了种类不同的文化活动。1980 年建立的路易港明德中心以讲授音乐、舞蹈、太极拳的方式传播中华文化，中心的音乐和舞蹈学校使当地华人可以充实自己的文化生活。② 约翰内斯堡中华文化中心于 1982 年 8 月 15 日成立，为当地侨众提供各种文化课程，包括汉语和粤语会话班以及为新移民增设的英语班。中心每周七天都有固定的活动，设有图书馆、大礼堂、烹饪教室、文物陈列室、医务室、电视录像室、会议室、会客室、中华公会办公室、国定校友聚会室，这些设置定期开放，提供给各社团及侨胞使用。中心还设有太极拳班、国术班、国画班、烹饪班、民族舞蹈班等。每逢中国的传统节日，中心都会配合举行各种竞赛、郊游、聚餐、集会等庆典活动。③

毛里求斯中国文化中心 1988 年 7 月 11 日落成开放，系中国在海外设立的第一个文化中心，以推动和弘扬中华文化为宗旨，以传播中华文化、分享文化传统、增强合作交流、促进和谐为目标。2008 年开放的新中心设备更齐全，有图书馆、阅览室、课室、语言实验室、会堂、篮球场等，是集教育、交流、咨询、服务、康乐于一体的多功能的综合文化机构。同时，为应对不同的需要还设有中文班、太极班、武术班、舞蹈班，开展对华裔的中华文化教育活动，培养华裔对中华文化的感情和兴趣。④

毛里求斯中国文化中心自开办以来，开展了形式多样的活动，如举

---

①《留尼汪华人社团合作结硕果》，《华声报》，1986 年 8 月 8 日。

②《路易港明德中心》，载黄昆章主编：《华侨华人百科全书教育科技卷》，第 169 页；Pascale Siew：《唐人街：毛岛往事》，第 172—173 页。

③ 静瑛：《中华文化的非洲苗圃——南非约翰尼斯堡中华文化中心揭幕》，《四海之友》，第 95 号，1982 年 8 月 15 日，第 9 页；欧铁编著：《南非共和国华侨概况》，第 52—53 页。

④ 聂俊璎：《毛里求斯汉语教学现状和发展前景》，未刊稿。还可参见 Marina Carter and James Ng Foong Kwong, *Abacus and Mah Jong*, pp. 174 - 183.

办华裔青少年汉语班、舞蹈班、武术班等，还举办了华语歌曲比赛。1992年，为纪念中国文化中心创办四周年和祝贺本期汉语班、舞蹈班学员结业，中心举办了专场汇报演出。参加演出的演员都是在中心学习过的华裔青少年，演出的文艺节目精彩纷呈，受到毛里求斯政府官员、外交使节、学员家长及各界华侨、华人朋友的好评。毛里求斯文化艺术部部长诸尼先生应邀观看了演出，他根本没想到孩子们的演出会如此成功。该中心由于坚持开展中华文化知识的普及、推广工作和华人社团的联谊活动，深受当地华侨、华人的欢迎。华裔青少年家长纷纷把孩子送到中心来学习。据当年的组织者称，前来报读汉语班的人数大大超过了计划招收数额，只好扩大招生，开办两个汉语班，并分初级班和中级班，以满足程度不同的华裔青少年及家长的要求。①

3. 文化活动中的交友与歧视

在20世纪50—60年代，国内青年人时常移民毛里求斯。由于毛里求斯与国内环境不同，语言不同，加之人地生疏，孤独难耐，他们只有读报这种单一的课余或工余活动。他们往往在报纸上登载“征友启事”，希望改变这种状况。例如：“本人是生长祖国的一个青年男子，籍贯梅县，现年廿岁，生性爱好阅读及摄影、娱乐、交友等。我抵毛[里求斯]已三年余，因为生活枯燥，缺少朋友，所以我鼓起勇气向喜欢交友的青年伸出至诚的手，希望未来的笔友们多多指教。你(妳)们将来的笔友信美”②另一位抵达毛里求斯五年的华侨更觉孤独，希望通过读书会来认识新的朋友。“亲爱的读友们，光阴似白驹过隙。我自离别可爱的故乡(广东梅县)，漂泊到这人情薄似纸的毛岛上，现已有五年余了，在这金钱为上的这里，我感到生活孤寂与常识低浅，不能得到友情的温暖。因此我鼓起热诚的勇气，特假华侨商报宝贵的篇幅，征求各地男女多多的给予指教，我热爱新中国的心情，非常高涨，我谨伸出热望的手，接纳热爱祖国读友

① 卿：《深受华人欢迎的毛岛中国文化中心》，《广东侨报》，1993年1月1日。
② 《征友》，[毛里求斯]《中国时报》，1953年12月21日。

们的来信指教。读友新民谨上”[①]这种交友方式对于中国大陆来的华侨比较合适。

华人青年因遭受各种歧视，希望强身健体，既能防身，又能表现竞技才能。正如刘新彝所言:“有些华侨青年为了改善自己的形象，注意锻炼身体，学习举重，练习哑铃和杠铃来使肌肉发达，做到健力美。有些人还学习拳击作为自卫防身之用。有些青年足球队同其他民族的足球队比赛，虽然不是也不可能是常胜将军，但也不是屡战屡北[败]。”[②]

南非的华人青年热心柔道，其中几位在大型比赛中屡屡得胜，在南非柔道界享有盛名。令人意想不到的是，竟然在1966年遭遇比赛被拒之事。1966年5月28日晚，德兰士瓦省在市政大厅举办业余柔道冠军比赛。此次参加竞技健儿中，除白人外，还有两位华人选手和一名日本选手。两位华人选手一位是当地侨领霍应德先生的公子霍君(英文名为Victor Toy)。霍君当时19岁，就读于金山大学，1965年曾获德兰士瓦省柔道冠军，并被选为参加全国柔道赛队员。另一位华人选手黎国乐自1962年以来每年均获佳绩，为南非最佳业余柔道运动员，曾获多次锦标，两次获得全国柔道赛冠军。华人参加此种省柔道比赛已有多年，从未出现过意外。然而，那天在比赛中，竞技者竟然提出霍君是有色人，拒绝与之比赛。霍君和黎君以及那位日本选手见此情形，随即退出。许多拥护华人选手的白人深感不平，亦随之退出比赛。后来，经各位裁判商定，取消华人参赛资格。德兰士瓦省业余柔道会前任执行委员伊拉斯谟(P. J. Erasmus)对此事愤愤不平，表示将正式提出强硬抗议，反对将种族政治带入运动场合。他指出，两位华人与一位日本人早已接到参赛邀请，“因此应该取消资格者，是为拒绝比赛者，而非被拒绝比赛者”。[③]

1970年，南非发生了多起歧视华人的事件。3月，在罗得斯大学

① [毛里求斯]《华商商报》，1953年7月6日。

② 刘新彝:《他山之石》，第61页。

③ 《柔道竞技比赛拒绝华人参加》，[南非]《侨声报》，1966年6月14日。

(Rhodes University，一译罗兹大学)就读的华人女学生陈月娥[1](Eva Junkin)进入了在格拉斯汉姆举办的大学校花(Rag Queen)决赛。然而，学校向她父母施压，她不得不最后退出决赛。4 月，另一位名叫 Patricia Tam 的女生被禁止参加在北阿利瓦尔举办的校际网球赛，有人抱怨她的比赛资格，警察告知举办方应该为她与其他白人选手对阵取得许可证。5 月，在南非举办的英式橄榄球巡回赛被罗得西亚俱乐部叫停，因为该俱乐部被告知，其橄榄球队的华人前锋不可接受。6 月，两名金山大学举重队的华人队员(Ernest Ling 和 John Lam)被禁止参加在奥兰治自由邦大学举办的比赛，金山大学举重队集体退赛以示抗议。7 月发生的一件事是当年最著名的种族歧视事件。在约翰内斯堡举办的青年学生才能测试(aptitude test)中，华人学生被禁止参加，理由是这种测试专为白人准备。[2]

这些事件表明，南部非洲的种族歧视已渗入各种文体活动领域。

(三) 不尽如人意的文化生活

1. 援外人员文化生活的单调

对于那些 20 世纪 70—80 年代长期在国外从事援助工作的中方人员而言，他们的生活比较简单或单一。尽管他们并不属于本书概念中的华侨华人，但国外学术界往往将他们纳入所谓的“中国移民”这个类别。由于有严格的外事纪律，这些人外出有各种限制，因此他们的社会生活比较单调。李计留医生曾在刚果(金)(当时称为扎伊尔)工作过，也给前总统蒙博托治过病、做过按摩。他描述了中方援助人员的生活：

> 中方工人的业余生活比较枯燥，每日下班晚餐后少部分人在餐厅兼娱乐室主要是看录像或阅读一些国内报纸杂志。录像多数是国内录制的文艺节目和电视连续剧，诸如春节晚会、小品、相声专

---

① “陈月娥”的中文译名根据温宪《南非华人创业史(之五)》，《华声》，1997 年 11 月，第 83 页。

② Melanie Yap and Dianne Leong Man，*Colour*，*Confusion and Concessions*，pp. 363 - 365.

辑、故事片等；报刊有《人民日报》、《光明日报》、《北京日报》、《北京晚报》、《参考消息》等，时间上要比当时晚一周，主要是空运转机耽误。是由中国外交部信使队的工作人员每周一次给捎带来的。而大多数人则三五成群结伙沿着驻地周围的道边上散步溜达或到不远处的人民宫广场喷泉处席地而坐，海阔天空地闲聊。外事纪律要求：所有援外人员离开驻地外出必须三人以上结伴而行，即便是这样，晚餐后的散步、娱乐时间也只有两个小时，一般晚21时30分则吹熄灯哨就寝。①

尽管援外人员不算华侨华人，但这种单调的文化生活在一些刚抵达非洲的新移民中相当普遍。有人将华人喜欢进赌场归结为华人生性好赌，但记者徐歌却宁愿相信这样的解释：中国人在南非的娱乐生活过于枯燥单调，惟一的"休闲去处只有赌场"。②

由于处于一种陌生的文化环境中，加之语言又不熟悉，很多人只能闭门不出。虽然日益先进的通信手段为人们提供了一些娱乐的途径，但与人交往这种社会化的需要仍然成为他们的奢侈品。只有经过较长期的适应和熟悉情况，这种状况才会逐渐改变。在南非的中国新移民开始组建自己的文体组织。1993年，旅居南非的刘备文先生组织了一帮喜欢唱京剧的票友组成了国韵社，后来成员增多，兴趣也扩展到各种剧种。1999年5月，从上海来到南非定居的尹云芳夫妇与其他几位华人朋友成立了南非华人艺术团。尹云芳从2000年起任团长，一干就是15年。③

2. 华裔青年的文化困境：无奈与苦闷

非洲华裔由于长期生活中缺乏接触华文的机会，很多对中国语言和

---

① 李计留：《我与总统那些事》，石家庄：河北教育出版社，2008年，第165页。

② 徐歌：《独闯非洲——我在南非的冒险之旅》，北京：中国文联出版社，2004年，第84页。

③ 钱丽君：《老船长》，载南部非洲上海工商联谊总会编：《追梦——上海人在非洲》，第52—53页；钱丽君、陈玉英：《四十美元闯非洲——尹云芳夫妇南非创业故事》，载南部非洲上海工商联谊总会编：《追梦——上海人在非洲》，第38—40页。

文化不甚熟悉。在津巴布韦，第二代华裔比他们的父辈更有文化，他们仍然能说广东语或普通话，爱好也更加广泛；第三代或第四代华裔对于中华文化则日益陌生，他们已经基本上不熟悉中国语言，更不用说中华文化的其他因素。① 津巴布韦的华人青年几乎都不会讲中国话。虽然他们谈及这个问题都颇有愧色，但又坚信自己是华人："虽然我们还不会讲中国话，但我们永远不会忘记，我们是中国人！"他们的话充满了骄傲和自豪，当然也有无奈。②

在马达加斯加和留尼汪，由于法国强制同化政策的严酷，很多华人不仅不懂汉语，很多中华文化的因素也逐渐消失。陈铁魂在论及马达加斯加华裔时指出："侨生生长异域，当地与祖国之风俗迥异，土生土长，对祖国固有道德、文化漠然不知。"③这里的华人子女往往只在华侨学校上两三年后就纷纷转入法国人办的学校去读书，为将来在法国人学校接受中等教育或去法国留学做准备，华文学校只能勉强维持。④ 亨顿和迪朗在书中提到，留尼汪的中法学校没有了，在拉布多南路的校舍残缺不全，圣保罗和圣安德烈的华文学校校舍也如此，有的变成了货栈。"1970 年后在留尼汪的法国毕业生的价值，已将讲广东客家话或讲国语的学徒置于死地了。"⑤第二次世界大战以后，留尼汪还剩下几支中国乐队，但它们已经不演奏中国民间乐曲，而是演奏华尔兹舞曲或探戈舞曲。⑥ 在毛里求斯，华裔青年的汉语语言能力曾引起陈英东的担忧："现在，有很多二十五岁以下的华裔青少年，对华语则一窍不通，这是值得侨教当局密切

① Mary Olivia Tandon, "The Chinese in Zimbabwe", Paper for the World Chinese Conference, Mauritius, April 1992, pp. 7 - 8.

② 沈志德：《拳拳思乡情》，《华声报》，1983 年 8 月 23 日。

③ 陈铁魂：《马拉加西共和国华侨概况》，第 55 页。

④ 方积根、李秀华：《马达加斯加华侨的历史与现状》，载方积根编：《非洲华侨史资料选辑》，第 82 页；陈铁魂：《马拉加西共和国华侨概况》，第 52—56 页。

⑤ 多米尼克・迪朗、让・亨顿：《留尼汪华侨史》，载方积根编：《非洲华侨史资料选辑》，第 494 页。

⑥ 同上书，第504 页。

注意的事。"[1]直到近年,华裔学习汉语的积极性仍然不高。"2014 年毛里求斯中学汉语学生总人数只有 424 个"。[2] 归侨刘新彝谈到毛里求斯华人子女受西方教育取得不少成绩时提到:

> 事物总是一分为二的。接受西式教育虽然大有好处,但也有消极的一面:许多华侨子女不会说汉语,不认识汉字,从而对中华文化知之甚少或无知。这种状况使一些侨胞感到彷徨不安,一方面觉得自己的子女没有受过中文教育,对祖国的文化无知,担心中华民族固有的勤劳、俭朴的生活习惯和美德会在下面一代一代中消失,另一方面又觉得如果不接受西方教育,生活又没有出路。[3]

我们注意到,虽然这些地区的华裔一句华语(包括方言)也不会讲,有的对中华文化也很陌生,还有的对自己的祖籍国或老家毫无知识,但他们已经融入当地主流社会,已经将自己当作本地人,他们的政治经济地位得到提高,生活质量大大改善。[4] 这大概就是所谓的"甘蔗没有两头甜"。由于华人与中国失去联系太久,加之汉语并不能帮助他们找到合适的工作,华裔对汉语的掌握程度与他们对祖籍国的感情二者之间的不平衡时时成为他们内心的一种遗憾,这促使不少华人或华裔在退休后或晚年开始学习汉语。[5]

3. 文化生活中的不良倾向

在毛里求斯,华文教育的逐渐式微不仅在文教领域表现出来,在文化生活甚至社会风气上也有所体现。华文教育包括传统文化的熏陶,这方面的缺失导致了一些不良现象的出现。有人在报刊上撰文,对女生不

---

① 陈英东:《模里西斯华侨概况》,第 47 页。

② 王雪辉:《毛里求斯中学汉语教学现状与对策研究:以鸠必皇家中学为例》,甘地学院硕士学位论文,2015 年,第 11 页。

③ 刘新彝:《他山之石》,第 73 页。

④ Edith Wong-Hee-Kam, *La Diaspora Chinoise aux Mascareignes*, pp. 315 - 330.

⑤ 笔者在 2016 年访问毛里求斯和留尼汪时碰到不少 60 多岁开始学习汉语的华人,他(她)们的热情令人感动。还可参见凌虹《兴奋之余的希望——访马达加斯加的几位侨领》,《华声报》,1984 年 10 月 7 日;汤曼莉编著:《海上传奇:留尼汪华人华侨志》,第 69,126,195,201 页。

适当的“爱美”风格提出了批评，认为本来是纯洁的女学生，“由头至脚已失去学生应保持的资格作风了，有时候几乎难辨出她们是仍在求学的学生，还是已在社会做事的人了”。以前是校服，一看便知其学生身份，然而现在的女学生则完全不一样了：“自然的[头]发由人工烫曲或流行的马尾，制服不齐整也没有关系。有的配裙的布拉吉也由长袖而转变到无袖。鞋由满踭转为空踭、拖鞋，书包不再吃香，由绘有各种图案的手提袋代替，指甲修得长尖而涂有指甲油，首饰方面倒不甘示弱，他们并非是在求学，而是在参加选美的了。”作者认为这些女学生一方面是在浪费父母的钱，一方面是在浪费自己的时光，并最后对这些改变着毛里求斯审美观的女生们提出以下希望：“各位有上面优良作风的女学生应除去这多余的浪费，个个十足的学生，把握宝贵时间，用功学习，打好基础，争取未来美好的前程，更寄十二分的希望于各位家长和老师多支持我的意见，则同侨万幸也。”①虽然女生爱美无可厚非，但这位华人的批评所言极是。学生应集中精力学习，在外貌修饰上过多浪费时间和精力颇为不当。

另一个现象是学业有长进，道德水平下降。有的华裔考上了大学官费生，学费由国家负担，不需父母分文。长期从事华文教育的潘福先生尖锐地指出：“在这种形势下，父母往往只鼓励子女好好读书，取得好成绩，进入好学校，争取考上大学官费或外国奖学金等等，忽视了教育子女如何做人、如何保留中华民族的优良道德传统等。顶多鼓励子女进补习学校学点中文，这是远远不够的。结果是华人子女大学毕业后当上工程师、会计师、医生等高级职务，但与父母的代沟越来越深，有些人甚至不关心和照顾老人了，这与当初家长培养子女的意愿相违背。”一位 85 岁的老人这样感叹：“我们出卖了自己的子女，也把自己出卖了。”②这是华文教育的失败，也是华人在培养后代过程中应吸取的教训。

---

① 翠青：《我对本岛华文学校女生的一点意见》，[毛里求斯]《新商报》，1957 年 12 月 24 日。

② 潘福：《在毛里求斯汉语教学研讨会上的发言》，2008 年 11 月 18 日。

二、华人报刊演变的历史及其特点

(一) 战后华人报刊简史

二战后，当时中国是战胜国，又是联合国五个常任理事国之一，海外华人心里充满着一种对自己国家的自豪感。在20世纪40年代后半期特别是50年代，非洲华侨中出现了各种出版物，包括报纸杂志，标题都充满着激情或骄傲，如《新中国》(*New China*)、《新青年》(*New Youth*)、《新黎明》(*New Dawn*)等。根据不完全统计，在50年代出现了18种华人报刊，主要集中在南非(9种)和毛里求斯(8种)。60年代，南非创办了9种报刊，毛里求斯1种。有的杂志通过改版来吸引读者。例如，《民锋》自1960年改版以后，印刷精美，内容大幅增加，"俨然成为南非区华文综合性刊物的翘楚"。①

20世纪70年代新创办的华人报刊有8种。最值得一提的是，留尼汪的华人陈剑豪开始涉足当地报刊业，共发行5种法文报刊，其中《消费者》(*Consommateur*)和《期刊》(*Periokic*)是试行，免费赠送，却为他带来了市场反馈和读者需求等重要信息，为他后来发行另外3种报刊提供了重要经验。20世纪80年代和90年代可谓"萧条期"，两个时期华人分别创办5种和4种报刊，主要集中在南非和毛里求斯。究其原因，主要有两个：一是报刊读者的人数开始减少，编者和读者的年龄偏大，无后续力量；二是经过多年的积累，华人报刊市场已渐饱和。从21世纪起，新移民的大批涌入使华人对信息量的需求日益增大，创办的报刊也随之增加。2000—2016年，共创立22种报刊。②

在非洲华人中，出现了不少杰出的报人，毛里求斯的吴隆祥(L. S.

---

①《马岛民锋半月刊改版后成绩优良》，[毛里求斯]《国民日报》，1962年1月26日。该刊受到台湾国民党政府的奖励。

② 参见本书附录三《1895—2016年非洲华侨华人报刊》。

Ah Keng，1921— ）为其中之一。他祖籍广东梅县，生于毛里求斯，后回国接受高等教育，毕业于广西大学，留校任教。1949年，他返回毛里求斯，任《华侨商报》社长兼总编辑。1954年，他受聘任印度《中国新闻报》总编辑。1959年，他到香港，后到北京中国新闻社工作。1964年重返毛里求斯，任《华侨时报》社长兼总编辑。他致力于毛里求斯-中国友好关系，曾任毛中友好协会主席、毛里求斯华人社会联合会主任。1995年3月12日毛里求斯国庆节，他获得由毛里求斯总统颁发的荣誉勋章，以表彰他对毛里求斯社会做出的贡献。

非洲华人报刊统计表(1940—2016)

创办年份	出版数	发行地
1940—1949	9	南非4种，马达加斯加2种，毛里求斯2种，留尼汪1种
1950—1959	18	南非9种，毛里求斯8种，马达加斯加1种
1960—1969	9	南非8种，毛里求斯1种
1970—1979	8	留尼汪5种，毛里求斯2种，南非1种
1980—1989	5	毛里求斯3种，南非2种
1990—1999	4	南非4种
2000—2009	14	博茨瓦纳3种，南非3种，毛里求斯和肯尼亚各2种，埃及、尼日利亚、马达加斯加和安哥拉各1种
2010—2016	8	赞比亚2种，博茨瓦纳、毛里求斯、埃及、莫桑比克、坦桑尼亚、科特迪瓦各1种

资料来源：根据各种报刊资料和学术文章汇总。参见本书附录三。

(二) 21世纪的华人报刊

1. “乌云之后一定有光明的一天”

“乌云之后一定有光明的一天”，这是2001年毛里求斯华人冯云龙先生在接受中国记者采访时的表述。当时，在毛里求斯长期生活的冯云龙先生只有五年办报的经历。他从公司退休后才开始在有25年历史的毛里求斯华文报纸《镜报》工作。

1997年，冯云龙作为随团记者采访了毛里求斯总理访华的全过程；

从1999年开始，他多次参加了华文媒体在世界各地的聚会。冯云龙先生对毛里求斯华文媒体的现状一方面表示担忧，因为报人和读者总体还是在老化。支持他继续办报的是一种信念：华文教育和华文报纸不会被淹没。另一方面，他又对华文媒体充满信心。他认为，人们对华文的热情在回升，访问过中国的孩子开始对中国感兴趣。他相信，虽然现在毛里求斯的华文媒体还存在困难，但“乌云之后一定有光明的一天”。①

历史证实了冯先生的预言。实际上，在世纪之交，非洲的华文媒体开始呈现繁荣景象。除了数量增加之外，质量也多有改进。1997年，《华侨新闻报》由台湾报人冯荣生先生创刊。1999年，南非第一份以报道祖国大陆新闻为主、由祖国大陆旅居南非的侨团组织合作创办的侨报——《南非华人报》正式创刊。该报是由南非-中国非洲工程协会、南部非洲上海工商联谊总会、南部非洲粤港澳工商总会、南非学生学者联合会等侨团携手创办的，其宗旨是传播中华文化，服务南非华人。该报在创办过程中得到中国驻南非使领馆的支持和全体华侨华人的大力协助。该报同时在南非、博茨瓦纳、莱索托、斯威士兰等四个国家发行，发行量屡屡上升，后来竟然超过《华侨新闻报》，居南非侨报之首。②

21世纪见证了18种华人报刊的问世。南非的姒海在年青时就喜欢读鲁迅的作品。在南非创业几年后，他深感华人中存在的问题，认为应该在华人中培养健康的文化气息。他觉得办报能起到很好的作用，既可以沟通信息和联络感情，也可以通过润物无声来树立良好的风尚，还可以有一个平台展示华人的正面形象。正是基于这种考虑，《虹周刊》在2006年8月23日创刊。这是南非历史上首例简体中文周刊，全彩色印刷，每期48页，以介绍南非的财经、文化、时尚、旅游、人物为主。中国驻

① 赵海燕：《乌云之后必有光明——访毛里求斯〈镜报〉主编冯云龙》，http://www.fcm.chinanews.com.cn/2001-09-17/2/177.html。

② 李新烽：《南非华人报创刊》，《人民日报》，1999年2月13日。有关南非侨报的概述，可参见王君超《南非侨报考略——兼论〈南非华人报〉的特色》，《国际新闻界》，1999年第5期，第76—80页。

南非大使馆代办周欲晓先生评论:“这标志着华人在南非的力量不断壮大,文化气息和文化品位不断提高……”①

这些报刊多为新移民创办,华裔也在努力跟进。为了使大家对新移民的报纸有所了解,下面主要介绍两种报纸。

2.《华侨新闻报》——台商报人的努力

台湾报人创办的《华侨新闻报》(*China Chronicles*)很受南非华人欢迎。《华侨新闻报》系《侨声报》前编辑部主任冯荣生于1994年8月9日自筹股份创办,冯氏自任社长和发行人。该报属私人办报性质,其创刊号即以“不依附于任何机关或团体”的“独立机构”相标榜。该报创刊至第100期一直为8开小报,1998年改4开大报,现为12—14版彩印,周二刊,繁体字印刷。该报在目前南非的3家侨报中,排版质量较高,内容较丰富,并出8开小报《经贸周刊》,受到读者欢迎。各版内容不固定,大致如下:第一版:综合要闻;第二版:南非新闻;第三版:侨社新闻;第四版:强力促销;第五版:台湾纪事;第六版:中国新闻;第七版:香港要闻;第八版:国际要闻;第九版:香港要闻或强力促销;第十版:国际要闻或市汇或经贸科技;第十一版:体育或休闲娱乐;第十二版:家庭或副刊;第十三版:体育或(非洲)作协专刊;第十四版:影艺或副刊。1999年为了与新创办的《南非华人报》进行竞争,该报在编排质量和广告设计上提高质量,发行量趋升。后来改为每周二、四、六出版,版面也增至20版。该报的免费刊登广告应是其特点之一,其范围包括社团、宗教、俱乐部活动、法律通知、一般广告、遗失、寻主、人事等启示、寻找社会工作、特殊服务。该报每期价格在豪登省6兰特,外省7兰特,但免费在南非机场发放。至2016年8月11日止,该报已出版3 059期。

冯荣生先生于2007年遭遇不测后,其遗孀纪伟女士决定辞去《华侨新闻报》社长一职并返回中国。她在离开前向南非华人社会表达了自己

---

① 李正伟:《关山难阻隔桑梓情愈浓》,载南部非洲上海工商联谊总会编:《追梦——上海人在非洲》,第119页。

作为侨胞的三个心愿：第一，捐赠现金 1 万兰特给康宁安老院，希望旅居南非的老人们能够安享晚年；第二，捐赠现金 1 万兰特给南非华人警民中心，希望该组织能够更好地为南非侨民的安全做出力所能及的贡献；第三，向豪登省龙舟总会捐赠橡皮艇一艘，帮助龙舟运动在南非发展，促进中国文化在南非发扬光大。南非华人警民中心主任李新铸对纪伟女士的捐赠表示感谢，并表示警民中心将尽全力为南非的侨民安全服务。① 为了继承先生"服务南非全体侨民"的愿望，她决定将《华侨新闻报》全部股份转让给在南非极具影响力的甘居正和陈仟蕙。② 这样，《华侨新闻报》从 2007 年 8 月 1 日起，由甘居正担任发行人，社长由时任国会议员的陈仟蕙担任。甘居正接手后表示，《华侨新闻报》将秉持"服务全体侨民"的宗旨以及"公正、客观、中立"的三个编辑方针，办侨民喜欢的报纸，登侨民关心的新闻；新的《华侨新闻报》是百分之百的民营媒体，绝不为任何政府或政党服务，只为全体侨民服务，提供侨民所需要的信息。③

3.《安哥拉华人报》——安哥拉华人自己的报纸

《安哥拉华人报》(*Jornal de Chinês*)于 2009 年 10 月 7 日由中国大陆新移民高阳创立，隶属中盛国际公司旗下。这是一份面向安哥拉华人的周报，每周六发行，内容包括安哥拉华埠、安哥拉要闻、非洲要闻、连线中国、环球视窗、评论天下、密档空间、飘在安哥拉、博闻天下、经贸博览、文化娱乐等，并与新华社驻安哥拉分社保持着保持良好密切的合作关

---

①《纪伟辞南非〈华侨新闻报〉社长职将告别伤心地》，2007 年 8 月 6 日，中国新闻网，http://news.sohu.com/20070806/n251432882.shtml.

② 前章对甘居正和陈仟蕙有过介绍。台湾文献在介绍甘家产业时，有时用"甘致竹"("竹"为"行"之误，甘致行即甘居正长子)，参见《华侨经济年鉴 1994 年》，第 926 页；有时用"甘居正"，参见《华侨经济年鉴 1997 年》，第 925 页。甘居正于 1924 年 10 月出生于广西省修仁县五福乡，年少时投身军旅，随国民党军队退至台湾，曾任中校。他退伍后，转任公职，曾任台湾高官徐立德的机要秘书，后任台湾驻南非"大使馆"经济参赞。退休后，他移居南非，成为南非重要的军火供应商，也是南非最大的电脑制造商。《甘居正南非发财传奇》，[台湾]《财讯》，2003 年第 1 期，转引自 http://www.xuehuile.com/blog/1570b49e7978492884a7bb7d9811ed07.html.

③《"服务全体侨民"办报宗旨不变甘居正、陈仟蕙接手〈华侨新闻报〉》，[南非]《华侨新闻报》，2007 年 7 月 16 日。

系。报社总部位于安哥拉首都罗安达。《安哥拉华人报》是旅安华人自己创办的一份华文周报。它竭诚为旅居安哥拉的华侨华人和社团提供服务，及时报道他们所需要的各类新闻；致力于提供给广大读者最新和最全面的资讯，包括政府政策、热点新闻、投资分析、对外贸易、资讯通讯、法律、娱乐、生活等。《安哥拉华人报》努力发扬中华文化和民族优秀传统，维护安哥拉华人社会利益，反映华人社区的呼声和华人在安哥拉的生活、学习、工作等，提倡积极融入当地社会，促进旅安华侨华人的团结与共同繁荣。同时，《安哥拉华人报》宣传一个真实的中国，一个迅速发展与改革开放的中国，传递中国政府和侨务部门对海外华人的关怀及有关资讯，架起中安两国的文化桥梁，促进中安两国经济文化的沟通发展。

以《安哥拉华人报》2013 年第 39 期为例。头版新闻《安哥拉中国商会第三届"佑兴杯"足球沙龙赛开赛》报道了 2013 年 9 月 21 日开幕式的场景。在《安哥拉要闻》栏目中有《安哥拉制定战略对抗结核病》《安哥拉贸易商须提交投资计划》等新闻。《非洲要闻》栏目报道了肯尼亚商场枪战、马里新总统就职以及尼日利亚、刚果(金)、刚果(布)、卢旺达、苏丹、埃及、利比亚和几内亚等国的新闻。《连线中国》报道了超强台风"天兔"登陆广东、天安门广场庆祝国庆的准备工作以及全国各地的趣闻。《环球视窗》栏目报道了美国拒绝委内瑞拉总统专机过境以及德国、叙利亚、日本、菲律宾、墨西哥、新加坡、柬埔寨、伊朗、巴基斯坦和澳大利亚等国的要闻。《经贸博览》《创投新机》《文化娱乐》等栏目以中国为主，兼及欧亚各地。此外，还有《时论》《视野》《广告特刊》等栏目。2010 年 5 月，《安哥拉华人报》网站成功上线，并以微信方式传送给感兴趣的读者。从最初的实物报刊到现在的电子网站，《安哥拉华人报》已经发展成为安哥拉华人交流、娱乐、互助的综合信息交流和服务平台，是安哥拉最早也是最大的华文网站，是世界华人了解安哥拉的窗口，亦是安哥拉华人走向世界的通道。①

---

①《安哥拉华人报》，2013 年第 39 期(总 191 期)。

(三) 华人报刊演变的特点

1. 与时局直接相关

这一点表现在多方面:一是与中国政局有关,二战胜利后华人表现出来的激情以及随后的意识形态化特征表现出海外华人的舆情与中国政局的变化有紧密的互动关系。二是华人报刊的创立与华人文化水平的提高有直接关系。不仅办报人要有较高的知识水平,读者群也必须识字。随着第二、三代华裔的成长,他们对报纸的日常功能认识更全面。三是有胆识的华人或华裔认识到融入当地社会必须用当地语言,他们逐渐卷入用当地语言发行的报刊业。这一方面说明了华人的融入度,也反映了华人敢于创新的特点。

2. 华人报刊的辐射面日益广阔

华人报刊的第二个特点是这些华人报刊分布的地域远比以前广泛。以前华人报刊发行地主要集中在西印度洋地区的三个岛国(地区)即毛里求斯、留尼汪和马达加斯加,外加南非。由于中国新移民拓展到非洲大陆的各种国家,现在华人报刊已经出现在北非的埃及,西非的尼日利亚和科特迪瓦,南部非洲的博茨瓦纳、莫桑比克和安哥拉,东非的肯尼亚等国。值得注意的是,几乎所有居住着华人的非洲国家都有了自己的华文网络,如非洲华人网、西非华人网、尼日利亚华人网、南非华人网、贝宁华人网、加纳华人网、津巴布韦华人网等。

3. 尽量满足读者需求

一是华人报刊中双语报刊增加,包括中文/阿拉伯语、中文/英语等。例如,2005 年,毛里求斯华人萧友进创办《华声报》(*Hua Sheng Bao*, *Sinonews*),该报专门增设了一版英文和一版法文以适应部分华人的双语要求。2012 年由埃及华侨马强创办的半月刊《中国周报》为中、阿双语。为了方便在埃及的华侨华人,华文免费,阿语出售。二是不少报刊为普及和方便读者,已经推出网络版。例如,由博茨瓦纳华人南庚戌 2009 年创办的《非洲华侨周报》与《人民日报(海外版)》合作出版《非洲周刊》在南部非洲大陆发行,也有电子版。

4. 海峡两岸报人各显其能

最重要的特点是中国海峡两岸在非洲创办报刊,各显其能。自从20世纪90年代以来,随着台商逐步安居及中国大陆新移民大量涌入,报纸杂志多为新移民发行,既有中国台湾移民,也有中国大陆移民。在非洲创立华人报刊的中国大陆和中国香港新移民有南非的吴少康、李新铸,尼日利亚的胡介国和钱国林,埃及的马强,博茨瓦纳的杨洋,安哥拉的高阳,马达加斯加的许自树等。《非洲华侨周报》的创办人博茨瓦纳华人南庚戌的传媒集团旗下拥有多家媒体,如英文版《环球邮报》、斯瓦希里语《今日你好》等报纸和英文杂志《你好》,还有多语种非洲广播电视网、中文非洲侨网及多个广播电台、电视台等传媒和文化平台。

三、华人社会生活中的变与不变

(一) 唐人街:中华文化的聚点

1. 毛里求斯的唐人街:历史的记忆

有阳光的地方就有华人,确实如此;但并非有华人的地方就有唐人街。实际上,由于西方殖民主义统治与大批华人移民海外的时间基本重合,西方列强的殖民政策与唐人街的建立有直接关系。英国人习惯于间接统治方式,其所在殖民地的华人容易建立唐人街。法国的直接统治与强制同化政策迫使华人改名改姓,更不用说建立保持自身文化特点的社区了。

世界各国的唐人街是海外华人艰苦拓荒和辉煌业绩的真实写照,毛里求斯唐人街是由以陆才新为侨领的福建人最早建立的。陆才新的三所商店坐落在首府路易港的马拉巴尔营区和欧洲白人区外围的 Royal 路 3 号。第二波华人来自广东南海和顺德地区,他们的到来使原来的华人区从 Royal 路扩展到 Arsenal 街和 David 街。19 世纪 60 年代以后客家人的到来重塑了唐人街，他们主要集中在 Arsenal 街沿线和 Royal 路的南部。路易港的商业源于唐人街，本地制造业的基础也源于唐人街。根据官方数据，唐人街总面积 135 750 平米，约合 32 英亩。[①] “路易港唐人街的独特之处在于它不是一个局限于华人的封闭区域。在中国商户、餐馆、寺庙旁边，还有众多其他族裔、宗教信仰的人经营居住。毛岛最大的清真寺 Jummah 就坐落在 Royal Toad，紧邻唐人街。除个别寺庙外，唐人街中式建筑并不多，只有中国面孔、中国商品和随处可见的中文招牌告诉你，这里是唐人街。”[②]特别值得记忆的是，毛里求斯市政厅为了纪念侨界先贤古文彬先生，决定将原来的“花花巷街”（前古先生老住居所在街）改为“文彬街”。古先生与吴韵琴、黎达夫二翁于 1912 年共同创办新华学校，协力创办华商总会，创建中华医院，“其他对于华侨公益事业，无不鼎力提倡”。《中国时报》在报道这一消息时表示：这次本市市政厅为纪念吾侨前贤的功绩，而立“文彬街”为纪念，不但可使前贤的伟绩永垂不朽，而且对我们华侨，也增光不少。古文彬先生哲嗣少彬、景祥、呈祥等君借市厅会客室设鸡尾酒会招待中西名流，以资庆祝。[③]

毛里求斯的唐人街是路易港市最繁华的地区之一，也是集商业、文化、娱乐和住宅于一体的区域。首先，它是华人的商业中心，是来自中国大陆、中国台湾和中国香港等地的各种商品的汇集地，而且这里的货物总是全市最便宜的。其次，这里也是最重要的中国文化保留地，除寺庙外，还有华人学校（如新华学校）、华人社团（如南顺会馆和仁和会馆）等机构。第一个篮球场始建于此。唐人街还有诸多的中餐馆、中药店和中文书店，各种店铺都有各种中文广告和中文报刊。第三，唐人街是一个活力四射的地方，这里的各种娱乐设施应有尽有，中国传统的各种节日（春节、元宵、中秋）庆典都在此举行，有人舞龙舞狮，有人分发糖果。各

---

① Pascale Siew：《唐人街：毛岛往事》，第 46—59 页；“Reminiscences of the Chinatown of Port Louis”（《路易港唐人街回忆录》），*China Town Magazine*, December, 2015, pp. 10 - 15.

② Pascale Siew：《唐人街：毛岛往事》，第 54 页。

③《市厅纪念侨界先贤将花花巷街改文彬街》，[毛里求斯]《中国时报》，1954 年 4 月 27 日。

种有关中国文化的展览也在这里举办，各种音乐、美味和娱乐活动都在同时进行。最后，这里也居住着不少的华人。作为华人聚居中心，唐人街上往往是车水马龙，进行各种游戏的孩子们在打闹，老年人悠闲自得地打发时光。一位华人这样回忆他在唐人街住所里的童年时光：

> 我的祖父母有18个孩子，部分孩子和他们的家庭居住在约瑟夫利威尔街(Joseph Riviere Street)上一座两层楼高的殖民式大洋房里。……洋房隔壁住着一位印度裔老理发师，他会在一个铁皮小屋里给我剪头发。70年代时他退休后，铁皮小屋被改为街角小店。我常常去那里买Bellboy牌口香糖和大白兔奶糖。由于商店实在太小，一次只能容纳四个顾客，所以店外总是有人排队。洋房对面是一所颇受欢迎的结婚礼堂。每个月都能听到那里的鞭炮声。这里还有一个篮球场，甲级联赛就在这里举办。那时候，联赛冠军可是被毛里求斯华人给垄断了。……到了周末，三姑四舅们就开始打麻将，奶奶则喜欢和朋友们打中国纸牌游戏。①

遗憾的是，1993年10月8日的一场大火烧毁了唐人街30多栋楼房和商店，经济损失高达1亿卢比。更可惜的是，华商总会一直保存的华人来毛里求斯后的珍贵记录文件全部焚毁，这给历史悠久的华人社区带来的损失不可估量。所幸的是，毛里求斯华人发扬锲而不舍的精神，在废墟上又建立起了一个新的唐人街。目前，由路易港友好城市广东佛山市捐赠的两个牌楼分别矗立在唐人街的南北入口。每年，唐人街的各种节日吸引着各国旅客。

2. 南非的唐人街：马来营——专员区——西罗町

华人早期抵达南非时，他们的聚居点根据不同地区而定。例如，早期抵达约翰内斯堡的华人集中在约堡西区。在金伯利，早期华人住在马来营(Malay Camp)。在伊丽莎白港，华人多住在马来基姆(Malaikim，似

---

① Pascale Siew：《唐人街：毛岛往事》，第104页。

为 Malay Camp 的变音)。后来,南非的种族歧视政策使介乎于白人与黑人之间的华人无所适从,只能根据自己的条件择地而居。当时,一部分广东来的华侨在约翰内斯堡西区的专员街(Commissioner St.)西端定居,形成了南非的第一条唐人街,即习惯说的“老唐人街”。在这条不到 200 米的街道上,店铺最多时达到 30 家。① 从 1900 年开始就形成的老唐人街见证了这个国家整整一个世纪的政治转变及社会发展。由于治安问题,生意后来比较萧条。从 20 世纪 70 年代起,由于南非与中国台湾关系拉近,加上南非政府的特殊政策,大批台商投资南非,伊登维尔(Edenvale)成了“半条唐人街”,因而有人认为这可以说是新老唐人街的一个过渡点。②

当代意义上的唐人街是新南非建立之后的事。大量台商的涌入使西罗町(Cyrildene)大街出现了一些台湾商店,像“秦记面馆”“大众快餐”“台北人超市”等,这是 20 世纪 90 年代的事。随着中国大陆移民的增多,陆续出现了“上海熟食”“北方水饺”等餐馆,更多的华人超市也如火如荼地发展起来,像“日记超市”“欣欣超市”等,很多华人都在西罗町购屋置产。随着约堡东区华人的增多,商机也逐渐显现,西罗町及其附近的华人商家如雨后春笋般崛起,地产和租金价格也迅速上涨。例如,2004 年,百家商城的一个店铺为 40 万—50 万兰特,到 2011 年已经涨到 400 万—500 万兰特,6 年时间店铺价格涨了 10 倍。③

南非长期以来的种族隔离制在华人心中留下了永久的伤痕,他们对自己深受其害的《集团住区法》等恨之入骨。因此,当有人提出建立唐人街时,早已入籍南非的华人们坚决反对。1990 年 5 月,代表南非华人(主

---

① 王昭:《非洲第一条唐人街》,《人民日报》(海外版),2009 年 11 月 13 日,http://paper.people.com.cn/rmrbhwb/html/2009-11/13/content_381968.htm. 标题的这种说法不妥,实际上,毛里求斯的唐人街形成更早。

② 轩乾:《南非新老唐人街记录华人变迁》(图文),2014 年 12 月 15 日,华侨新闻报/南非华人网,http://www.nanfei8.com/huarenzixun/huarenzixun/2014-12-15/13310.html.

③ 陈肖英:《南非中国新移民面临的困境及其原因探析》,《华侨华人历史研究》,2012 年第 2 期,第 32 页。

要是老侨)利益的中华总公会在一项声明中表示:南非华人长期反对歧视性的种族隔离居住政策,因而无法容忍任何将华人集中在一起的“唐人街”建设计划,无论这种计划是强加的还是自愿的。① 具有讽刺意义的是,一些长期以来为白人划定的居住区却对这一计划十分欢迎,主要是希望通过华人的努力来振兴所在城镇不景气的经济。②

2005 年年底,西罗町被正式注册成为唐人街。随着唐人街的正式注册和管委会的成立,各自为营的华人商铺开始联合。一方面解决经营上的诸多问题,包括营业地点、无序竞争、货源市场等;另一方面集体关注安全问题,在新移民的自发组织和中国驻南非使领馆的帮助下,后来又成立了南非警民合作中心,以保障华人的安全。西罗町唐人街管委会蔡庆会长透露,唐人街管委会成立三年,西罗町所登记在册的商家有 73 户,遍及两岸三地。目前,华人商铺已达 140 余家。③ 唐人街经营的品种也从单一的餐馆和超市等商业店铺扩展到旅行社、糕饼店、肉店、美容美发店、通讯器材店、中药房、网吧、娱乐中心等。④

3. 亚的斯亚贝巴——拉各斯——塔那那利佛

近年来,随着中非关系的快速发展和中国商品的大量输入,一些非洲国家的新唐人街逐渐兴起。例如,亚的斯亚贝巴的“唐人街”竟然是以前的日本街(Bole Japan)。这里临近日本大使馆,原来居住着很多日本人,并因此而得名。近几年随着中国-埃塞俄比亚关系的升温,这里便成

---

① “Chinese opposed to ‘exclusive’ areas”, *The Citizen*, May 25 1990; “Chinese reject group areas”, *The Star*, May 25, 1990, Quoted from Melanie Yap and Dianne Leong Man, *Colour, Confusion and Concessions*, p. 423.

② 有关南非华人社会就建立唐人街进行的讨论,还可参见 Karen Harris, “Closeted Culture: The South African Chinese”, ISSCO International Conference on the Ethnic Chinese, “Intercultural relations and cultural transformation of Ethnic Chinese Communities”, Manila, November 26 - 28, 1998.

③《南非西罗町唐人街书写华商创业历程》, http://www. gkstk. com/article/wk-78500000874163. html.

④《南非约堡唐人街的过去、现在与未来》, 2008 年 4 月 30 日, http://www. 9tour. cn/info/3040/349700. shtml;《约翰内斯堡“唐人街”的由来》, 2016 年 10 月 29 日, 非洲时报/南非网, http://www. nanfei8. com/huarenzixun/huarenzixun/2016 - 10 - 29/37569. html.

为了唐人街。“约100米长的街道鳞次栉比地挂着中文招牌，商店里摆满了中国产的蔬菜和调味料。据说，虽然主要顾客是在当地工作的中国人及其家属，不过由于商品种类丰富，也逐渐吸引了埃塞俄比亚当地人前来光顾。”①有的国家或城市将中国商人比较集中的地方称为“中国城”，如肯尼亚的内罗毕。

为了更深入了解中国与非洲的关系，德国记者泽林决定对去拉各斯实地调研，因为那里的华人远比首都阿布贾多，而且有尼日利亚最大的唐人街。他在唐人街那里看到了各种商品，可以买到所有的廉价货，如衣服、电器、日用塑料制品等。② 在马达加斯加，虽然华人的历史有100多年，但以前是没有唐人街的。20世纪90年代以来，随着中国新移民的出现，在首都塔那那利佛中心区开始出现了中国商铺聚集的现象，并在独立大街附近有了一条唐人街。这里有大量的中国商铺和忙碌的华商，中国商品也受到了马达加斯加人的欢迎。新华商场、东吴商场、天球商场等中国商铺在这里出售各种种商品。马达加斯加商人表示：“我们一般会来在这里批发来货物，然后到（马达加斯加）各省去销售。中国货物质量好，而且价格合理。我们每周都从这里进货物，我们的顾客都非常喜欢这里的货物。”③这个由忙忙碌碌的中国商人和熙熙攘攘的马达加斯加顾客组合而成的“唐人街”有20多家商场、无数摊贩以及殷勤卖力的商人与店主。其中一家商场很像一个迷宫，由一个个盒子似的店铺组成，出售各类中国制造的商品——服装、鞋、化妆品、手机和各类电子装置。④

如果仔细研究唐人街的历史，我们会发现唐人街在很多国家已成为

---

①《外媒：中国在埃塞俄比亚存在感增强日本街变唐人街》，2016年9月22日，参考消息网，http://www.cankaoxiaoxi.com/world/20160922/1312892.shtml.

②［德］弗朗克・泽林：《中国冲击：看中国如何改变世界》，第178—179页。

③《马达加斯加唐人街中国商品受欢迎》，2012年4月26日，新华网，http://news.xinhuanet.com/video/2012-04/26/c_123039959.htm.

④《南华早报：中国人涌入马达加斯加改变当地面貌》，2013年9月2日，参考消息网，http://world.cankaoxiaoxi.com/2013/0902/265105.shtml.

最为开放的各种文化融合之处。这里不仅聚集着各个民族的不同文化，也是品尝各种烹饪美食的理想场所，还是价廉物美的商品汇集之地，因而吸引了各个民族来此购物和休闲。在唐人街的酒吧、商店和娱乐场所，通过日常的社交活动，各种文化开始交流和融合。

(二) 中餐馆:华人永远的骄傲

1. 毛里求斯:广东菜与客家菜

毛里求斯的路易港汇集了各种餐馆。这里有不少颇具名气的中餐馆，如蓝天饭店(Ciel Bleu)、联合国酒店(ONU Hotel)、以螃蟹汤出名的Gros Piti餐厅、Mama饭店(Mama Restaurant)、中央饭店(Central Restaurant)、白雪饭店(Snow White)。当然还有毛里求斯最古老、从1948年开始长盛不衰的中餐馆——金龙饭店(Restaurant Lai Min)。这家具有秘制佳肴的饭馆为了与时俱进，近年来又特地从中国请来两位大厨，烹制适合中国人口味的各种菜肴，赢得了顾客的口碑。这里的"富阳虾"(Shrimp Fooyang)是他们的秘制菜肴之一。此外，咕噜肉(Sweet and Sour Pork)可以说是毛里求斯中餐馆最受欢迎的中国菜。当然，如果你不吃猪肉，可以用鸡肉或鱼肉来代替。①

相对于制作精美、口感丰富的广东菜而言，客家菜可说是自然质朴、营养实惠。客家菜重油多盐，选用的多为自然经济的食材如各种野生的植物叶、茎和根(如芋头、薯类)以及牲畜的各个部位及内脏。中国的著名客家菜之一是用鲤鱼肉做成的鱼丸，在毛里求斯的客家人做的鱼丸则用鹦鹉鱼替代。客家菜的特色佳肴包括酿豆腐、炒牛肚、盐焗鸡、梅菜扣肉、客家鲫鱼、猪肚包鸡等。此外，中餐馆还有各种价廉美味的佳肴，如煲仔饭、炒面、盖饭、炒饭、包子、饺子、烧卖、及第粥、云吞面、鱼生粥、鸡

① "Cuisine: The oldest restaurant of Mauritius is found in Chinatown"(《毛里求斯最古老的餐厅藏身唐人街》), *China Town Magazine*, December 2015, pp. 29－32; "Cuisine: Sweet and Sour Pork"(《咕噜肉》), *China Town Magazine*, July, 2016, pp. 32－35; Pascale Siew:《唐人街:毛岛往事》,第118—124页。

球粥、鱼翅汤、牛肉丸、牛筋丸、鲩丸、煎芋丸、蒸萝卜丸、白糖糕、凉粉、烧鸭、叉烧、年糕、姜糖等。可以说，这里至今仍是品尝地道的粤菜和客家菜的美食圣地。2004 年，华商总会发起创立中国美食文化节，每年 5 月在唐人街举行。2016 年的第 12 届美食文化节上还请来少林寺武术馆的高手、中国厨师协会从天津派出的三名厨师以及留尼汪岛的舞蹈艺人前来献艺。唐人街美食文化节已经成为毛里求斯最广泛的民众活动之一。“唐人街周围大街小巷鲜艳夺目的宫灯和彩旗高挂，处处呈现着欢乐的景象。各类美食商贩们在唐人街两旁和多个泊车场的帐篷里，仁和礼堂等献艺营业。闻讯从四面八方蜂拥而来的各族民众和游客络绎不绝，人们以目睹盛况为快！唐人街暨周围一带，沉浸在一片欢乐的海洋，热闹非凡。”①这一盛会吸引当地民众和外国游客近距离体会中国饮食文化。

2. 南非：老船长的北京楼与西迪的中餐馆

南非据称有 200 多家中餐馆，分布在全国各大中城市，最多的还是在约翰内斯堡市，大约有 130 家。② 中餐馆不仅面向中国人，当地民众中不少人也非常喜欢中餐。有人认为西罗町最具代表性的是这里的中餐馆，③“拥有约翰内斯堡最好的中国美食”④，这是很有道理的。中餐馆的各种食品和配料有相当部分是直接从中国大陆、中国台湾和中国香港进口的。由于中餐馆的服务对象逐渐从华人发展到了当地南非居民，每到周末餐厅生意火爆，中外顾客同享中华美食成为西罗町的一大亮点。在唐人街的中餐馆，可以品尝到中国的各种菜系。南非上海商会发起人之一的刘备文先生因在海上行船 30 余年，被称为“老船长”，退休后长期定居南非。他的女儿在约翰内斯堡开了一家北京楼饭店，占地面积 700 平

① “Chinatown Food & Cultural Festival 2016”(《2016 年唐人街美食文化节》), *China Town Magazine*, July, 2016, p. 39.

②《中国移民在南非的衣食住行》, http://www.globevisa.com.cn/news/42694.html.

③《南非约堡唐人街的过去、现在与未来》, 2008 年 4 月 30 日, http://www.9tour.cn/info/3040/349700.shtml.

④《约翰内斯堡“唐人街”的由来》, 2016 年 10 月 29 日, 非洲日报/南非华人网, http://www.nanfei8.com/huarenzixun/huarenzixun/2016-10-29/37569.html.

米，餐具和设施多从上海进口，厨师也来自上海。北京楼无论从规模、装潢还是服务上，在华人开办的餐馆里都堪称一流。北京楼的员工大部分是黑人，这里也成为中非文化交流的平台，中国厨师教当地黑人员工烧中国菜，如扬州炒饭、咕噜肉、蒸鱼等。①

中餐馆的影响力至大，一些非洲人也开始经营中餐馆。南非妇女西迪·陶经营的中餐馆位于约翰内斯堡西南部的索韦托。西迪曾于2004年到广西柳州一家私立学校当了近一年的英语教师，正是在那里她对中国菜产生了浓厚的兴趣。在中国朋友的指导下，她学会了多种中国菜肴的烹饪方式。西迪说："中餐吸引我的原因是它的营养丰富，烹调时间短，且大量选用新鲜原料。"她的餐馆是索韦托第一家、也是唯一的一家中餐馆，自2007年7月开业以来吸引了无数食客前来品尝东方菜肴。她说："大家无论如何也不相信这里的中国菜都是黑人烹制的，更不相信餐馆完全由黑人经营。"目前，她的餐馆主要供应炒面、炒饭、炒茄子、蘑菇炒鸡等，但最受欢迎的还是炒面。她还准备了一些中式饮料，如冰绿茶、冰红茶等，也备受欢迎。为进一步丰富中餐知识，提高烹饪水平，西迪还自费拜一位在约翰内斯堡的中国大厨为师。有一次她在西罗町一家中餐馆点了一份海鲜炒面，面里只有一点海鲜，很多豆腐。她对老板说，"不要蒙我，我会做中餐。"老板只好给她换了份名副其实的海鲜炒面。2007年左右，西迪在当地举行的年度女企业家评选中获奖。西迪对她得奖非常高兴："这对我继续办好中餐馆无疑是个极大的鼓舞。"②

3. 中国餐馆遍布非洲

开餐馆是中国人最早移民海外的谋生手段之一，所谓的"三把刀"之一就是菜刀。非洲的中国新移民虽然大部分经商，但开中餐馆的仍然不少。以肯尼亚为例，中餐馆在1992年只有4—5家，到2002年已有40

① 钱丽君：《老船长》，载南部非洲上海工商联谊总会编：《追梦——上海人在非洲》，第51—52页。老船长后来返回中国，北京楼也盘给了他人。

② 袁晔：《南非黑人经营中餐馆备受欢迎》，2007年5月29日，新华网，ttp://news.xinhuanet.com/overseas/2007-05/29/content_6165774.htm.

家,2008 年年底,仅是首都内罗毕市中心已经开了 50 家中餐厅。在非洲,较有名气的中餐馆多占有区位优势,除了环境优美外,绿化、服务和卫生是基本条件,如加纳阿克拉的“王朝”处于繁华区,多哥洛美的“中国城”开在海边,肯尼亚内罗毕的“天天”在肯雅塔国际会议中心的下边,内罗毕的“中国园”开在联合国机构和美国大使馆附近,乌干达坎帕拉的“方方餐厅”开在市中心商业区的大楼里。①

近年来因中国-埃塞关系升温,埃塞俄比亚中国新移民不少,随之而起的是中餐馆。比较有名的是装修豪华、价位偏高的“王朝大酒店”(Han Restaurant),不仅有中国女孩做服务员,而且火锅桌的调料很齐全,甚至有豆腐乳。愿意欣赏正宗的四川菜的可去“蜀国布衣”(China Food),希望吃新疆大盘鸡的可去新开的新疆餐馆“抓范儿”(Zhua Fun)。津巴布韦首都哈拉雷有 10 余家华人开设的中餐馆,生意兴隆。“竹园酒家”由祖籍在广东顺德的谭先生经营,酒店“熙熙攘攘,热闹非凡”。他继承父辈家业,开设了这家餐馆,主要厨师是他的儿子和三位黑人,另外还雇用了 5 位白人女招待和 5 位黑人男招待,菜肴是广东风味。赵紫阳总理访问津巴布韦时,华人曾在这家酒店招待过他。②

2005 年,北京饭店的老板毕建亚只身来到加蓬进行考察,主要是考察投资环境。他有三个发现:加蓬人对中国人十分友好;首都利伯维尔中餐馆不多,且规模不大;当地餐馆午餐因价位太高(约 1 万非洲法郎),几乎没人。由此他看到了商机,2006 年 5 月,占地约 1 300 平米的北京饭店在利伯维尔上班族集中的区域开张,为上班族推出了价位在 5 000 非洲法郎的小型自助餐,冷盘热菜不少于 30 种。由于饭菜可口,价格适中,北京饭店的午餐自助餐大受欢迎,每天总有 160 多人就餐。北京饭店生意日益火红,受到当地媒体注意。加蓬《团结报》是这样介绍北京饭

---

① 2000 年,笔者随中国教育部代表团访问东南部非洲的四国(马达加斯加、莫桑比克、赞比亚、乌干达)时就对当地华人餐馆有所体验。当时,我们在乌干达去的就是“方方餐厅”。方忞女士任“方方餐厅”董事长,俞斌博士任总经理。

② 黄炯湘:《津巴布韦的华人》,《编译参考》,1984 年第 5 期,第 65 页。

店的:"自北京饭店数月前开张以来,每日都顾客盈门。所有跨进饭店门槛的人都好像一下子置身于中国,感到一阵惊喜。在这里,人们不仅对东方式的装潢稀奇,而且对中国那别具风味的美食赞不绝口。"北京饭店的服务员从国内招聘,身着有喜庆色彩的红色中式对襟衫,面对顾客热情微笑,训练有素,给前来就餐的人以宾至如归的感觉。毕建亚指出:"我们的餐厅所带来的不仅是中国的美食,还有中国的文化。我们就是要通过北京饭店这个橱窗,让加蓬人和世界各国的人了解中国,了解中国的文化。"①

我们看到,在非洲的中餐馆不仅为华人和当地民众带来了中国的佳肴,更重要的是让他们有机会了解中国的饮食文化。然而,要做到这一点,非洲的中餐馆还有很长的路要走,主要是中餐馆的整体形象有待改善。主要体现在三个方面:首先是卫生状况,特别是洗手间的卫生。其次是餐厅的服务质量。2015 年 3 月,肯尼亚内罗毕的一家中餐馆出于安全考虑,拒绝让当地人在傍晚 5 点后入内就餐,肯尼亚发行量最大的报刊《民族报》连续多日大篇幅对此事进行报道,称中国餐馆此举是在针对当地人搞"种族歧视"。第三,一些中餐馆(如在西非一些国家)将色情纳入服务范围。有的餐馆配备卡拉 OK 等活动场所,这些地方往往鱼龙混杂,色情活动也随之存在。一些年青的中国妇女到达非洲后,因为各种原因沦为妓女。这种卖淫活动与餐馆共存,极大地损害了中餐馆在非洲的形象。②

(三) 华人社会活动:传承与变化

1. 传统节日——维系华人社区的纽带

华人的欢愉之情在传统节日里充分表现出来。春节是农历新年,春

---

① 任亚秋:《加蓬"北京饭店"老板创业记》,[美国]《侨报》,2007 年 6 月 18 日。

② 由于去非洲的中国人中女性很少,一些中国年青女性专门为男性从事性服务。参见常江、袁卿《再见巴别塔——当中国遇上非洲》,第 68—69,98 页。

节对非洲华人的意义重大，因为新的一年必须开个好头。一般而言，人们在农历腊月十六以后就开始准备除旧迎新。家庭打扫卫生，企业还清债务，人人迎接好运。毛里求斯华人保留着春节歇业的传统，大家在家团聚。除夕当晚，一家人享受着丰盛的晚餐。初一，有些家庭吃素，成家的孩子到父母家看望。初二，家家户户都放鞭炮感谢神明，赶走恶鬼。鞭炮渣不能立即清扫，否则会将一年的福气扫走。随后，晚辈给长辈拜年，长辈给晚辈发红包。“人们忙完家中仪式后，就到关帝庙祭拜，在那里又是一场鞭炮声和狮舞登场的热闹场面。到处弥漫着深厚的熏香。祭坛上摆放着祭品，包括各式水果、糕点、猪肉、鸡肉、鱼、酒、茶等。”①毛里求斯曾一度是除亚洲一些国家之外唯一将春节作为法定假日的国家。农历正月十五是元宵节，春节的欢庆也开始接近尾声。晚上，唐人街再次沉浸在欢乐的气氛之中，全家在一起吃元宵，还有各种灯笼彩灯以及舞龙舞狮。对于华人热衷于春节欢庆之事，国外公司也十分在意。1962年春节前，毛里求斯英美烟草公司在《国民日报》登出广告，该公司全体同人“谨向华人团体、商人、全体华侨友人，以最热烈之心恭贺贵国元旦”。②

农历五月初五是端午节（端阳），也称为龙舟节，这也是海外华人重视的中国传统节日。以前，毛里求斯华人庆祝端阳节时，往往在路易港大剧院举行公演，剧目有“双喜临门”“闹公堂”“宝贝夫妻”“打渔杀家”“桃花摆渡”等，节目多由华人自己编排。例如，“桃花摆渡”刚从闽南高甲戏中发掘出来，由许纪生改编，华人朱维导将其改编为京剧。这种庆典凝聚了华人社区，也给大家带来了欢乐。1957年端午节后，《新商报》上专门发表了两位演员的来稿，曾酸梅子写的《我饰演桃花姑娘》和梅笑仙写的《我饰演渡伯的烦恼》。③ 2016年6月5日，毛里求斯端午节纪念

① Pascale Siew：《唐人街：毛岛往事》，第154—157页。虽然天下所有的华人将春节作为一种传统，但此位作者却将春节庆典作为一种宗教，大概有她自己的理解。

②《模里西斯英美烟草公司全体同人鞠躬》，[毛里求斯]《国民日报》，1962年2月3日。

③ [毛里求斯]《新商报》，1957年5月30日。

活动在蔻丹广场举行,活动由毛里求斯艺术文化部联合中国文化中心以及龙狮联合会共同举办。活动除了赛龙舟外,中国成都艺术团和当地的艺术家为大家献上了精彩的节目。①

2. 华人社会活动中的永恒因素

华人在非洲的社会活动很多,婚丧之事必须涉及。丧葬在华人中作为后事和来世之事,属于一种精神生活,将在下章论及,这里专门谈谈婚姻。

前章提到,毛里求斯、留尼汪和马达加斯加等地已出现中国与当地族裔的混血儿。值得注意的是,华人一般还是希望能找到合适的华人伴侣。以津巴布韦为例。当地的华人人数相对较少,第二代华人往往去莫桑比克或南非找对象。这种现象导致相当多的华人离开了津巴布韦,移民南非或莫桑比克。后来,由于莫桑比克的华人日益减少,津巴布韦青年人的目光伸向南部非洲以外的地区,新的趋势是日益增多的第三、四代华裔青年开始向西方国家移民,特别是那些说英语的国家。② 华人青年中,二三十岁的男女至今尚未成亲的人很多。究其原因,他们有着自己的苦闷。一方面,他们大部分都希望找华人或华裔,不太愿意与当地人结婚;另一方面,由于长期远离故国,生活在这里的华人之间几乎都存在亲戚关系,华裔男女青年虽然年龄相仿,但由于血缘相近,不宜结婚。这样,他们宁愿独身,期望有朝一日能回到故乡,找一个中国人作终身伴侣。③

当时,非洲华人在国外结婚的往往要在中文报刊上登出启事,以示庆祝,各位亲朋好友则往往登报表示祝贺,有的美好词语表现出传统文化的底蕴,如“天作之合”“鸳鸯福禄”“百年好合”“珠联璧合”;有的

① “Mauritius Dragon Boat Festival 2016”(《毛里求斯 2016 年端午节》), *China Town Magazine*, July 2016, pp. 40 – 41.

② Mary Olivia Tandon, “The Chinese in Zimbabwe”, Paper for the World Chinese Conference, Mauritius, April 1992, pp. 7 – 8.

③ 沈志德:《拳拳思乡情》,[北京]《华声报》,1983 年 8 月 23 日。

美好祝福表明了海外的姻缘，如“花好月圆，同心永爱，海外良缘，佳偶天成”；还有的体现出时代特点，如“组织圆满家庭，创造伟大事业”。有的家长甚至为在国外结婚的孩子打广告。例如，1956 年，毛里求斯的《华侨时报》刊登了当地侨领陈汝添先生的一则广告：“小儿绍智与丰川芳子女士谨拣 6 月 2 日在美国肯塔启城圣神天主教堂举行结婚礼，特此敬告各亲友。陈汝添偕眷同启”①订婚典礼和结婚仪式视家境而定。订婚一般都是宴请亲友，举行舞会。在留尼汪，订婚喜宴一般安排在星期日中午，宴席费由女方承担。订婚一年后择良辰举行结婚仪式。信教者的婚礼在教堂里举办，不信教者则租借公共场所如市政厅或剧院举办。婚礼前，先由男女双方家长及男女傧相陪同新郎新娘到市政府婚姻公证处由市长签署结婚证书。婚礼的形式一般是这样的：

> 由证婚人，即父辈们，向亲戚朋友们发出参加婚礼的邀请书：一张鲜红的纸上，绘上镀金的、象征愉快和幸福的图案。一般性仪式之后，新婚夫妇到教堂去结婚。他们乘坐的车队驶过城市和村镇。然后，客人们与新郎新娘一起到饭店去赴婚宴。宴席上，有九个菜，九，既表示数字，也表示一种“旧”（似为误译，应为“久”），即夫妻白头到老。在大厅一角里，一支乐队——或“扩音器”——吹奏着时髦的乐曲。桌子上，放着馈赠给新婚夫妇的礼品。婚宴上，新郎新娘到每张桌前去接受对他们的祝福。晚宴结束前有场舞会。这时，来的客人就更多了。在圣但尼，在圣皮埃尔，经常看到年轻人夜里二十三点钟还耐心地等在饭店门口，看看能不能进去跳舞。这实际上回到了这么一个传统，即：希望大家都能参加婚宴。②

在留尼汪，婚宴一般由男方承担费用。婚后三天，男方准备烧猪礼

---

① 《华侨时报》，1956 年 6 月 1 日。

② 多米尼克·迪朗、让·亨顿：《留尼汪华侨史》，载方积根编：《非洲华侨史资料选辑》，第 500—501 页。

物送新娘归宁，女方也择定日期款待新女婿，这样才算尽礼。①

当然，有的结婚典礼仍然沿用中华民族的传统方式，"我们曾参加过一对华侨的婚礼，仍然是古老的中国婚礼仪式；仍然是贺客盈门；开了十几桌酒席，摆设着一式的地道福建菜，热闹非凡。由此可知，华侨们的衣食住行仍然保持着中国的风俗"。② 另一位华人回忆了参加加纳的华人朋友结婚庆典时的场景：

> 这是一项比较严肃而庄重的结婚喜庆，是此间巨商贾先生之公子的大喜日子。婚宴设在阿克拉第一流的大陆旅社夜总会，全部餐厅都给包了下来。这个范围一时间也就变成了中国人的天下，于是最华丽的旗袍，最摩登的中国饰物，都在这里展出，难怪那些外籍宾客，甚至那些侍应生们，都看得呆了。酒过三巡，新郎、新娘翩翩起舞，来宾们也纷纷参加。虽然台上的黑人乐队，奏着非洲舞曲，而大家所跳的却是中国式的缓和的舞步，旋转其间，令人感到无限的亲切和温暖。③

20 世纪 50 年代时，毛里求斯华人的婚宴讲排场，这种风气曾相当严重。1953 年，刘兴铭医生与黎月莉女士（侨领黎子达之女）的婚礼简单朴素，借华侨联谊会举行，不要男女傧相，来宾 200 多位。他们的结婚仪式受到赞扬，"诚为华侨今后婚礼的模范"。有人借此对当时婚礼的奢靡之风提出批评，认为华人婚礼的风俗坏到极点：

> 尽量奢华，尽量铺张，尽量请客，以为越热闹越荣耀，徒然慕虚荣，尤其是入庙结婚的婚礼费要头等，才算得讲究华侨的婚礼，弄得中不中，西不西，惟有毛岛独有。因此，一般爱虚荣的华侨，往往因结婚而负债。请问为着一日光荣，弄到如此，何苦乃尔。所以每每

① 何静之编著：《留尼旺岛华侨志》，第 64—65 页。

② 郑向恒：《马达加斯加的华侨》，[台北]《侨务月报》，第 166 期（1967 年 6 月 16 日），转引自李安山编注：《非洲华侨华人社会史资料选辑（1800—2005）》，第 299 页。

③ 王申望：《迦纳 17 华侨大聚会》，[台北]《侨务月报》，第 199 期（1969 年 3 月 16 日）。

> 结婚至少也要花五七千盾，试问青年工人，每月百盾出息者，可以有能力来结婚吗？所以每每因结婚费威迫着一般青年去讨番婆，免得一切麻烦。还有间中女方，一旦男方有诚意，即行要求金项链，要金手鈪，要金介指，结婚要怎样讲究，像这样行动，成什么风俗。所以我们对于结婚礼式，赶快要改革，凡没有婚嫁的男女同胞们要向刘医生黎月莉女士看齐。①

华人与其他族裔结婚的情况依不同地区而论。在毛里求斯、留尼汪，特别是马达加斯加，这种情况有所增多，其原因是相应年龄的女性较少。新移民中与别的民族结婚的开始增多，既有中国男性与当地女性的结合，也有中国女性与当地男性的婚姻。② 在种族隔离时期的南非，不同种族之间的婚姻虽然是违法的，但这种情况仍然存在。以比勒陀利亚为例，在 1980 年的调查中，125 个华人家庭中有 6 个有色人/华人混血家庭；在约翰内斯堡，大约有 20 对白人/华人结合的夫妻。这些合情合理却违法的夫妻过着担惊受怕的生活。③ 1994 年，约翰内斯堡的一位天主教神父承认，他从 1968 年起就开始为华人与其他不同种族结为夫妻举行仪式，开始是偷着进行，后来就公开了。他也劝说这些夫妻移民到其他国家以获取合法的结婚证书。④ 违反传统道德的婚姻事件也偶有发生。例如，根据 1956 年 5 月 21 日的报道，一位 18 岁的华侨女子与一位回族人（伊斯兰教徒）私奔，逃走之日将家长价值 2 000 盾左右的首饰拿走。这位回族青年已婚，并有四个孩子，曾在华侨办货公司任职，后自己开印务局。当该男子的朋友责备他玩弄女性时，他说："这不是我们回族的女子，而是中国人的女子。"⑤

---

①《刘兴铭医生黎月莉女士婚礼简单朴素可资效法》，[毛里求斯]《中国时报》，1953 年 12 月 24 日。

② 例如，早在 20 世纪 80 年代就嫁到几内亚的知识女性赖翠玲。她将自己的经历写成了自传体小说《嫁到黑非洲》（北京：中国文学出版社，1996 年）。

③ Linda Human, *The Chinese People of South Africa*, pp. 68 - 69.

④ Melanie Yap and Dianne Leong Man, *Colour, Confusion and Concessions*, p. 368.

⑤ [毛里求斯]《华侨时报》，1956 年 5 月 21 日。

（四）低调且不参与政治：聪明的融入方式？

华人因在当地社会遭受歧视，他们通过各种方式努力改变自身地位，在报纸上为自己子女去国外留学做广告也成为他们提高社会地位的方式之一。[①] 另一种方式是改变自己的经济地位，挣了大钱的买海滨别墅或花园洋房，挣了小钱的通过其他方式来表明自己的地位，如海滨野餐或参加舞会。对于华裔而言，积极参与社区活动如公益或慈善活动一方面可以体现自己的价值，也可以表现自己的爱心。至于参与当地政治活动，各地华人态度不一。在留尼汪和毛里求斯，华人参政的现象比较正常。[②] 然而，在种族歧视盛行时期的南非，情况则完全不同。

对于长期在种族歧视环境中生活的南非华人而言，他们争取权利、提高地位及融入社会的重要方式是低调、社会参与和不参与政治。例如，早在1948年，华人首次参加南非标准舞会伊丽莎白港支会举办的六月比赛大会。当时，华人选手参加了中西混合组和华尔兹舞两个组的比赛。刘金宝君、刘月英女士和刘沛佛君夫妇（探戈舞）参加中西混合组比赛，侯Stella和刘Dorothy女士参加华尔兹舞比赛，华人观看者达50余人。《侨声报》特别发报道，并鼓励："此次我国侨[民]虽不及格，但能与西人一比高下，实属难能可贵，尚望善乎之同侨勉之勉之。"[③]1980年有关华人社会的调查报告对华人青年大学生就有这种看法：他们远离政治，从不准备"兴风作浪"。[④] 叶慧芬和梁瑞来在她们的著作中指出："大家一般都认为华人不管有什么成就，主要归功于他们'行事低调'，这一直是他们最好的行动路线。地方华人社团在其所在地处理他们面对的

---

① 例如，《黎子达先生令郎黎永源留学英伦志喜》，[毛里求斯]《华侨时报》，1956年6月6日。

② 在毛里求斯，朱梅彝、曾繁兴等都在政府中担任过要职。有关留尼汪的情况，可参见Edith Wong-Hee-Kam, *La Diaspora Chinoise aux Mascareignes*, pp. 339 - 345.

③《坡埠华侨参加舞会》，[毛里求斯]《侨声报》，1948年6月17日。

④ L. N. Smedley, "A Sociological Analysis of Some Aspects of the Life of South Africa's Chinese Community", Pretoria: University of South Africa (Unpublished D. Litt et Phil Thesis), Quoted from Linda Human, *The Chinese People of South Africa*, p. 64.

问题时，经常能成功赢得官方的同情。”[①]

低调策略似乎比较成功，从而导致华人实际地位的逐渐改善。这种结局似乎引起了其他非白人种族集团的嫉妒。一位华人这样解释：

> 所以，到了种族隔离后期，我们能进白人的医院、白人的电影院，我们能进入其他非白人不能去的设施。但从法律角度看，如果他们搬出法律条款来，我们确实没那么多权利，但是你知道的，对中国人，他们睁只眼闭只眼……所以我想许多黑人、印度人和有色人种——你记得所有非白人——嫉妒我们享有更多特权……但是你理解华人的处境，我们可以利用这个处境。谁会说“我们不要利用这一处境”？你肯定想去白人医院，因为那里设施好得多。[②]

朴尹正为自己的博士论文在华人中进行采访，62岁的阿伦回忆了华人当时的一些实用主义的做法，例如举办舞宴，将捐款赠给白人社团。这样做的目的只有一个，在南非这个种族主义盛行的社会里努力改善华人族群的整体利益。阿伦回忆：“由于种族隔离法律，我们想尽量把孩子送到白人学校来改变自己的命运。我们做了一些事情，举办华人舞宴是其中之一。这次舞宴面向白人社区，所有收入都捐给白人社团……不久后我们的孩子开始进入天主教学校……慢慢地我们开始能进白人学校了。但这只是一个特惠，不是权利……那时候，我们进行各种各样的斗争。”[③]这种稳步求进、低调力争的策略一直通过各种渠道逐渐实施。

这种低调且不参与政治的策略形成了南非华人社区的一种共识、一种传统，几乎形成了华人社区的一种集体无意识。因此，一旦出现与这种共识不相吻合的做法时，华人社团群起反对。1980年，当南非政府决定委任一名华人为总统咨询委员会委员时，霍成坚表示接受任命。此事在华人社区引起了一场轩然大波，最后导致了华人社区独立性的增强

---

① Melanie Yap and Dianne Leong Man, *Colour, Confusion and Concessions*, p. 381.

② 朴尹正：《荣誉至上——南非华人身份认同研究》，第39页。

③ 同上书，第37页。

(此事将在下章详细讨论)。①

当然,华人的社会生活中还有许多具有共性且值得提倡的集体活动和共生原则,例如慈善与捐赠、中医与养生、敬老与尊贤、勤勉与节俭、教化与秩序等。从事慈善活动一直是华人社区的活动,这是受中国"老吾老以及人之老,幼吾幼以及人之幼"这种普济众生的思想的传承。例如,1966年2月,葡属东非殖民地(今莫桑比克)罗埠一带遭受特大风水之灾。2月24日,贝拉港中华会馆主席甄景炎、冯焕南、余黄翠云女士、甄叶慧娉女士等多位侨领专程向侨胞募捐救济灾民。所有捐款由甄景炎主席面呈时任贝拉港总督,委托他转交给罗埠相关机构以用于赈灾。②1969年,南非华商李铿发将其父寿礼441.5兰特全部献作公益事业外,更捐出358.5兰特,共成800兰特,约翰内斯堡国定中学100兰特,伊丽莎白港华校100兰特,开普侨校100,侨声报100兰特,罗明元奖学金200兰特,台北华兴育幼院200兰特。③

中华民族敬老的优良传统一直在华人社区传承。毛里求斯华联会积极开展华社公益活动,组织老华侨旅游。1986年6月22日,共有70多位老人到北部巫沙济海滨半日游。老人们感慨地说:"我们在耄耋之年,仍能得到华联会当局的关怀,招待半日游,甚感幸福。希望所有侨团都能关怀我们老华侨、华裔,多组织老华侨、华裔进行类似的有关身心的活动。"④毛里求斯华联会成立于1975年,由一群华侨、华裔中青年学者和专家及工程技术人员发起,主要宗旨为促进华侨华裔间的互助团结,发扬中华民族的优秀文化和优良传统,并经常组织一些文体活动,如健身体操、游泳、划船等,深受大家欢迎。这种为弱者捐赠,为社团做慈善的行为几乎存在于每个华人社区。

---

① "Winchiu puts his case", *Pretoria News*, October 6, 1980; "Businessman replies to Chinese critics", *Evening Post*, 8 October 1980, Quoted from Melanie Yap and Dianne Leong Man, *Colour, Confusion and Concessions*, p. 411.

②《卑拉中华会馆救济罗埠灾民》,[南非]《侨声报》,1966年2月15日。

③《殷商李铿发先生庆萱堂慨捐巨款》,[南非]《侨声报》,1969年7月8日。

④《发扬中华敬老传统,开展华社公益活动》,《华声报》,1986年7月29日。

当然，华人中也存在着诸种不尽如人意之处。例如，偶尔也会出现吸毒现象。1956 年 6 月，3 名涉毒华人被发现藏有吸鸦片之物件，路易港市第三法庭分别判决其服 12 个月、6 个月和 4 个月苦役，另一名华人被告同谋，被判处 400 盾罚金。① 然而，华人中最令人不安的是不团结的现象。1957 年，毛里求斯《新商报》的一篇文章明确指出："数年来，我们民主集团中，一直是大雨过后细雨来，简直没曾有晴朗过的一天，究其缘由，封建残余思想作怪；原只是单纯的两方互相不相让，从而使一般坏分子乘机钻进来，造成今天四分五裂的局面。""我们希望的是大家携手向共同目标前进……群众知道糊涂旧账有多少，为了祖国，让我们一笔勾销。"文章表示，华侨应该在爱国一家的口号下团结起来。② 华人的团结问题由于海峡两岸分歧而一直存在。中国驻毛里求斯大使施乃良离任前在华人欢送他的宴会上表示："毛国政界人士和各族人士曾对我表扬过华人的许多优点。例如：勤俭持家，尊贤敬老，重视教育下一代和对毛国经济繁荣做出贡献。但令人遗憾的是，从来没有人说过对华人团结的赞语。"根据毛里求斯归侨刘新粦的观察，自从两岸关系缓和以来，华人中左右两派的斗争趋于缓和并开始来往，但左派内部不同派系的矛盾却激化并上升为主要矛盾，"有些人甚至准备诉诸法律，对簿公堂"。③ 这种现象在其他非洲国家也同样存在。一位在几内亚打拼的台商商人抱怨："这里有许多大陆和台湾商人，但不知为何中国人总是不团结，总是窝里斗，他们既喜欢抱头又喜欢踢脚。"④

这种不团结的现象似乎是海外华人社会中的一种通病。

（五）赌博——华人社区中永久的"痛"

1. 友谊娱乐场惨案

2016 年 12 月 10 日，中国驻毛里求斯大使馆为帕斯卡尔·萧女士的

---

① [毛里求斯]《华侨时报》，1956 年 6 月 6 日。

②《社论：为了争取团结，反对制造内争的任何挑衅》，[毛里求斯]《新商报》，1957 年 2 月 23 日。

③ 刘新粦：《他山之石》，第 75 页。

④ 赖翠玲：《嫁到黑非洲》，第 365 页。

《唐人街:毛岛往事》中文版举办了首发式。① 此书是一本画册,较为全面地勾勒了毛里求斯唐人街的历史。其中有一章标题是《赌博和娱乐之城》。作者将麻将称为"最受欢迎的中国传统游戏",她写道:"过去,在唐人街的每个角落都能听见搓麻将的声音。生意人是麻将馆里的常客。一些人甚至夜以继日沉迷其中,把妻子留在家中看店。嗜赌如命之徒常常输个精光,也毁掉了自己的生活。"②毛里求斯华人的赌博有很长的历史。派克在 1873 年的著作中就提到过一家店铺的老板在节日里去赌博,将自己的家业输给店里的伙计,自己不得不从事店里的杂活。③

华人从事各种赌博。毛里求斯还有不少的赌马庄家,原来位于中央广场附近,1985 年才被要求搬到战神广场的赛马场里。1999 年发生的"友谊娱乐场惨案"给唐人街留下了永远的伤痕。友谊娱乐场是由黎友添家族掌管的赌场,在毛里求斯赌博业中颇有名气。这里的赌徒经常通宵酣战,不时有各种纠纷和打斗发生。5 月 23 日晚,黎友添自己在国外,赌场里只留下他怀孕的妻子和两个女儿、妻舅及赌场员工。当晚 7 时,赌场发生的一场大火吞没了整个赌场,包括黎友添妻子、女儿及妻舅在内的七人遇难。时任总理乌蒂姆将这场火灾定性为"屠杀"。友谊娱乐场从此不复存在,在唐人街留下了一块永恒的伤疤。④

2. *南非赌博业之殇*

赌博在南非华人中存在了很长的时间。人们一般将赌博看作一种社会活动,是无聊与孤独的解药,而不是犯罪。⑤ 赌博早年有"fan tan"(实际上只是赌博的一种方式)之称,后来又有"fah-fee"等形式,现在通

---

① 《驻毛里求斯大使李立在〈唐人街:毛岛往事〉发行仪式上的讲话》,2016 年 12 月 12 日,中国驻毛里求斯大使馆,http://www.fmprc.gov.cn/web/wjdt_674879/zwbd_674895/t1423313.shtml.

② Pascale Siew:《唐人街:毛岛往事》,第 116 页。

③ N. Pike, *Sub-tropical Rambles in the Land of the Aphanapteryx*, London: Sampson Low, 1873, pp. 173 - 174.

④ Pascale Siew:《唐人街:毛岛往事》,第 184 页。有些外族人对华人的评语是"会读书,会做生意,爱赌博"。刘新粦:《他山之玉》,第 75 页。

⑤ Melanie Yap and Dianne Leong Man, *Colour, Confusion and Concessions*, p. 205.

称为“开字花”。早在1890年4月11日，4名华人在南非金伯利因为赌博导致的杀人罪而被控告。1897年12月，19名华人在约翰内斯堡因赌博被捕。这种恶习一直沿袭至今。[①] 后来，一些契约华工因孤独难耐养成抽鸦片、赌博的坏习惯。[②] 值得说明的是，早期的南非华人会馆一直致力于开办中文学校，由于经费困难，华人各有自己的店铺要维持，因此也不可能总是通过募捐来筹款。为了筹集办学经费，一些中华会馆曾一度从开办的华人赌场中收取利润分成。

时至今日，南非华人对赌博似乎仍是情有独钟。南非各个城市的大型游乐场如太阳城、嘉年华等，里面都有赌场。约翰内斯堡的各个赌场规模庞大，装潢豪华。国际机场附近的恺撒赌场，其停车场可泊车1 500辆。赌场内各种设施一应俱全，包括星级宾馆、餐厅、咖啡厅、游乐场等，是集消费、娱乐、休闲、社交、商贸于一体的场所。有人将赌场称为“销金窟”，认为南非的中国人90%都去过赌场。“如果不赌，几乎近一半可以成为千万富翁”。南非华人爱赌的各种原因：混吃混喝（赌场免费供应点心、饮料和香烟）、孤独难耐、寻找机会和碰碰运气。现任南非-中国合作论坛主席的盛立华先生是赌场的常客，他和他的亲属驻扎在赌场并享有免费吃喝住宿的优惠，这种优惠只给那些特殊赌客——赌资积分超过50万元的赌客。[③]

有的华人因赌博倾家荡产，有的因之失去亲人，还有的因输钱夫妻反目。

南非某省同乡会的副会长汪某通过做货柜生意赚下了数千万的家产。由于生意亨通，财源滚滚，他开始将注意力转移到赌博上，最后成为天天到赌场上班的职业赌客。由于他成天泡在赌场又不听妻子苦言相劝，妻子离开他回国去了。没有了妻子的监督和规劝，他带着6岁的孩

① Melanie Yap and Dianne Leong Man, *Colour, Confusion and Concessions*, pp. 48, 84, 240.

② 沈已尧：《海外排华百年史》，北京：中国社会科学出版社，1980年，第145—146页；Melanie Yap and Dianne Leong Man, *Colour, Confusion and Concessions*, pp. 119 - 223.

③ 钱丽君：《他们曾经在赌场生活》，载南部非洲上海工商联谊总会编：《追梦——上海人在非洲》，第187—197页。

子终日赌博，然而，正是嗜赌成性使他永远失去了心爱的孩子。一天，他连续狂赌了20余个小时，次日上午6时才拖着疲惫的身躯带着儿子开车回家。在暴雨中，他想将车驶进停车带，等雨停了再赶路，然而，由于极度疲劳，他在变线时没注意后面的来车，被一辆大卡车拦腰撞上。这样，他车上放着的价值几十万兰特的筹码和现金撒落一地，自己被人送进医院，而心爱的儿子埋葬在了南非的土地上。①

3. 半公开的赌博：陈文泉被害与“字花”业之殇

除了公开的赌场之外，还有一种“字花”业。2007年11月14日，华人陈文泉在南非自由邦遭枪击身亡，也是因为涉及赌博案。“字花”业由早期来南非的老华侨开创，已有百余年历史，长期以来由华人垄断。该行业有自己的规矩，庄家与赌徒之间形成了严密而隐蔽的赌博关系。赌博的基本规则如下：庄家向赌客发放统一的“字花纸”，上面印有36个号码，每个号码后留有空格，用于填写赌注。庄家每开到一“场”，赌客便将填好的“字花约”和赌注放在一个小钱包里，统一交给庄家，庄家在打开小钱包之前，向赌客报中奖号码，然后开始“拆袋”，发现中奖的马上赔钱。通常一个区域内有40—50个“场”，庄家每天上午和下午各开奖一次。从20世纪90年代以来，大量华人涌入南非，有的加入了“字花”业。他们中有的人从打工到自己“占地盘”当老板，使得这一行业迅速膨胀，其活动范围也从豪登省扩展到南非各地。刘新粦也提及过毛里求斯存在的类似的中式彩票。“彩票上有若干汉字，买票的人从中圈定一定数目的汉字，发行彩票的人用抽签的办法抽出若干中奖的字，然后规定中了多少字的彩票为头奖、二奖……以此类推。不论是赛马的彩票还是中式彩票实际上都是变相的赌博。”②

从“字花”业本身来说，在南非属于违法行为，一直处于半公开状态，存在严重的安全隐患。首先，对参与此行业的华人而言，他们得不到法

---

① 徐歌：《独闯非洲——我在南非的冒险之旅》，第88—89页。
② 刘新粦：《他山之石》，第67—68页。

律保护。由于华人不断将“场”拓展至各个地区，安全得不到保障。其次，华人有的一天要开 50 多个场，时间紧张。为了赶场，他们汽车开得飞快，导致交通事故频发。第三，华人行业间为了争地盘，各种冲突竞争导致恶性事件发生。第四，半公开的性质为政府人员提供了犯罪的机会，有的刑事警察、交通警察和税务官员借此进行敲诈勒索。第五，由于这一行业吸引了不少赌客，一些赌客甚至将儿童救济金或失业救济金也拿来赌博，对华人造成极坏的影响。当地民众对这一行业非常反感，称组织赌博的华人为“骗子”“小偷”。①

确实，在广大的非洲华侨华人中，总有那么一小撮人，他们无视法律，从事偷猎、走私、诈骗、卖淫等非法行为，从而给新移民的形象造成了极恶劣的影响。然而，我们知道，艰难创业的是多数，勤俭持家的是多数，安分守己的是多数。正如姒海所言：“我们明白：个人所追逐的目标其实和中华民族伟大崛起有着必然的联系，即使是‘经商天才’或‘耐劳巨人’，我们最终不过是时代港湾中的一朵小浪花。我们的成功所仰赖的价值标准始终需要：勤劳、勇敢、诚实、创新和爱国。”②

① 李可：《南非华人地下赌博业现状华人最古老行当之一“开字花”》，[南非]《南非华人报》，2007 年 11 月 21 日。

② 姒海：《追逐梦想总是百转千回让我们依然坚持追逐》，载南部非洲上海工商联谊总会编：《追梦——上海人在非洲》，“序”。

第二十七章　精神世界：宗教意识的变迁与融合

朋友："什么是宗教信仰，真宗教究竟在哪里？"这是许多急待解答的问题，你也愿意知道它们的答案吗？毫不费事，只要你给我们寄来你的姓名与地址，我们就会按期免费寄给你二拾余课天主教义函授讲义，藉此讲义，你虽静居家中，即可以对天主教有正确的认识，讲义有中文的，也有英文的，任你选择。

——吴时春（华人天主教神父）

只有在非洲很多穷困的国家办佛学院才能成功，因为对穷人家的孩子来说他们虽然有明天，但没有未来，我们让他们出家可能就是最好的选择。贫穷、疾病、蛮荒，可能对现代人来说是困难和障碍，但对我传播佛教来说就是机遇、希望和光明。

——慧礼法师（南非华人、南华寺法师）

非洲华人的精神生活主要指第二次世界大战以来他们各种信仰的演变。从20世纪50年代起，在毛里求斯、留尼汪、马达加斯加和南非这些华人相对集中的地区，华人中出现一股皈依天主教/基督教的潮流，本章将分析这一趋势以及影响皈依的各种因素。另一个值得注意的现象是，虽然迄今为止大部分非洲华人信奉天主教/基督教，但他们在人生的主要关头(生老婚丧)或传统节假日仍以中国宗教信仰或习俗为祭祀的主要形式,或是将二者合而为一。随着佛教在非洲的传播,一些寺庙也开始建造,这种宗教对当地人民也产生了一定影响。华人的存在或多或少从各方面影响了非洲的社会生活和精神生活。根据不同国家的情况,天主教和基督教或一起阐述,或单独分析。①

一、天主教/基督教在华人社区的兴起

(一) 华人皈依天主教/基督教的浪潮

1. 毛里求斯

二战以后特别是从20世纪50年代以后,皈依天主教和基督教成为非洲华人社区的一种趋势。虽然华人保留了自己的文化传统和宗教习惯,在人生的各种主要关头仍以中国传统宗教为主要祭祀方式,但相当多的华人特别是华裔逐渐皈依了天主教。天主教在毛里求斯和留尼汪的盛行与原有的殖民地文化有密切关系。留尼汪是法国殖民地,1946年转为法国海外省,法国的文化影响力不言而喻。毛里求斯从1715年到1810年是法国殖民地,拿破仑战败后将该岛割让给英国人。英国在接手这一殖民地时曾承诺,保护岛上法国人的既得利益和文化传统,如在学校教授法语,法语为政府工作语言之一,天主教可以在岛上自由传教等。这一政策导致毛里求斯深受法国宗教文化的影响。这两个地方的华人主要是皈依天主教。

华人对天主教/基督教的接受是一步一步的,同时带有强烈的实用主义色彩。20世纪50年代成为华人皈依天主教最多的时期。从1954年起,毛里求斯各地不时有20—30多人的群体受洗。1956年4月15日,华人基督徒发起成立华人圣公会,并选出了毛里求斯华人圣公会第一届董事暨新任职员,由古崇鑫任会长,吴相光、吴伯良任副会长。此

① 当文中使用“基督徒”一词时,则是泛指天主教/基督教徒,特此说明。

外，华人圣公会还设有中文秘书、西文秘书、总务、司库、交际、稽查等职位。① 从二战结束到 20 世纪 50 年代末，毛里求斯华人人数增长了近 100%，而天主教教徒则增加了 300%。

毛里求斯华人中的天主教教徒(1901—1960 年)

年份	华人人数	华人中的天主教徒	百分比(%)
1901	3 515	213	6
1911	3 662	520	14.2
1921	6 745	2 035	30
1931	8 923	2 120	23.6
1944	10 882	2 691	24.7
1952	17 850	7 974	44.6
1956	20 146	11 702	58
1960	23 200	13 000	56

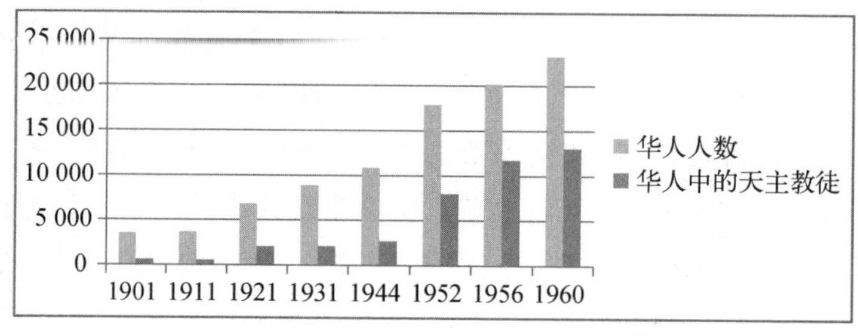

毛里求斯华人中的天主教教徒(1901—1960 年)

资料来源："BIA Census data, 1901—1960", in Marina Carter and James Ng Foong Kwong, *Abacus and Mah Jong*, p. 170.

根据毛里求斯的统计资料，1944 年不到 1/4 的华人信奉天主教，到 1952 年，17 850 位华人中已有 7 974 人皈依天主教，达到总数的 44%。1956 年，天主教教徒已占华人总数的 58%；1960 年，华人人数增加了 3 000 人，华人天主教教徒增加了约 1 300 人，占到华人总数的 56%。这种华人信奉天主教的潮流在其他非洲国家也在几乎在同一时间出现。

① [毛里求斯]《华侨时报》，1956 年 5 月 3 日。

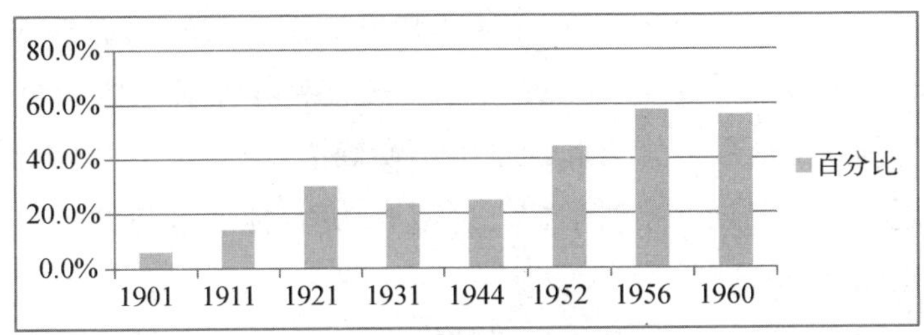

毛里求斯华人中天主教教徒占比

资料来源："BIA Census data，1901—1960"，in Marina Carter and James Ng Foong Kwong，*Abacus and Mah Jong*，p. 170；[毛里求斯]《新商报》，1958 年 8 月 14 日。

20 世纪 50 年代，毛里求斯华人信奉天主教/基督教的日益增多，吴化雨神父、岳云峰神父和张敛之神父为传教事多处奔忙。各种宗教活动也比较频繁。房神父早在 1951 年即首创华侨天主教杯篮球赛。① 圣体出巡是宗教活动之一。主要是天主教会为了圣徒瞻仰方便，载圣体出巡。这种出巡先由神父出示公告，请教徒做好准备，"恭迎圣体巡街，以赔补耶稣在圣体内所受之万般凌辱，届时望我各区侨胞教友亦踊跃前来看礼，聊表吾人热爱圣体之坚定信心，并护起卫护真理、传扬正教之神圣责任"。② 圣餐节是另一种活动，每年一次，纪念圣灵降临，举行圣餐崇拜，重新接受圣灵。③ 联欢和慈善捐助为教会经常组织的活动。大家聚集在一起，唱歌、跳舞、抽奖、娱乐或一起从事慈善活动。④

2. *留尼汪与马达加斯加*

留尼汪的华人 80%信奉天主教。虽然本地华裔一般出生后接受洗礼，但大规模皈依则在相当程度上要归功于 1951 年来到此地的法国神

---

① [毛里求斯]《华侨时报》，1956 年 3 月 24 日。

② [毛里求斯]《华侨时报》，1956 年 5 月 29 日。

③ "我们纪念这圣节。一、每周年一次重新接受圣灵；二、纪念这是教会生日，是日(5 月 20 日)早晨 6 时及 9 时，举行圣餐崇拜，请兄姊按时赴会，领取圣体宝血为要。"《圣灵降临节圣餐通告》，[毛里求斯]《华侨时报》，1956 年 5 月 14 日。

④ "5 月 20 日 9 时在和平之后像前举行，本会历来得华侨协助，惠借车辆运送病人，并惠给饼干、牛奶、茶等。本次病人节请华侨一本过去之精神，踊跃报效，无任感激。"《天主教联合会启事》，[毛里求斯]《华侨时报》，1956 年 5 月 14 日。

父桑怀仁。此人曾在重庆传教，中华人民共和国成立后到了香港。他在香港探知留尼汪有很多华侨，便向罗马教宗申请要求派他到留尼汪传教。他来到留尼汪后才知道此地华侨不懂国语，便与中华商会全体职员商量计划在圣丹尼创办中法学校。计划成功后，他通过与学生的关系进行传教工作，效果甚佳。①

马达加斯加的天主教与当地学校有关。1953 年，一些被中国政府驱逐的法国传教士在塔马塔夫建立了一所华语学校。这所名为“华人天主教中心”的学校，虽然专为华人开办但并非由华人创办。1968 年，该校有 500 个学生，学生中很大一部分是中马混血儿。一位天主教神父为广东人，他得到了巴黎国外布道团的资助，“在转变这些华人学生和混血儿青年学生的宗教信仰方面成就卓著”。尽管“只有那些心甘情愿的人开始研究基督教教义”，但这些学生还创办了一份名为《华人天主教之音》的小型刊物。在 20 世纪 60 年代的马达加斯加，天主教在年轻人中间发展很快。斯拉威斯基在他有关当地华人的调研中发现，24 个华人中，30 岁以上的有 6 人不信宗教，3 人信奉儒教（Confucian），1 人信新教，2 人信天主教。然而，大多数 30 岁以下的华人青年信奉天主教。②

3. 南非及其他国家

在南非，根据 1976/1977 年的研究表明，被采访的华人中 60.9%的人回复他们是某个教会的成员。29.4%的男性和 31.5%的女性表示他们属于英国国教，23.5%的男性和 25.9%的女性称他们属于罗马天主教，4.1%的男性和 2.5%的女性属于浸礼会老友。此外，还有少数受访者表示他们信奉儒教或佛教，或是属于使徒信心会教会（Apostolic Faith Mission Church）。另一项 1970 年的研究表明，信奉罗马天主教的华人人数要多得多。

南非华人多信奉基督教/天主教，主要的华人教会有 1961 年创立的

① 何静之编著：《留尼旺岛华侨志》，第 66 页；汤曼莉编著：《海上传奇：留尼汪华人华侨志》，第 91—95 页。

② Leon M. S. Slawecki, *French Policy Towards the Chinese in Madagascar*, pp. 73 - 75.

约翰内斯堡中华天主教公会(The Catholic Chinese Association of Johannesburg)。1976年由Sonja Botha创立的约翰内斯堡中华上帝大会(The Chinese Association of God, Johannesburg)从中华幸福育婴堂(The Happiness Creche)发展而来。约翰内斯堡中华浸礼教会(The Chinese Baptist Church of Johannesburg)是在1952年在国定中华学校由拉比夫人(Mrs. A. S. Robie)组织的华人学生聚会中产生,在该市华人社区传教20余年,1975年建立了自己的教堂。1978年,当时的宋牧师(Arthur Song)建议教会采用非种族名称,故正式更名为Southdale Baptist Church,但仍然保留了原来的华文名称。该教会又成立了一个老人福利组织——基督教中华颐老社(Christian Care for Elderly Chinese)。此外,还有成立于1973年的约翰内斯堡中华基督教团契(The Chinese Christian Fellowship of Johannesburg)和成立于1976年的伊丽莎白港中华天主教公会(The Port Elizabeth Catholic Chinese Association)。①

南非华人宗教信仰人数统计(1970年,1976—1977年)

所属教(会)	百分比(%)	
	1970	1976—1977
英国国教	38.6	30.4
罗马天主教	50.5	24.7
浸礼教会	4.2	3.3
儒教(Confucian)		1.2
佛教		0.6
使徒信心会		0.6
无信仰者或其他教会	6.7(其他宗教)	39.2

资料来源:Linda Human, *The Chinese People of South Africa—Freewheeling on the Frings*, Pretoria: University of South Africa, 1984, pp. 70 - 72.

① 有关南非华人基督教/天主教教会组织的内容,可参见谢成佳主编《华侨华人百科全书·社团政党卷》,1999年。

目前,非洲的中国新移民中开始信仰天主教/基督教的日益增多。在尼日利亚和加纳,一些华人加入各种有关宗教的课程,希望了解教义。在加纳,一位女性华人谈到她的朋友都是在她所在的教会里认识的。当然,这种活动也是这些人地生疏的新移民进行社交的好机会。他们每周见一次面,一次谈论人生、信仰和理想,有时还一起聚餐。每到周日,他们一起去教堂做礼拜。①

(二) 华人皈依天主教/基督教的原因

一般而言,除了早期处于困境的契约华工为求得心灵的安抚而皈依天主教/基督教外,华人信奉与自身文化毫无联系的天主教/基督教都有某些其他的因素。20 世纪 50 年代出现的这一趋势,主要受到以下因素的影响。

1. 华人天主教会的设立

天主教教会的努力是 20 世纪 50 年代以后大量华人皈依天主教的重要原因。这主要表现在两个方面:一是华人教会的设立,二是多位神父来到非洲这些地方。大规模皈依的潮流多少要归功于 1950 年以后逐渐创办的各种华人天主教教会。在毛里求斯,Mgr Jean Margeot 神父创立了天主教华人教会,这种教会使很多华人觉得容易接受。1956 年,华人基督徒发起组织华人圣公会,华人有了自己的宗教组织。1954 年来到留尼汪的华人神父蓝秉和为人谦和,善于交际,他曾在山区等交通不便之处倡导设立了多所天主教堂和简易教堂,方便那些老年人和腿脚不方便的人做弥撒。②

吴时春神父在《中国日报》上撰文谈天主教教义:“朋友:‘什么是宗教信仰,真宗教究竟在哪里?’这是许多急待解答的问题,你也愿意知道它们的答案吗? 毫不费事,只要你给我们寄来你的姓名与地址,我们就会按期

---

① Giles Mohan, Ben Lampert, May Tan-Mullins & Daphine Chang, *Chinese Migrants and Africa's Development: New Imperialists or Agents of Change*, pp. 88 - 89.

② 汤曼莉编著:《海上传奇:留尼汪华人华侨志》,第 94 页。

免费寄给你三拾余课天主教义函授讲义,藉此讲义,你虽静居家中,即可以对天主教有正确的认识,讲义有中文的,也有英文的,任你选择。宗教信仰是你自己的切身问题,完全由你作主,并不会有人催促或强迫你信奉天主教,除非你自己愿意。如果教友愿意请我们的讲义,也是拾分欢迎的,但我们更希望他们在教外人前,尽一分宣传之力。”① 毛里求斯各地方的天主教会也为华侨天主教教徒提供方便。例如,1956 年 3 月 9 日,荷精(即罗斯希尔)蒙玛修女院院长同意,今后每周星期日上午七时半华侨天主教徒可在蒙玛教堂举行弥撒。荷精华侨天主教会专为此事发布启事。②

当时,毛里求斯华人中天主教徒较多,各种与圣主相关的活动和仪式也相对活跃。从 1956 年开始,毛里求斯华人天主教开始每年举办“复原经主日仪式”。③

毛里求斯天主教经堂圣主日内仪式时间安排(1957 年)

名称	日期	仪式内容
圣枝主日	4 月 18 日	祝经经枝,经枝游行,大礼弥撒
耶稣受难日	4 月 19 日	大祈祷,朝苦像,领经体
耶稣复活前夜	4 月 20 日	祝经新火及五伤蜡烛;经烛游行及复活喜报;祝经经洗手及成年人集体领洗;唱诸经祷文及全体教友重申经洗誓愿;复活经夜大礼弥撒及分食经体
耶稣复活日	4 月 21 日	各经堂上午及下午之弥撒时间与普通礼拜日同

由于华人新教徒的增多,教会还专门派了另外几位神父来毛里求斯照顾华人新信徒,包括 Van Der Valle 神父和来自美国的 Mary Knoll 修女。至 1980 年初,2/3 的华人信奉天主教。④ 直到 2016 年,毛里求斯的华人仍以信奉天主教为主,有由 Helene Fon Sing 负责的华人天主教会

① 《华侨福音天主教教义授函》,[毛里求斯]《中国时报》,1955 年 7 月 21 日。

② 《荷精华侨天主教会启事》,[毛里求斯]《华侨时报》,1956 年 3 月 9 日。

③ 《圣主日内仪式时间通告》,[毛里求斯]《新商报》,1957 年 4 月 13 日。

④ Pascale Siew:《唐人街:毛岛往事》,第 170 页。

(Mission Catholique Chinoise),还有华人基督教会(Chinese Christian Fellowship),其负责人为 Stephane Tin。①

2. 天主教神父的努力

20 世纪 50 年代初,先后抵达西印度洋地区诸岛屿的华人天主教神父进一步推动了华人社会皈依天主教的趋势。1954 年,张神父(Jean Chang)和吴时春(Paul Wu)神父来到毛里求斯。Paul Yueh 神父于 1955 年从罗马来到此地,Paul Chen 神父于 1957 年 1 月也抵达毛里求斯。这些神父的到来助推了毛里求斯华人皈依天主教。②

在留尼汪,除了 1951 年抵达留尼汪的桑怀仁神父外,1953 年 12 月,郭阜和蓝秉和两位中国神父在澳门被授予圣职,随后,他们于 1954 年 4 月 15 日抵达该岛。在短期内学会了广东话和客家话后,他们便被派出分头负责留尼汪南北两区对华侨进行传教的工作,进展顺利。③

在马达加斯加,巴黎(天主教)国外布道团在 30 岁以下的华人中积极开展工作,成绩显著。这些华人中 7 人声称自己信奉天主教,1 人信佛教。留学台湾的 22 位马达加斯加华裔学生中,就有 13 位信奉天主教,7 人无信仰,信奉新教和儒教者各 1 人。一位来自塔马塔夫的 27 岁青年说:"30 岁以下的大多数华人之所以信奉天主教,要归功于神父的到来。"④

3. 克里奥尔(混血)家庭因素

华侨本人信奉天主教或基督教的很少,但他们的子女生下来便受洗礼者较多。前面已经谈到,在留尼汪以及毛里求斯和马达加斯加,混血家庭比较普遍。据非官方统计,马达加斯加在 2004 年有华人 5 万人,混血华裔达 30 万人。混血华裔的产生有历史、经济、社会、生理和政治等方面的原因,一百多年以来,马达加斯加的华人由于各种因素,与当地女

① 参见第二十五章《毛里求斯社会团体一览表》,由冯景广(Kwang Poon)先生提供。
② Marina Carter and James Ng Foong Kwong, *Abacus and Mah Jong*, p. 168.
③ 何静之编著:《留尼旺岛华侨志》,第 66 页;汤曼莉编著:《海上传奇:留尼汪华人华侨志》,第 91—95 页。
④ Leon M. S. Slawecki, *French Policy Towards the Chinese in Madagascar*, pp. 74 - 75.

子结合,产下了大量的混血华裔。这些混血华裔的主要特点之一是父系血缘。马达加斯加的早期华人多来自广东的顺德和南海,这些混血华裔大部分父系都是顺德或南海人,母系是马达加斯加人。因此,由于父权思想的影响,这些混血华裔仍认为自己是中国人。①

在华人男性与克里奥尔妇女结合的家庭里,克里奥尔妇女极力推动家庭成员特别是孩子接受天主教洗礼。这一方面是因为当地早已在天主教传播的范围之内,另一方面,信奉天主教也是女方家庭的生活习惯。对于善于入乡随俗的华人而言,这成为入情入理之事。这种循序渐进的方式使得一些华人家庭慢慢接受了天主教。② 斯诺记载了马达加斯加华人与其当地妻子合葬的事例(Chan Sion Weng 与 Marie Ramizavelo 的合葬)。③ 笔者 2016 年 11 月在留尼汪做调研时在圣但尼公墓也发现不少华人与当地妻子合葬的墓。这种婚姻不仅加强了华人与当地文化的融合,而且促使皈依天主教/基督教的华人日益增多。当然,更重要的是华人生存和发展的需要,我们称之为实用主义的考虑。

(三) 实用主义的考虑

1. 培育社会资本

我们知道,在所有国家或社会的结构里,权力或资源的占有呈金字塔形。在等级制中的层级越高,位置越少,权力越大,资源越多。一般而言,海外华人在其社会中所处的位置属于中下层。由于华人较少涉及当地政治,他们所处的位置要视其掌握的财力资源和在社会网络中的人力资源或人脉而定。他们在社会结构中所占有的优势资源是财力、对出售商品的占有和流通方式,而他们最缺乏的则是权力。然而,社会资本可以交换,也是有回报的。在这种情况下,华人可以利用自己的财力和商品与那些身居要

① Leon M. S. Slawecki, *French Policy Towards the Chinese in Madagascar*, pp. 60 - 61, 73; 王奕华:《马达加斯加的混血华裔》,载吕伟雄主编:《海外华人社会新透视》,第 33—38 页。

② Marina Carter and James Ng Foong Kwong, *Abacus and Mah Jong*, p. 223.

③ Philip Snow, *The Star Raft*, p. 60.

职或显职并享有权力的当地权贵建立起某种共享资源的关系。①

这里社会资本的培植主要指通过信奉当地主流宗教(天主教/基督教)而培育起自己的社会关系,并以此促进自身的社会地位。根据天主教的习惯,小孩子受洗礼须有教父教母,而教父教母一般都是一些有社会地位的人,如当地的行政官员、法官、警官、律师、医生等,华人当然愿意有这样的社会关系。不少华人从事的是贸易,在经营自己店铺时,认识了一些当地的天主教徒。他们请这些人当自己子女的教父,因为这样的社会关系有利于他们在社会上立足,同时也形成了一个相对固定的消费群体。反过来,就那些教父教母而言,他们也愿意同有一定经济力量的华侨商人建立较为密切的联系,这对他们肯定也是有好处的。这种对双方都有利的社会资本逐渐形成了一种关系网。

2. 子女入学的需要

绝大部分华人最初皈依天主教/基督教的主要原因是为了让自己的孩子受到正规教育,子女因此可以上教会学校。这一点在 20 世纪 50 年代一些南非华人根据中国局势选择留下来后显得更为重要。在毛里求斯和留尼汪,这一点并不明显。刘新粦曾经提到自己在毛里求斯"读番书"(指到政府办的学校或天主教资助的学校学习)的情况。② 在南非,由于种族歧视政策的影响,华人子女不能进入一般的白人学校,而教会学校却往往欢迎移民儿童。从 20 世纪 30 年代起,南非的一些教会学校开始向华侨开放。教会小学招收学生的条件是学生或家长属于本教派。在皈依天主教/基督教后,华人在生老病死等人生重要关头,仍然奉行中国传统宗教的相应仪式。这可以说是华人在居留国将适应当地文化与传承母国文化二者相结合的典型做法。由于新一代华人开始皈依天主教/基督敷,各种宗教组织也开始在华人中出现,例如 1952 年成立的约翰内斯堡基督教中华浸礼教会、1973 年成立的约翰内斯堡中华基督教团

① 有关社会资本的基本论述,可参见林南《社会资本——关于社会结构与行动的理论》(张磊译),上海人民出版社,2001 年。

② 刘新粦:《他山之石》,第 54—55 页。

契和伊丽莎白港中华天主教公会。[①]

3. 当地歧视政策所致

华人在一个地方安居,当地国家(地区)的相关政策对其有直接的影响。非洲相关地区当时多为英、法殖民地,对华人(或亚洲人)有各种歧视政策。这样,加入天主教/基督教成为逃避歧视寻求庇护的一种途径,致使20世纪50年代初大批华人子女皈依基督教。“由于1953年法律的限制,教会的老师只好把土著学生迁进由政府控制的学校,这样就可专心教育亚洲儿童(不能进入白人学校)。华人抓住这个天赐良机,建立了学校和大学,并请传教士任领导。传教士不仅从事教学活动,而且进行传教,结果使大批华人信奉基督教。”[②]华人之所以信教,主要是希望他们受过洗礼的孩子可以进入那些只允许白人孩子入学的学校。有的华人受访者明确表示对那些声称信教的华人的厌恶。[③]

当然,华人天主教神父对宗教目的有更深的理解。南非华人吴神父(Father Ignatius Ou)在华人的天主教通讯上曾经表达了他的观点:

> 作为基督徒,我们的目标不应该是寻求使我们自己的地位比自己弱势的群体那样更接近上帝,而是追求平等的地位,同时坚持我们的华人认同,并促进我们引以为豪、博大精深的中华文化……我们的目标不应该是维护独立发展和歧视的理想,而是为所有南非公民最基本的平等权利而奋斗。[④]

到20世纪60年代,华人青年开始跟着一些福利和宗教组织进行慈善活动。[⑤] 约翰内斯堡的中华天主教公会于1961年建立,致力于华人社

---

① Linda human, *The Chinese People of South Africa*, pp. 70 – 74; Melanie Yap and Dianne Leong Man, *Colour, Confusion and Concessions*, pp. 398 – 402.

② 李卓凡:《西印度洋华侨史》,载方积根:《非洲华侨史资料选辑》,第257页。

③ Linda human, *The Chinese People of South Africa*, pp. 71 – 72.

④ Melanie Yap and Dianne Leong Man, *Colour Confusion and Concessions*, pp. 367 – 368.

⑤ 实际上,华人社团的慈善活动一直在进行,只不过以前主要是解决突发问题。例如,1956年5月24日,毛里求斯华商李增淦的商店发生火灾,全店被毁,损失约为1.6万盾。李君一家七口,身无分文。诚正佛堂力劝赈济,华商总会也发起捐款,后来,华人所捐1 427盾全数交给李君。

区的福利,团结天主教徒,推进中华文化。中华天主教公会组织了各种活动,如野餐、讲座、给那些贫困或弱势群体以经济上的援助等。1965年,它组织了一次时尚女人的舞会为慈善目的捐款。1971 年,该协会为大学学生提供补助。1978 年由浸信会朱发能牧师及其创议筹设的基督教华人敬老基金会为南非老侨排忧解难,55 岁以上的侨胞都有资格参加。该会还为大家组织查经活动及野餐郊游等娱乐活动。1981 年成立的南非华人康宁安老院也是帮助老侨颐养天年的慈善组织。①

二、传统文化和价值观

(一) 宗亲组织——华人的社会细胞

如果仔细观察在非洲长期生活的华人的生活,你会发现他们在相当程度上已经西化。“华侨在南非受西方风俗的同化实是很广博,一般已不能讲流利的母语,能写读汉字的更加少。华侨的经济活动范围很广泛,由小商店、工商业及科技界等均有。华侨很少严格遵守中国之传统风俗习惯,但一般还是保留着一种传统的价值观念如生日、结婚和丧事等。”②然而,最基本的东西仍然保留着。

1. 氏族:定义与作用

在非洲,宗亲组织在华人中至关重要,它的具体表现形式是氏族。在几乎所有的华人社区,祖先祭坛和牌位以各种方式保存着。什么是氏族?毛里求斯著名华人曾繁兴先生给予了这样的解释:

> 氏族是把所有同姓的家庭连接成一个整体的社会单位,在毛里求斯有大约 60 个氏族,其中人数最多的为李、吴、陈、林。氏族的姓是人人都知道的,由三个字或两个字组成的姓氏(应为姓名)中间的

---

① 欧铁编著:《南非共和国华侨概况》,第 66—67 页。

② *The South African Chinese—Their Way of Life*, Transvaal Chinese Association, October, 5 - 10, 1982, 无页码。

> 第一个字。每一个华裔毛里求斯人都属于他那个姓的氏族。氏族也根据他的姓认出他是同宗或他是华人身份。说明一个中国移民在他身上还保留了“中国”东西的正是他的姓名。①

虽然没用专业术语，也没有高深的理论，但他用浅显的语言将氏族在海外华人中的重要位置清晰地表达了出来。每年都要祭祖，甚至专门为此成立宗亲会社。

作为一种具有血缘关系的纽带，宗亲组织在非洲早期华人的历史发展过程中作用重要。作为宗亲组织的先驱者，祖先在这一团体中的位置至高无上，人生的重要关头（出生、婚姻、丧葬等）的种种仪式都是以其为轴心来进行的。正是出于这种对祖先的无比崇敬和共同信仰，宗亲组织成为各种活动的组织者和策划者，包括一些经济活动。例如，华人在早期无法获得毛里求斯银行的贷款，宗亲组织自创了“打会”（集资筹款）的金融工具以筹措经商资金或以解燃眉之急。这种金融工具也称“循环金”或“互助金”。宗亲成员每月投入一定金额，再通过约定的规则将所有款项分给某一氏族成员，所有成员将轮流获得一次机会，分配周期根据宗亲成员数量而定。如果出现数名成员同时希望得到资金的情况时，他们需将可支付的利息写在纸片上，折叠放入碗中，待会议主席查验结果后，由付息最高者获得资金。②

2. 留尼汪与毛里求斯华人姓氏

留尼汪华人中的姓氏主要包括李、陈、钟、谢、曾、侯、叶、朱、吴、梁、刘、古、杨、林、张、周、霍等。③ 毛里求斯华人中，主要的氏族为李、吴、陈、林、黄、霍、谢、曾、黎、钟、侯、邓等。早在 1883 年，广东侨民创建陈氏宗亲会“陈世昌堂”，成为在毛里求斯注册的第一个华人社团。④ 家庭成员去世后，亲人待丧期结束后会将其牌位按秩序放进各自宗祠。每年，华人

---

①《毛里求斯移民简史》（刘新彝译），载方积根编：《非洲华侨史资料选辑》，第 57—58 页。

② Pascale Siew：《唐人街：毛岛往事》，第 143 页。

③ Edith Wong-Hee-Kam, *La Diaspora Chinoise aux Mascareignes*, pp. 77 - 78, 459 - 462.

④ Pascale Siew：《唐人街：毛岛往事》，第 140 页。

要两次祭祀祖宗或去世的亲人，分别在春分和秋分后的第 15 天。各个家族成员聚集一起，扫墓并进奉贡品。尚未成立相关组织的同姓华人，他们会为此专门成立宗亲会社。例如，1966 年 9 月，南非伊丽莎白港的华人李元隆发起成立李氏宗亲会。“为慎终追远，纪念祖宗，联络乡情，促进族谊”，特定于 9 月 11 日秋祭时选出理事职员。①

这种以同姓亲友关系为特质的文化认同盛行于海外华人社会。这种关系成为一种社会资本，成为在与自己文化相异的陌生社会生存的感情依赖的基础之一，也是华人在海外社会生活中互相保护的屏障之一，同时还成为在各种经营活动中互相帮助、互利互惠的便利条件之一，也是华人成功融入当地社会、联络中国和世界各地宗亲的重要因素之一。

（二）丧葬仪式——亲人的归天之礼

丧葬之礼是每个华人家庭必经之事。在法国前殖民地，信奉天主教的华人一般都根据天主教礼节行事。即使一些华人不信天主教，他们也遵守当地人的习俗，照教会程序施丧葬之礼。然而，随后的祖先祭祀之礼，则仍以传统仪式进行。以留尼汪为例，丧事步骤大致如下：报丧（由死者亲属通知各亲友并说明安葬时间）；②守夜（较亲近的亲友闻报丧后即赶往死者家守夜，既表示慰问，也减少死者亲属的夜间寂寞）；入殓（由神父亲临死者面前祷告一番入殓，继由神父引棺材到天主教堂举行亡者弥撒）；安葬（亡者弥撒完毕，殡离教堂墓地安葬，各亲友多随殡后步行送殡赴墓地行安葬礼，此时仪式多依家乡惯例举行）。③ 留尼汪北部的华人去世后一般葬在海边的公共墓地，这里最早的华人墓葬始于清朝。在毛里求斯，华侨去世后一般都埋葬在“提爹务史”(La Terre Rouge，意为“红土地”)，墓碑与国内的相似。早期的墓葬类似国内的棺材形式，当代

---

①《坡埠侨领李元隆发起成立李氏宗亲会》，[南非]《侨声报》，1966 年 9 月 22 日。

② 因留尼汪气候炎热，当地政府规定在死后 24 小时内必须要安葬。

③ 何静之编著：《留尼旺岛华侨志》，第 65 页。

的华人墓葬形式各异,反映出死者的家境和富裕程度。[①] 毛里求斯归国华侨刘新彝先生曾描述过当地华人去世后的安置情况:

> 所用棺材系西式棺材,比较扁,头部和脚部比较窄,肩部比较宽。棺盖上有一个钉着耶稣的十字架。棺内衬有白铁做的里子,收殓时,尸体放进棺材后即盖上白铁盖子然后用锡焊好,最上面才盖上木质棺盖,用螺丝钉固定。出殡时有死者的生前友好执绋。祭祀时烧香点蜡烛,敬奉三牲,最后烧纸钱。死者的子女戴孝一年。如死者系男性戴孝者的左臂戴黑纱,如死者系女性则戴孝者的右臂戴黑纱,这是指戴孝者为男性而言。如果戴孝者为女性,则可仿照西方人的习惯穿黑色衣服,如连衣裙,也可按中国人的习惯在头上系白色的绳子或带子。第二次世界大战后华侨做丧事的形式有所改变:由于有华侨妇女出家当尼姑,当道士,所以有些华侨死后,其亲属便请尼姑道士来念经超度亡魂。无论是四十年代还是现在,华侨死后,其子女、亲属一般都在中文报上刊登讣告,其亲朋故友则在报上刊登挽联、挽词以示悼念。[②]

当然,死者亲人会在报纸上登出讣告,以示怀念。亲朋戚友则刊登挽联,如"四德完全,尚冀长存宇宙;五福齐备,亦须含笑蓬莱"。有时,报纸同人也会对他们敬仰的人登出挽联,以示敬仰,如"张府陈太夫人千古:是南国女宗忽惊婺宿西沉长留懿范,有传家令子更喜兰芽秀茁应慰重泉。华侨商报同人敬挽"。[③] 近年来,由于华裔在国外读书并移民的日

① 笔者于2016年11月与多位国内学者一起对留尼汪圣但尼公共墓地进行调研,有以下发现。第一,华人墓葬由里向外逐渐拓展。第二,早期华人墓地比较集中,当代墓葬与其他族裔均按顺序排列。第三,早期华人墓葬形式相近,只有大小区别。当代墓葬形式各异,表现出明显的家庭富裕程度,有的是以房屋形式存在。第四,此处的墓葬主人几乎全部来自广东南海和顺德。第五,当代华人墓葬中确实存在混血合葬,几起合葬全部为华人男性与当地女性。笔者于2016年12月在毛里求斯华人颜健亨(Maxime Ngan Chai King)先生的陪同下考察了位于首都路易港的拉彡务史墓地,对华人移民先人表示敬意。此墓地主要是华人墓葬。在此对颜先生表示由衷感谢。

② 刘新彝:《他山之石》,第66页。

③ 参见[毛里求斯]《华侨商报》,1953年12月19日。

益增多，华文报纸上的结婚广告似乎很少，然而，德高望重的老人离世仍不时有挽联出现。①

(三) 传统信仰——综合的人生哲学

1. 儒者、儒教还是儒学？

当华人被问及其宗教信仰或教派时，他们往往会回答“儒者”(Confucian)。这对中国文化圈以外的人特别是西方人而言，就是“儒教”，其实不然。西方人或者对中国文化了解不多的观察者认为，孔子的学说即我们所说的儒学既有自身的偶像崇拜，也有一种对“仁”和神秘的自然力量(比如“天命”)的信仰，还有自己的学说(语言表述的教义)。更重要的是，它的传播范围远及全世界多个国家，如此之广的信仰(或思想)不是宗教又是什么呢？因此，西方人认为儒学就是一种宗教。中国人的认识却并不一样。首先，儒学和很多中国其他的哲学流派一样，本质上是不相信超自然力的。虽然儒学有时对超自然力表述得含糊其词，特别是对“天命”的表述，但我们知道这只是一种比喻，而且儒学从根本上是反对超自然力学说的。孔子所提倡的并非宗教，而是一种人生哲学或行为方式，它主要关注的是人伦关系，与宗教中共通的因素(天、神)并无直接联系，故有“子不语怪力乱神”之说。

2. 传统信仰：对关帝、玉皇大帝和妈祖的崇拜

如果仔细观察在非洲长期生活的那些华人的生活，你会发现他们在相当程度上已经西化。“华侨在南非受西方风俗的同化实是很广博，一般已不能讲流利的母语，能写读汉字的更加少。华侨的经济活动范围很广泛，由小商店、工商业及科技界等均有。华侨很少严格遵守中国之传统风俗习惯，但一般还是保留着一种传统的价值观念如生日、结婚和丧事等。”②

---

① 例如，“邓母魏氏清秀女士(华兴夫人)仙游永乐天堂华声报全体同仁敬挽”，给同一位老人的另一副挽联为丘金莲女士敬挽。[毛里求斯]《华声报》，2016年11月7日。

② *The South African Chinese—Their Way of Life*, Transvaal Chinese Association, October, 5-10, 1982，无页码。

华人信奉的关帝、玉皇大帝、妈祖等神灵并不可以随意归类为某种宗教,这些只是华人长期形成的信仰和习俗,有时甚至是多种宗教信仰的一种糅合。同时,这些神灵的生日也都有“宝诞”庆典。例如,公历1962年2月13日(农历壬寅年正月初九日)为玉皇大帝千秋宝诞。毛里求斯天坛董事会定于2月12日晚10时举行祝寿大典,“务希善男信女届时踊跃贲临”。① 关帝诞辰(农历六月二十四日)②对非洲华人特别是西印度洋地区诸岛屿的华人而言至关重要。在马达加斯加有两座关帝庙,分别位于塔马塔夫和迭戈苏瓦雷斯。③

留尼汪华人对关帝非常崇拜。为什么?一种说法是最早来到留尼汪岛上的中国劳工,船在靠岸前遇到风浪险些沉没,劫后余生的劳工上岸后捡到一个关公塑像,认为是得到了关公保佑,加之他们的家乡原本就有庆祝关公诞辰的传统,于是关帝节慢慢成为岛上华人的一种习俗。华人在外需要精忠团结,忠义是他们的精神维系。在首府圣但尼有三座关帝庙,在南部的圣皮埃尔还有一座。每年到了关帝诞辰,这里的热闹程度甚至超过春节。南部关帝节系列庆典始于2000年,已经成为所有留尼汪人共同欢庆的节日。节日的最精彩部分是南、北两地关帝庙前的千人晚宴。大家坐在一起,有华人,有其他族裔,共同品尝中国菜,热闹非凡。饭后除了欣赏中国歌舞和表演外,每年的保留节目是为当年最优秀的华裔高中毕业生颁奖。午夜12点,钟声敲响,鞭炮锣鼓伴随着华人祭拜关帝,随后大家一起共进长寿面。

由于华人在当地的作用日增,加上中国经济的影响力,留尼汪政府拨款支持每两年一次、为期一周的关帝节大型系列庆典。留尼汪与山西太原结为友好城市。2012年,留尼汪关帝联谊会会长周贤忠与继任会长李顺成率领的留尼汪华人代表团赴山西运城参加主题为“追随关

---

①《玉皇大帝千秋宝诞》,[毛里求斯]《国民日报》,1962年2月3日。

② 关帝诞辰有两种说法。一种说法是农历五月十三日及六月二十四日为关帝诞辰。另一种说法是六月二十四日为关帝诞辰,五月十三日为关平帝君诞。

③ 方积根、李秀华:《马达加斯加华侨的历史与现状》,载方积根编:《非洲华侨史资料选辑》,第78页。

公足迹"的关公文化旅游节。[①] 研究留尼汪华人史的迪朗和亨顿发现：尽管留尼汪华人多信奉天主教，但传统信仰对当地华人仍有相当的影响力，华人对关帝庙的崇拜最为明显，"绝大部分的中国籍的留尼汪人是天主教徒。不过，中国祖传的宗教信仰及一些做法，佛教和道教，并未因此而完全消失。在诞辰、订婚、婚礼、去世等都还要沿袭传统的习俗。……现在，不征询关帝就做出重大决定的情况依然是少有的。圣皮埃尔有一座关帝庙，比圣但尼的要大些，新些。与圣但尼的关帝庙不同的是，中国籍的留尼汪人也尊重财神爷。在留尼汪，关帝不是中国人唯一信奉的主要的神"。[②]

毛里求斯华人为纪念关帝诞辰而举行面条节(Mine Festival)。直到今天，面条节仍很受欢迎。节日前夜，大家到关帝庙参加仪式并欣赏舞狮和民乐表演。临近午夜，关帝庙就为大家分发成包的面条。这个晚上往往成为年轻人约会的好机会，因此也戏称为"挤角落节"(Fete Serre Coin)。现在，面条节前夜的活动只有宗教仪式和传统的付费晚餐，晚餐里包括象征长寿的炒面。[③] 有的学者在描述毛里求斯华人的宗教时也注意到，"在中国盛行的这些宗教和思想不需要神职人员，没有教典，也不必在寺院中举办牧师主持的仪式。每个人都根据自己的感情、信念和良心而祈祷行事。神灵往往都是由世俗英雄与人物演变而来，例如关帝、观音和佛陀，他们教人向善，引导人们与自然和谐相处"。[④]

在非洲，中国文化因素得以保存和发扬。除了非洲人开始熟悉的中国文字、中医药、中国的传统习俗(春节与端午节等)外，中国的烹饪、武术、京剧、绘画、舞蹈、建筑、服饰等，在华人社区都得到保留和传承。还有中国的一些理念也通过华人开始在非洲传播，如敬老尊贤、勤劳节俭、

---

① 汤曼莉编著：《海上传奇：留尼汪华人华侨志》，第203—206页。

② 多米尼克·迪朗、让·亨顿：《留尼汪华侨史》，载方积根编：《非洲华侨史资料选辑》，第497—499页；Edith Wong-Hee-Kam, *La Diaspora Chinoise aux Mascareignes*, pp. 337-338.

③ Pascale Siew：《唐人街：毛岛往事》，第158页。

④ 同上书，第154页。

乐于助人等。[①] 更有意思的是，一些在中国开始消失的文化现象在非洲却得以传承，最突出的是在毛里求斯华人中盛行的星相学。吴俠奎(Charles Ng Cheng Hin)先生在毛里求斯读完小学和中学，后来在伦敦经济与政治学院学习财务与金融专业。他阅历丰富，获得诸多荣誉，但对星相学却情有独钟。当记者问他："什么因素使得中国的星相学能够在毛里求斯的华人联盟中如此昌兴呢?"他的回答令人寻味:

> 首先，华人是极其吃苦耐劳的。若没有他们在毛里求斯辛勤劳作为毛里求斯做出的重大贡献，毛里求斯的经济绝不可能取得如此飞速的增长。有人可能会问，那为什么科摩罗、马达加斯加和塞舌尔却没有这样的经济奇迹呢? 难道就是因为太少华人去那些地方工作发展吗? 我想告诉大家的是，华人非常重视子女的教育，并且一贯秉承儒家思想(有远见、有可持续发展的价值观)，这才是促进经济上取得成功的诀窍之处。世世代代以来，中国人都会为自己的未来、财富和事业上卜卦祈福，尤其是在春节期间。他们坚信，虔诚的祈福，会让辛勤劳作必有所回报。对于我们而言，中国星象占卜更像是一个罗盘，指引着我们实现梦想! 如果我们还想看到毛里求斯未来的经济再次创造奇迹实现质的飞越，那么，这绝对离不开中国、华人群体、毛里求斯人民的共同支持。[②]

3. 传统宗教庙宇的翻修与重建

虽然信奉天主教/基督教的华人日益增多，但中国传统的宗教和习惯仍在华人中保留且有光大之倾向。近年来，各地的中国传统宗教祭祀场所都进行了翻修、扩建或重建。20 世纪 70 年代，毛里求斯南顺会馆对原始的木石结构的关帝庙进行了翻修。新的混凝土结构的关帝庙于 1980 年 11 月正式修建落成。这座有着百年历史的关帝庙加固了原有的

---

① *The South African Chinese—Their Way of Life*, Transvaal Chinese Association, October 5-10, 1982.

② "Astrology", *China Town Magazine*, July 2016, No. 1, p. 45.

古老石墙并保留了原始的雕刻精美的木质佛像。会馆成员如遇出丧，葬礼后会由逝者的长子或嫡亲手持焚香从墓地出发前往关帝庙，将焚香插入香炉中。亲朋好友以后便可在关帝庙中为逝者祭拜，并向他们所崇拜的神灵祷告。天后庙则供奉着守护海上安全的女神，人们膜拜天皇娘娘，为保佑出海的人们。[①] 毛里求斯另一座关帝庙称为“波累市[②]海唇关帝庙”，这是毛里求斯华人鼻祖陆才新先生最早建立的关帝庙。其会长仍沿用轮流执政的传统办法，专门成立了董事会(Society Cohan Tai Biou Pagoda)，其董事在三个华人社区中平均分配。

毛里求斯波累市海唇关帝庙董事会(2005—2006年)

职务	负责人姓名		福建董事	南顺董事	客家董事
名誉会长	肖德林	董事会成员	陈福来	霍自强	刘国宪
会长	刘国栋		陈安宏	霍远塘	刘增洪
副会长	刘国宪		陈阿摩	霍忠宁	朱清球
副会长	洪则亚		杨宗贵	邱曙光	朱长坪
西文秘书	刘增洪		洪则亚	刘国栋	熊仕中
中文秘书	朱清球		洪椰即	刘国荣	曾繁兴
财政	杨宗贵		洪呵浪	黎广来	田禄芳
稽查	熊仕中				
	亚偿				

资料来源：*La Restauration de Tableau de Log Choïsanne* (1796? —1874) *Fondateur de la Pagode Kewan Tee*, *Fondateus de la Présence Chinoise ā Maurice*, Pointe aux Sables: Cathay Printing Ltd, No date.

2016年11月，笔者在毛里求斯访问期间，专程拜访了这一关帝庙。该关帝庙虽经多次整修，但因建筑年代久远，目前又在大修，气势更加宏伟。留尼汪南部城市圣皮埃尔的华人主要是客家人，对中国传统文化非

① “The Nam Shun Foy Koon Padogas”(《南顺会馆宗庙》), *China Town Magazine*, July 2016, No. 1, pp. 8 - 12.

② 即路易港，为 Port Louis 早期的音译，沿袭至今。

常重视。留尼汪华人正全力以赴，在圣皮埃尔市建造一座规模庞大的关帝庙园区，庙宇本身占地 450 平米，还要在园内设立其他相关文化设施，园区占地 30 000 平米。① 他们专程派人到中国咨询并请中国专家参与设计和施工，还从中国进口建筑所需要的重要部件。这将成为非洲最大的关帝庙。塞舌尔的华人也建立了一座关帝庙。②

正在修建的留尼汪关帝庙

三、佛教在非洲

(一) 老一辈的佛缘

随着华人在非洲定居，佛教即开始在非洲传播。我们前面提到了各个时期佛教在华人中的表现，如对佛祖的崇拜，对观音的敬重。在毛里求斯和留尼汪，佛教的影响一直存在，关帝庙里一般都有观音像供善男

① 感谢留尼汪华人侨领陈庆添(Victor CHANE-NAM)提供相关数据，他一直为建造新关帝庙操劳。2017 年 8 月，建于圣皮埃尔市的新关帝庙正式落成。

② 有关毛里求斯、留尼汪和塞舌尔三国关帝庙的情况，参见 Edith Wong Hee Kam, *Guan Yu—Guan Di*：*Héros régional Culte impérial et populaire*, Sainte Marie：Azalées Éditions, 2008, pp. 251 - 280.

信女们崇拜。

在马达加斯加，一位学者曾根据马尔加什语与梵语之间“似是而非的”关联推断马尔加什的祖先中有印度佛教僧侣。[①] 斯拉威斯基在马达加斯加做调查问卷时涉及被采访者的宗教信仰，他们中有人承认自己是佛教徒。[②] 方积根的调研也发现，马达加斯加老一辈华人中仍有少数人信奉佛教，崇仰观世音菩萨。他们在家中供奉着观音佛像，敬奉者多为妇女，主要目的是求多子多孙。[③]

毛里求斯每年仍然有佛教的庆典，并保持着一些传统习俗。例如，1956 年 5 月 17 日的报纸记载，当日普济寺为佛祖释迦牟尼 2500 周年宝诞之辰(阴历四月初八)举办隆重纪念庆典。白天的仪式完成后，晚上的庆典除张灯结彩外，还聘请国乐研究社参加演奏以及野草青年会之金狮队表演舞狮。晚上还放映最新影片。最有意思的是，当时金狮表演时观众太多，十分拥挤，很多人想看而未有机会观赏。他们要求再次表演，举办方决定在普济寺再次表演舞狮。[④] 研究留尼汪华人史的两位学者注意到当地妇女崇拜观音菩萨的现象：

> 在圣皮埃尔，有个姐妹社团崇拜于 1955 年建造的一座修道院里的慈悲女神——观音菩萨。传说观音是同情人的女神。她的女性形象突出地表现出她的善良与温柔。观音来源于佛教，无疑，她在印度是最受敬重的菩萨。为了把人类从谬误的祸害中拯救出来，观音菩萨准备采取各种想象不到的办法。在圣皮埃尔的观音堂里，观音菩萨和蔼可亲地、微笑着坐在睡莲上，这象征着纯洁。

他们还注意到，在观音菩萨生日即中国阴历年的四月初四，来观音

---

① Leon M. S. Slawecki, *French Policy Towards the Chinese in Madagascar*, p. 12.

② *Ibid.*, p. 74.

③ 方积根、李秀华:《马达加斯加华侨的历史与现状》，载方积根编:《非洲华侨史资料选辑》，第 78 页。

④ [毛里求斯]《华侨时报》，1956 年 5 月 17 日。

堂朝拜的人最多。[①] 在南非，斯梅德利一直对华人社区进行跟踪研究，1976—1977 年的年度调查也表明，当地华人中仍有 0.6%是佛教徒。[②]

(二) 先知预言：70 年后必建东方寺庙

当中国前驻津巴布韦大使袁南生拜访南非的慧礼法师时，慧礼法师向他谈到自己到南非来传播佛教以及建造寺庙的想法和经过。“我刚来的时候，其实只是有一个想法而已，想要怎么建寺，我自己当初也拿不准，因为我口袋里面空空的。不过，这有一个很有趣的过程，我来的时候，白人就拿了一本书给我看。”袁南生先生问：“什么书呢？”“是一本名为 *Words of Prophet*（《先知的话》）的书。”这本书收录了诸位西方先知的预言。书中有一位名叫舍尔·凡·伦斯贝克的预言家，他在 1920 年预言道：“70 年后，将有东方人在布朗克赫斯普鲁特市盖起异教寺庙。”[③] 一位白人在 1920 年做出这种预言，确有其事吗？不得而知。

无独有偶，南非布朗贺斯特市(Bronkhorstpruit)镇的一位 99 岁的老人提到了同一件事。1963 年，在家人为这位老人庆祝生日的宴会上，他突然提及一件往事：1920 年，一位预言家曾在书上写明：70 年后将有东方人在布朗贺斯特市盖异教寺庙。事情的发展有点不可思议。1991 年，1988 年移民南非的台湾女士李兰龄在该镇定居，凭着中国人的聪明才智和踏实勤奋的工作，被聘为汉尼市议长幸尼柯尔博士的秘书。这一年，她父亲到南非旅游时突然中风。昏迷中，老人急促地喃喃道：“他们要把我带走了，赶快把灯点起来！”李女士是天主教徒，对父亲的要求甚为不解。她问道：“点什么灯？”“你大姐知道。”李女士赶紧与在台湾的大姐联系，大姐也十分疑惑，后经人指点急忙在台北普门寺为其父点上象征生命之火的“光明灯”。此后，其父的病情趋于稳定并慢慢康复。此事

---

① 多米尼克·迪朗、让·亨顿：《留尼汪华侨史》，载方积根编：《非洲华侨史资料选辑》，第 497—499 页；Edith Wong-Hee-Kam, *La Diaspora Chinoise aux Mascarreignes*, pp. 337 - 338.

② Linda Human, *The Chinese People of South Africa—Freewheeling on the Frings*, p. 70.

③ 袁南生：《走进非洲》，第 251 页。

引起汉尼市长的高度重视。他在与李兰龄讨论招商计划时，决定捐出一块三甲好地作为宗教用地，供台湾宗教团体使用。星云大师得知后，怀着“佛光普照三千界，法水常流五大洲”的心愿，欣然接受。①

(三) 佛光普照非洲：庙宇与信徒

1. 南非南华寺的佛光

1992 年 3 月 8 日，布朗贺斯特市议长江尔博士拜访台北佛光山，并带来赠地契约，他将赠地面积由三甲增为六甲。星云大师指派愿意承担此任的慧礼法师前往南非，于 1992 年 3 月 31 日晚抵达约翰内斯堡。

慧礼法师当初对前文的预言不以为然。虽然他操持过台湾佛光山普门寺工程建设，但他并不知道自己是否能在南非盖起这座庙宇。然而，众人拾柴火焰高，经过他与各位有善缘和佛缘的朋友的努力，庄严堂皇的南华寺拔地而起。袁南生先生是这样描述南华寺的：

> 走进南华寺，带给你的心灵震撼自不待言。这是一座在山丘上建造的寺庙，大小错落有致的中式建筑不下数十座。在非洲难得见到如此恢弘景象，其气势在国内庙宇中也数翘楚。步入南华寺，映入眼帘的是整齐的道路，瑰丽的庙宇佛堂，慈眉善目的佛像，诵经说法的僧侣……让人不仅感受着佛陀的教义，也体味着浓郁博大的中华文化。庙前一座牌楼上，金匾手书“传灯”二字，苍劲有力，颇有佛性。下挂金匾对联一副，右书“传法非洲茁壮菩提法种”，左书“灯传佛光长养如来慧命”。走过牌楼，穿过前殿，一座气势磅礴的大雄宝殿进入视野，这样规模的庙宇建筑恐怕在国内也难以见到。②

慧礼法师对这座庙宇的建造颇有感触：“这一路走来，我们集合了很多的善心人士，很多的有缘之人，我们把共同的理想讲出来，他们愿意捐

① 牛心泰：《结缘南华寺——记赴南非的文化使者张大元》，载南部非洲上海工商联谊总会编：《追梦——上海人在非洲》，第 131—132 页。
② 袁南生：《走进非洲》，第 251 页。

献,就把它建起来,这不是我一个人做的。”①这些年来,佛教不仅在南非生根开花,还传到了非洲其他国家。

2. 由从商到护法——华人的皈依与捐助

张大元先生是一位中国画画家,1949 年出生。1989 年从上海来到南非求发展。他的才艺很快就在南非施展开来,成为南非华人美术家协会会长。他在传播中国画技艺的同时,也努力吸取南非本土艺术的精髓。一个偶然的机会,促成了他与南华寺的佛缘。1993 年的一天,他听台商吴政良谈到慧礼法师在南非弘扬佛法并建造南华寺的事。张大元想起在上海从事宗教艺术品制造及销售的朋友王明,便有为朋友拉生意的想法。他找到慧礼法师后,谈了自己的想法,并为双方牵上了线。南华寺的第一批订单中有一座重 6.6 吨的巨钟,高 3.2 米,直径 2 米,震荡 2.8 分钟,回响 4 分钟。这口钟上镌刻《金刚经》,采用当时最新锌板腐蚀技术制作,由星云大师题字,极其壮观。在与慧礼法师的交往中,张大元看到他白手起家,为了建造南华寺辛苦化缘,十分感动。他与王明商量,觉得应该为南华寺做点贡献,有钱出钱,有力出力。这样,他们后来的订单或是象征性地收费,或是赞助。在这种由佛而生的交往中,王明不但事业有发展方向,自己也皈依了佛门,成为护法信徒。

张大元积极参与南华寺的建设。当普贤殿结构封顶需要彩绘一幅长达 40 米、高 3 米的巨幅壁画时,他主动向慧礼法师请命。壁画的内容除了各种背景和场面外,需有 66 尊菩萨和 6 只坐骑,既要形态各异,还要栩栩如生,6 个画面之间的衔接需十分细致,不得有半点误差。然而,这一切并无参照,只能靠自己设计。尽管张大元在上海时就是美术家协会会员,且当过绘画老师,中国画技艺相当娴熟,但画壁画毕竟不像一般的作画,他也从未有过高空作业的经历。为了替南华寺省钱,他只做了个狭窄的移动脚手架。他每天一大早从约翰内斯堡赶到南华寺,爬上脚手架。为了避免多次上下,他只能少喝水,少进食,在上面一站就是大半

① 袁南生:《走进非洲》,第 251 页。

天。在他的努力下,一幅独具匠心的巨幅壁画一个月内终于完成。画上的66尊菩萨肤色有别,有白人、黑人和黄种人,神采各异。完成此画后,慧礼法师又请他绘制了莲花图,作为地砖的图案。现在南华寺的地砖块块有莲花,正所谓一步一莲花。张大元先生回国后积极投身于慈善捐助事业,资助年老体残的归侨就医,为四川地震作画拍卖捐款。这大概也是他在南华寺结下的佛缘吧。①

(四) 佛光普照非洲:佛性与佛缘

1. 非洲人的佛性

1993年10月17日,国际佛光会在台北举行第二届世界会员大会时,中部非洲刚果代表团学者古昂巴(Govamba)、热内(Rene)、比库阿(Bikoua)、奥科尼亚(Okogna)、基芒古(Kimangou)等五人在会中以标准流利的中国话表达他们的心声:"我们是来自非洲西部的刚果,非洲因为缺乏佛光普照,所以一直被称为黑暗大陆,但在总会长星云大师'佛光普照三千界,法水长流五大洲'的理念引导下,佛法来到了非洲,非洲已不再黑暗,我们也很幸运地成为佛陀的弟子。佛教是最后传入非洲的宗教,但却是我们黑人最重要的宗教,大家都知道黑人族群普遍受到压抑和歧视,所以佛法来到非洲,就像是一盏明灯照亮暗室……"后来这五位刚果人留在佛光山正式受持三皈五戒,研习大乘佛教,返国之后组织刚果佛光协会。他们怀着牺牲奉献的精神,发愿担当非洲佛教的拓荒者,将佛教的自由、民主、平等、尊重、包容及和谐带回祖国,以身教影响别人,然后再以教育感化全民,将非洲变成一个有佛法、有和平的地方。此外,在南部非洲的斯威士兰、莱索托也出现了佛学会或僧人。②

自从非洲佛学院于1994年开办以来,已培养了数百名黑人学僧。

---

① 牛心泰:《结缘南华寺——记赴南非的文化使者张大元》,载南部非洲上海工商联谊总会编:《追梦——上海人在非洲》,第132—135页。

②《非洲佛教》,载国际佛学会网站,http://www.buddhistweb.org/2013/06/10170.

目前，南华寺可谓众僧云集，百口诵经。慧礼法师对在非洲传播佛教充满信心："只有在非洲很多穷困的国家办佛学院才能成功，因为对穷人家的孩子来说他们虽然有明天，但没有未来，我们让他们出家可能就是最好的选择。贫穷、疾病、蛮荒，可能对现代人来说是困难和障碍，但对我传播佛教来说就是机遇、希望和光明。"①当袁南生大使目睹了当地非洲人念诵佛经朗朗上口时，他饶有兴趣地说："走进南华寺，既可以看到黄皮肤的华裔和尚，也可以看到黑皮肤的当地和尚，还可以看到白皮肤的白人和尚，也许只有在南非才会看到黑白黄三色皮肤的佛门中人同聚一个庙宇的奇特景象。当听到三种肤色的僧人用中文齐声说'阿弥陀佛'，你心中的佛性是否会得到更多的启迪？"②

2. 博茨瓦纳博华寺的佛缘

南部非洲的博茨瓦纳盖起了一座博华寺。2016 年 7 月 3 日，博茨瓦纳博华寺大雄宝殿隆重举行落成开光庆典法会。在开光庆典法会上，贤双法师在发言中不仅表达了他来到博茨瓦纳后的欢喜心情，还传达了佛教传播非洲的意义：

> 佛教传播非洲不仅是因缘际会，是历史使命，也是时代责任。全球化时代的来临，把地球上的不同国家、不同文明、不同宗教信仰的人们紧密地联系在一起。佛教的慈悲和智慧，将给世界更多国家和地区的人民带来心灵的启迪和生命的安顿。他们将努力践行恩师学诚大和尚的菩提大愿，让有二千多年悠久历史的中国汉传佛教，能够利益更多更广的善男信女，在非洲成就佛教道场，为中非友谊，贡献佛教力量。此外，将牢记郑竹强大使的叮嘱，让佛教本土化，将博华寺发展成为凝聚、维系侨胞的信仰和情感归属的中国文化载体，开展慈善事业的基地，海内外宗教交流的平台，更要做未来

① 袁南生：《走进非洲》，第 254 页。
② 同上书，第 251 页。

非洲佛教文化的传播中心。①

目前,坦桑尼亚的佛教庙宇也在筹备之中。佛教正在成为非洲多元文化的百花园里的一朵奇葩,这种以慈悲为怀的随缘济世的宗教正在非洲大陆普度众生。

四、多种宗教的融合

毛里求斯的华人报纸《周末报》上刊登的一篇题为《毛里求斯华人简史》的专题文章揭示了当地华人在宗教方面的“混合论”:

> 坐落在波冰尼西街的诚正佛堂(Shen Chen, 1951 年)使人惊讶的是它的信徒们所奉行诸说混合论,他们所信奉的东西,同时来自罗马天主教、道教和佛教。天主教化的因素似乎是信徒们信奉在新的联合中把上帝和人紧密地联系在一起,也就是天主和天父所体现的神与人的一致。这种因素也反映在某些外表的做法,如在念三藏经时或在葬礼举行时敲钟。此外,还有许多道教的做法,焚烧代表钱的纸,选择吉日六举行婚礼和葬礼;确定在墓穴中摆放尸体的位置;相面、算命(根据一个人的面貌特征判断其性格和命运)等等。孔子也受到极大的尊重。这个庙宣传孝道(这是孔子礼教的试金石)、仁爱(四海之内皆兄弟也)和忠(尊重国家)。至于诚正堂所信奉的佛教教义,似乎比普济寺所信奉的还要严格。斋戒的范围更广,它不仅包括肉、酒、鱼、蛋,而且还葱、蒜。庙庵里的女修行者是些出家的尼姑,她们保持贞节,不婚,但不穿法衣。②

这只是一个例子。在留尼汪,虽然大部分华人皈依了天主教,但在诸多方面仍然沿袭中国传统宗教和习俗,如对祖先的拜祭和对关帝庙的

---

①《中华佛教落地非洲博华寺举行大雄宝殿落成开光庆典》,2016 年 7 月 5 日,人民网,http://world.people.com.cn/n1/2016/0705/c1002-28526260.html.

②《毛里求斯华人简史》(刘新彝译),载方积根编:《非洲华侨史资料选辑》,第 61—62 页。

崇敬依旧。圣但尼的利涉堂、世昌堂、新隆旅馆及各市镇的华侨俱乐部都供奉关帝。圣皮埃尔的关帝庙每逢神诞，香火旺盛。当地的观音堂则一直是年老的华侨妇人食斋修养之所。在南非、马达加斯加、毛里求斯等地，这种不同宗教和而不同且互相融合的现象很多。尽管相当多的华人逐渐皈依了天主教/基督教，我们看到的却是一种互相融合的现象。一方面，这些地方的华人定期去教堂做礼拜，结婚仪式或葬礼均按天主教/基督教的方式进行。另一方面，我们看到他们仍然保留着中国的宗教信仰和传统习俗的做法。每当遇到人生重大的关头，人们仍然坚持中国文化传统和宗教习惯，近年来更有复兴的趋势。例如，在如春节、元宵、清明、端午、中秋、关帝诞辰或观音宝诞等重要节假日以及订婚、葬礼等人生重要关头时，他们仍以中国传统宗教习惯为主要祭祀或庆祝方式。毛里求斯的端午庆典节、留尼汪的关帝文化节、南非华人的传统舞狮舞龙进入当地狂欢节等，都是中国传统文化在非洲华人中的一种回归、复兴和融入。这种现象与文化认同和身份认同有着重要的关联。华人自成一体又融入当地的生活方式、对中国传统的依恋甚至保存中华文化的使命感、华人这种大家庭的身份认同，以及对祖先的尊重等都是这种现象存在的原因。

第二十八章　华人—中国—非洲：三角关系

我和先生都有一个奢望，就是把毛里求斯做桥梁，去发展中国与非洲大陆的事业。我到北京任大使时，总理希望我做的第一件事是办理毛里求斯到香港再到上海的通航事宜。

——朱志筠（前毛里求斯驻华大使）

我只是为促进几内亚比绍与中国的关系推波助澜，如向该国官员宣传中国情况，并请外交官员到香港、澳门考察。因此，人们叫我"民间大使"。

——几内亚比绍驻南非领事王建旭

在研究华人与中国的关系时，有的学者习惯于将所有与非洲有关的因素统一纳入中国的非洲大战略之中去考察。2004年，两篇重要文章对中非关系做出评价。杰里在《新共和国》上发表了《中国的非洲战略》一文，谈到中国在非洲各方面的扩张，认为："中国正在收买非洲领导人的心，致力于赢得发展中国家同盟军并提升在国外的软实力"。[1] 姆卡里

---

① Stenphanie Giry, "China's Africa Strategy", *The New Republic*, Vol. 231, No. 20, November 2004, pp. 19 - 23.

亚在《非洲安全评论》上发表了《非洲与中国:战略伙伴》一文,认为:"中国力图将非洲看作在能源、贸易和地缘政治方面的战略伙伴。""中非合作确实会经历高潮和低潮,但可以肯定中国正在与非洲建立一种长期的战略关系以保证其在国际领导、市场、能源和空间的地位"。① 中非关系的迅速发展引起了外界的一些猜测、曲解和攻击,一时间,各种指责和批评铺天盖地而来,大致有三种观点:"近年扩张说"、"石油能源说"和"新殖民主义说"。这些观点的理论基点是"中国威胁论"。②

一、华人移民与中国关系:不同观点的碰撞

(一) 华人与海外移民:战略布局?

有关中国在非洲实行新殖民主义的观点有一定市场。有人认为,中国发展与非洲的关系只有纯粹的经济和政治目标:获取石油和战略矿产;为中国产品扩大市场和培育合作伙伴包括获得未来的军事支持。有的希望保持西方在非洲的地位,往往通过诋毁对手或夸大对手存在的问题来保持自身优势,认为中国在非洲对西方构成威胁。有的指责中国在非洲的所为是不负责的"殖民主义";有的认为中国在非洲的影响力背后表现出其庞大的资金和人力;还有的认为中国已经取代了西方在非洲的

---

① D. Jardo Muekalia, "Africa and China's Strategic Partnership", *African Security Review*, Vol. 13, No. 1, 2004, pp. 1 - 11.

② Joshua Eisenman and Joshua Kurlantzick, "China's Africa Strategy", *Current History*, May 2006, pp. 219 - 224. 也有学者将中国在非洲的所为看作是中国尽力扩大南南合作潜力的尝试。Ana Alves, "The Growing Relevance of Africa in Chinese Foreign Policy: The Case of Portuguese Speaking Countries", *Daxiyangguo: Revista Portuguesa de Estudos Asiàticos*, Numeros 7, 1 Semestre 2005, pp. 93 - 108. 有关评论,可参见李安山《论"中国崛起"语境中的中非关系:兼评国外的三种观点》,《世界经济与政治》,2006 年第 11 期,第 7—14 页;李安山《为中国正名:中国的非洲战略与国家形象》,《世界经济与政治》,2008 年第 4 期,第 6—15 页。

位置。① 坎贝尔认为中非关系是新旧元素的结合，中国在非洲的存是对美国全球霸权的挑战。②

法国学者马蒙直接探讨华人社群与中国外交政策的关系。他认为，移民正在成为国际关系中一个日益重要的组成部分。虽然移民接受国的移民政策已明显成为国际关系的研究领域，但输出国的外交政策与移民之间的关系却尚未引起重视。中国在非洲移民与外交政策有不少重合之处。他认为，中国到非洲的移民分为三种类型，即临时工移民、企业家移民和暂时性无产阶级移民（将非洲作为中转站最终去欧洲的移民）。他指出移民政策在国际关系中日益重要，中国人移民非洲与中非合作政策密切相关。第一种移民与中国确保原材料供应的政策相关，第二种移民是中国积极推行扩大出口市场政策的产物。他认为中国对非政策主要着眼于三个目标：获取石油和矿产等自然资源、扩大中国的出口市场及在各类国际组织中增加对中国的外交支持，即确保中国的经济增长和扩大中国的政治影响力。中国政府加强海外华人与中国的关系可以看作是中国政府力图加强对海外华人的控制。同时，促进世界各地华人之间的联系有利于加强这些海外华人的作用。他认为，如果不将海外华人列入考虑因素，就不可能全面理解中国与其他国家之关系。③

（二）华人对驻外使馆：毫无好感？

布伦瑟斯特基金会对南部非洲五个国家的调研报告中有两个颠覆

① Mark T. Jones, "China and Africa: Colonialism without responsibility", *Somalilandpress*, http://somalilandpress.com/china-and-africa-colonialism-without-responsibility-21113, March 20, 2011; Eliza M. Johannes, "Colonialism Redux", *Proceedings Magazine*, Vol. 137: 4: 1 (April 2011), p. 298, http://www.usni.org/magazines/proceedings/2011-04/colonialism-redux; Joshua Keating, "Africa: Made in China", *Foreign Policy*, March 19, 2012; William Bauer, "China: Africa's New Colonial Power", 2012, http://www.policymic.com/articles/1657/china-africa-s-new-colonial-power.

② Horace Campbell, "China in Africa: challenging US global hegemony", *Third World Quarterly*, 29:1 (2008), pp. 89-105.

③ Emmanuel Ma Mung Kuang, "Chinese Migration and China's Foreign Policy in Africa", *Journal of Chinese Overseas*, 4:1(May 2008), pp. 91-109.

性的结论。第一，驱使中国进军非洲的原因并非只是自然资源。中国进入非洲的目的一直是西方政府、学界和企业首领们这些年来试图解答的重要问题之一。西方的研究往往强调中国看中了非洲丰富的自然资源，强调中国是为了掠夺非洲资源而来。布伦瑟斯特基金会认为这是一种片面的解释。实际上，中国人来到非洲的另一个重要原因是他们在非洲看到了商机，非洲的十亿人是中国廉价商品的大市场。第二个结论对理解华人与政府的关系至关重要。这一调查认为，中国商人与中国驻外使馆几乎没有联系，受访者中 95％回答从未得到过中国使馆的帮助；他们似乎与中国对非政策没有多少关系，中国使馆没有掌握他们的准确人数，他们对中国使馆反感，对政府存在着高度的不信任感。他们对使馆的所为也毫无兴趣。① 还有的研究认为，很多中国移民与中国驻外使馆或其他官方机构没有任何接触，也未得到过使馆帮助。②

（三）华人与中国政府：关系密切抑或离心离德？

从根本上看，这两种观点是互相矛盾或是互相对立的。一种认为中国政府与海外华人的关系密切，海外华人成为中国外交政策的一个重要工具，华人移民非洲是中国精心策划的大战略的组成部分，受到中国政府的极力支持和帮助，一切都受到中国政府的控制。另一种认为以上观点是一种虚构的场景，缺乏事实根据。中国移民与中国政府离心离德，对中国大使馆十分反感。海外华人与中国政府没什么关系，他们并未得到驻外使馆的重视，双方是一种疏远的关系。我认为，这两种观点都不全面。第一种观点明显带有偏见，但中国政府支持移民的确是事实。第二种观点指出中国移民与大使馆之间存在隔阂，这种现象确实存在，但

---

① Terence McNamee, with Greg Mills, et al., *Africa in Their Words: A study of Chinese traders in South Africa, Lesotho, Botswana, Zambia and Angola*, The Brenthurst Foundation, 2012, pp. 26－27, 43.

② Seth Cook, Jixia Lu, Henry Tugendhat and Dawit Alemu, "Chinese Migrants in Africa: Facts and Fiction from the Agri-Food Sector in Ethiopia and Ghana", *World Development*, 2016, pp. 1－10.

如果忽略中国大使馆尽量与当地华侨华人建立良好互动关系的各种努力,也有失公允。朴尹正否认中国人移民非洲受到中国政府支持,认为前往南非的大多数中国人是独立移民,来自不同地区,教育水平不一,拥有不同阶级背景,他们的目的是希望提高生活水平。① 一份关于南部非洲中国商人的调研报告认为,华侨华人的情况多元,远比西方人想象的复杂。这些华侨华人与使馆联系很少,似乎与中国对非政策没有多少关系;他们表达了对中国大使馆的不满,受访者中95%回答未得到过中国使馆的帮助;中国使馆也并不掌握他们的准确人数,他们对使馆存在着不信任感。作者得出结论:中国人移民非洲并非中国大战略的一部分。② 笔者在2011年指出:“中国在非洲什么都不缺,就是缺战略。”③这是有感而发,也与中非关系逐步推进的事实相符。然而,非洲的中国移民与中国政策是否存在着关联性?研究已经说明:答案是肯定的。④

二、华人与中国政府的互动关系

魏建国先生将“善于运用国家的政策”作为非洲华商成功的原因之一,他的这一观点是有道理的。我们可以这样说,华人在海外的经济活动与中国的政策有密切关系。

(一)中国政府对移民非洲的指导性作用

中国人移民非洲得益于国家政策大致始于中国对非承包工程的增加,中国政府对非洲市场的了解也为国人移民非洲进行了理性的引导。

---

① Yoon Jung Park, “Chinese Migration in Africa”, The South African Institute of International Affairs, China in Africa Project, Occasional Paper, No. 24, 2009.

② Terence McNamee, et al., *Africa in Their Words: A Study of Chinese Traders in South Africa, Lesotho, Botswana, Zambia and Angola*, The Brenthurst Foundation, Discussion Paper, 2012/13.

③ 李安山:《中国走进非洲的现实与真相》,《社会观察》,2011年第8期。

④ Li Anshan, “China's Africa policy and the Chinese immigrants in Africa”, C. Tan, ed., *Routledge Handbook of the Chinese diaspora*, London: Routledge, 2013, pp. 59–70.

以纺织业为例。1998年，为了配合中国压锭解困工作的总体部署，探讨纺锭外移的可能性，纺织总会组成了西非考察小组，于1月11日至2月7日对贝宁、多哥、加纳、科特迪瓦、马里等西非五国的纺织业投资环境进行了调研。在西非期间，考察小组不仅拜会了各国工业（商）部、投资促进中心等政府部门，还参观了当地的部分棉纺织企业，了解了当地棉花的价格和供应渠道以及纺织品市场和贸易的基本情况，广泛接触了有投资意向的合作伙伴。考察小组发现这一地区棉纺织业具有品种单一、洋货充斥、市场容量有限和季节性强等四个特点，并针对棉纺业的投资方式提出了建议。[①] 这一次调研无疑为华商在西非投资纺织业起到了重要的引导作用。

2000年，中非合作论坛设立，华商立即抓住这个有利的时机，纷纷涌向非洲。2005年我国给予非洲最不发达国家零关税待遇后，许多华商和企业利用这个特殊优惠政策，增加向国内出口符合免税条件的商品，降低货物经营成本。[②] 实际上，中国卷入非洲的力度加大以后，中国各政府部门参与了对华侨华人到非洲定居或投资进行适时引导。这种作用表现在以下四个方面。

1. 引导华商对非投资

中国政府向国内厂商提供各种商品信息，以鼓励国人投资非洲。中国政府为了促进中国商品在当地的销售，曾在非洲大陆设立了十余个中非贸易促进中心，但由于是官办，效果并不好。随着改革进程的加快，到非洲投资的中国企业也迅速增加。为了正确地引导中国企业进军非洲以及中国移民到非洲投资办厂，中国各部委积极发布信息，指明各非洲国家所需的商品及市场情况。中国商务部对世界各国的需求及时掌握并在商务部网站发布，各中国大使馆经商处积极收集有关国家的经济信息，为国民走进非洲提供各种资讯。为了使中国企业在非洲的投资能达

---

① 顾强：《西非棉纺织业投资及市场前景》，《国际经济合作》，1998年第6期，第59—63页。此文同时在《中国纺织经济》（1998年第4期）上发表。

② 魏建国：《此生难忘是非洲——我对非洲的情缘和认识》，第126—127页。

到双赢目的，商务部还适时发布有关指导性文件，如《在东南非洲地区开展纺织服装加工贸易类投资国别指导目录》。[①] 中国每年在非洲举办商品展销会，派遣贸易团组出访，邀请非洲国家代表团来华洽谈业务。

2. 介绍相关法律与督促社会责任

其次，向国人提供有关当地国家的相关法律条文，避免移民他国或投资过程中的不必要的麻烦。中国商务部的网站上专门列有各国有关方面的法律，驻非洲各地的中国使领馆将当地有关商业、税收、环保以及禁令等法律法规及时传到国内，并刊登在商务部网站上。中国奶制品出问题后，各使领馆一方面积极敦促国内加强对奶制品的出口监管，同时及时发布信息，使国内掌握非洲有关国家的反应和处理意见。中国政府对中国在非企业的社会责任问题进行了多方管理。2007 年 8 月，中国商务部等国家部委组织中国在非国有企业 67 家召开有关中国在非国有企业加强社会责任的大会，会议明确指出中国企业要想在非洲长期投资，必须加强对社会责任的重视，与会的 67 家企业公开发表了有关加强社会责任的宣言。所有这些政府的政策和举措都为国人移民非洲或华商投资非洲提供了各种信息和指导。

3. 护侨：中国外交的新任务

中国侨民是我国国家利益在海外的延伸，国家保护侨胞权益意义重大。随着中国海外移民的不断增加，中国政府在外交工作中日益强调以人为本的理念，加大保护中国侨民权益力度也成为中国外交工作的重点之一。近年来，移民非洲的华侨华人日益增多，先后在南非、马达加斯加、尼日利亚、苏丹等国出现了一些伤及华侨华人的恶性事件。针对南非华侨华人中屡次发生命案的现实，中国政府于 2004 年 9 月派出外交部领事司司长罗田广访问约翰内斯堡，与南非外交部和警方专门磋商旅居南非的中国公民及华侨华人的安全问题。中国政府随后与南非政府签订了一系列警务合作协议，以加强与南非警方的联系和沟通，并决定

① 《中国商务年鉴 2004》，北京：商务出版社，2004 年，第 454—456 页。

于2005年向中国驻南非大使馆派驻警务联络官员。① 每当非洲华侨华人整体遇到生命危险时,中国政府在第一时间里采取各种措施以保证华侨华人的人身安全。利比亚撤侨就是一个明证。②

4. 存在的问题

然而,问题确实存在,主要有四点。

(1) 侨务工作相对滞后。

中国经济发展很快,其他方面的工作特别是涉外工作跟不上,从而造成百姓需求与公共服务不到位的矛盾,特别是侨务工作几乎排不到重要问题的名单上。目前,中国提出"一带一路",逐渐认识到华侨华人在这一倡议中的重要性。

(2) "九龙治水"影响效率。

全国人大华侨委、国务院侨办、全国政协港澳台侨委、中国侨联和致公党中央五家(中央"五侨"机构)每年召开联席会议,统筹涉侨工作,加上外交部、商务部、教育部和公安部出入境管理局也是涉侨重要部门,形成"九龙治水"的局面,如果不进行有效整合,必将产生职权效率不高甚至有事互相推诿的后果。

(3) 未能适时增加人手。

侨务工作管理范围不断加大与公务人员"只减不增"之间的矛盾。中国国际空间不断拓展,海外侨胞人数不断增加。20世纪80年代初的华侨华人数约为2 000万。1984年,华侨华人人数达3 000万。③ 现在的人数已超过6 000万。④ 然而,党的十八届三中全会提出,要严格控制财

① "危难之中见真情:中国警官赴南非保护侨胞",载李安山编注:《非洲华侨华人社会史资料选辑(1800—2005)》,第478—481页。

② 有关这方面的研究,参见方伟《中国公民在非洲的安全与领事保护问题》,《浙江师范大学学报》(社会科学版),2008年第33卷第5期,第43—49页。

③ 国务院侨务办公室编:《侨务法规文件汇编1955—1999年》,1999年编印(内部文件),第17,23—24页。

④《海外华人华侨已超6 000万分布于198个国家和地区》,中国网,http://news.china.com.cn/2014lianghui/2014-03/05/content_31685623.htm,2014年3月5日,查阅日期:2015年10月12日。

政供养人员总量。李克强总理代表国务院提出,本届政府任期内财政供养人员只减不增。这种状况给外交人员的涉侨工作增加了难度。

(4) 重视侨领,对普通民众关注较少。

中国政府部门存在着一种倾向:对成功的华商、上层人物或侨领的要求和利益十分关心,与这些人联系紧密;对普通侨胞的利益关注较少。这种实用主义的做法在以前行得通,但在日益重视基本人权的今天,中国政府应更关注侨胞民众的日常权益。此外,政府及所属部门对突发事件的处理十分重视,但平时联络和预防机制还有待加强。

(二) 驻外使领馆对侨胞的责任

1. 领事侨务服务:保护权益与联络感情

随着新移民的增加,非洲华人的总体安全形势也在变化。总体上看,治安犯罪、恐怖袭击、政局动荡和商务纠纷已成为危害中国公民包括侨民在非洲生命和财产安全的四大隐患。

2004—2007 年中国公民在非洲遇险事件统计表

风险类别	数量	比例(%)
治安犯罪	46	61.3
恐怖袭击	9	12
政局动荡	5	6.7
商务纠纷	8	10.7
其他事件*	7	9.3
合计	75	100

资料来源:方伟:《中国公民在非洲的安全与领事保护问题》,《浙江师范大学学报》(社会科学版),2008 年第 33 卷第 5 期,第 45 页。

*"其他事件"包括渔船纠纷 1 起、非法移民 1 起、自然灾害 1 起、交通事故 3 起、入境受阻 1 起。

中国驻外使领馆从各方面帮助当地华人,帮助他们在当地安居乐业。中国驻外大使馆均设有"领侨服务"或"领侨工作"一项,主要是强调

领事侨务工作以保护中国侨民的合作权益,并与当地华侨华人联络感情的相关事宜和信息。以南非的“领侨服务”栏目为例:

• 中国驻南非大使馆自 2017 年 3 月 1 日起全面实施护照在线预约(2017 - 02 - 14)

• 中国驻南非使领馆提醒旅南侨胞关注当地治安形势(2016 - 11 - 29)

• 关于变更中国驻南非使馆领事保护应急电话号码的通知(2016 - 08 - 10)

• 南非安全防范常识(2016 - 06 - 21)

• 提醒中国公民务必通过合法途径办理南非签证或居留(2016 - 02 -29)①

2. 对华侨的支持与帮助

华商在当地的活动也与中国驻非洲国家领事馆的支持和鼓励分不开。长期在尼日利亚做生意的罗伊·张的妻子简批评了法国领事对尼日利亚人的态度,并描述了中国驻尼日利亚领事为尼日利亚商人办签证时的热心程度。法国记者问简:“中国领事就做得更好吗?”“对啊!他能分辨出其中的好与坏。如果他拿不准,就会问我们,然后我们就给他调查一下。如果这个人重要,有大生意可做,签证自然就会送到他的桌子上。你们无法想象领事为我们和他所做的一切。……我们国家的政府会竭尽全力帮助我们,包括市场信息、法律咨询和无息贷款等。如果我们回国,政府还会以较低的价格卖给我们土地,以表彰我们在非洲为国家作的贡献。”②这只是一个例子。简对法国人的解释得到了魏建国先生的验证。魏建国曾任商务部副部长并长期主管非洲事务,他曾帮助加蓬著名华裔、原非洲联盟委员会主席让·平的外甥徐恭德经商。1988 年,当魏建国在加蓬担任商务参赞时,让·平的外甥徐恭德来到加蓬创业。

① 中华人民共和国驻南非共和国大使馆,http://www.chinese-embassy.org.za/chn/lqfw/.
② [法]塞尔日·米歇尔、米歇尔·伯雷:《中国的非洲——中国正在征服黑色大陆》,第 25 页。

他先是开了一家杂货店，但是在进货、运输和通关等几个节点都碰到困难。他到大使馆找魏建国，魏建国帮助他解决了这些问题。于是，徐恭德介绍魏建国认识了他的舅舅让·平。① 当然，这只是一种个人之间的帮忙。

（三）华商的经济活动与使领馆的支持

更重要的是，中国驻非洲各使馆的经济商务参赞处往往密切关注所在国的经济发展状况，特别是当地社会的经济需求，并及时通报给国内。经济商务参赞处的网页一般设有各项内容，如"经贸新闻""政策法规"，有的甚至设有"投资经贸指南"。这是经商参处的日常责任和义务，为华侨华人提供了各种有益信息。以中国驻莫桑比克大使馆经商处为例，其网页"政策法规"栏目上刊登了莫桑比克政府2016年发布的相关法规：

• 莫桑比克从2017年1月1日开始全面禁止原木出口(2016-12-02)

• 莫桑比克议会批准莫政府征收旅游税并修改部分商品进口税率(2016-12-02)

• 莫桑比克议会批准扩大增值税免税商品范围(2016-12-02)

• 莫桑比克将于12月1日起实施新的《外籍公民就业规定》(2016-11-24)

• 莫桑比克议会通过政府议案，为最终禁止原木出口铺平了道路(2016-11-24)②

在中国驻莫桑比克大使馆经商参处网页的"商情发布"栏目上，有关莫桑比克投资和商务的信息及时且重要：

• 矿业企业MINAS DE BENGA招标采购煤炭运输服务和煤矿运

① 魏建国：《此生难忘是非洲——我对非洲的情缘和认识》，第361页。

② 中华人民共和国驻莫桑比克共和国大使馆经济商务参赞处，http://mz.mofcom.gov.cn/article/ddfg/.

营服务(2017－02－16 19:34:29)

• 莫桑比克北部鲁伍马盆地天然气项目1号区块和4号区块陆续发布招标采购信息(2017－02－15 18:02:30)

• 中国国际工业博览会(2016－08－12 18:18:08)

• 马普托商人供应木材并寻求与中国企业合资(2016－08－01 16:15:20)

• 莫桑比克将举办第1届纳卡拉宝石博览会(2016－07－18 20:46:08)

• 第52届马普托国际博览会(FACIM)即将开幕(2016－07－06 23:40:15)①

中国驻外使领馆的各种公告也为华人提供了相关信息。这种公告一般有两个特点:相关性和及时。

2008年,科摩罗对外来投资表示欢迎,中国驻科摩罗大使馆经商处立即发表信息,并建议"我企业利用科摩罗优惠政策,从事农业、渔业、农产品深加工、旅游业、矿产资源和海上石油的勘探开发,火山地热资源、太阳能资源开发等,也可参与科国有企业的私有化进程"。当时,使馆网站刊登出这条消息:

> 科摩罗法律除对猪肉和酒类进口和生产有限制外,对外国企业和个人在科从事经贸活动没有任何限制。2007年8月31日,科议会通过新的投资法,新法规定对在农业、渔业、畜牧业、养殖业、旅游、信息和新技术领域的投资给予免除捐税待遇,免税期从原法律的5年期限,增加到10年。政府对投资实业的企业需要购买土地也有一些优惠政策及鼓励措施。政府为鼓励投资,专门成立了投资促进局,该局负责协助外国企业和个人来科投资和从事经贸活动与

① 中华人民共和国驻莫桑比克共和国大使馆经济商务参赞处,http://mz.mofcom.gov.cn/article/sqfb/.

政府间的关系,为外国企业提供各种咨询和服务。①

2008年,科特迪瓦媒体对中国产品提出过批评。为了使华商了解情况,中国驻科特迪瓦大使馆经商处就媒体关于外国企业和个人开展经贸活动的负面报道和言论发布了信息告知:

> 科国媒体对外国企业和个人开展经贸活动比较宽容,负面言论较少,即使有也主要是一些民间的贸易纠纷问题的报道。今年针对我国有2起:1. 2008年3月,科特迪瓦鞋商协会以我少数鞋商低价倾销冲击市场为由罢市,当地报纸作了报道,造成负面影响。经我与科工商会共同做解释说明等工作,事情得以圆满解决,科报纸也公开更正了原报道中的不实内容。2. 2008年9—10月,因三鹿奶粉事件,科畜牧业和水产资源部查封了部分从中国进口的奶粉,并将样品送欧盟检验,最终确定我出口到科奶粉质量合格,无任何有毒物质,科消费者可放心食用。期间,科报纸进行了客观报道。②

中国驻外使领馆还有一个习惯,每当中国的节日总要在使领馆举办庆祝会。这样,每当元旦、春节或国庆节时,一些华人被邀请到使领馆与外交官一起庆祝。有的驻外机构还设立各种联席会议,不时听取各方面有关华人情况的报告。

当然,中国驻非洲国家使领馆也有诸多不尽如人意之处。布伦瑟斯特调研报告中表明,接受访谈的华商当被问及"你是否从中国大使(领事)馆得到过帮助?"这一问题时,只有5%的人的回答是肯定的,95%的人表示未得到过任何帮助。安哥拉首都罗安达的一位商人抱怨:"这里有30多万中国人,而大使馆每周仅安排半天处理与中国人有关的事

① "科摩罗政府鼓励外国企业和个人从事经贸活动",http://fec.mofcom.gov.cn/aarticle/duzpb/cf/ap/200812/20081205955276.html.

② 2008年10月22日,科特迪瓦的《国际报》刊载了中国大使馆经商处就科媒体多次报道我"三鹿牌"奶粉事件的公开回应的全文,参见 http://fec.mofcom.gov.n/aarticle/duzpb/cf/ap/200812/20081205955239.html.

务……他们完全不帮助我们。他们对安哥拉人还要好一些。”莱索托首都马塞卢的一位华商说：“这里的大使馆只知道吃饭，从来不帮助我们中国人，他们什么用也没有。”一位广东商人愤怒地说：“我们大使馆无所事事，这让我感到非常伤心。为什么越南人比中国人更受人尊敬？因为他们的使馆更强大（stronger）。我们的中国父母应该知道我们的处境，我们的政府应该要求我们的大使更有所为。”①

中国驻外使领馆应该牢记自己的领事侨务职责。试问，如果没有这些中国侨民，还有必要设立领事职位吗？作为中国的职业外交人员，应该将保护侨胞权益作为自己的重要职责，因为自己国家的公民才是最重要的服务对象。例如，中国人在非洲国家的机场受辱（过度搜查和变相索贿）是非常普遍的现象，为什么中国大使馆不能对有关非洲国家政府提出这一问题呢？有时，中国外交官员总喜欢将“照顾国家利益”或“以大局为重”等这种大话作为理由。殊不知，人民利益就是最重要的国家利益，没有人民利益，哪来的国家利益？只有关心民众的利益，民众才会对国家有感情。

三、华人与中国的关系

（一）“出国后才会更爱国”

1. 护照的意义

具有长期国外生活经历者有一个共识：出国之后才会更加爱国。对于长期在非洲生活的华商而言，他们对中国的思念更为深切。首先表现出的是对自己中国身份的认同。中国护照（代表着中国国籍）是他们对自己的身份确定性认知的唯一证明。“绝大多数华商宁可顶着年年签证

---

① Terence McNamee, with Greg Mills, et al., *Africa in Their Words: A study of Chinese traders in South Africa, Lesotho, Botswana, Zambia and Angola*, The Brenthurst Foundation, 2012, pp. 26 - 27, 43.

和有可能因政策变动而被驱逐的风险，也要保留着中国国籍。因此，中国护照对他们来说，并不只是一个简单的证件，而有着更复杂、更细腻的象征意蕴”。① 在非洲华侨华人的社会生活中，人们长期保留着中国的文化习俗。在与生老病死有关的各种仪式中，人们仍以中国的传统做法为主。他们还不断通过各种方式巩固与家乡的联系。非洲华人在非洲的创业基本上都比较成功，在成功之余，他们并未忘记他们祖宗曾生活过的故土。他们以各种方式关心着中国，保持着与中国千丝万缕的联系。

2. 亲力亲为：“中国人真厉害！”

首先，他们用行动实践使非洲人对中国人有了更真切的感知，从而使中国人的文化和价值观逐渐为非洲人所认识。正如尼日利亚的一位承建工程的负责人郑正宇（音）所言：“现在非洲人看到了我们的能力。中国是非洲的榜样。中国在很短时间内取得了巨大成绩，非洲人因此对我们很佩服。我们不仅把技术带给了非洲人，而且还付出了汗水。尼日利亚有 5 万中国人，他们为这里的经济发展和建设做出了很大贡献。尼日利亚总统为此非常感谢中国。”②他们通过自己的经济活动使非洲人对中国产品有了更直观的认识。“‘中国人厉害！’这尤其表现在向整个非洲以低廉、大众的价格供销日用品上。在非洲市场上，中国商品可谓多种多样，有服装、香皂、洗发水、假发、钢笔、摩托车、水泵、充电器、电话、水壶、手表、眼镜、蜡烛盘、餐具、玩具。另外，中国商品价格仅是其他国家商品价格的三分之一——五分之一。很快，家家都有了存货。”③

一位长期在莫桑比克生活的华人对非洲人在圣诞节前夕抢购中国产品有过亲身经历。2001 年 12 月份，他所在的华人店铺的顾客人数倍增。“商店虽加强了销售力量，但远抵不过顾客人数的骤增。每天清晨，商店尚未营业，门前已黑压压地聚集着一大片黑人货郎，门一开，如同开闸放水一般，哗地涌进一屋子人，我们赶忙令保安把守店门，走一人才放

① 常江、袁卿：《再见巴别塔——当中国遇上非洲》，第 57 页。

② [德]弗朗克·泽林：《中国冲击：看中国如何改变世界》，第 144—145 页。

③ [法]塞尔日·米歇尔、米歇尔·伯雷：《中国的非洲——中国正在征服黑色大陆》，第 95 页。

进一人，仍有人如卷起的潮头漫进店内，……唯一让我们害怕的是抢购风太强，场面失去控制而导致骚乱，这要求大家尽最快的速度配货，尽最大的努力疏散顾客。……黑人顾客真老实，我们怎么卖，他们就怎么接受，匆忙付款匆忙接货然后匆忙离去。面对流水一样的钞票，老板突然心虚，她不安地问道：'老杨，怎么回事？你看黑人付账这个急劲，似乎钱是废纸是烫手的芋头，赶忙扔掉才是。是不是明天货币大贬值或要发生动乱什么的？'杨先生摇了摇头，自言自语道：'马普托人吃了耗子药，个个都疯了，拿钱不当回事。'"难怪作者说如果将这些黑人称为模范消费者是在贬低对方，因为他们个个都是消费狂。[①] 这种情况发生在中国产品刚刚抵达非洲的那几年，充分说明了当时中国货受欢迎的程度。

3. 为来非洲的中国人搭桥服务

主动帮助中国企业走进非洲成为非洲华人的职责。前面提到的第一位尼日利亚籍华人沈文伯先生曾主动协助中国公司在尼日利亚创办合资企业，并积极引进中国的日用品和机械，以加强中尼之间的经济合作。在中国遭受特大洪水灾害时，他慷慨捐资。他还与李健先生一起，以北方搪瓷有限公司的名义为国内的一所大学筹建图书馆捐款。当中国运动员前去尼日利亚进行比赛时，他到机场迎接，为全体机组人员送上饮料，勉励中国运动员为祖国争光。当中国杂技团到尼日利亚演出时，他负责全体团员在卡诺期间的生活费用，并买了很多入场券分发给当地华侨。他的夫人陆美英还为杂技团里表演最为精彩的演员颁发奖品，以资鼓励。

他们也时时刻刻关心着家乡的建设与发展。南非侨领陈裔桥投资2 000万兰特建了一个5 000平方米的中华传统馆，作为中国对外的"窗口"，向国外推销国内各地特色产品，推动中国外贸发展。同时，他还带动南非华侨归国投资，为中国引进外资做出巨大贡献。他关心着国家的

① 剑虹：《中国商人在非洲——商情、风情、人情》，北京：中国经济出版社，2003年，第58—62页。作者原名李践红，2000年赴非洲，2003年回国，后再次赴非洲，目前已在莫桑比克定居。

教育、环境卫生、文化事业的发展。看到家乡的贫穷，他为家乡修路。1998 年，他在四川老家捐建两所希望小学，连续 3 年每年拿出 4 万元扶助 100 名贫困小学生，并打算在宜宾市文兴县建一所综合性的职业技能学校和一所医院。[①] 毛里求斯的曾繁兴、马达加斯加的陈福胜、留尼汪的曾宪建、尼日利亚的董瑞萼、南非的吴少康和叶北洋以及非洲各地的华侨华人几乎都以各种方式与祖国和家乡保持着联系，或是为家乡建设添砖加瓦，或是为文化交流牵线搭桥，或是为老家做慈善修建寺庙……

(二) 非洲华人和平统一的愿望

1. 全非洲中国和平统一促进会

最值得注意的是，非洲华人在和平统一事业中态度明确。无论是老一辈华人，还是新移民，他们都牢牢记着自己的中国根，也一直希望中国统一。全非洲中国和平统一促进会于 2002 年 4 月 19 日在南非约翰内斯堡成立。其成立《宣言》表明：海外 3 000 多万华人华侨“坚决反对任何外来势力企图分裂中国的行为，强烈呼吁某些国家严格遵守国际法准则和自己做出的承诺，充分尊重中国的主权和领土完整，停止干涉中国内政，停止以任何方式助长台湾分裂活动”。在历届会长黄斐元、叶北洋、吴少康和李新铸的领导下，非洲华侨华人高举反独促统大旗，致力于祖国的统一。[②] 随着全非洲中国和平统一促进会的成立，目前全世界五大洲相当多的国家和地区成立了 100 多家和统会，显示了旅居海外的华人华侨企盼祖国早日统一，坚决反对“台独”的强烈愿望。[③]

2. 支持《反分裂国家法》

中华人民共和国十届全国人大三次会议于 2005 年 3 月 14 日上午以

---

① 《前沿人物：访陈裔桥　他把 LQ 带进中国市场》，人民网，http://www.people.com.cn/GB/keji/1059/1921115.html；《南非人物介绍——陈裔桥》，2011 年 2 月 24 日，http://www.360doc.com/content/11/0224/06/5043743_95591631.shtml.

② 袁南生：《走进非洲》，第 236 页。

③ 《全非洲中国和平统一论坛发表非洲宣言》，载李安山编注：《非洲华侨华人社会史资料选辑(1800—2005)》，第 396—397 页。

高票通过《反分裂国家法》，胡锦涛主席就新形势下发展两岸关系提出了四点意见：坚持一个中国原则决不动摇；争取和平统一的努力决不放弃；贯彻寄希望于台湾人民的方针决不改变；反对"台独"分裂活动决不妥协。非洲各国华侨华人坚决拥护这一法律的颁布，纷纷以各种方式表示支持。3 月 18 日，加纳中华工商总会举办座谈会，大家表示："这次反分裂法的制订和颁布，无疑增强了中国大陆在统一大业上的主动性。而且该法言明是'反分裂'，划定一条底线，给予了一定的空间，是仁者所为，因此深得民心。维护国家主权和领土完整是国家的核心利益，也是包括海外侨胞、台湾同胞在内的全体中国人民的共同义务。'台独'分裂行径是中国人民不能容忍的，中国实施《反分裂国家法》正是对'法理台独'的有效遏制，是以统一意志对抗分裂企图，是民意所在、民心所盼。"①

3. 2017 年新年的南非华人抗议

2016 年年底，南非茨瓦尼市市长姆西曼加先生应台湾驻南非代表处的邀请，在承诺他往返机票和住宿等一切费用都由台湾方面承担的情况下，以市长的官方身份，以所谓"寻求为人民创造投资机会的任何可能，并且认真考虑所有潜在的贸易机会"的理由访问了台湾。姆西曼加先生不属于南非执政党非国大，而是反对党南非民主联盟的成员。2017 年 1 月 3 日，南非民主联盟发表声明："台湾是南非来自亚洲的第二大投资者，根据 2013 年的统计数据，双边之间的贸易总额为 220 亿兰特，台湾地区对南非的投资总额为 140 亿兰特，南非的贸易盈余为 40 亿兰特"，从而间接表示加强与台湾的关系有助于解决 900 万失业的南非人民的境遇。有鉴于此，南非 106 个华人团体发出《致南非民主联盟和茨瓦尼市市长的公开信》，表示了南非华人社区的立场："我们是南非华人社区的社团组织，我们在此对于近期茨瓦尼市市长姆西曼加先生访问中国台

① 《加纳中华工商公会声明支持反分裂国家法》，载李安山编注：《非洲华侨华人社会史资料选辑(1800—2005)》，第 392—393 页。

湾省台北市事件表示坚决反对。我们也对2017年1月2,3日南非民主联盟党在其官方网站就此事件的辩解表达我们的失望和坚决反对。”公开信说明了中国—南非关系的重要性,特别是中国与南非在经济上的互补性,并认为“此次茨瓦尼市市长姆西曼加同台湾方面进行官方接触,明显违背了一个中国原则和国际关系基本准则;而南非民主联盟党对此事件的声明是对客观事实的抵赖和狡辩,我们三十万旅南华侨华人对此绝不能接受和坚决反对”。公开信要求“茨瓦尼市市长姆西曼加先生就他访问台湾台北市而给中南二国政府、二国人民间友好关系所造成的困扰道歉,并保证以后不再发生类似事件;南非民主联盟党就此事件给中南二国友好合作关系而造成困扰道歉,并明确保证今后民主联盟管理下的地方政府不再发生类似事件;我们期待茨瓦尼市长姆西曼加先生和南非民主联盟党深刻吸取本次事件的教训,回到维护中南友好的大局和承认一个中国的正确轨道上”。南部非洲上海工商联谊总会也发表《致茨瓦尼市市长公开信》和相关倡议书。[①]

(三) 华人的拳拳思乡情

非洲的华侨华人虽然已在当地定居,但他们的拳拳思乡情时时在心中涌动。他们有的经常回故乡探望,有的以能说家乡话为荣,有的在本地已建立了自己事业的基础,又回到家乡投资办厂。[②] 例如,毛里求斯华人丘先生祖籍广东梅县,1987年他回到家乡合资兴办联发鞋厂,由于管理有方,经济效益突出,该厂生产的旅游鞋畅销中国的28个省市,利润连年翻番。在他的带动下,毛里求斯的华人纷纷回到家乡投资办厂。留

---

① 《致南非民主联盟和茨瓦尼市市长的公开信(附倡议书)》,2017年1月5日,南非侨网,http://www.sa2cn.com/a/zhongguoxinwen/zhongguojingji/47534.html.《谴责访台:南部非洲上海工商联谊总会发起致茨瓦尼市市长公开信》,2017年1月5日,南非,http://mp.weixin.qq.com/s?__biz=MzAwMzA3NDA2MQ==&mid=2655211089&idx=2&sn=6d4c3243d533dd13dfa65915f3fe7cda&chksm=81775f33b600d625f7852dadd101a58930b28787f63b1ccba32ef186ae0bb35b2564b41b35b9&scene=0#rd.

② 崔志鹰:《毛里求斯华人的历史与现状》,《西亚非洲资料》,1995年第3期。

尼汪的华人朱俊翔先生对故乡梅县的建设时时关心，不仅热心捐款办学、修公路、建桥梁，还在家乡遭受洪水时专程送来捐款。中国改革开放以来，他与留尼汪的侨胞同仁先后接待了来自中国的各种文化体育代表团。① 在莫桑比克、津巴布韦和其他地区，华侨华人也利用每一个机会表达他们的思乡之情。可以这样说，出现在本书中的每一位华人或侨领都曾在不同场合以不同方式向家乡捐款捐物，支持国内的经济建设、扶贫减灾或支边支教。

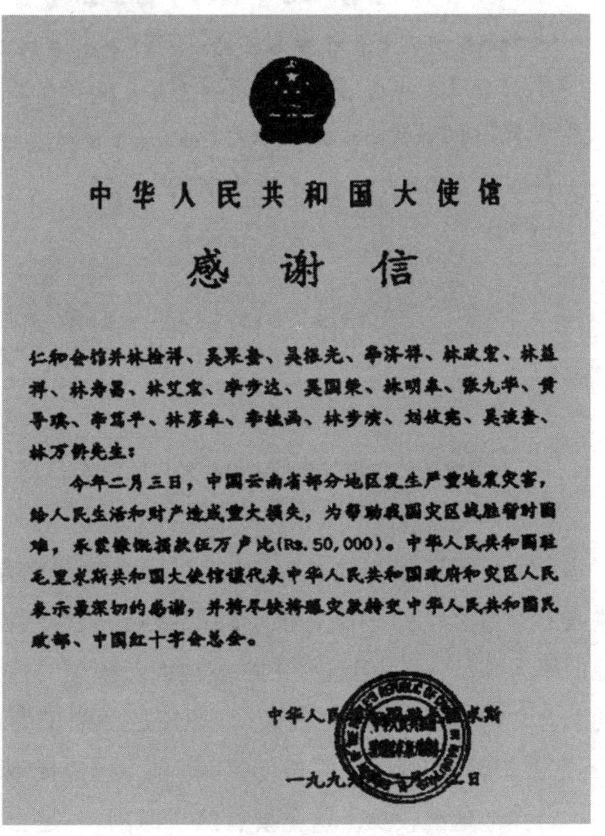

中华人民共和国大使馆

感谢信

仁和会馆并林检祥、吴果叁、吴根光、李济祥、林政宏、林益祥、林寿昌、林艾宏、李步达、吴国荣、林明东、张九华、黄导璞、李笃平、林彦东、李毓函、林步滨、刘敏宪、吴谈叁、林万侨先生：

今年二月三日，中国云南省部分地区发生严重地震灾害，给人民生活和财产造成重大损失，为帮助我国灾区战胜暂时困难，承蒙慷慨捐款伍万卢比(Rs. 50,000)。中华人民共和国驻毛里求斯共和国大使馆谨代表中华人民共和国政府和灾区人民表示最深切的感谢，并将尽快将赈灾款转交中华人民共和国民政部、中国红十字会总会。

中华人民[illegible]求斯

一九九[illegible]日

中国大使馆致毛里求斯仁和会馆的感谢信

① 饶淦中：《身居留岛，情牵梅水——记留尼汪华人朱俊翔先生》，《华声报》，1986 年 12 月 30 日。

珍贵史料选辑

毛里西亚
仁和會館用箋
HEEN FOH LEE KWON SOCIETY
21 Joseph Riviere Street
PORT LOUIS MAURITIUS

中华人民共和国驻英代办处
领事部宦乡先生钧鉴

本年11月22日英领56字第1028号函奉悉 付来关于解放前银钱业未清偿存款给付办法"十份,本馆收到,经转送本侨团、侨社,[illegible]本埠华侨日报、新商报登载,俾本埠全体侨胞均知[illegible]华侨[illegible]附上华侨日报、新商报各一份,敬祈查察[illegible]

并祝

钧安

毛里西亚仁和会馆会长 古少彬 上

1956年12月26日

毛里求斯仁和会馆会长古少彬致中国驻英代办处领事部宦乡先生函

各国对华人的政策不尽相同,这种政策对华文教育也有一定影响,但对华侨华人的思乡之情似乎没有根本性的影响。毛里求斯、留尼汪、塞舌尔等地的华人多已入籍,但这并不影响他们对中国的感情。为了表达对祖辈的思念之情,他们中的一些人(如原留尼汪的工商业联合会会长侯沐凯)不远万里,回归故乡来寻根问祖。[①] 前章已经提到马达加斯加华侨入籍的相对其他地区较少。这主要有两个原因:一是当地政府对入籍的要求较严格,二是由于马达加斯加政局多变,华侨并不安心,因此,

① 饶淦中:《长觐海岛月,心飞星玉楼——留尼汪法国国营工商业总会会长侯沐凯先生寻根问祖记》,《华声报》,1989年5月30日。

马达加斯加华侨的再移民比例也是较高的。这里的华侨对祖国的感情更是一片赤诚。他们有的积极协助家乡引进技术、设备和良种，有的在马达加斯加创办中国书店，介绍中国的各项成就，还有的则回国进行经济合作。除了经济活动以外，华人仍在文化语言、心理情感、风俗习惯等方面与中国保持着千丝万缕的联系。下面我们来看三个例证。

1. 中华文化代代相传——毛里求斯华人

冯云龙祖籍是广东梅县，他父母是第一代华人，远渡重洋来毛里求斯谋生，当时靠的就是一把剃头刀。冯云龙出生于毛里求斯，是第二代华人，17岁那年，父亲把他送回梅县老家念高中，就是为了让他认识中国，传承中华文化。高中毕业后，他考取了清华大学外语系。冯云龙学成后回到毛里求斯，为当地的文教事业贡献良多。他育有三子一女，这些属于第三代的华人堪称社会的精英。为了使自己子女不至于成为无根、失根的一代，永远牢记中华故土，便将“广东梅县”4字为他们取名，分别依次为冯景广、冯景东、冯梅珍、冯景县。就此可以看出，海外老华侨那炽热的爱国爱乡情怀。如今大儿子是电脑专家，曾在英国、加拿大深造，现在美国硅谷工作；老二是女儿，学法律，曾留学法国，现在毛里求斯当律师；老三也是学电脑的，在毛里求斯大学毕业后在当地任职；老四攻读建筑专业，现在法国大学深造。由此可见，三代华人，虽从事的职业不同，可他们身上那种勤劳、智慧、奋发进取的精神，则是一脉相承的。冯老能讲一口纯正的汉语，他不无忧虑地谈到第三代、第四代华人子弟可能出现的文化断层问题。他以《镜报》为例，指出现在就面临报人和读者老化问题，认为在华人子弟中普及中文有紧迫性。事实上，冯老已身体力行，在这方面做了不少工作。冯老沉思片刻后说：“有人认为，华人子弟与中国文化越来越隔膜、华文在海外华人社会日渐式微是不可避免的。我不这样认为，随着中国的日益强大、国际地位日益提高，海外华人会以自己是华夏儿女感到莫大的荣耀。今后，连洋人都争相学习华文、了解中国文化，我们的海外华人子弟又有什么理由拒绝自己的母语和母国文化呢？”从冯老这番激情的话语中，我们感受到这位海外华侨老人那热爱祖国、期盼祖国强盛的赤子深情。①

冯云龙清华大学学生证

2. 中国东西最珍贵——津巴布韦的华人

生活在津巴布韦的华人后裔，听说中国参加在西部城市布拉瓦约举行的国际博览会，欣喜若狂，奔走相告。这是中国第一次参加这里的国际博览会啊！人人都想为中国展览会出力。……展览团到津巴布韦后，每天都有华侨前来看望。一位老华侨听说展览馆雇不到合适的司机，就把自己的农场交给妻子管理，前来为我们开车。他每天早来晚走，有时要连续工作十几个小时，连饭也吃不上。他骄傲地说：“我也是一名中国展览团成员。”由于他不在家照管，精心饲养的几十只鹦鹉都丢了。他不但不伤心，还劝慰妻子：“鹦鹉丢了

① 沈立新、汪义生：《中国—华夏儿女的骄傲——访毛里求斯华文〈镜报〉总编辑冯云龙》，《人民日报（海外版）》，2001年11月7日，第七版。感谢冯云龙先生的长子冯景广向笔者推荐这篇报道。

可以再养，为中国工作的机会也许此生就这么一回啊！”……

展览团要在驻地举行露天招待会，有十多华裔青年带着工具、电料，自动前来拉线装灯，使招待会在一片灯火辉煌中顺利举行。为布置展览馆，华侨们送来大批鲜花，以及沙地毯等，还主动帮助修建了上下水设备。对中国的每一项成就，他们都欢欣鼓舞，多数人都表达了到中国探亲的愿望。老人们考虑要“叶落归根”，青年们则认为自己是华裔，若没有回过中国，实为终生憾事。青年们还成立了“中国人篮球队”。据说他们的篮球队在当地还赫赫有名哩！这些青年人十分珍爱中国的东西。一本书、一张画、一个草提篮，哪怕是一个空酒瓶，只要是有中国特点，或在上面写有中文，他们都精心地收藏起来。我们每到一个华人家做客，他们不向我们炫耀金钱和财产，而是展示那各种各样来自故乡的纪念品。在展览团逗留期间，华人俱乐部的成员要一面五星红旗，作为永久的纪念。①

3. 南非华人心系祖国

一场灾难牵动着无数海外华人华侨的心。汶川地震发生后，在南非，30 万华人华侨自发组织了募捐和纪念活动，希望用自己的行动告慰生灵，为灾难中的同胞加油鼓劲。短短十多天，南非华人华侨的捐款就屡屡创新高，最终募集了折合人民币 800 多万元的捐款，成为整个非洲大陆上，自发捐款数额最多的地区。

虽然时隔一年，但当时的情景还历历在目。在南非的大街小巷，社区里、商场间，捧着为中国汶川地震捐款箱的华人所到之处，无不引起当地人们的关注与感动。

同期：全非洲中国和平统一促进会名誉会长　梁职臣

作为一个南非的华侨，我的祖国的兄弟姐妹有灾难，无论我在哪里，我都要伸出我援助的手，血浓于水，我永远永远都不会忘记我

---

① 沈志德：《拳拳思乡情》，《华声报》，1983 年 8 月 23 日。

的祖国的兄弟姐妹。

解说：一年之后，心系祖国和灾区同胞的海外华侨们仍在惦记着汶川的亲人，时刻准备再次毫无保留地献出爱心。

同期：南部非洲上海工商联谊总会会长　周建忠

让国内那些无家可归的，包括失去亲人的，请你们放心。我们在海外的人，时刻在惦记着你们，时刻在想着你们。我们一定会把你们的痛苦你们的困难，看做我们自己的痛苦自己的困难。①

我们可以得出四点结论。第一，华侨华人移民非洲的历史表明，这一趋势与中国的国情、中国的发展和综合国力密切相关。第二，华侨华人在各方面与中国保持着良性互动关系。第三，中国的相关政策对华侨华人在非洲的活动产生重要影响，驻外使领馆为华侨华人的生存发展提供帮助。第四，华侨华人为中国文化的传播和中国国家利益做出了巨大贡献。

四、华人与非洲国家的关系

（一）与非洲国家政府的关系

一些华人在非洲国家政府部门和相关机构担任着各种领导职务，他们在其祖辈的异国他乡出生或定居后，以他们的聪明才智获得了所在国人民的信任，成为领袖人物并忠诚地为自己的政府服务，与此同时竭尽全力为促进中国与他们国家的合作而努力。

如前章所述，塞舌尔的陈文咸、毛里求斯的曾繁兴、留尼汪的曾宪建、加蓬的让·平以及更多的优秀华人都为各自的国家做出了巨大的贡献。这里，我们将列出四位卓越的华人代表，其中三位是华裔。两位优秀华裔女性为她们的国家所做的贡献以及促进非洲与中国之间友谊的

① 《南非华人心系祖国》，2009 年 5 月 11 日，新华社，http://news.xinhuanet.com/video/2009-05/11/content_11353854.htm.

诸多努力应载入非洲华人历史，另一位是南非的优秀华裔。此外，胡介国属于新一代移民。

1. 津巴布韦的朱惠琼：从自由战士到部长

朱惠琼(Fay Chung)在中国以“费琼”为人所知。前章已经提到过，她是津巴布韦著名的民族主义领袖、政治家和教育家。其祖父朱箕奎属于南罗得西亚(津巴布韦前身)的第一批中国人，1904 年在索尔兹伯里(哈拉雷前身)落户。[①] 朱惠琼的父亲朱耀宗 17 岁时来非洲投奔父亲，先是在其他地方从事金矿、鞋厂和面包店生意，1936 年成家后回到索尔兹伯里。据朱惠琼回忆，她 3 岁那年母亲病逝。父亲忙于照料生意，费琼和两个妹妹由黑人保姆照顾，黑人保姆在姊妹三个的生活中时常扮演母亲角色。费琼说，这段经历在她幼小的心灵中植下了华人与当地人一家亲的种子。她曾多次出任政府部长，如负责制订教育政策的副部长、初等和中等教育部部长、就业创造及合作部部长等职位。1994 年她主动辞去部长职位退出政坛，开始了对中国道路的研究。朱惠琼参与多个国际组织的工作，如联合国儿童基金会教育组首席负责人、联合国教科文组织非洲能力建设国际机构的共同创建者和首任领导人、非洲统一组织及后来的非盟荣誉特别顾问等，她还接任过纳米比亚教育部特别顾问等职。她本人多次访问中国，还去了祖籍地广东台山寻根。朱惠琼说：“中

① 根据朱惠琼自己的自传(Fay Chung, *Re-Living the Second Chimurenga*, Harare: Weaver Press, 2006)，她家是 1904 年来到南罗得西亚的，这应该是指她祖父从莫桑比克转到罗得西亚的时间。根据龙小农、舒凌云:《朱惠琼:津巴布韦非洲女子大学董事长》(中国传媒大学出版社，2014)，其家人于 1896 年来到罗得西亚。“费琼(即朱惠琼)祖父朱箕奎是来南罗得西亚(津巴布韦前身)的第一批中国人。1896 年，他与 13 名广东台山老乡远渡重洋营生，在索尔兹伯里(哈拉雷前身)落脚。”参见新华社记者对她的采访。林贵、王悦:《成功闯荡非洲政坛的华裔女子——费琼》，2015 年 6 月 17 日，新华网，http://news.xinhuanet.com/overseas/2015-06/17/c_1115646934.htm. 此说可能有误。在朱惠琼给笔者的电邮中，她确认其祖父是 1904 年从莫桑比克抵达罗得西亚的，但她不知祖父是何时抵达莫桑比克的。祖父告诉她，自己 17 岁时离开中国，在莫桑比克待过一段时间后才决定沿铁路到内地(罗得西亚)来。参见朱惠琼至李安山、刘海方和沈晓雷的电邮，2017 年 3 月 1 日 21:16:04(星期三)。朱惠琼女士多次访问北京大学非洲研究中心并做讲座，与笔者就津巴布韦历史和中非关系等问题进行交流。在此感谢她将自己的传记赠送笔者。

国在过去30年发生了翻天覆地的变化，执政党发展经济帮助数百万人脱离贫困成绩斐然，这个经验对津巴布韦和广大非洲国家十分有益。”“津巴布韦要学中国的‘独立自主、自力更生’的精神。早些年，中国在最困难时期不靠外国援助也发展起来了，中国充分利用了这段时期为今后经济发展奠定了良好的基础。”①

2. 毛里求斯的朱志筠大使：坚韧如筠、娇滴如玉

毛里求斯的朱志筠(Madeleine Lee，小名朱玉娇)是另一位杰出的非洲华人女性。她的先生李顺才(Joseph Lee)写道：“吾妻的意志坚韧如筠亦是一块娇滴的玉。”②1997年，毛里求斯总理那威恩·拉姆古兰先生访问中国。他在参观了北京和上海后，认识到中国的重要性。他找到朱志筠，希望她出任驻华大使。1998年，拉姆古兰总理特意安排朱志筠陪同毛里求斯副总理访华，她有机会访问了北京和上海。

> 北京一行令我难忘：从首都机场出来，宽阔的马路、整齐的树木、慑人气派的高速路、立交桥，均给我留下深刻的印象。所到之处，都耳闻目睹那种充满决心与信心的生机勃勃的景象，在这个现代观感与古都风情并存的城市里，我一直处于极度兴奋、自豪、满足的状态中。这时我更加感受到作为根在中国的游子的价值和意义，体会出血脉相连的骨肉关系。中国经济的发展变化触动了我。回到毛里求斯，我仍然心潮澎湃，弟弟妹妹鼓励我，朋友支持我。我和先生商量后，决心发挥余热。③

拉姆古兰总理于1999年再次访华，在与外交部副部长交谈时说，

---

①《朱惠琼》，载周南京主编：《华侨华人百科全书·人物卷》，第729页；湘：《血管里流着中国血的津巴布韦女部长》，载李安山编注：《非洲华侨华人社会史资料选辑(1800—2005)》，第338—339页；余彬：《津巴布韦华人朱惠琼生活史研究的一种传记学方法》，《八桂侨刊》，2013年第3期，第51—57页。

② 李顺才：《永远的Madeleine》，载朱志筠：《写我真情》，北京：艺术与科学电子出版社，2006年，第1页。

③ 朱志筠：《写我真情》，第38—39页。

“我会派一位女大使到北京，她既会说普通话，又有经商经验。”副部长说，不管什么人，只要总理派来，我们就欢迎。2000 年初，朱志筠被任命为毛里求斯共和国驻华大使，当时她已 71 岁。朱志筠作为华人的特殊身份确实使她在与中国政府官员交流时方便了许多，语言和亲情的优势使她在促进双方关系时游刃有余。“来到北京，似远游的女儿回到娘家。熟悉的语言，一样的面孔，相通的心灵，我在尽情地享受中国给予我的特殊亲情”。她在回忆录中记录了诸多例子。她抵达北京的第二天，中国外交部非洲司司长请她转交一封信给毛里求斯驻日内瓦大使。当时美国正在就中国人权问题拟定反华提案，准备在日内瓦表决。司长与她直接用中文交流，免去了翻译的麻烦，非常方便。朱志筠大使向江泽民主席递交国书时是没有翻译的。“他第一句就跟我讲，我去过梅县。我说那是客家人的光荣。后来我听说他到梅县是去看叶剑英，叶剑英是我们同乡。”在国庆招待会上，朱镕基总理特意向朱志筠大使敬酒，他赞叹道：“你是华人，中国话讲的这样好，又是驻中国大使，我为你感到自豪。”她回敬：“我也很骄傲，因为中国的总理也姓朱，和我同姓，我们是一家人。”

她亲身参与了第一届中非合作论坛。“这次会议非常成功，最大的收获是向中国争取了全非洲免掉了 100 亿美元的债务。”她竭尽全力希望开通香港—毛里求斯—上海的航线，也极力为毛里求斯和中国双方的经济合作和文化交流贡献力量。正如毛里求斯《中华日报》社长李元章先生所言：“她的人格特质，经世眼光，卓越才干，气势迫人，令人侧目相看，证褚她荣任驻毛国大使的一幕即已标榜了伟大的一面，不单毛国人民华侨华裔咸表额手称庆，而她终于不负众望，以其雍容仪表，高贵气质，举手投足，游刃有余，折衡尊俎，啸傲群伦，确实是毛岛的一朵奇葩。”①

① 朱志筠：《写我真情》，第 4，36—45 页。

3. 胡介国:尼日利亚总统顾问的双重忠诚

有的华人在非洲生活的时间较长,并且得到了当地政府官员的信任,他们成为发展非洲国家与中国关系的“桥梁”。非洲华侨华人对中非关系的贡献并非只是促进贸易这么简单,他们中有的力图对非洲国家的政策给予积极正面的影响,有的甚至成为中国与当事国建立外交关系的有功之臣。

胡介国是尼日利亚一位华商,也是奥巴桑乔总统的经济事务顾问。他在促进中国—尼日利亚双边关系中起到了重要作用,经常告诉总统如何处理与中国的关系,“在非洲与中国政府之间扮演某种桥梁的角色”。当记者问及他与奥巴桑乔总统之间的谈话内容时,他说得很直白:“我给他提建议,告诉他应当如何吸引中国人到尼日利亚投资。尼日利亚需要中国到这里投资建厂,特别是中小型企业。我们还经常讲如何限制中国廉价商品的非法进口,以及如何将中国纳入当地的私营经济。中国政府鼓励华为这样的大公司到非洲投资,带来先进技术。非洲国家对此很欢迎,但是同时也很谨慎。我了解中国人的想法,而我在尼日利亚又生活了很长时间。所以在他们谈判时,我可以帮助双方沟通。”虽然他早已是尼日利亚人,但当地人仍将他看作是中国人,对中国人有什么意见总是向他提出,特别是关系到中国廉价产品在尼日利亚市场走俏的事。因此,他也努力维护中国人的形象:“我要努力改善中国在非洲的形象,不能让那些非法进口的廉价货破坏我们的形象。不管我是在哪儿受的教育,不管我拿的是什么护照,人们总会把我当成中国人,认为这些事情与我有关。”①

1999 年,胡介国以公司的名义向银行融资 2 亿多元人民币,帮尼日利亚建了 4 所学校,每所学校可以容纳 3 000 多人。胡介国凭着华人特有的善良、友谊和爱心行动赢得了尼日利亚民众的拥护,威信日益提高。2001 年,尼日利亚大酋长埃米尔正式任命胡介国为酋长。胡介国是尼日

① [德]弗朗克·泽林:《中国冲击:看中国如何改变世界》,第 157,161 页。

利亚也是非洲唯一的华人酋长，这在当地和华侨界引起很大反响。2004年7月，胡介国被尼日利亚总统奥巴桑乔任命为总统特别经济顾问，负责帮助尼日利亚国内中小企业的发展，他开始频繁地往来于亚非之间。在经营饭店的过程中，胡介国一面宣传中国饮食文化，一面也向当地人展示中国人的善良厚道。“以前当地人对中国了解甚少，只知道李小龙，甚至以为中国和印度差不多。”在胡介国的影响下，很多当地人开始对中国产生了浓厚的兴趣。这种对尼日利亚和中国的爱和忠诚使他为双方合作竭尽全力。

4. 霍成坚：总统咨询委员会委员能否代表南非华人？

为什么我们将霍成坚(Kenneth Winchiu)放在最后来介绍？这主要因为他担任南非总统咨询委员会委员这一职务在当地的南非华人社区中引起了极大的反感。霍成坚是南非华裔和青年社团领袖。他毕业于比勒陀利亚华侨公学，后进入纳塔尔的白人学校。中学毕业后，他考入金山大学动物系，获学士学位。他曾积极参与《南非华人之声》(*The Voice of South African Chinese*)的编辑工作。1969年，他曾申请加入比勒陀利亚青年商会，因种族歧视被拒绝，直到1977年7月终获批准，成为华人中第一位青年商会会员。他精明能干，热心公务，1979年获得最杰出青商会会员奖，同年5月作为南非青商总会代表出席在香港举行的亚洲青商会大会，1983年被选为南非全国青商会副主席。

1980年，南非政府决定成立总统咨询委员会(President's Council)，成员60名，由白人、有色人、印度人和华人组成。总统咨询委员会就各种棘手的种族问题提出建议以供总统决策参考。该委员会要求各种族派出代表参加；若各种族没有推选代表，则由政府在各种族中委派。南非华人在政治中历来保持低调。由于南非政党和民众对这种将广大黑人排除在外的做法颇有微词，来自伊丽莎白港、约翰内斯堡和比勒陀利亚的三个华人组织在1980年9月召开大会时，反对者远多于赞成者。最后，大会通过决议，决定抵制这一政策，不派代表参加，霍成坚也参会并知道会议的一致决定。然而，1980年霍成坚被当地政府委任为南非总统咨询委员会委员时，霍成坚却决定接受任命。用他自己的话来说：这一任命的责任远高于特权。当他所在的比勒陀利亚中华公会得知他的决定后，深感震惊，决定将他开除出该组织，并宣称他以后只能代表个人，并不代表华人社区。霍成坚坚持自己的决定，相信这一工作有助于南非的前途。①

在1981—1984年任期内，他曾参与国家计划委员会和公共关系委员会的工作，并提出多项建议。如南非境内的华人应得到当地政府赋予的充分权利，俾使他们亦能尽其应尽的义务；人口过盛应采取大家庭制度为宜；促进各种族自由平等和谐；取消限制种族营业市场的法令，各种族应享有自由选择营业地点的权利；华人做生意可以无特殊区域性限制。以上各项建议对南非政府的政治变革无疑也起到重要作用。他作为华人代表与其他各族议员共同参与制定了南非政府于1984年9月颁布施行的新宪法。同年，第一届总统咨询委员会解散，部分议员或退休，或进入其他政府部门工作。1986年，南非总统博塔曾有意聘霍成坚出任国家福利委员会委员，但被他婉拒。②

我们在此不想分析霍成坚事件对华人社区产生的影响，只愿做一客观评价。第一，霍成坚的杰出表现说明了华裔青年在南非社会中的作用；第二，当时的南非政府尽管存在着种族歧视，但仍然能委任霍成坚为总统咨询委员会的成员，这进一步说明了霍成坚的优秀品质；第三，他在后来的工作中提出的诸多建议为保障南非华人的利益和促进各种族之间的关系做出了自己的努力。

从朱惠琼、朱志筠、胡介国和霍成坚的行为看，他们一方面起着桥梁作用，或是努力推动中国与非洲国家之间的关系，或促进华人与当地社

---

① "Winchiu puts his case", *Pretoria News*, October 6, 1980; "Businessman replies to Chinese critics", *Evening Post*, 8 October 1980, Quoted from Melanie Yap and Dianne Leong Man, *Colour, Confusion and Concessions*, p. 411.

②《霍成坚》，载周南京主编：《华侨华人百科全书·人物卷》，第237—238页；Melanie Yap and Dianne Leong Man, *Colour, Confusion and Concessions*, pp. 410 - 411；欧铁编著：《南非共和国华侨概况》，第81—84页。

会的融合和保护华人的利益，另一方面又承载着双重身份——特定非洲国家津巴布韦、毛里求斯、尼日利亚、南非、几内亚比绍人与中国人，并尽力对两个甚至三个国家都保持着一种忠诚。他们的双重身份主要表现在对现在的所属国的政治身份认同和对中华传统的文化身份认同方面。这种情况在其他国家的华人中也相当普遍，对于那些已经取得了当地国籍的华人而言尤其如此。

(二) 华人对当地社会经济的影响：积极？消极？[①]

大量中国人移民非洲国家从事贸易或投资，谁是受益者？谁是受害者？这些在学术界一直有争论，本人在第一章中已有交代。非洲人如何看？在华商人数较多的一些非洲国家，我们发现有两种不同的观点：反对和赞成。

1. 尼日利亚针锋相对的两种观点

反对者："廉价中国纺织品破坏我国的经济"。

反对华商者认为，华人商店卖的商品总比尼日利亚同行便宜。2006年12月，尼日利亚警方关闭了拉各斯华人的百货店。根据该国海关总署署长布巴吉昂(Buba Gyang)的解释，这些店铺涉嫌走私和贩卖假货，可能对尼日利亚经济造成危害。"我们在搜查时发现，这些违禁商品的数量足以威胁我们整个纺织业，不能允许外国人的行为使我们国家的工业基础遭到破坏"。[②] 他的指责有一定道理，廉价中国纺织品的涌入确实给尼日利亚的纺织业带来了冲击。然而，尼日利亚学者注意到，尼日利亚纺织工业衰落早已开始，既有复杂的内在因素，也有深层的外在原因。然而，国际货币基金组织极力推进、尼日利亚政府执行的结构调整计划

① 这里的分析仅限于当地华人的影响，并不涉及整个中非关系。诸如"中国对非洲的影响如何？""如何对中非关系做出整体评价？"这些问题已超出本书的研究范围。笔者始终认为，最有资格对这些问题做出评判的是非洲学者。一些既不懂中文又对中国崛起充满偏见甚至恐惧的西方学者的研究和论调不足为凭。

② [德]弗朗克·泽林：《中国冲击：看中国如何改变世界》，第151页。

(SAP, the Structural Adjustment Program)给尼日利亚纺织业带来的沉重打击不可否认,“1986—1987 年开始的以市场为基础的经济改革导致了纺织工业的死亡”。①

赞成者:“我买它,是因为它又便宜又好”。

赞成华商者认为尽管存在各种关于中国产品质量低不耐用的抱怨(例如在南非,“Fong Kong”成为中国产品的代名词,表示质量低下),但中国产品价廉物美的优势不可否认。② 德国记者弗朗克·泽林提到一件有趣的事。他在尼日利亚拉各斯的唐人街碰到一位买中国床垫的尼日利亚人。

> 一位身穿鲜艳宽大长袍的尼日利亚男子指手画脚,正在指挥两个中国帮工将把一只巨大的床垫抬过路面的积水,搬上一辆货运出租车。床垫上的图案简单而醒目,那是密密麻麻的北京 2008 年奥运会图标。我走上去,和男子打了声招呼,然后问他,为什么到中国人这里来买东西。“我不是冲着中国人来买东西,我买它,是因为它又便宜又好。”③

2. 塞内加尔:两场针锋相对的示威游行

塞内加尔首都达喀尔有一个集中了无店铺小商贩的加雷-彼得森社区(Gare Petersen),店铺多数是中国人开的,共约 200 家。④ 塞内加尔商

① Salihu Maiwada and Elisha Renne,“The Kaduna Textile Industry and the Decline of Textile Manufacturing in Northern Nigeria, 1955—2010”, *Textile History*, 44:2(November 2013), p. 172. 还可参见 G. Andrae and B. Beckman, *Union Power in the Nigerian Textile Industry*, *New Brunswick*, NJ: Transaction Publishers, 1999, pp. 40-41; A. O. Olukoshi, *The Politics of Structural Adjustment in Nigeria*, London: James Currey, 1993. 实际上,欧洲旧衣服的引进早已对尼日利亚纺织业形成了威胁。

② 德国全球与区域研究中心(GIGA)汉堡亚洲研究所高级研究员展易用塞内加尔和加纳两个例子说明中国的新移民在批发中国商品过程中与当地草根阶层的互动关系对社会结构和行为规范产生的冲击。参见展易(Karsten Giese):《无心插柳柳成荫——西非中国新移民商人与当地草根社会创新的关联互动分析》,《华人研究国际学报》,2016 年第 8 卷第 1 期,第 37—55 页。

③ [德]弗朗克·泽林:《中国冲击:看中国如何改变世界》。

④ 有关塞内加尔首都达喀尔华商经营区的最新研究,可参见展易(Karsten Giese):《无心插柳柳成荫——西非中国新移民商人与当地草根社会创新的关联互动分析》,《华人研究国际学报》,2016 年第 8 卷第 1 期,第 37—55 页。

人对中国商人存在着不同意见：流动商贩支持他们的买卖活动，进口商认为中国人构成了威胁，消费者群体无统一看法。赞成者认为便宜货可使非洲人享受新商品，并可参与更多经济活动；反对者认为便宜商品使塞内加尔人产生了依附。2005 年在达喀尔发生了反对中国人的游行，随后又发生了声援中国人的游行。支持中国人游行的组织者、消费者协会的领导人穆罕默德·恩道（Mohammed Ndao）认为：中国廉价商品为当地人提供了多种选择，批评那些认为中国商业活动不合法的人忽略了自己在灰色经济活动中受益，这是一种排外主义。苏珊·谢尔德通过对 53 名中国商人的采访后认为，中国商人为达喀尔的非正式经济做出了社会文化多元化的贡献，为处于边缘化的青年人和消费者提供了机会，给当地商人带来了竞争，同时对塞内加尔社会带来了冲击，使当地社团组织对外来人的看法产生了分歧和变化，从而使我们可以更深地理解灰色经济在全球化过程中的作用。① 2007 年 10 月，加纳也发生了类似的情况。当时的加纳零售业协会搞了一次为时两天的示威游行，说是反对外国人，其实就是针对中国商人的。原因很清楚：中国人在这里占有了市场，抢了他们的饭碗。②

还有的非洲人认识到，以前他们穿的都是欧洲来的二手货，中国人的到来使他们第一次有机会穿上新衣服和新鞋子。除了丰富的日用品之外，中国人给非洲带来了企业家精神和吃苦耐劳的品质，非洲人应该好好向中国人学习。③

3. 德国记者泽林的观点：华商创造了就业机会

德国记者泽林的观察似乎综合了以上二者的看法，比较客观："尼日

① Suzanne Scheld, "'The China challenge': the global dimensions of activism and the global economy in Dakar", in Ilda Lyndell, ed., *Africa's Informal Workers: Collective agency, alliances and transnational organizing in urban Africa*, London: Zed Books, 2010, pp. 164 - 168. 与美国学者 D. Z. Osborn 的电邮和在哈佛大学参加有关中非关系研讨会时与塞内加尔学者 Adama Gaye 的谈话也证实了此事。2007 年 5 月 31 日至 6 月 2 日。

② 马佳：《中国人非洲"淘金"喜忧参半》，《南非华人报》，2008 年 9 月 3 日。

③ Terence McNamee, with Greg Mills, et al., *Africa in Their Words: A study of Chinese traders in South Africa, Lesotho, Botswana, Zambia and Angola*, The Brenthurst Foundation Disscussion Paper, 2012, p. 34.

利亚老百姓对中国的'入侵'最明显的感受是,原来昂贵的商品变得越来越便宜了。以往一直在西方采购的尼日利亚商人渐渐转向了中国。每天,他们在中国使馆门口排起长龙,申请去中国的签证。对尼日利亚人来说,与中国的多数生意带来的好处大于坏处。但是在某些领域,特别是纺织业,当地生产企业则失去了竞争力,80%的纺织企业被迫倒闭。但是从总体来看,新创造的就业机会仍比失去的多得多。"①

确实,便宜纺织品使肯尼亚、尼日利亚、南非等国的纺织业受到冲击。② 对这一问题,有必要弄清产生的根源。温家宝总理2006年访问南非时,南非方面反映了其纺织业因大量中国廉价纺织品而面临倒闭的事实,中国政府决定自我约束两年,削减向南非输出的31种纺织品。③ 然而,中国的份额减少后,马来西亚、越南、孟加拉等国生产的廉价纺织品照样流入非洲,可见提高当地产品的竞争力才是正道。

可以说,中国移民带来的影响是多方面的。华人经济的存在给予非洲不同社会阶层以不同影响还表现在其他方面。

4. 学者展易(Karsten Giese)的研究:低层民众是受益者

学术界对中国新移民进入非洲经商这一现象的研究多聚集于负面

---

① [德]弗朗克·泽林:《中国冲击:看中国如何改变世界》,第149—150页。

② 在有的非洲国家,这些受冲击的轻工业是早期定居非洲的华人企业。查济民先生20世纪60年代从香港来尼日利亚投资,设立统一尼日利亚纺织有限集团公司(UNTL),该厂不断发展壮大,成为尼日利亚最大的纺织企业,其产品被认为是"尼日利亚制造"的典型代表。密执安州立大学历史系博士生刘少楠2014年夏在尼日利亚的实地调研发现,中国廉价纺织品2000年之后主要通过走私的方式大量进入尼日利亚,对于查氏集团的纺织厂造成巨大冲击,该厂一度关闭。参见刘少楠致李安山函,2015年9月18日。关于中国商品特别是纺纱品对肯尼亚和尼日利亚等国的影响,参见P. Kamau, "China's impact on Kenya's clothing industry", in A. Harneit-Sievers, S. Marks & S. Naidu, eds., *Chinese and African Perspectives on China in Africa*, Pambazuke Press, 2010, pp. 108-127; E. Ikhuoria, "The impact of Chinese imparts on Nigerian traders", *ibid.*, pp. 128-138.

③ Wyndham Hartley, "China Willing to Limit Exports", *Business Day* (Johannesburg), June 22, 2006; "China willing to restrict textile exports to S. Africa", 2006年6月22日, http://www.fmprc.gov.cn/zflt/eng/zt/wjbff/t259620.htm, 查阅日期:2015年10月13日。Sanusha Naidu, "Balancing a Strategic Partnership? South Africa-China Relations", in Kweku Ampiam & Sanusha Naidu, eds., *Crouching Tiger, Hidden Dragon? Africa and China*, University of KwaZulu-Natal Press, 2008, p. 183.

影响即给当地带来的经济竞争与劳资冲突，华商往往被冠之以“从事不公平竞争、经商手段具破坏性、将当地原有业主排挤出市场”等罪名。德国学者展易通过对加纳首都阿克拉和塞内加尔首都达喀尔的研究得出了完全不同的结论。

第一，华商的到来为下层民众提供了机会。华商因不熟悉当地风俗习惯且不愿冒犯当地民众，那些缺乏社会资本以进入市场的边缘个体商贩得以占用与华商店铺门前相连的公共或半公共空间，自由从事商业活动。第二，华商的平等经商方式有利于普通民众。华商的进口货物价格低廉且供应量大，他们不分对象不限制购买量的做法使得传统上由于缺乏社会资本而没有机会的普通民众得以进入市场，可通过经商谋生并积累财富。第三，华商为年青人提供就业机会对现存社会秩序形成挑战。华商多雇用当地年轻人从事与店铺经济有关的各种工作，从而为这些青年创造了更多的就业机会。这种行为对原有商业圈里商人的地位及传统的以长者权威为基础的社会结构和行为规范构成了实质上的挑战。

他认为，华商的到来从客观上为当地下层人民提供了各种机会，从而使他们可以绕过现有体制的限制而成为真正的受益者。由于华商的进入，“原本位于社会底层的边缘群体，反倒成为受益者，并由于他们在经济和社会地位上的提升与赋权，引发当地的社会变迁与创新，对现有的秩序与其商业精英的特权地位形成挑战”。① 这一研究可能让我们重新认识异文化对本土社会带来的创造潜力这一问题。

5. 布伦瑟斯特报告：“华人店铺多雇用当地人”

相当多的报道往往指责中国人只雇用中国人，一些非洲人似乎也多有这种看法。

布伦瑟斯特基金会做了一个有关南部非洲五个国家的中国商贩的报告——《他们所说的非洲》。从 2011 年 4 月到 2012 年 2 月，调研者通过在

---

① 展易(Karsten Giese)：《无心插柳柳成荫——西非中国新移民商人与当地草根社会创新的关联互动分析》，《华人研究国际学报》，2016 年第 8 卷第 1 期，第 37—55 页。

南部非洲的南非、莱索托、博茨瓦纳、赞比亚和安哥拉的22个城镇进行186人/次深度访谈，较深入地调查了中国商人的经营和生活状况。调查采访的问题分三大类：个人问题、商铺经营和实质性问题（经历和看法）。报告采取深度采访的方式，既发现了中国商人的总体特点，也指出了不同国家的特点，从而增加了对中国人与非洲当地关系的了解，而中非关系的基础应是建立在这种关系之上的。报告认为：以前对中国人在非洲的认识存在误区。其中一个是西方习惯于将中国在非洲的存在看作是精心筹划的庞大战略中的一部分，一切都受到中国政府的控制。报告认识到中国在非洲的存在是多元的、复杂的和多层次的。这是该报告的价值所在。

布伦瑟斯特的报告得出了这样的结论：在他们调研的每一个国家，中国商人雇用的本土人不少。报告发现，这五个国家有一个共同现象，中国商人雇用的当地非洲人比雇用的中国人多。无论在城市还是小镇，华商都是雇用当地人在自己店里工作的重要雇主。在莱索托和安哥拉，每个店铺平均雇用8位当地人，在南非平均每个店雇用2位当地人。报告也发现，这种情况并未缩小中国人与非洲人之间的文化隔阂。例如，中国人认为节俭是个好习惯，但他们的做法在非洲人看来却是小气。① 实际上，华商在非洲各国雇用当地工人在一定程度上为当地解决了就业问题。胡介国经营的企业雇用的非洲人远比中国人多。② 莫汉等人有关非洲华侨华人的研究也说明了这一事实。③ 中国企业承揽的大型项目更是雇用了许多当地劳工。举例来说，在2014年8月完工的长达1 344公里的本格拉铁路，就是1 000名中国工人（其中有超过20人在工程期间死亡）和10万名安哥拉工人经历近十年辛勤劳动协力合作的成果。正如一位在安哥

① Terence McNamee, with Greg Mills, et al., *Africa in Their Words: A study of Chinese traders in South Africa, Lesotho, Botswana, Zambia and Angola*, The Brenthurst Foundation Disscussion Paper, 2012, p. 21.

② [法]塞尔日·米歇尔、米歇尔·伯雷：《中国的非洲：中国正在征服黑色大陆》，第19页；[德]弗朗克·泽林：《中国冲击：看中国如何改变世界》，第153页。

③ Giles Mohan, Ben Lampert, May Tan-Mullins & Daphine Chang, *Chinese Migrants and Africa's Development: New Imperialists or Agents of Change*, pp. 85,98.

拉工作的北京建工集团的工程师所言："据说当地一共有人口两千万左右，中国人就占到二十六万。不过基本都是过去做项目或经商的流动人员，没有移民过去留下的……工程类的多，还有一些搞外贸生意的。"①

(三) 华人中存在的问题——"Kichina""Chinko"和"Feng Kong"

如前所述，非洲的华侨华人也存在着诸多问题，这些问题可以分为四类。一类是在中国人到来后给当地从事相关职业者带来的直接冲击，主要表现在纺织业和零售业。这一点已在前面论及。另一类是华侨华人在处理与当地社区的关系方面存在诸多问题和困难。这种问题多出现在非洲当地的报道中，中外学者的研究也有涉及，如文化隔阂、价值观念、语言障碍、自我封闭、行为习惯、与民争利、社会责任、劳资关系、种族歧视等。② 第三类指近年来在非洲的中国人中出现的各种事件反映出法律层面的问题。例如，2008 年阿尔及利亚爆发的中国人与当地商人之间的冲突，2012 年中国人在尼日利亚非法滞留并参与从事仅限于当地公民的经济活动（主要是从事摊贩和纺织品生意），2012 年马拉维政府要求中国商贩撤离当地农村的命令，2013 年加纳北部的中国人非法淘金事件，2014 年安哥拉出现的中国人犯罪团伙被安哥拉和中国警察一举歼灭的

---

① 高欣、尹丽、汲东野：《中国人在非洲》，2013 年 4 月 23 日，《法治周刊》，http://www.legalweekly.cn/index.php/Index/article/id/2568，查阅日期：2015 年 9 月 10 日。

② 李鹏涛：《中非关系的发展与非洲中国新移民》，《华侨华人历史研究》，2010 年第 4 期；陈肖英：《南非中国新移民面临的困境及其原因探析》，《华侨华人历史研究》，2012 年第 6 期；陈凤兰：《文化冲突与跨国迁移群体的适应策略——以南非中国新移民群体为例》，《华侨华人历史研究》，2011 年第 3 期；徐薇：《华侨华人在非洲的困境与前景展望：以博茨瓦纳的中国移民为例》，《东南亚研究》，2014 年第 1 期；周海金：《非洲华侨华人生存状况及其与当地族群关系》，《东南亚研究》，2014 年第 1 期；沈晓雷：《试析中国新移民融入津巴布韦的困境》，《国际政治研究》，2015 年第 5 期。相关的外文文献不少，可参加 Cornelia Tremann, "Temporary Migration to Madagascar: Local perceptions, economic impacts and human capital flows", *African Review of Economics and Finance*, 5:1 (December 2013), pp. 7–16; Terence McNamee, with Greg Mills, et al., *Africa in Their Words: A study of Chinese traders in South Africa, Lesotho, Botswana, Zambia and Angola*, pp. 20–21, 39–40; Giles Mohan, Ben Lampert, May Tan-Mullins & Daphine Chang, *Chinese Migrants and Africa's Development: New Imperialists or Agents of Change*, pp. 100–124.

事实，以及2015年中国人在肯尼亚餐馆的歧视性公告等。虽然这些都是个例，但反映出非洲的中国人中间存在的问题。

第四，中国产品的质量的确是十分严重的问题。长期在莫桑比克生活的剑虹曾列出了他在为华人鞋店打工时发现的三类问题：一是偷工减料，严重"偷号"。一双靴子印着42码，实际上只有40码。二是偷梁换柱，调包欺诈。老板在中国看货时，厂家直销店的样品质量好且美观，但运抵商店后全部被调包。三是伪劣产品，无以复加。他举了一个例。2002年，老板在国内进货时贪图便宜，将别人库存已久的存货低价购进，进货后发现女凉鞋上的化学胶水附在鞋面，男式沙滩鞋混编且"偷号"现象严重，男女皮鞋脱胶严重，不少夹带的是次品或废品。"所有这些鞋有个共同之处，就是气味熏天，污染严重。店内黑工们有的头疼有的感冒，我则患上咽喉炎，另一名中方雇员严重过敏，不停地出外换空气"。看来，商品的质量问题出在国内，而责任的直接承担者是非洲的华商。他当时对后来的情况比较乐观，谈到2002年下半年随着市场竞争激烈，伪劣产品被淘汰出局。①

中国产品的质量问题一直是在非洲的中国人的痛处。2016年的世界发展信息日（10月24日），非洲晴雨表（非洲的一家智库）发布了一份研究报告。该报告就36个非洲国家的民众对中国的态度进行了调查统计，平均63%的被调查者对中国持正面看法，其中马里民众的比例最高，达92%。其中对正面评价影响最高的因素是基础设施建设。非洲人民普遍认为，中国在非洲进行的基础设施建设为当地民众带来了便利，也带来了福祉。当然，通过各种基础设施建设，非洲各国改善了投资环境，为吸引外资创造了条件。然而，非洲人对中国负面印象最为突出的是商品质量，近35%的被访者认为中国的产品质量低劣。② 看来，中国商品

① 剑虹：《中国商人在非洲——商情、风情、人情》，第52—54页。

② "Here's what Africans think about China's influence in their countries", 2016/10/28, http://www.afrobarometer.org/blogs/heres-what-africans-think-about-chinas-influence-their-countries.

有质量问题的并不局限于鞋子。这大概也是为什么中国产品在非洲有类似 Kichina、Chinko 和 Feng Kong 一类蔑称的原因。

我们可以得出结论,移居非洲的华人及其活动对当地经济所起的作用是多重的。同时,他们对非洲社会产生的影响依不同社会集团或阶层而定,如果一味地指责其影响消极或鼓吹其作用正面,无疑是一种简单的评判。历史研究的重要作用是对事物的来龙去脉做出客观阐述,对整个事件做出有价值而公允的分析,而不是简单地给予“是”或“非”的评判。

(四) 自我完善:善举、约束与认识历史

1. “中非之间的蜜月期已经结束?”

目前,一种观点认为中非之间的蜜月期已经结束,现在正面临着比较困难的时期。这与双方之间出现的一些问题相关。① 随着非洲的中国人人数不断增加,一些不守法的现象也开始增多。此外,语言交流的障碍使诸多新移民自我封闭,文化价值观差异使中国人与非洲人之间的误解加深。所有这些问题使得中国新移民与当地非洲人之间的矛盾日益突出。布伦瑟斯特调研报告的一个结论是:中国人与非洲人的关系日益恶化。在那些最日常的非洲人居住区,中国商人与当地人的关系开始变得紧张。这种紧张关系一部分是由于误解所致,包括双方的价值观不同。虽然中国商人都认识到竞争加剧,但只有 10%的受访者认为竞争是主要问题,50%认为犯罪、语言是更麻烦的问题。中国商人对消费者权利毫无认识也是原因之一。

中国学者的调研也证实了这一现象的存在。沈晓雷曾于 2014 年 11 月至 2015 年 3 月在津巴布韦进行了为期四个月的实地调查,接触了大量中国新移民,通过与他们朝夕相处及参与他们组织的一些活动,发现他们在融入当地社会时存在着诸多问题。“津巴布韦的新移民群体并没

① “The Chinese-African Honeymoon is over”, http://www.chinaafricaproject.com/chinese-african-honeymoon. 2015-03-18.

有很好地融入当地社会。不少新移民表示，与十年前相比，他们与当地人的关系甚至出现了倒退。当地人对他们的看法也为此提供了佐证：许多人都表达了对新移民群体的不满，甚至有受访者表示60％以上的中国人都不受欢迎”。① 这些问题的产生有其主观和客观原因。主观上，有相当一部分人根本就不打算长住，加之对非洲文化不太了解，因此主动融入当地社会的积极性不高。这种只赚钱不投资的“淘金客”在当地社会引起的反感极大。津巴布韦一位受访者明确指出：“你们中国人来到这里只是为了赚钱，而不想着进行投资。你们除了开店、采矿之外，很少投资制造业。你们赚走了我们的钱，抢走了我们的饭碗，破坏了我们的环境，却没有带来基础设施的发展和制造业的繁荣，而这正是我们当前最需要的东西。”“中国人开的商店便利了我们的日常生活，但我们更需要的是投资，是就业，是经济的发展。”华人对此也有认识，侨领李新烽先生表示：“我们当中有些人没有长期的打算，只想当‘淘金客’，不想当投资者。这些人目光短浅，经常抱着赚一把是一把的心态去会做杀鸡取卵的事情。”②这种情况并非个别，根据布伦瑟斯特基金会的调查，这种人比例占绝大部分。

多少中国商人打算回中国？

态度*	安哥拉	博茨瓦纳	莱索托	南非	赞比亚
一定要留下来	9％	17％	0％	20％	16％
根据当地的政策而定	4％	31％	5％	20％	21％
一定要回去	87％	52％	95％	60％	63％

资料来源：Terence McNamee, with Greg Mills, et al., *Africa in Their Words: A study of Chinese traders in South Africa, Lesotho, Botswana, Zambia and Angola*, p. 19.

*“态度”二字为本文作者根据内容所加。

---

① 2015年1月5日，在哈拉雷对安德森·恩贡杜（Anderson Ngondo，津巴布韦狂野旅行社司机）的采访。转引自沈晓雷：《试析中国新移民融入津巴布韦的困境》，《国际政治研究》，2015年第5期，第131页。

② 2015年1月17日对安德森的采访；2015年2月27日在哈拉雷对托瑞（当地警官）的采访；2015年2月4日对李新峰的采访。转引自沈晓雷：《试析中国新移民融入津巴布韦的困境》，《国际政治研究》，2015年第5期，第146页。

客观上,不熟悉当地语言对他们融入当地社会产生某种障碍。时间因素也在起作用。新移民刚抵达时,带来了各种生活日用品,给当地民众带来便利。然而,随着时间的推移,有的非洲人可以直接到中国进货,有的发现中国产品质量不高,有的觉得中国人的生活习惯不好,如"什么都吃""不遵守法律""没有宗教信仰"等。津巴布韦当地人对新移民负面印象包括:行为粗鲁、没有礼貌、不讲卫生、不修边幅、在公正场合吸烟、随地吐痰,以及不尊重当地习俗和看不起当地人等。① 这样,以前的好感逐渐消失,矛盾开始出现。

2. *佛教传播与慈善活动*

在非洲的中国新移民如何融入当地社会不仅是学术界关注的一个重要问题,更是当地华侨华人面临的实际问题。可喜的是,非洲一些国家的华侨华人正在通过组织各种公益活动,增进中国人与非洲人的交流和互动,改善自己在非洲人心目中的形象。

1992年4月1日,星云大师选派的慧礼法师抵达南非,开始了建造佛庙及相关设施的工程。慧礼法师1955年出生于台湾,24岁皈依佛门。目前,他已入籍南非,可以说是南非的第一位法师。非洲最大佛教寺庙佛光山南非南华寺位于布朗克赫斯普鲁特(Bronkhorstspruit),自1992年开始兴建、1996年主体落成以来,雄伟建筑俨然已成为当地地标,吸引成千上万信徒前往礼佛,也成为希望了解和仰慕中华文化的各国人士的心灵殿堂。1994年10月,慧礼法师创立的非洲佛学院招收了第一届学员。在两年的出家生活中,课程包括基础佛学、佛教史、学佛行仪、法句经、佛经选要及佛光学等,语言课程有中文、英文巴利文,还有电脑、烹饪及中国武术。十多年以来,非洲佛学院已经培养了数百名非洲学僧,一批非洲人剃度出家。慧礼法师在非洲的建寺传佛之路可谓崎岖艰难,甚至遭遇了生命之险。然而,他义无反顾地坚持传播佛教。

① 沈晓雷:《试析中国新移民融入津巴布韦的困境》,《国际政治研究》,2015年第5期,第144页。

《南非华侨新闻报》在2007年大年初一报道了南华寺的礼佛活动：

> 2月18日是农历大年初一，寺院内外热闹非凡，来自全国各地的佛教徒、南非民众从除夕夜起就围绕在院区内参加一系列的中国新年祈福法会暨中华文化嘉年华会。
>
> 新年零时礼赞团拜时，依淳法师带领众人向佛陀诉说新春十大愿望：第一愿眷属和谐、家庭美满；第二愿生活满足、行善济世；第三愿情绪正常、性格稳重；第四愿扫除习气，增加修养；第五愿发心做事、慈善待人；第六愿事业顺利、身心康泰；第七愿修行进步、增加慧解；第八愿佛教兴隆、众生普渡；第九愿社会安定、人民快乐；第十愿世界和平、普天同庆。①

原中国驻津巴布韦大使袁南生先生将佛教在南非的传播总结得相当精辟：结下了福田广种之缘，结下了中国文化之缘，结下了信众礼佛之缘。②

一些新移民投入到当地的社会公益活动以促进中非合作。袁南生先生认为非洲华人"在回馈非洲当地社会、关心弱势群体方面发挥了积极作用"。他指出，诸多的华人组织如津巴布韦华商会、湘商会领导成员在这方面起着带头作用，带动着华人社会踊跃参与关爱行动。③ 一些华人企业与当地华人一起，定点看望艾滋病中心的患者，为残疾人学校的残疾学生送爱心，不时将面包、面粉、牛肉、桌椅等物品送给这些需要关爱的人，并出资认领了数百名孤儿。华侨华人团体还积极开展各种慈善活动如助学工程和组织文艺活动，或是与中国企业和援非医疗队合作进

① 袁南生：《走进非洲》，第257—258页。

② 有关南山寺的资料主要来自袁南生：《走进非洲》，第248—258页；《南非有一座非洲最大的佛教寺庙》，2016年3月28日，http://mt.sohu.com/20160328/n442519261.shtml，查阅日期：2017年1月20日。

③ 袁南生：《走进非洲》，第237页。

行各种义诊和救治活动。[①] 南非华人社团积极捐赠物资及善款，体现了华人社区关心当地贫困居民，主动回馈当地社会的社会责任感。津巴布韦的华人组织华联会、华商会还以各种方式服务社区，并且组织各种体育和文娱活动，以非洲民众喜闻乐见的形式（如歌舞、选秀等）加强华人与非洲人互动，既使华人认识非洲文化，也使当地人熟悉中国文化。[②] 津巴布韦的华人妇女慈善组织"非爱不可"的爱心妈妈们先后为哈拉雷、卡诺伊、穆塔雷等地的多家孤儿院捐款捐物，她们还为 44 名孤儿交上学费，有的还专门负责一些孤儿整个初中时期的学费。[③] 这种自觉行动既表现出为定居国服务的意识，也可以纠正对中国人的不良看法，还可以改变自己的生存环境。

3. 自重自律，认识历史

为了逐渐改善华人的形象，加强与当地民众的良性互动，一些华人团体或侨领或是发起倡议，提倡华人社会自重自律，服务当地，合作共赢；或是通过制作反映华人创业历史的纪录片（如《华人在南非》），从而使华人社会熟悉自身的历史，也使非洲民众客观地认识华人社会对当地的贡献。

早期移民尼日利亚的华人为当地的工业化贡献了力量，在当地立下了不错的口碑。近年来，中国新移民良莠不齐，一些不良的做法引发了当地民众的反感，非法滞留或非法打工的中国移民也使当地普通民众的谋生方式受到冲击。正是在这一背景下，尼日利亚华侨华人社团于 2012

---

① 南非华人网，http://www. nanfei8. com/huarenzixun/nanfeishilingguan/2015 - 09 - 04/20391. html，查阅日期：2015 年 10 月 12 日。

② 沈晓雷：《试析中国新移民融入津巴布韦的困境》，《国际政治研究》，2015 年第 5 期，第 149—151 页。

③《祖马总统出席华人捐赠小学启用仪式》，2015 年 9 月 4 日，南非华人网，http://www. nanfei8. com/huarenzixun/nanfeishilingguan/2015 - 09 - 04/20391. html，查阅日期：2017 年 1 月 12 日；《"非爱不可"——爱在非洲》，2015 年 2 月 3 日，http://www. zimbbs. com/thread - 6474 - 1 - 1. html，查阅日期：2017 年 1 月 12 日；苏苏：《爱心聚会，爱心高涨》，2015 年 9 月 16 日，津巴布韦华人网，http://www. zimbbs. com/thread - 8823 - 1 - 1. html，查阅日期：2017 年 1 月 12 日。

年发出倡议书，呼吁“传中华文明，树国人形象”。

> 为弘扬中华民族灿烂文化、展示中华民族优秀传统，树立文明守法、谦和友善、勤奋创业、回馈当地的良好形象。现倡议如下：
>
> 一、弘扬中华传统美德，养成良好道德品质。提高自身素质，讲仪表有礼貌，健康娱乐，拒绝黄赌毒。
>
> 二、守法经营，诚实守信，互利共赢。履行合同，主动纳税。促进团结，拒绝恶性压价竞争，避免参与地摊零售业务。不从事与本人签证种类不符的活动。
>
> 三、履行社会责任，积极参与当地公益事业，积极培养当地管理和技术人员，促进当地就业，造福当地社会和民众。
>
> 四、了解当地法纪国情，尊重当地宗教和风俗习惯，入乡随俗，加强融入，相互借鉴、增进理解，与当地民众和谐相处。
>
> 五、提高安全意识和自我保护能力。建立有效的风险防控机制。不炫富夸富，不携带、不在室内存放巨额现金，避免夜间出行，警钟长鸣。
>
> 六、保护生态环境，节约资源。不交易、携带违禁品，不购买、食用珍稀野生动物。
>
> 让我们争做文明人，自觉树立文明良好形象，为海外中国人和中资企业的生存发展创造有利环境，实现和平发展、互利共赢而努力。①

成立于2002年的安哥拉中国总商会会员企业近40家。该会宗旨是“服务华人，服务华人企业，增强中安人民友谊”，致力于促进中安两国的经济、文化交流，互惠互利，共同发展。为了更好地为旅居安哥拉的华人服务，中国总商会与当地移民部门合作为侨胞举办“安哥拉劳动法讲

---

①《尼日利亚华人社团发倡议书呼吁树立文明国人形象》，2012年12月4日，新华网，http://news.xinhuanet.com/overseas/2012-12/04/c_124046114.htm.

座”，印制《惠侨手册》并在当地免费发放。①

2015 年 1 月 19 日，津巴布韦华联会主席团发布《津巴布韦华人华侨联合总会致旅津华人华侨倡议书》，以规范在津华人华侨的行为，为整个华人社区的未来发展奠定基础。倡议包括四个方面：自重自律，文明厚德，守法诚信，照章行事；入乡随俗，与邻为善，感恩回馈，履行责任；乐于奉献，团结互助，争做表率，依法维权；传承文化，以侨为桥，沟通中外，合作共赢。2 月 1 日，华联会第二次主席团会议将上述倡议内容确定为《津巴布韦华人华侨公约》，并自 2 月 2 日起在每期的《津巴布韦时报》上发布。与此同时，《津巴布韦时报》相继发表《在津巴布韦行贿，我们还能走多远？》、《华人在津巴布韦仍需“内外兼修”》和《不受欢迎、不被接受，中国人真的走进了非洲吗？》等评论文章，强调改善与当地人关系和融入当地社会对于新移民在津巴布韦未来可持续性发展的重要性。倡议书在华人社区引起了强烈反响，不少人认为这正是他们所思所想。②

契约华工曾为南非矿业做出了巨大的贡献，后来抵达南非的华侨华人在种族歧视盛行的时代辛勤工作，从各个方面促进了南非现代工业和商业体系的建立和当地多元文化的形成。然而，不仅华人对这段历史认识不多，当地民众对华人的历史也不熟悉，反而对华人总是持有一种偏见。为了还原南非华人的历史，南非的上海侨界领袖、南非上海工商联谊总会会长姒海先生等人投资拍摄了一部纪录片《华人在南非》，讲述南非华人社区几百年的发展故事，这个举动也得到了南非国家电视台和中国中央电视台的支持。这一纪录片不仅向南非华人介绍了自己社区的历史，也使当地民众更了解华人在当地的奋斗史。正如他自己所言：“知道我们华人的过去，才能知道我们的未来。”

① 郭外：《“华社之光”代表社团撷影——“华社之光”代表社团之安哥拉中国总商会》，《侨务工作研究》，2016 年第 3 期，第 33 页。

② 沈晓雷：《试析中国新移民融入津巴布韦的困境》，《国际政治研究》，2015 年第 5 期，第 148—149 页。

(五) 自我保护:抗议、自卫与诉诸法律

1. 抗议:"将国家从无政府状态中挽救出来"

华人在异国他乡,面临着不同的文化习惯,牵涉诸多的经济利益,加之有的国家政治局势不太稳定、经济不够发达,各种矛盾自然产生。华人开始多是各自为战或自成体系,对外界不闻不问。然而,麻烦不断上身,案件不断发生,并成为日常生活的组成部分。与非洲其他国家相比,南非的治安情况较差。根据南非唐人街管理委员会提供的数字,2003 年南非有 20 余名华人非正常死亡,除部分死于车祸外,遭抢劫被杀者占 2/3。2004 年这一数字为 24 人,2005 年为 14 人。[①] 马达加斯加等国的华人的生命财产也不时受到威胁。2004 年,马达加斯加首都塔那那利佛发生的抢劫案中,有 6—7 起的受害者是华人。在一起案件中,歹徒还用自制的火枪打伤了遭抢劫的华人。[②] 此外,还有各种伤及华人的谣言、诽谤和误解。非洲华人社会意识到,必须组织起来,与偏见误解、恶意诽谤和不良倾向抗争。

汽车游行抗议是另一种形式。1998 年 7 月 8 日,南非约翰内斯堡的华人组成 120 辆汽车的车队,哀悼被害的婴儿,抗议南非的犯罪活动,使南非两座主要城市约翰内斯堡和比勒陀利亚的交通陷于停顿。7 月 3 日,一群匪徒试图抢劫一家华人商店时,只有 20 个月的婴儿丹尼・钟(音)被害。这一事件令华人极其愤怒,约 500 名华人开车穿过街道表示抗议。根据南非电视新闻的消息,在南非的 5 万名华人中,至少有 10 人在过去 6 个月里被杀害。钟家在给比勒陀利亚政府官员的一封信中,要求重新采纳死刑以打击犯罪活动。随后,他们又在约翰内斯堡见了曼德拉总统。曼德拉在会

---

① 《新华社记者非洲行:南非华人生存境遇全调查》,2006 年 9 月 29 日,http://news.xinhuanet.com/overseas/2006-09/29/content_5152411_1.htm. 有关 2004 年中国人在南非共和国遇害的情况,参见《驻开普敦总领事馆召开警方与侨社治安形势座谈会》,载李安山编注:《非洲华侨华人社会史资料选辑(1800—2005)》,注释 1,第 373 页。

② 程刚:《马达加斯加华人生命财产受威胁》,载李安山编注:《非洲华侨华人社会史资料选辑(1800—2005)》,注释 1,第 383 页。

见后说，他要“想一想如何使这家人相信，我们也和他们一样感到痛苦”。曼德拉总统后来发表了一封公开信，向死者的家人表示慰问。南非华人对这种屡屡针对华人的犯罪行为表示抗议，呼吁政府“将国家从无政府状态中挽救出来”。总统办公室解释政府对待犯罪的态度时说：“我们实行的法律和政策，将确保在种族隔离的南非的废墟上建立一个没有犯罪的社会。”一位参加抗议的中国商人对南非联合新闻社记者说：“犯罪正在破坏一切。它阻止着国外投资，尤其是来自东方的投资。”①

实际上，南非华人的抗议活动根据治安情况的好坏不断起落。2012年到2014年，南非共有47位华人死于意外，其中34人在抢劫中遇害。2014年12月，南非华人举行了一场声势浩大的千人游行，要求“停止谋杀、停止强奸、停止针对妇女儿童的犯罪”，当地居民和华人社区纷纷响应，这一游行引起南非当局的重视。当然，“发声与侨团组织救助，只是南非华人寻求安全感的第一步，融入主流社会增加话语权，提高南非政府对华人生存状况的关注，才是真正解决华人安全问题的关键之道”。②

2. 自卫的典范：南非华人警民合作中心

20世纪90年代末和21世纪前几年，南非华人生命财产不断受到威胁。2003年，几起抢劫案使华人社区人心惶惶。最后，南非华人经过与中国驻南非大使馆和南非政府的沟通协商，决定成立南非警民合作中心以自卫。财务长徐侃毅回忆了警民合作中心的十年历程。为了保存南非警民合作中心成立前后的历史资料，笔者照录原文如下：

> 2003年上半年的一个晚上，我拨通了好友姒海的电话，劝其提高注意保护意识，保护好他两个儿子。过了几天，姒海来电，与我有一段对话。他说：“我们该做些什么？”我说：“怎么做？”他说：“去使领馆要求成立一个组织。”我用怀疑口气说：“人家侨领之前已经成立过了，没成功，我们在侨界什么都不是，能行吗？”他说：“试试看，过几天，使馆

---

①《南非华人要求严惩犯罪活动》，《参考消息》，1998年7月13日。

② 赵家坤：《南非华人抗议恶劣治安》，《人民日报》(海外版)，2016年4月13日，第10版。

有个活动，我参加的，到时与使馆领导说说。”又过了几天，姒海来电，说：“告诉你一个好消息，这事与使馆主管侨务的陈琳参赞说了，她非常支持这件事，并答应尽快安排与福建同乡会会长李新铸碰面商量此事，她建议由南非中华福建同乡会牵头搞起来。”我说：“好啊！毕竟福建人在南非占大多数，人家是侨界大侨团的会长。”

不久，约好在当时的布鲁玛亚洲城“升辉”中餐厅内，算是开了第一次警民中心筹委会，这是我来南非与李新铸会长第一次见面。会议达成了许多共识，其中包括，团结各侨团力量及侨民中的热心人士参与该组织，加强与当地警方紧密联系，并定性为服务侨民的非赢利性民间组织。姒海的一腔热血，使馆领导陈参、李军一秘的力挺，李会长提出许多建设性建议。此次会议，给了我极大的鼓舞。没有像现在那样风风光光的成立仪式，也没有在华文报纸刊登整版公告和贺稿，南非华人警民合作中心静悄悄地成立起来，并迅速投入运行了。……

后来，中心的几位负责人又在约堡豪登省警察厅办公室拜会了奈杜总监，向他汇报了建立华人警民合作中心的想法，他并不赞成我们以族群为单位成立这样的组织。他强调，南非华人警民合作中心要纳入合并到当地的 CPF 组织中(警民论坛)。2005 年，警民中心工作逐步走入正轨，也逐步得到了南非政府方面的认可。李新铸担任为南非警民合作中心第一届主任，常务副主任及副主任是由各社团侨领担任。2006 年新年前，时任中国驻南非大使馆大使的刘贵今来到华人警民中心慰问，“他赞扬了南非华人警民合作中心自成立以来，在协助侨胞团结自保、应对各种犯罪方面所做的工作，并对警民中心各理事的慷慨捐助表示赞赏”。

中心的资金主要靠三个方面，副主任以上的会费基金、理事会费基金和热心侨民捐款。[①] 在最初的常务会议上，有人曾提出采取会员制收

① 当时，主任及常务副主任的收费标准是 36 000 兰特，副主任为 24 000 兰特，由各侨领担任常务副主任和副主任，当时总共有 20 多个侨团，理事费为 12 000 兰特，理事也是 20 个，执行长 30 000 兰特。

费，但最终被否决了，其理由是如果中心只为收费会员服务，则有违中心宗旨，因为中心定性为服务于侨民的非赢利性民间组织。从这张捐物单上我们可以看出，中心的成立全靠各位侨领的热心。他们为了侨社的安全，不仅为侨众服务，还热心捐输，从而保证了中心开创初期的正常运作。

2004 年度统计捐物清单

捐物	可折合南非币	捐物者
中心装修费		李新铸
冰箱 1 台		李新铸
中心广告牌 1 块		张大元
会议桌 2 台	912 兰特	姒海
4 把高背椅	1 850 兰特	姒海
14 只椅子，1 只写字台，1 台传真机(坏，拍买来)	1 726 兰特	姒海
沙发	7 500 兰特	姒海
背投电视机 1 台	17 000 兰特	姒海
DVD 8 台	3 600 兰特	陈玉玲
南非华人报刊登费(南非华人报社)		
复印机	2 000 兰特	吕志鑫
中心房租		吴少康
电脑 1 台	5 200 兰特	徐侃毅
可折合成现金总额：	39 788 兰特	

中国大使馆、约翰内斯堡领事馆和中国公安部都先后捐了款。根据徐侃毅的财务报表，截至 2014 年 10 月，中国政府从第一届到第五届共捐款 1 350 468 兰特。后来，中国政府派出警务参赞参与到南非华人警民中心的指导运作。“从中国驻南非第一任警务参赞杨慧到楼先迪参赞，再到现任王志刚参赞。南非华人警民合作中心创始主任李新铸从第四届交接给现任主任吴少康，南非华人警民合作中心在风雨中逐步壮大，她已经得到中国政府相关部门肯定，成为中国在海外民间侨团的一

面旗帜。”①

3. 理性解决与诉诸法律

不言而喻，华商在非洲做生意时，必须取得当事国政府的同意和支持。有时，他们在碰到问题时，通过联合当地企业，一起与非洲国家政府打交道，以谋求理性的解决方式。2005 年下半年，尼日利亚海关根据禁止进口成品鞋的政策，扣押了 200 多个鞋柜，其中浙商哈杉公司有 70 多万双半成品鞋，价值 200 多万美元。如果没收这些鞋，不仅将给哈杉公司在当地的业务带来灾难性影响，也将对温州的制鞋业带来巨大冲击。哈杉董事长王建平临危不乱，通过调查发现 20 余家尼日利亚鞋类企业也遭受巨大损失，便决定联合当地制鞋企业一起行动。他们迅速成立制鞋工业协会，一起向尼日利亚政府相关部门进行游说，说明进口政策对尼日利亚制鞋业带来的影响。王建平与商务部长、外交部部长和贸促会会长三位高官会面，力陈扣押会对尼日利亚鞋业产生的严重影响。三位高官都被他说服，一起写信给总统，王建平也致函总统表达鞋企意见。最后事态完全按王建平的愿望发展，问题得到圆满解决。事后，财政部部长还专门在电视上发表讲话，对哈杉等鞋厂为尼日利亚做出的贡献表示感谢。②

海外华人在各国解决冲突的办法一般都是息事宁人。然而，随着华人法律意识的增强，他们开始学会以法律武器来保护自己。诉诸法律并非华人乐于采取的办法，往往是他们觉得有理而境遇非常无理的情况下，他们才不得已采取的办法。例如，在白人种族主义盛行的南罗得西亚（今津巴布韦），当时法律规定只有两种人：白人和黑人，华人根本没有被列入。一位华人向市政厅申请商业执照却被无理拒绝，他决定诉诸法律。最后，“由于华人社区作为一支力量支持他”，他赢得了诉讼案。这一案件的胜利使华人社区认识到，在没有金融力量又不可能与其他种族

① 徐侃毅：《风雨十年坎坷路——回忆南非华人警民合作中心成长历程》，2014 年 11 月 24 日，南非侨网，ttp://www.sa2cn.com/a/zhongguoxinwen/zhongguojingji/27383.html.

② 傅宏波：《浙商在非洲》，《观察与思考》，2006 年 12 月 1 日，第 32—35 页。

集团联盟的情况下，“我们只有在合作的精神下才能为正义而斗争”，只有团结一致，才能保障自身的利益。[①]

最突出的例子是 2017 年年初在南非发生的一起事件。

2017 年 1 月，南非发生“虐驴事件”，一个当地人开办的农场被发现非法屠宰上百头毛驴，并发现了 5 000 多张驴皮。当地媒体和动物保护组织根据自己的判断，认为中国对阿胶的需求导致这些驴被虐杀。1 月 27 日，中国驻南非使馆新闻发言人余勇参赞就此事件表态：中国和南非两国尚未签署关于南非驴皮或驴肉制品出口中国市场的检验、检疫有关安排，目前尚未发现中国企业通过正当渠道从南非进口驴皮。他表示，希望相关媒体采取更加严谨和负责任的态度，避免通过炒作不实论调误导读者，损害中国国家形象以及中南正常经贸合作关系。然而，中国大使馆的这一官方表态并未阻止南非一些极端分子借机攻击华人。根据当地华人的不完全统计，在“脸书”上就杀驴事件恶毒诅咒华人最多时达到 3 000 余人。从当地华人掌握的发布言论最多、最偏激的 20 人左右名单可以看出，白人为主，另有少数黑人和印度裔。网络上这种诋毁言论造成了恶劣影响，华人纷纷行动起来，拿起法律武器对抗。[②]

2017 年 2 月 7 日，杜省（即约翰内斯堡）中华公会（The Chinese Association, Gauteng）发表《针对南非境内华人仇恨言论之声明》。声明首先回顾了该华人社团的历史（1903 年成立），表明其宗旨“在维护促进南非境内所有华人切身利益”。声明简述了华人在南非历史上的贡献，并强调“本会会员同时也是奉公守法的好公民，受南非法律及宪法保护”。针对一些南非人在 2017 年 1 月 29 日电视“全权委任”节目播出非法贩卖驴皮事件之后通过电视节目和“脸书”等形式散布多则针对华人的排外评论，杜省中华公会发出声明：“此类评论深具种族歧视、激进、刻薄、侮辱、怨恨的情绪，鼓吹散播针对华人的仇恨与暴力行为。更令人恐惧的

① Mary Olivia Tandon, “The Chinese in Zimbabwe”, Paper for the World Chinese Conference, Mauritius, April 1992, pp. 14 - 15.

② 宋方灿：《所有南非华人挺直腰杆，面对这种侮辱必须一告到底！》，2017 年 2 月 8 日，中新网。

是，此类评论甚至直接怂恿人们对华人子女施加暴力与伤害。”杜省中华公会一方面对“全权委任”节目所揭露的残忍凌虐行为表示震怒和谴责并乐见凶手们受到制裁，另一方面非常关切针对华人团体的排外情绪。“为保护华人团体安全福利，本会在采纳法律建议后，已对发出攻击性评论的部份网友依伤害罪（crimen injuria）起诉，同时也会就仇恨言论，向南非人权委员会提出控诉”。① 杜省中华公会聘请了南非著名的打社交媒体官司的律师，并邀请多位华人律师参与其中，组成庞大的法律团队，对一些极端言论的发布者提起犯罪指控。中华公会还将这些憎恨性的言论提交给南非人权委员会处理。除杜省中华公会要把发布极端言论的人告上人权法院外，还有侨团到当地警察局报案。2 月 8 日，为此案提供法律帮助的华人律师何海表示，13 日将正式向南非人权法院起诉七八个人，后期起诉人数还会增加。何海说，中华公会要起诉的人中八成是白人。根据南非法律，败诉者应接受罚款、公开道歉，包括在“脸书”上道歉。②

不论诉讼的结果如何，这是南非华人的一个重大事件，标志着两点突破。其一，南非的老一辈华人与新移民之间一直存在芥蒂。此次事件表明，在涉及华人整体利益时，南非华人社团可以团结起来，特别是华人中的新老两派。其二，华人已经意识到，在南非这个强调法制的国家，华人必须学会用法律来进行自卫。

在海外华人发展史上，赚钱是华人的强项而参政是华人的弱项，对于大陆移民尤其如此。然而，华人要在一个国家长期生存，必须以此地

---

① 杜省中华公会（The Chinese Association，Gauteng）：《针对南非境内华人仇恨言论之声明稿》，2017 年 2 月 7 日。斐扬：《南非华人社区正式针对排华言论展开申诉》，2017 年 2 月 19 日，非洲华侨周报，http://mp. weixin. qq. com/s? __biz=MzA3NDI5MzQzMg==&mid=3016652538&idx = 1&sn = b101e6f90cd638c7dd11c8e229427122&chksm = a938df2d9e4f563bfa18eef2a8c64754d2f24cead44594c36fd3d48965a37fc23d08bbf71905&scene = 0 # rd. 该报道将杜省中华公会的声明日期写作 2 月 17 日，有误。

②《南非华人怒告当地人诽谤律师：将正式向法院起诉》，2017 年 2 月 9 日，中国侨网，http://www. chinaqw. com/hqhr/2017/02 - 09/125594. shtml.

为家。除了经济活动之外，华人应该积极参与当地的社会活动和政治活动。经过生存和发展，融合应成为华人的主要目标。目前，在那些华侨华人早已入籍的国家，他们参政已是很自然的事。① 从中国台湾来的移民参政已有先例，②一些中国大陆的华人新移民也开始参与当地政治。③在最近南非地方政府选举中，豪登省出现了五位华人候选人，其中来自约翰内斯堡（简称约堡）的就有四位。他们是来自台湾的孙耀亨（民主联盟党大约堡区候选人）和来自中国大陆的南部非洲上海工商联谊总会会长姒海（非国大大约堡市议会不分区议员候选人）、全非洲女企业家协会会长张晓梅（非国大大约堡市议会不分区议员候选人）和赵建玲（非国大大约堡市 118 区非国大议员候选人）。这是中国大陆华人积极参政的具体表现。

正如一位南非华人所言：

这是史无前例的壮举！这是华人族群影响力自一个半世纪前踏上非洲大陆最南端后的一次大飞跃，具有很高的象征意义。无论 8 月 3 日的最终计票结果如何，请记住他们的名字——姒海、张晓梅、赵建玲！他们作为踏入南非政治生活的华人，代表的是一个群体，而不是个人。所

---

① Edith Wong-Hee-Kam, *La Diaspura Chinoise aux Mascareignes*, pp. 339 - 344；侯碧红：《毛里求斯从政华人探析》，载吕伟雄主编：《海外华人社会新透视》，第 238—244 页。

②《南非四华裔国会议员在媒体亮相展示风采与抱负》，《南非首位华人国会议员陈仟蕙就职》，参见李安山编注《非洲华侨华人社会史资料选辑（1800—2005）》，第 368—371 页。标题中称“华裔”有误。

③ 在 2016 年 4 月 20 日，南非约翰内斯堡市政府召开区域综合发展会议，针对东部城区的未来发展规划与预算分配，征求社区民众代表的意见。涉及的地区包括唐人街所在的 118 区及周边其他区域。作为 118 区的社区代表，在南非西北大学获得工商管理硕士学位的华商精英赵建玲女士受邀参加了会议，并向市政府提交市政管理与城区发展建议书。“赵建玲女士在发言中表示，市政府方面应当加大对 118 区的项目建设投入，强化市政管理和市政执法的力度，对区域内非法占用建筑和人口过度拥挤等问题，采取切实有力的措施。针对市政拨款维护社区诊所的项目，赵建玲要求市政府应当在施工建设过程中，尽可能多地雇佣区域内劳动力，缓解社区内日益严重的失业人口问题。赵建玲女士的发言，获得了现场市政官员和民众的高度评价，并赢得现场热烈的掌声。”《南非约堡召开发展会议华人代表获邀并提交建议》，2016 年 4 月 25 日，非洲时报/中国侨网，http://www.chinaqw.com/hqhr/2016/04-25/86466.shtml.

以我们不需要所谓"唯一华人候选人"的赞美,因为这撕裂了南非华人集体荣誉感,也不符合实际情况——我们明明有三合一的整体力量,为何还要虚假标榜"唯一"? 我们何不摒弃阻碍侨社发展的狭隘心胸和气度? 笔者认为,这三个人,相比于藏龙卧虎的南非侨界,经济实力也许不是最强的,英语谈吐能力也许不是最出众的,侨界地位和影响力也许不是顶尖的,人际关系也许不是最和谐的,甚至,对他们的评价也毁誉不一……但他们有今天这样的闪亮表现,肯定有着别人所不可比拟的优势。①

不论成功与失败,他们在南非华人发展史上写下了浓墨重彩的一笔。

① 南华:《南非华人参政:酸甜苦辣咸滋味最缺睡觉时间》,2016 年 8 月 2 日,南非华人网,http://www.nanfei8.com/huarenzixun/huarenzixun/2016-08-02/33925.html.

结　论

和当地人融洽到什么程度呢，举个例子说，我以前走在大街上，会有当地人说：“房，今天给我带来什么礼物？”他们并不是真正要礼物，而是一种打招呼的语气。如果真有礼物给他们，他们会很高兴。没有礼物，也无所谓。

——房一波（尼日利亚的中国人酋长）

我们华商是做大了，全面开花，但是没做强。不少人在中国城里开个店，拿着计算器交易，是相对低端的交易方式。（这些领域）恐怕在相当长的时间内有需要，但可持续性怎样不好说。

——姒海（南非华人）

我们对非洲华侨华人在非洲的历史做了一个大致的梳理。在本章中，我们要谈五个方面的问题。一是关于新移民的问题。由于在非洲甚至其他各国出现的中国新移民是在改革开放后出现的一个现象，引发了学术界各种讨论。二是有关华人在非洲的影响力的问题。三是纠正非洲华侨华人史研究中的几个史实错误，并厘清几个观点。四是有关华侨华人史的几个理论问题。最后是笔者对今后非洲华侨华人的生存发展以及学术研究的几点思考。

一、关于新移民的问题

(一)“新移民”:模糊的定义

新移民既是一种现象,也是一个群体,学术界对此有过不少讨论。一种观点认为,“1978 年中国实行改革开放以来,出现了百万大陆居民移居海外的现象,这是自新中国成立以来的一次规模较大、数量较多的移民潮。这些移居海外的大陆居民被称作是新移民”。① 这一定义注重描写的是一种现象,而且仅限于中国大陆居民。国际学者一般不这样分。可以理解的是,由于这一现象仍然处于历史的运动之中,其基本定义难以明确,这完全可以理解。② 另一种观点认为新移民指“1970 年代以后迁往外国的中国移民,包括从香港、台湾和澳门移居外国的新移民”。他们强调两点,长住一年以上者,且不包括政府所派遣的外事人员;不主张用“改革开放以来”作为时限标志,认为即使在中国大陆,闽、粤等地较多的海外移民活动亦始于 20 世纪 70 年代初,早于改革开放开始的 1978 年。③ 然而,华人移民非洲是一个持续不断的过程,如果过分强调时间节点,我们难以解释台商早在 20 世纪 60 年代就已开始在非洲诸国的投资活动;④中国香港的四大家族在 20 世纪 60 年代均已在尼日利亚投资兴业。正是由于改革开放带来的新移民这一现象,欧洲华人在 20 世纪 70 年代后期出现了重大变化,中国大陆(而不是中国香港或东南亚)成为华

---

① 赵红英引用的《国际日报》的定义。参见赵红英《试论中国大陆新移民的特征:北美与欧洲的比较》,《八桂侨刊》,2001 年第 3 期。

② 参见 Giles Mohan, Ben Lampert, May Tan-Mullins & Daphine Chang, *Chinese Migrants and Africa's Development: New Imperialists or Agents of Change*.

③ 庄国土、张晶盈:《中国新移民的类型与分布》,《社会科学》,2012 年 12 期。

④ 参见王申望《迦纳华侨大聚会》,[台北]《侨务月报》,第 199 期(1969 年 3 月 16 日),第 30 页。还可参见徐知音《中国人在利比亚》,[台北]《侨务月报》,第 165 期(1966 年 5 月),第 24 页;徐岣《侨居东非掇拾》,[台北]《侨务月报》,第 200 期(1969 年 4 月 16 日),第 18 页;商岳衡《在非洲的中国人》,[台北]《侨务月报》,第 217 期(1970 年 9 月 16 日),第 12 页。

人移民的主要来源地。①

我们对新移民做出定义时除了运用联合国有关国际移民的一般定义外,还应注重四个因素:时间节点、行为主体、行为目的和现实身份。有鉴于此,我们对“新移民”的定义如下:新移民主要指中国改革开放后移民海外的中国人;他们的主要目的是定居海外以求得更好的生存空间和发展条件;他们中有的已入籍所属国,有的仍保留中国国籍,有的则二者兼之。我们用“中国改革开放后”作为时间节点,因为新移民这一历史现象是改革开放的直接后果之一。用“中国人”来定义,是因为这些人的主体来自中国大陆,也包括港澳台移民。将“定居海外以求得更好的生存空间和发展条件”作为他们移民的目的,因为国外学者往往将大批在海外从事施工超过一年的中国普通工人也列入这一类,这既不科学也不符合事实,因为他们是根据合同在外工作几年就会回家。一些国际学者也注意到这一点。② “他们中有的已入籍所属国,有的仍保留中国国籍”这一条是为了说明现有的身份并不影响将他们定义为新移民。

由于这一群体在非洲华侨华人中占有日益重要的地位,我将对一些实际问题做出相应的分析或解答。

(二) 新移民的特点

不言而喻,新移民有其特点。与老华人相比,其特点尤其明显。由于他们是中国改革开放的产物,他们的身上也带有强烈的时代特征。由于他们抵达非洲的目的不同,受教育程度和文化素质不同,从事的职业和经营方式不同,他们在人们眼中的形象各异,非洲人和中国人对他们的看法也迥然相异。

---

① Frank N. Pieke, Pal Nyiri, Mette Thuno & Antonella Ceccagno, *Transnational Chinese: Fujianese Migrants in Europe*, Stanford University Press, 2004, p. 1.

② Jie Wang & Josh Stenberg, “Localizing Chinese migrants in Africa: A study of the Chinese in Libya before the Civil War”, *China Information*, 28:1(2014), pp. 69 - 91.

1. 商务官员的描述

长期负责对非洲商务工作的魏建国副部长对非洲华商有评论，此处的“非洲华商”指的应该是新移民。他在分析华商成功的原因时认为，经营方式灵活多样是其长处之一。华商能够根据非洲市场多品种、小批量和个性化的需求特点，及时调整经营策略以规避风险。长处之二是有吃苦耐劳的精神。他们能够因陋就简，艰难创业，也可以困境求生，“这是国有企业难以相比的”。善于运用国家政策是他们的第三个制胜法宝。这在每个政策发布关头这些新移民都会适时应用，使政策的益处最大化。华商存在的问题主要是缺乏文化积淀，懂外语和管理的人才缺乏，内部管理也欠规范；偏重以数量扩张为主的粗放增长，缺乏品牌意识，销售网络也相对薄弱。这种缺陷主要存在于改革开放初期赴非洲的移民。忽视商品质量，以次充好，以量取胜的时代已经过去。第三，无序竞争状态普遍存在。由于个体商贩多，互相杀价的恶性竞争并不稀奇。这种做法一方面造成市场上经营秩序混乱，另一方面也造成不团结从而影响到中国人的名誉。[①] 第四，忽视生产技术的提高与创新，研发能力薄弱。第五，不注意保护当地环境和劳工权益，缺乏履行社会责任的意识。他对华商中存在的这些问题也不避讳，并认为这些问题具有普遍性。[②]

2. 外交官员的看法

前中国驻津巴布韦大使袁南生对华人的贡献评价很高。这种贡献表现在五个方面：对非洲经济建设和社会生活的促进作用；促进中非相互理解和友好往来方面的桥梁作用；在反独促统中的呐喊作用；对中国现代化建设的支持作用；在回馈非洲社会和关心弱势群体方面的积极作用。然而，对新移民中存在的毛病他也不讳言。相当一部分新华人受过高等教育，他们的思想观念比老华人要现代得多，前卫得多，办事风格更

① 津巴布韦华联会副会长赵科 2017 年 3 月 27 日在北京大学非洲研究中心作讲座时举了一个例子：为了保证市场价格稳定，津巴布韦哈拉雷 7 家卖自行车的华商开了一个会，规定价格为 56 美元。然而，到第二天开门时，有的店铺就打出了 55.5 美元的价格。

② 魏建国：《此生难忘是非洲——我对非洲的情缘和认识》，第 127—128 页。

张扬。一些具有专业技术的新华人经营领域包括电脑和通信等新型产业。新华人起步多是借船下海，先是国企派往非洲的代表，利用公家资金和业务网络为自己起家打下基础，有的几年内就可暴富。新华人中存在坑蒙拐骗的现象，归根于“急于完成资本的原始积累”。新华人中的少数人更善于、更勤于把国内的假冒伪劣产品“倒腾”到非洲，有的甚至当人贩子，通过非法移民捞取钱财。有的还将国内黑社会的搞法移植到非洲，为争夺利益大打出手。应当说，这些败坏中国人形象的种种行为，相当一部分是新华人中的个别人所为。新华人还习惯于以老板的眼光居高临下地看待当地人，对黑人尊重不够。他认为，新老华人两个群体有诸多不同，有往来和合作，也有矛盾与冲突。老华人的影响、实力和社团在下降，而新华人中又出现新的分化。①

3. 客观的评价

虽然上述评价出于中国政府中参与非洲事务的官员，但他们的评价或是基于国家利益或政策层面的考虑，或是有感于自己所接触或印象最深的事例而发。我们不想否认新移民中存在的各种不良倾向，也不愿为少数害群之马的恶行做任何辩护。任何一个群体都是良莠不齐，存在着各种倾向。然而，我们不应该一叶障目，也不应该因为个别人的行为而影响我们对新移民这一群体做出基本而客观的评价。只有将新移民这一现象置于经济全球化和中国改革开放这一大的格局中去理解，将这一群体置于中国人主动走向世界(与以前的契约劳工完全不同)这一历史背景中去考察，我们才能更全面地认识他们的作用。非洲的中国新移民是在一个遥远而陌生的大陆直面困难开拓市场的先锋，他们审时度势，机制灵活，模式新颖，从街头摆摊②到熟悉市场，从经商贸易到轻工制造，从单打独斗到抱团出海，逐渐摸索出一套适合民企在非洲发展的策略。然而，大部分华人的经营方式还有待进一步升华。“我们华商是做大了，

---

① 袁南生:《走进非洲》，第235—237，244—247页。

② 新移民在街头摆摊，也有各种不同的情况。以南非为例，开二手车摆摊、在外围区摆摊、在商业区摆摊，各种策略，不一而足。均视手头财富、来非时间、个人判断和机缘巧合而定。

全面开花，但是没做强。不少人在中国城里开个店，拿着计算器交易，是相对低端的交易方式。（这些领域）恐怕在相当长的时间内有需要，但可持续性怎样不好说。现在，中国主流产品的主流渠道不在我们手上。如果我们有机会建立我们的零售、销售渠道，对南非市场的稳定性有好处，对我们自身也是保障。"①当然，这与华人在非洲定居的时间有直接关系。

新移民最大的特点是与中国的关系密切，这点与老华人有所不同。首先，他们刚离开中国，与祖国有千丝万缕的关系。他们在国内有亲戚朋友和社会关系，有他们烂熟于心的处世之道和文化习俗，还有他们从小熟悉的各种人文环境。中国政府为他们提供了教育和出国的条件，改革开放使他们可以将这些条件变为现实。祖国经济的快速发展又为他们从事贸易准备了充足的中国商品，外交部、商务部等各种机构通过努力开创的中非合作局面为他们提供了便捷的非洲市场，中非合作论坛为他们进行中非经济交流创造了更好的平台。正是这些条件、环境和平台，使新移民与中国存在着实实在在的各种联系。尽管他们有这样或那样的怨言，但在感情上还是与中国十分密切。这说明了为什么中国政府在国际上的一切活动（包括反独促统）都得到他们的坚决支持。

从社会背景看，他们有的受过高等教育（如袁南生所言），有的缺乏文化积淀（如魏建国所言），有的原是国企外派员工，在非洲开创出一片天地后自己开业，有的是来非洲继承父业，有的是自己背着挎包来到非洲摸爬滚打，还有的是在发达国家完成学业后专门到非洲来创业的。就移民的来源地而言，以前的华人多来自广东和福建，后来浙江和江苏来的开始增多，再就是东北国企调整后重新创业的新移民。虽然福建的新

① 任杰：《从南非经济调整中寻觅新商机——专访南部非洲上海工商联谊总会会长姒海》，2012年10月6日，国际在线，http://www.nanfei8.com/nanfeishangji/nanfeishangji/2012-10-05/2027.html.

移民在南部非洲占的比重较大,但后来的新移民来自中国各地。① 有的是从欧洲来的再移民,他们认为非洲创业的条件比法国好。② 新移民的到来为非洲华人的存在开创了很多新局面,为非洲社会本身也带来了诸多新元素。

相当多的新移民从事经商贸易,趋利是其目的,他们中一部分人有急功近利、不守成规的短期行为,以图挣"一桶金"就回国。这些人目的明确,行事果断,但往往不考虑后果,还存在着恶性竞争的现象。少数人甚至制假贩假,违法经营或偷税漏税。由于这种"过客"或"候鸟"心态,他们没有将非洲作为安家落户之地。有的新移民在中国和非洲两头跑,缺乏长期定居的打算,还有的将非洲作为移民欧美的跳板。这些情况造成了两种后果:一是一些新移民对当地社会、政治和文化活动的参与程度较低,从而与当地民众之间存在一定隔阂;二是新移民中的脆弱性和不稳定性比较明显。当然,这是所有国家的新移民的常态。

(三) 新移民的分类

1. 国外学者的观点

华侨华人在海外的传统形象多用"三把刀"(菜刀、剪刀和剃刀)来形容,新形势使其成分发生了巨大的变化。然而,西方对中国的新移民的分类仍带着某种偏见。法国学者马蒙将非洲的中国新移民归纳为三类:暂时的劳工移民、企业经营者(主要是经商者,中国大陆或其他地方的华人)移民和短暂逗留者(指为了寻找机会能够到欧洲或北美地区的移民)。他认为移民政策在国际关系中日益重要,中国人移民与中非合作政策密切相关。第一种移民与中国确保原材料供应的政策相关,第二种

---

① Terence McNamee, et al., *Africa in Their Words: A Study of Chinese Traders in South Africa, Lesotho, Botswana, Zambia and Angola*, The Brenthurst Foundation, Discussion Paper, 2012/13.

② 如本书前章提到的从欧洲移民非洲的青田人,还有从法国移民留尼汪的邱海华、王险峰等。参见汤曼莉编著《海上传奇:留尼汪华人华侨志》,第 186—190 页。

移民是中国推行扩大出口市场政策的产物。中国对非政策主要着眼于三个目标:获取石油和矿产等自然资源、扩大中国出口市场及在各类国际组织中增加对中国的外交支持,即确保中国的经济增长和扩大中国的政治影响力。①

朴尹正认为中国移民有四类,在马蒙的三类外加上农业工人。她认为大多数在非洲的中国人为现代旅居者或跨国公民。作者指出西方媒体的负面报道、反对党的政治手段、中国工人与当地人隔绝以及中国人与非洲人之间的商业竞争等导致了一些反华现象,但除了少数人外,非洲人还是尊重中国人的。中国移民在塑造观念、构建新的认同和改变生活等方面在南非发挥着核心作用。② 有的学者甚至认为近期到南非的中国人绝大多数为教育水平极低且没有技能的农民。③

穆罕默德根据布基纳法索华侨华人的移民目的和特点将他们分为四种人:长期居留者、外派人员、小本经营者和冒险者。④ 这些归类基本认为华侨华人中只有三类人:企业家、商贩和劳工。⑤ 一谈起尼日利亚的华侨华人,胡介国总会被作为企业家和商界的典型代表被提到,甚至认

---

① Emmanuel Ma Mung Kuang, "Chinese Migration and China's Foreign Policy in Africa", *Journal of Chinese Overseas*, 4:1(May 2008), pp. 91 - 109; Emmanuel Ma Mung Kuang, "The new Chinese migration flows to Africa", *Social Science Information*, 47:4 (2008), pp. 643 - 659.

② Yoon Jung Park, "Chinese Migration in Africa", The South African Institute of International Affairs, China in Africa Project, Occasional Paper, No. 24, 2009. 她的主要研究范围集中在南非。在另一篇文献中,她将南非华侨华人分为三类:富裕的台湾工业家、从北京和上海来的中等管理者阶层、福建来的贫穷劳工以及第三、四代华人。Yoon Park, "Recent Chinese Migrations to South Africa: New Intersections of Race, Class and Ethnicity", in T. Rahimy, ed., *Representation, Expression and Identity: Interdiscplinery Perspectives*, Inter-Disciplinary Press, E-book, 2009, pp. 153 - 168.

③ Edwin Lin, "'Big Fish in a Small Pond', Chinese Migrant Shopkeepers in South Africa", *International Migration Review*, 48:1(Spring 2014), p. 182.

④ 季夫·穆罕默德:《中国人在布基纳法索:民间的中非合作》,载李安山、潘华琼主编:《中国非洲研究评论 2014》,北京:社会科学文献出版社,2015 年,第 158—182 页。

⑤ "Table 2. 1. Typologies of Chinese migrants in Africa", Giles Mohan, Ben Lampert, May Tan-Mullins & Daphine Chang, *Chinese Migrants and Africa's Development: New Imperialists or Agents of Change*, pp. 48 - 49.

为他的成功是布罗德曼有关中国在非洲投资理论的最好诠释。① 中小商贩因其人数众多而往往成为学者调研的主要对象。② 作为商贩的华侨华人是中国在非洲推进的排头兵。③ 几乎所有关于中国移民的报道和研究都要涉及劳工。

2. 脸谱化分类的缺陷

以上分类的最大缺陷在于标准不一，有的从行为方式、行业特点结合中国的政策来裁定，有的根据职业特点结合居留时间来划分，还有的根据移民者的动机来判断。不论是何种标准，这种带有脸谱化的分类有明显缺陷。首先，中国新移民来非洲的动机十分复杂。我们可以用最基本的动机来归纳：认识海外世界，改变自身处境。他们所从事的行业领域极其广泛，不仅有农民、工人，还有管理人员和各类知识分子。其次，他们的职业分布根据离开中国或抵达非洲的时间（如早期带有冒险性的创业者与后期从欧美国家获得高等教育学位后的定居者有明显区别）不同而大相径庭。第三，他们因所在国的政策、当地居民的需求以及中国与不同非洲国家的关系而有所不同。第四，他们自己移民时间的长短以及创业的成功与否也是他们职业分类的决定性因素。不同国家的不同需求对这些新移民的职业选择也有影响。

总体而言，非洲老一辈华人主要从事餐馆、杂货店、小型加工等行业，华裔中虽然也有人继承祖辈的商贸行业，但相当一部分开始分布在各个行业特别是第三产业，如律师、医生、金融、管理、科研、教育等行业。

---

① [法]塞尔日·米歇尔、米歇尔·伯雷：《中国的非洲：中国正在征服黑色大陆》，第 18—24 页；[德]弗朗克·泽林：《中国冲击：看中国如何改变世界》，第 52—163 页；李安山编注：《非洲华侨华人社会史资料选辑（1800—2005）》，第 470—474 页。

② Terence McNamee, et al., *Africa in Their Words: A Study of Chinese Traders in South Africa, Lesotho, Botswana, Zambia and Angolina*, The Brenthurst Foundation, Discussion Paper, 2012/13; Edwin Lin, "'Big Fish in a Small Pond': Chinese Shopkeepers in South Africa", *International Migration Review*, 48:1(Spring 2014), p. 182.

③ Ofeibea Quist-Arcton, "Army of Shopowners Paved China's Way In Africa", NPR, August 1, 2008, http://www.npr.org/templates/story/story.php? storyId=93143915，查阅日期：2015 年 9 月 20 日。

就新移民而言，他们涉及的领域更加广泛，有零售业、餐饮业、贸易业、旅游业、运输业、纺织业、制造业、医药业等各种行业。① 他们中有临时工、企业主、项目经理、农民、再次移民等。② 他们中有人从短暂居留者变为长期移民，也有从欧洲来的再移民。最为突出的现象是，新移民中的工薪阶层和农业移民开始出现，知识分子也渐露头角。由于新移民群体的存在时间并不长，对他们进行分类并不妥当。

非洲华侨华人中出现了工薪阶层，即白领，这是一个新现象。根据主持《南非华人报》的郭飞耀先生的介绍，工薪阶层生活中的主要花费同国内相同职业的人们一样：供房和供车。"工薪阶层，普通华人在南非一个月能赚 6 000～8 000 兰特，但是他们的生活成本比较高"。③ 当然，这种情况在南非比较突出。另一种类型是农业移民。在苏丹、津巴布韦、赞比亚、坦桑尼亚、南非以及西非等国都有中国农民从事农业工作。这主要是因为中国农民有着较为先进的耕种技术，他们在国内所拥有的耕种土地较少，在非洲机会很多，因此一些中国农民开始前往非洲从事粮食作物或蔬菜种植。这些人并不多，占地也不大，但开始构成一个可以感知到的华侨华人群体。④ 另一个因素是以前一些中国援助非洲的农业项目经营不太成功，体制改革后经过转型继续运作，如马里塞古的甘蔗园和制糖企业、坦桑尼亚的剑麻农场和赞比亚的农场。这些农场企业的经营者都是新移民。一些中国公司在当地租赁了土地，加之员工数量多，希望自己生产蔬菜或食物，因此专门招募农民来从事种植。

---

① 何敏波：《非洲中国新移民浅析》，《八桂侨刊》，2009 年 9 月第 3 期，第 50 页。

② Li Anshan, "China's Africa policy and the Chinese immigrants in Africa", in C. Tan, ed., *Routledge Handbook of the Chinese Diaspora*, London: Routledge, 2013, pp. 59 - 70.

③《中国人在南非过得怎么样?》，2010 年 6 月 10 日，新华网，http://news. xinhuanet. com/overseas/2010 - 06/10/c_12204548. htm，查阅日期，2015 年 9 月 14 日。

④ 齐顾波、罗江月：《中国与非洲国家农业合作的历史与启示》，《中国农业大学学报》（社会科学版），2011 年第 28 卷第 4 期，第 11—17 页；Barry Sautman, "Friends and Interests: China's Distinctive Links with Africa", Center on China's Transnational Relation Working Paper, No. 12, The Hong Kong University of Science and Technology, p. 30. 笔者在坦桑尼亚、苏丹等地调研时注意到这一现象，中文各大网站也多有关于中国人在非洲种地的报道。

3. 自由职业者的存在

还有一个行业为研究者所忽视，即知识分子、专业技术人员和宗教人士。在非洲存在着一批华侨华人知识分子，中间不乏出类拔萃之辈。南非皇家学会会员孙博华教授便为其中之一。他任职于南非开普半岛科技大学，也是该校的校务委员。2000 年，37 岁的他被南非半岛理工学院聘为终身教授，成为南非历史上最年轻的工程学教授之一。孙博华在应用力学、智能复合结构和微机电系统等领域造诣很深，特别是在壳体理论、智能压电驱动器、微机电陀螺芯片上成就显著，曾先后发表近百篇有影响力的学术论文和多部英文专著。孙博华博士因在应用力学、智能结构和微机电陀螺芯片等研究领域的突出成就，在 2010 年当选为南非科学院（ASSAf）院士，并于同年入选为南非皇家学会会员。孙博华每年都要回国多次，与中国科学院、清华大学等科研院校及瑞声声学公司等单位进行学术交流合作。他曾担任暨南大学国际学院的首任院长等教职和广州国际科学技术交流协会理事长等职务。①

此外，还有南非比勒陀利亚大学电气电子与计算机工程学院教授、南非工程院院士夏晓华先生，他同时兼任新能源系统中心主任、南非国家研究基金会（NRF）一级研究员。世界科学院院士、南非科学院院士、台湾中山大学西湾讲座教授徐洪坤教授，南非福特海尔大学理学院院长、中国矿业大学兼职教授、地质学家赵金宝教授等均为著名科学家。②这些学者是新一代华人中的佼佼者，经常回国讲学交流，促进中非双方

① 孙博华于 1983 年毕业于中国西安公路学院（长安大学），1986 年在西安冶金建筑学院获得硕士学位，1989 年在兰州大学获得博士学位。1989 年至 1991 年，他在清华大学从事博士后研究，师从中国著名力学家、中国科学院学部委员、中国工程院首批院士张维教授。1991 年，孙博华以研究员身份留学荷兰，1992 年以洪堡学者身份在德国从事研究。《孙博华当选南非科学院院士》，2010 年 10 月 27 日，科学网，http://news. sciencenet. cn/htmlnews/2010/10/239359. shtm，查阅日期：2015 年 9 月 12 日。

②《南非工程院院士夏晓华教授讲座》，http://news. cqu. edu. cn/news/article/article61739. html；《世界科学院院士徐洪坤教授加盟我校》，http://newspaper. hdu. edu. cn/Article Show. asp? ArticleID=8341；《赵金宝》，http://baike. baidu. com/link? url=V0UwINDLEnti0Stf7d4fTnofc2OiCgjo AiSrnKHSpWNM8Cx5qyeHU6INYP_HL_KhFBD6zaI5SDkj-rnokc7M.

的教育和文化合作。这些顶尖级学者为南非带来了知识、技术和荣誉。当然,还有一些来南非学习和就业的中国留学人员。

这些专业人员和知识分子在华侨华人中日益增多,主要得力于中国教育国际化水平的提高。[①] 非洲的华侨华人中有一些受过高等教育的专业技术人员,主要包括参加过中国援非活动(如援非医疗队和援非经济合作项目)的专业技术人员完成使命后留在非洲,也包括一些辞职后来到非洲的技术人员。[②] 在南非的南华寺和博茨瓦纳的博华寺的寺庙里,还有一些专职的佛教人士,在前章有所描述。

新移民来非洲的动机各异。[③] 虽然他们的目的不同,有的想赚钱,有的想冒险,有的想看世界,有的想以此作跳板移民他国,但归纳起来并不复杂:改变自身的生存条件以创造更理想的人生。随着新移民的迁移,新的模式不断产生,主要原因是他们本身就是一群开拓者和创新者,他们身上蕴藏着无穷的力量,同时也具有自我检讨和自身纠错的天然机制。一些华人社团的一些做法正在开创一片融入本土社会的新面貌。[④] 这大概是一些存在着冷战思维的西方人感到害怕的主要原因。

---

① 王辉耀、苗绿主编:《国际人才蓝皮书:海外华侨华人专业人士报告(2014)》,北京:社会科学文献出版社,2014 年。

② 关于前医疗队员,参见 Elisabeth Hsu, "Medicine as business: Chinese medicine in Tanzania", in C. Alden, D. Large, R. S. de Oliveira, eds., *China Returns to Africa: A Rising Power and a Continent Embrace*, London: Hurst, 2008, pp. 221 - 235; Elizabeth Hsu, "Zanzibar and its Chinese Communities", *Population, Space and Place*, 13 (2007), pp. 113 - 124. 关于技术人员,参见南部非洲上海工商联谊总会编《追梦——上海人在非洲》中的案例。中国台湾有些农技人员完成援非任务后留在非洲。还可参见台湾援非医疗队员的著作如黄煜晏《拥抱 45 度的天空:爱关怀魔术医生的非洲行医手记》,台北:高宝书版集团,2012 年;殷小梦:《寻医者:一张白色巨塔往非洲大陆的航海图》,台北:宝瓶文化实业有限公司,2013 年。

③ Yoon Jung Park, "Chinese Migration in Africa", The South African Institute of International Affairs, China in Africa Project, Occasional Paper, No. 24, 2009; Edwin Lin, "'Big Fish in a Small Pond': Chinese Migrant Shpkeepers in South Africa", *International Migration Review*, 48:1 (Spring 2014), pp. 195 - 203.

④ 例如,津巴布韦华人组织的当地达人秀,南非华人团体的慈善活动,东非华人组织成立的保护动物基金,以及南非、乌干达等国华人的自我保护组织等。

二、华侨华人对非洲社会的多重影响

中国人移民非洲有很长的历史，老华人定居于此，安家于此，这里既是他们的家，也是他们的祖国。新移民来到非洲是改革开放的产物，也是中非关系迅速发展的衍生现象，更是经济全球化的必然结果。一方面，中国商品的大量外销以及制造业的向外拓展，另一方面是对外来投资和移民采取欢迎态度成为非洲各国自身发展的需要。华侨华人对非洲民众的生活带来什么影响？这里，我们简要归纳他们在经济、社会和文化方面的影响。

(一) 经济影响——"穷人们说，他们的购买力增强了"

从经济合作的角度看，中国移民带来的影响是多方面的，有积极的，也有消极的，还有二者组合在一起的。各个国家人民对中国新移民的感受也不一样。① 总体而言，从事贸易的移民给地方零售业带来了活力，一些青年人因为参与零售而以低成本进入商品流通领域，从而增加了当地人的就业机会。各种各样生活用品的输入提高了普通民众的生活质量，以前只能穿上从欧洲进口的二手货，现在他们可以穿上新衣服和鞋子。无孔不入的中国移民不仅在一些城镇发展，他们还将各类商品送入山区、乡村、田间和地头，为农村人口改善生活提供了条件。② 各种电子产

---

① 参见相关学者多个非洲国家的调研。Barry Sautman & Yan Hairong, "Friends and Interests: China's Distinctive Links with Africa", *African Studies Review*, 50:3 (2007), pp. 75–114; Barry Sautman & Yan Hairong, "African Perspectives on China-Africa Links", in J. S. Strauss & Martha Saavedra, ed., *China and Africa: Emerging Patterns in Globalization and Development*, The China Quarterly Special Issues (New series, No. 9), Cambridge University Press, 2009, pp. 178–209; Yoon Jung Park, "Perceptions of Chinese in Southern Africa: Constructions of the 'Other' and the Role of Memory", *African Studies Review*, 56:1 (April 2013), pp. 131–151.

② Ana Deumert & Nkululeko Mabandla, "'Every day a new shop pops up'—South Africa's 'New' Chinese diaspora and the multilingual transformation of rural towns", *English Today* 113, 29:1 (March 2013), pp. 44–52.

品不仅使人们的生活更加便捷，也在改变着人们的生活方式。投资移民的到来为当地带来了更多的就业机会，为当地制造业带来发展，还通过培训当地员工达到技术转移，加快了当地现代工业的发展。①

不容置疑，新移民的竞争导致当地零售业主中一些人失业破产，廉价中国商品的输入冲击着当地的制造业(有些是早期华人创立和经营的企业，如尼日利亚的纺织业)。从另一个方面看，这些新移民以薄利多销的经营方式从事批发，明显降低了进入市场的门槛，让那些既缺乏资金又无地位的一批年青人或小商人能得到商品来从事营业活动。他们的各种商业活动更是为相当多的年青人提供了其他的就业机会，如供应快餐、提供交通便利。由于在相当多的非洲国家，外国人不能拥有房产，他们的活动(仓储、营业和住宿)自然为当地人提供了出租房屋的机会。②最重要的是，他们将具有全球化意义的竞争带到非洲的城市、小镇和乡村。他们不仅与当地商人竞争，也与其他国家的同行竞争，还与来自中国的商人竞争。这种竞争刺激了各种应对策略的产生。③ 在佛得角，由于竞争激烈，华人百货店之间的商品价格互相保密。④ 更具有积极意义的是，他们同时迫使当地企业提高效率，调整战略以有利于与中国公司

① 2017年3月17日，标准银行集团经济学家杰里米·史蒂文斯指出：中国在非洲接的项目排第七，创造就业却排名第一，在过去两年里，为非洲创造近3万个工作岗位。主要因为中国在非洲的投资集中在劳动密集型产业，非洲国家对外来投资以创造就业为优先考量。中国企业对此有良好的合作意向，非常愿意雇佣本地人。在2003年至2015年间，肯尼亚的每个海外直接投资项目平均创造100个工作岗位，而中国对肯直接投资的每个项目平均创造166.92个工作岗位。此外，60%的驻肯中资企业会为当地员工提供工作技巧、安全防范和医疗卫生知识的常规培训。《中国成为非洲第一大工作岗位的创造国》，中国对外贸易杂志2017-03-25，http://toutiao.manqian.cn/wz_19Q1juaGU9f.html.

② 展易(Karsten Giese)：《无心插柳柳成荫——西非中国新移民商人与当地草根社会创新的关联互动分析》，《华人研究国际学报》，2016年第8卷第1期，第49—50页。

③ Rachel Laribee, "The Chinese Shop Phenomenon: Trade Supply within the Chinese Diaspora in South Africa", *Africa Spectrum*, Vol. 43, No. 3 (2008), pp. 353-370; Romain Digggen, "From Isolation to Integration? A Study of Chinese Retailers in Dakar", SAIIA China in Africa Project Occasional Paper, No. 57, March, 2010.

④ Heidi Ostho Haugen and Jorgen Carling, "On the edge of the Chinese diaspora: The surge of Baihuo business in an African city", *Ethnic Racial Studies*, 28:4(2005), pp. 639-662.

竞争并颇有成效,形成一种双向的合作关系。①

如前所述,经济方面带来的负面影响是商品的质量问题。这一点特别在 20 世纪 90 年代后期最为明显,21 世纪的第一个十年期间仍然存在。目前,随着非洲市场竞争的激烈和非洲民众对商品要求日益提高,这种情况正在好转。

(二) 社会动力——"人挪活,树挪死"与"小塘发展"策略

中国新移民的到来为非洲增添了新的社会动力,这一点应该引起研究者的注意。非洲国家发展相对落后,以前往往被认为是纯移民出口国。中国新移民的到来是一种新现象。这一现象在中国被称为"人挪活,树挪死"的生存策略,在国外被称为"小塘移民发展策略"(small pond migration development strategy),即人们通过移至不同地方来发挥自己的能力。虽然相当多的人希望移民到发达国家或地区去寻求发展,但一些中国新移民寻找相对落后的地方定居,因为这些地方可以更好地发挥自己的社会、经济和人力资本,他们希望成为小塘里的大鱼。② 总体而言,这种移民对当地社会发展有好处的。人口的增长、贸易活动的繁荣、经济的相对活跃和文化的相互交流无疑会促进这一地区的发展。"中国人的到来无意中给这个社会带来了文明的气息"。③

华商的经商活动不仅产生了经济影响,而且带动了当地草根社会的创新行为,成为当地社会变革的某种媒介。中国移民容许当地小贩在自己的商铺前面做生意,从而使当地草根社会阶层所拥有的创新潜力得以发挥。他们提供的量大价廉的商品使大批以前受到资本限制的人进入商贸领域,通过经商谋生并不断积累资本,从而可以绕过现存体制对社

---

① Cornelia Tremann, "Temporary Migration to Madagascar: Local perceptions, economic impacts and human capital flows", *African Review of Economics and Finance*, 5:1 (December 2013), pp. 7 – 16.

② Edwin Lin, "'Big Fish in a Small Pond': Chinese Migrant Shopkeepers in South Africa", *International Migration Review*, 48:1 (Spring 2014), pp. 181 – 215.

③ [法]塞尔日·米歇尔、米歇尔·伯雷:《中国的非洲——中国正在征服黑色大陆》,第 100 页。

会流动的限制。华商雇用的当地人多为青年,获得商品贸易权的也多为青年。这批年青人的出现特别是他们在经济上的独立对以前占有商业圈的既得利益阶层和以长者利益为主宰的社会结构和行为规范形成了一种新的挑战。这样,华商为当地社会变化与发展创造出新的机会,成为草根社会创新的促成者。①

社会隔阂的客观存在是必然的。首先是语言隔阂,由于中国新移民对当地语言不熟悉,这往往成为双方交流的一种屏障,从而影响了他们与当地居民的相互了解。② 一项对加纳中国雇主和加纳雇员的研究表明,双方由于缺乏了解,在认识和处理问题上存在着较深的鸿沟。中方雇主深感自己身居异地所处的陌生文化背景和面临的各种金融风险,有一种深深的担忧,同时也对加方雇员产生了重重疑惑和恐惧。加方雇员认为自己身处经济边缘化的地位,对养家糊口和维持生计有一种责任感和无力感。他们觉得中方雇主对自己的处境一无所知,缺乏人情,从不给他们任何礼物,也没有补贴。二者互不相知的困境加上经过渲染的政治化的媒体报道和文化价值观的不同,相互关系变得十分脆弱。③

(三)文化异同——“勤劳致富”与“财富是上帝给的”

新移民与非洲人之间的文化交流既使我们认识到中国与非洲国家之间文化的相似与不同,也增加了双方互相切磋和学习的机会。笔者认为,价值观是文化中更重要更有普世性的因素,从价值观念中去探讨文化远比文字、建筑更具有普遍意义。这里的“文化”特指价值观念,更接近于芝加哥大学人类发展学教授、心理人类学学会会长理查德·A. 史威

---

① 展易(Karsten Giese):《无心插柳柳成荫——西非中国新移民商人与当地草根社会创新的关联互动分析》,《华人研究国际学报》,2016 年第 8 卷第 1 期,第 37—55 页。

② Anthonia Eboseremen Akhidenor, “Code-switching in the conversations of the Chinese trading community in Africa: The case of Botswana”, *English Today*, 116, 29:4 (December 2013), pp. 30 - 36.

③ Karsten Giese & Alena Thiel, “The Vulnerable other—dstorted equity in Chinese-Ghanaian employment relations“, *Ethnic and Racial Studies*, May 21, 2012, pp. 1 - 20.

德所理解的文化。“我说‘文化’是什么意思呢？我指的是各群体特定的真、善、美和有效率的概念。要成为‘文化’的成分，这些真、善、美、有效率的概念必须是社会继承而来的和通用的；它们还必须是不同生活方式的构成因素”。① 另一位非洲哲学家梅茨认为文化的涵盖面更为广泛，主要包括以下内容：语言、世界观、价值观、美学、社会关系与知识。② 中国新移民认真的工作态度和勤奋努力的精神对当地民众具有一定的影响。非洲人日益认识到他们需要的是中国人“那种对工作极端认真负责的文化”和“一丝不苟地看问题的方法”。③

中国文化与非洲文化的相似点不少。首先，中国与非洲的价值观都强调集体主义而非个人主义。在中国，集体主义作为一项基本概念和生存技能已经延续了数千年。孔子的“大道之行也，天下为公”的思想是最好的概括。非洲人常说：“如果你想走得快，请独自行走，如果你想要走得远，请结伴同行”；“走大家走的路，如果你单独走，你有理由感到伤心。”这些谚语十分贴切地表达了非洲人的集体主义观念：个人的价值和安全都与群体相连。中国与非洲都有尊敬老人和贤者的价值观念。敬老尊贤是中华传统美德之一，在非洲人的观念中也占有重要地位。这种理念和传统是一种具有历史感的社会的必然表现，也是人类社会智慧的象征。中国人与非洲人都从他们的传统中认识到：时间创造经验，老年

① Richard A. Shweder, “Moral Maps, ‘First World’ Conceits, and the New Evangelists”, in Lawrence E. Harrison and Samuel P. Huntington, eds., *Culture Matters: How Values Shape Human Progress*, Basic Books, 2000, p. 163.

② Thaddeus Metz, “Cultural engagements between South Africa and China”，笔者在此感谢梅茨教授于 2016 年 8 月 12 日将他的这份讲座稿通过邮件发给笔者。还可参见有关他关于乌班图哲学的论述，可参见 Thaddeus Metz, “Toward an African Moral Theory”, *Journal of Political Philosophy*, 15(2007), pp. 321 - 341; Thaddeus Metz, “Harmonizing Global Ethics in the Future: A Proposal to Add South and East to West”, *Journal of Global Ethics*, 10 (2014), pp. 146 - 155; Thaddeus Metz, “Values in China as Compared to Africa: Two Conceptions of Harmony”, in Hester du Plessis, ed., *The Rise and Decline and Rise of China: Searching for an Organising Philosophy*, Johannesburg: Real African Publishers, 2015, pp. 75 - 116.

③ [法]塞尔日・米歇尔、米歇尔・伯雷：《中国的非洲——中国正在征服黑色大陆》，第 69 页。

人的知识能够服务于社会，为人们提供经验教训。这也是敬老尊贤成为中国与非洲共有价值观念之一的重要原因。这与一味强调理性的社会有所不同。此外，中国与非洲文化价值观念都强调平等和共享，也都重视对人宽容的精神。①

前文提到过的沙伯力和严海蓉于2005—2008年在非洲的七次调研（八国）的结果清楚地说明，非洲民众对中国人勤奋禀性的认识几乎是一致的。对中国人的印象是“勤奋”这一栏里，在评分最低的埃及，也有远远超过半数的受访者认可，196位受访者中61.7%的人认为中国人勤奋，其次是博茨瓦纳，223人中64.1%的人表示同意。认可度最高的是与中国合作度最为密切的埃塞俄比亚，196位受访者中87.2%觉得中国人勤奋。其余五个国家的认可者均超过70%。在所有八国的1 192名受访者中，72.6%的人对中国人的第一印象是“勤奋”。② 对于中国移民的这一特点，其他一些研究也得出了相同的结论。有的非洲人认为这是中国人在非洲取得成功的一个重要原因。③

同理，中国与非洲两种文化在一些价值理念、思维方式和行为方面确实存在不同。例如，非洲人由于大家族观念比较强，加之强调人对所属社团的责任，他们对财富分享有自己的看法：认为“财富是上帝给的”，“赚了钱大家享用”。非洲人的文化价值观中存在着的乌班图概念是非常值得注意的。非洲关于和谐的哲学中没有等级的概念，主要是两个主题：人的相互依存和对他人的同情与帮助。非洲人关注社区（communities），强调人与社区的关系，强调以社区利益为中心；重视对每个人所具有社会关系的他人的道德责任，特别是对家庭的责任。同样，对陌生人

---

① 李安山：《中国与非洲的文化相似性——兼论中国应该向非洲学习什么》，《西亚非洲》，2014年，第49—63页。

② Barry Sautman & Yan Hairong, “African Perspectives on China-Africa Links”, Table 10, p. 194.

③ 一位加纳技术员指出：“我必须承认，中国人工作起来就像是机器。我已经很努力，但他们比我更努力。”Giles Mohan, Ben Lampert, May Tan-Mullins & Daphine Chang, *Chinese Migrants and Africa's Development: New Imperialists or Agents of Change*, p. 95.

也有照顾的义务，因为他们是人类的一员，具体表现在好客上。① 这一点为中非关系研究者所注意，他们注意到乌班图原则在公司管理中得到运用，从而强调员工的人性而非工具性以及他们在集体中的价值。② 非洲人豁达的为人态度和乐观的处世精神，任何与非洲人接触的中国人都有同感。③ 非洲人对自然的尊重以及追求人与自然的和谐与平衡，他们强烈的社群观念、妇女权利以及他们的友谊观也是中国人应该学习的。④

(四) 非洲人对中国人的印象

有一项有关中国人和西方人在非洲当地适应情况的调研。通过对九个国家(博茨瓦纳、埃及、埃塞俄比亚、加纳、肯尼亚、尼日利亚、南非、苏丹、赞比亚)的 1 902 人的调查，结果显示，457 人认为中国人远比西方人适应当地情况，500 人认为他们比西方人适应，344 个受访者认为二者差不多，还有 179 名受访者认为回答“不知道”。认为中国人在非洲不如西方人适应当地情况的比例很少，只有 422 人，其中认为中国人远没有西方人适应的有 228 人，认为中国人不如西方人的 194 人。此调查结果

---

① Thaddeus Metz, “Toward an African Moral Theory”, *Journal of Political Philosophy*, 15 (2007), pp. 321 - 341; Thaddeus Metz, “Harmonizing Global Ethics in the Future: A Proposal to Add South and East to West”, *Journal of Global Ethics*, 10 (2014), pp. 146 - 155; Thaddeus Metz, “Values in China as Compared to Africa: Two Conceptions of Harmony”, in Hester du Plessis, ed., *The Rise and Decline of China: Searching for an Organising Philosophy*, Johannesburg: Real African Publishers, 2015, pp. 75 - 116.

② Terence Jackson, Lynette Louw, Shuming Zhao, Roshan Boojihawon, Tony Fang, “Chinese Organizations in Sub-Saharan Africa: New Dynamics, New Synergies”, *AIB Insights*, 14:1 (2014), p. 13.

③ “我喜欢黑人，他们每天都过得很开心，虽然他们没什么钱，但真的很快乐。黑人不像中国人，总想着为名为利、为孩子存钱，很辛苦。黑人每天都为自己而活，很开心。而且黑人心胸豁达，这么多中国人到他们的地盘上赚钱，他们也能授受。这一点值得中国人学习。”访谈林先生(零售店老板，到南非七年)，2010 年 12 月 28 日，于约翰内斯堡百家商城。转引自陈凤兰:《文化冲突与跨国迁移群体的适应策略——以南非中国新移民群体为例》，载张秀明主编、乔印伟副主编:《追逐梦想:新移民的全球流动》，北京:中国华侨出版社，2014 年，第 45 页。

④ 李安山:《中国与非洲的文化相似性——兼论中国应该向非洲学习什么》，《西亚非洲》，2014 年，第 58—62 页。

认为,50%以上的非洲人认为中国人对当地适应超过西方人,只有22%的人认为中国人在适应当地这一点上不如西方人。该调查在其他相关问题上对中国的正面反馈也相当明显。①

非洲人对中国人确实存在着诸多误解。② 然而,他们对中国的总体印象是正面的。盖洛普与皮尤对这一问题做过多次调查,结果都显示非洲人对中国总体印象良好。2015年皮尤的全球态度调查项目就"对中国的看法"(Opinion of China)这一问题进行抽样调查。结果显示,绝大多数非洲人对中国持肯定态度(favorable)。在列出受访结果的所有非洲国家中,对中国表示好感的在加纳受访者中比例最高,为80%,其次是埃塞俄比亚和布基纳法索,均为75%,坦桑尼亚为74%,塞内加尔、尼日利亚和肯尼亚三国的受访者中70%对中国表示称赞,处于最低位置的南非也有超过半数的受访者对中国持有好感,52%表示肯定。③ 由于这种调查结果反映的是非洲人对中国的整体感受,这种正面的态度可以理解为既包括对中国企业的好感,也包括对中国移民的肯定。中国企业和中国人在非洲做出的贡献不容置疑。这一点被非洲政府、人民和新闻界所肯定,也引起了西方政界、媒体和学者的注意。④

既然如此,为何前面提到的卡特前助理国务卿罗伯塔·科恩有关中国劳工是囚犯的谣言能在国际上特别是非洲引起反响呢?除了谣言制造者是一位颇有身份的美国官员以及各大西方媒体的推助外,这与中国各建筑公司的形象和工人的作为有着密切关系。第一,以前中国在海外的各大建筑公司相当一部分并未要求统一着装,而这些建筑工人多是新招募的农民

---

① Barry Sautman & Yan Hairong, "African Perspectives on China-Africa Links", Table 9, p. 193.

② 有关中非因缺乏交流而产生的各种误解,可参见李安山《中非合作的基础:民间交往的历史、成就与特点》,《西亚非洲》,2015年第3期。有关新移民在南非的文化冲突,参见陈凤兰《文化冲突与跨国迁移群体的适应策略——以南非中国新移民群体为例》,第456—473页。

③ "Opinion of China", http://www.pewglobal.org/database/indicator/24/. 查阅日期:2015年10月12日。

④ Christopher Alessi & Beina Xu, "China in Africa", Council on Foreign Relations, April 27, 2015, http://www.cfr.org/china/china-africa/p9557, 查阅日期:2015年10月12日。

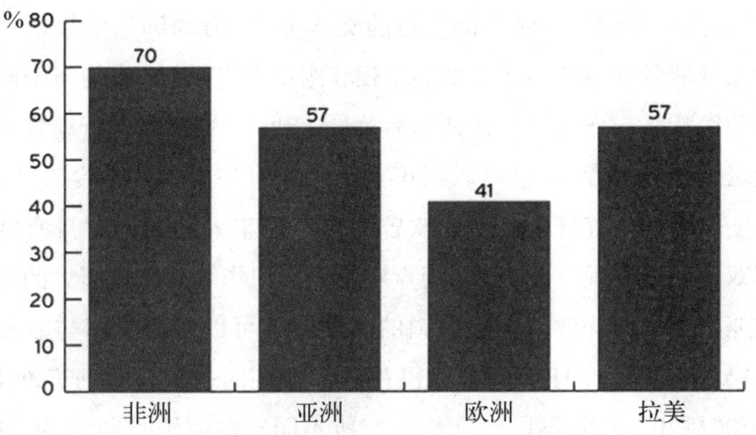

中国在非洲比在其他地区更受欢迎

资料来源：Pew Global Attitudes Survey，2015.

工，他们在国外因整日劳动，并不讲究工作服的工整。第二，工人不谙当地语言，加之多住在工地，与当地民众很少来往，加深了神秘感。另一个重要因素是在非洲各国负责建筑工程的中国工人一般都要加班，为了按时完工三班倒的情况甚多，形成工地上机器不停运转，工人轮流休班的情况，但在工地围墙以外的当地人看来，这是整天做事。① 据此，当地人认为这种情况不正常，从而使他们比较容易相信中国工人是囚犯的谣言。

一些新移民投入当地的社会公益活动以促进中非合作。例如，南非的上海侨界领袖姒海先生出资拍摄了一部南非华侨华人在南非打拼的纪录片，从而使当地民众更了解华人在当地的奋斗史。赵科等津巴布韦侨领为促进华侨华人与当地居民的融洽关系，组织中津足球友好赛和当地青年"达人秀"并将优胜者组织到中国演出，或为他们争取到中国表演

① 由于一些非洲国家对工程审批的时间长达半年或更长时间，项目有效时间大打折扣，只能靠加班来完成。非洲工人很少愿意加班，即使给加班费也枉然。中非合作论坛后续行动评估小组在喀麦隆、坦桑尼亚和肯尼亚与中国企业交流时听到的发言，2010 年 5 月 17—26 日。李安山与中国航空规划建设发展有限公司项目经理郭敬的交谈访谈，2010 年 8 月 16 日下午。

的合同，或为他们争取到中国学习的奖学金。① 有的国家的华侨华人团体积极开展各种慈善活动如助学工程和组织文艺活动，或是与中国企业和援非医疗队合作进行各种义诊和救治活动。② 这种自觉行动既表现出为定居国服务的意识，也可以纠正对中国人海外形象的不良看法，还可以改变自己的生存环境。李明欢曾提出海外华人社团同时具有“墙”与“桥”双重功能的观点。③ 这一观点对我们认识华人社区有很大的启迪作用。亚当斯·博艾敦认为在中国的非洲商人可以作为中国与非洲之间的桥梁。④ 实际上，任何一个移民社群都在同时扮演这两种角色，起着“墙”和“桥”的作用，不同时期作用有所不同。在创始时期，移民出于保护自身的目的，“墙”的作用要大一些，但“桥”的作用同时显现。随着时间的推移，“桥”的作用开始加大，但在保存自身文化传统的过程中仍然在起着“墙”的作用。

华侨华人的增长与中国对外开放的政策直接相关，中国人移民非洲与中国的非洲政策有各种关联。他们在中非合作方面发挥的作用将日益扩大，这表现在经济增长、政治作用和文化影响方面。其次，非洲华侨华人对非洲带来的影响并非一种，也非单向：对各国的影响不同，对各阶层利益的影响不同，不同利益集团对他们的评价也不同。非洲各方也通过反馈来影响他们。第三，中非关系并非通常的两分法那样简单，在中国/非洲、官方/民间、国企/民企、商人/消费者、成功者/失败者等矛盾之间有诸多因素，各对矛盾并非截然对立。中国移民来源多元，职业多样，

① 南部非洲上海工商联谊总会会长姒海的讲座“南非华人社会的最新动态和未来方向”，北京大学非洲研究中心，2017 年 3 月 27 日；津巴布韦华人华侨联合总会常务副会长赵科的讲座“津巴布韦华人华侨社团的历史”，北京大学非洲研究中心，2017 年 3 月 27 日。

② 南非华人网：http://www. nanfei8. com/huarenzixun/nanfeishilingguan/2015 - 09 - 04/20391. html，查阅日期：2015 年 10 月 12 日；津巴布韦华人网，http://www. zimbbs. com/thread - 8823 - 1 - 1. html，查阅日期：2015 年 10 月 12 日。

③ Li Minghuan, *“We Need Two Worlds”: Chinese Immigrant Association in a Western Society*, Amsterdam: Amsterdam University Press, 1999, p. 202.

④ A. Bodomo, “The African trading community in Guangzhou: an emerging bridge for Africa-China relations”, *The China Quarterly*, 203 (2010), pp. 693 - 707.

知识分子群体开始出现。这些移民多保留中国国籍。错综的后果影响和复杂的社会关系促使不同力量重新组合,也使不同因素互相作用。

三、关于非洲华侨华人的历史问题

(一) 有关非洲诸国华人起源时间的校正

1. 津巴布韦华人起源的问题

有学者认为,津巴布韦的中国早期移民是在20世纪初以契约劳工的方式进入津巴布韦的。① 根据史料,早在19世纪后期,华人就参与了1892—1898年修建的莫桑比克的贝拉港与乌姆塔里(津巴布韦)之间的铁路。② 菲利普·斯诺的研究表明,19世纪葡萄牙从广东输入了数千名劳工来到莫桑比克,当时莫桑比克的南部不时发生暴动,华工就是在这种艰苦的条件下修筑了葡属东非殖民地的第一条铁路。③ 在1900年4月14日,英国南非公司认为中国的煤矿和金矿工人是解决罗得西亚(津巴布韦)问题的"唯一解决办法"。④ 由此看来,华人移民津巴布韦应在19世纪后期。

2. 桑给巴尔华人起源的问题

有的学者认为,桑给巴尔的"华侨社区"(huaqiao community)可以追溯到20世纪30年代。⑤ 根据史料,桑给巴尔的华人社区早已存在。

---

① 沈晓雷:《试析中国新移民融入津巴布韦的困境》,《国际政治研究》,2015年第5期,第131页。

② Letter by hon. secretary of King Edward's Hospital Fund for London to Nam Hoi and Sun Tak Club, 6 January 1903, Quoted from Melanie Yap and Dianne Leong Man, *Colour, Confusion and Concession*, p. 38.

③ Philip Snow, *The Star Raft*, p. 46; Jeanne Marie Penvenne, *African Workers and Colonial Racism Mozambican Strategies and Struggles in Lourenco Marques, 1877—1962*, Heinemann, 1995, p. 24.

④ "Letter, 14 April 1900, Zimbabwe National Archives", Quoted from Philip Snow, *The Star Raft*, p. 226.

⑤ Elisabeth Hsu, "Zanzibar and its Chinese Communities", *Population, Space and Place*, 13 (2007), p. 113.

1928年,国民政府外交部派莫次南到非洲进行侨情调查,他发现当地有10余人。1人经商,店员4人,还有工程工人10人,卖山东绸之行商4人。① 由于德国人早在1891—1914年在坦噶尼喀修筑了两条铁路(参见前章),招募了数千名华工。这些华工分别招自广州湾、胶州湾和上海。另一位曾在光绪年间应聘到南非金矿担任翻译的山东人张书传曾谈及,英、德当时曾在胶州湾一带招募工人到非洲去,有的完工后被留下来。② 莫次南调查报告提到的卖山东绸之行商很有可能是原来的契约华工,他们完工后留下来经商。由此看来,华人于19世纪已在桑给巴尔存在。

3. 塞内加尔华人起源的问题

德国学者展易认为,"华商登陆塞内加尔,始于1990年代末期"。③ 然而,根据《华侨经济年鉴1994年》有关塞内加尔华商的记载,"据驻几比(几内亚比绍)大使馆1992年10月报告,华侨经营大成公司杂货业一家,资本50万美元"。④ 由此可以判断,塞内加尔的华商存在的时间肯定早于20世纪90年代末期。

4. 南非华人起源的问题

在南非,人们普遍有一种看法,即认为南非华人的祖先是以前的契约华工。台湾学者也认为,虽然非洲华侨的来源主要有三个,但早期来源是契约华工。⑤ 对第二、三个来源我们表示同意,然而,在早期华侨的

---

① 谷川编:《亚非利加洲华侨概况——上海侨务协进会非洲特派员莫次南调查》,《南洋研究》(1929年12月4日),第45—56页,转引自方积根编:《非洲华侨史资料选辑》,第15页。有关莫次南(C. N. Mok)的非洲之行,还可参见 Melanie Yap and Dianne Leong Man, *Colour, Confusion and Concession*, pp. 250 - 251.

② 曲拯民:《中国人在东非造铁路》,《明报月刊》,1981年第11期(总第191期),第69—75页。

③ 展易(Karsten Giese):《无心插柳柳成荫——西非中国新移民商人与当地草根社会创新的关联互动分析》,《华人研究国际学报》,第8卷第1期(2016年6月),第42页。

④ 华侨经济年鉴编委会:《华侨经济年鉴1994年》,第875页。

⑤ 三个来源分别如下:第一,契约华工。"仅欧洲大企业在模里西斯、马达加斯加与留尼旺三岛进行开发,雇用契约华工,工作期满后,继续留居非洲,以少数资金从事摊贩或承包伙食,供应仍在工作中的契约劳工,并随当地人口增加,市场扩大,华商小摊贩亦已累积资本,渐以开设杂货店、餐馆等,仍以家庭小型营业为主,或往非洲大陆发展。"第二,二战以后的从中国香港、中国台湾和新加坡等地移民非洲的商人。第三,从中国台湾派往非洲的技术服务团及驻外人员。参见华侨经济年鉴编委会《华侨经济年鉴1994年》,第922—934页。

来源上只强调契约华工是不全面的。18 世纪前期即有自由华人居住在开普敦。南非在 19 世纪早期曾从中国引进技术工人,他们全是自由移民。本书前章以史实说明,早期非洲华人既有契约华工,也有自由移民,有的地方实际上以自由移民为主。

(二) 有关非洲华人几个史实问题的校正

1. 有关华人来非洲的路线问题

萧次尹先生的《非洲华侨经济》成书较早,为后人继续研究提出了一个框架,贡献卓著。他曾指出:"我们根据各地区华侨移殖历史与年份,发现华人移殖非洲约分六路。"

(1) 由香港、南洋抵达南非(德班和开普敦)。

(2) 由香港、南洋经毛里求斯抵达南非(德班、东伦敦、伊丽莎白港、开普敦、德兰士瓦省约翰内斯堡)。

(3) 由香港、南洋经印度抵达葡属东非、英属东非及英属中非。

(4) 由香港、南洋经毛里求斯抵达留尼汪和马达加斯加。

(5) 由越南抵达毛里求斯和马达加斯加。

(6) 由西北或印度经中东抵达埃及和北非地区。①

这六条路线的起始地为香港/南洋、越南、中国西北/印度三个站点。然而,近年来的资料和研究表明,德国人在中国内地招募的华工直接从胶州湾招募运至坦噶尼喀;②南非契约劳工直接从中国北方一些港口(天津、大沽、秦皇岛)来到约翰内斯堡。③ 毛里求斯(有时是马达加斯加)同

---

① 萧次尹编著:《非洲华侨经济》,第 3—4 页。

② 曲拯民:《中国人在东非造铁路》,《明报月刊》,1981 年第 11 期(总第 191 期),第 69—75 页。

③ 1904 年 6 月 6 日,由港招工头帮船载华工抵达德班;1904 年 7 月 27 日,二帮华工船系由天津抵达;1904 年 9 月 1 日,四帮船由大沽载来华工;1904 年 9 月 26 日,五帮船由秦皇岛载来华工。谢子修:《游历南非洲记》,载陈翰笙主编:《华工出国史料汇编》,第九辑,第 278—279 页。在理查森著作中出现的招募地有广东、湖南、广西、江西、福建、浙江、河南、江苏、四川、直隶(河北)、安徽、山西等。P. Richardson, *Chinese Mine Labour in the Transvaal*, pp. 193 - 195.

时作为接收站和中转站,在中国人移民非洲起到了重要作用。华人抵达毛里求斯后,以此为跳板,再移民至马达加斯加、留尼汪、南部非洲、葡属东非、英属东非或非洲大陆的其他地区。早在17世纪,澳门已经开通了与毛里求斯的航线,到18世纪这条线延伸到东非海岸诸港口。① 由此可见,我们至少还可以加上四条路线。

(7) 由中国北部港口经毛里求斯或抵达东非。

(8) 由中国北部港口抵达南非。

(9) 由澳门抵达毛里求斯。

(10) 由澳门抵达东非。

此外,还有那些移民欧洲或移民西南亚的华侨应招或自愿来到北非和西非。不论是契约劳工,还是自由移民,可以得出以下结论:华侨来到非洲的路线至少十条。

2. 关于契约华工的人数

契约劳工是近代资本主义的产物。以前,国内外学者对中国契约劳工的数目曾做过统计,但由于缺乏对非洲契约华工数目的计量统计,这种统计是不完全的。本书前章对1700—1910年运往非洲的契约劳工进行了粗略的统计:在1700—1800年,约有6 000人被招募到非洲;在1800—1850年,有1.7万人;在1851—1900年,有3.65万人;在1900—1910年,约有8.25万人。综上所述,在1700—1910年这210年,共有约14.2万名契约华工被英、法、德、西、葡等欧洲殖民宗主国运到南部非洲、东部非洲、西部非洲和北部非洲以及西印度洋群岛等地。契约华工有的参与了非洲铁路和公路的建设,有的参与了种植园劳动,他们不仅对所在地区的经济发展做出了卓越的贡献,而且使当地的非洲居民对中国有了初步了解。同时,一部分契约华工在契约期满后在非洲定居下来,与已移居当地的华人移民一起,成为非洲华人的祖先。

---

① 陈迎宪:《海上丝路和地理大发现交汇的澳门海上航线》,"海表方行:海上丝绸之路国际研讨会",香港,2016年11月20日,第18页。

3. 关于非洲华侨对抗日战争的贡献

在一些关于华侨史的权威著作中，对非洲华侨在抗日战争中的贡献只字未提，这是很不公正的。[①] 本书以史实说明，非洲华侨以各种方式支持国内的抗战，或亲自参加中国的抗日战争，或在国外从事反法西斯战争，或积极参与侨居国本土的军事活动和宣传活动。然而，非洲华侨亲自参加反法西斯战争的毕竟是极少数，他们支持抗日战争的主要形式是捐款和捐物。从捐款的用途上看，可分为救国公债捐、赈济捐、购机捐、寒衣捐、伤兵之友捐等等。从募捐的类型和组织形式看，可分为热心捐、月捐、节约捐、义捐、实物捐和救国公债捐。纯粹金钱形式的捐款有以下几种：热心捐、长期月捐、节约捐，这在捐款中占有很大的份额。由于资料不足，本书未能对非洲华侨的具体捐款数进行统计，这需要进一步研究。从已掌握的史料看，如果以世界各地华侨人口比例而言，非洲华侨对抗日战争的贡献位于世界华侨之冠。

4. 关于非洲的中国移民的官方数字

有人在著述中认为，中国政府关于在非洲的中国移民总数的官方数字为 75 万。[②] 笔者觉得有必要澄清一下，迄今为止，中国政府并未发表任何有关非洲的中国移民的官方数字。有关非洲华侨华人的各方统计和估计，可参见本书附录一。

四、关于华侨华人研究的理论问题

(一) 华人的称谓与认同

1. 华人的各种称谓

历史上对中国海外移民的称谓甚多，中文有以下名称："唐人""汉

---

① 如台湾华侨革命史编纂委员会所编写的《华侨革命史》。在第三章"抗战时期"中，不论是关于"侨社之组织与人力动员"，还是"抗战宣传之展开"，抑或是"侨汇与捐款"等节中，竟无一字提及非洲华侨。参见[台湾]华侨革命史编纂委员会编：《华侨革命史》，第 613—706 页。

② Chris Alden, "China and Africa: from engagement to partnership", in Marcus Power & Ana Cristina Alves, eds., *China and Angola: A Marriage of Convenience?* Pambazuka Press, 2012, pp. 19 - 20.

人”“中华人”“北人”“北客”“华民”“华商”“华工”“华侨”“华人”“华侨华人”“华人华侨”“华人移民社群”“华人裔群”“海外侨胞”“外籍华人”“新移民”“中国国际移民”“海外移民”“侨民”“新侨”“老侨”“归国华侨”“归侨侨眷”“海外归侨”等，也有更明确的“华裔”和“华族”。英文有“overseas Chinese”“Chinese abroad”“Chinese overseas”“Chinese ethnic group”“ethnic Chinese”“Chinese in diaspora”“Chinese diaspora”“diasporic Chinese”“Sojourning Chinese”“Chinese (im)migrants”“new (im)migrants”“overseas compatriot”，有时直接用“Chinese people”“Chinese communities”“ethnic Chinese overseas”“ethnic overseas Chinese”等，更明确的称谓有“returned overseas Chinese”“overseas Chinese descendant”“Chinese expatriates”等。

2. 华人的类型、定义与政治含义

众多的称谓说明了三个问题。第一，华人包含的类型众多。以非洲为例，华人中既有早已在当地落地生根的老华人，也有 20 世纪 60 80 年代移民非洲的来自中国香港、中国台湾或中国大陆的华商，还有大部分近期移民非洲的“新移民”或“新侨”，即改革开放后进入非洲的中国人。新移民与老华人的区别非常大，他们的存在甚至引起了老华人社群的反感。南非本土华人对新移民并不认同，认为自己与新移民分属不同群体。然而，一般南非人对这两个群体并不容易区分，南非本土华人对于将他们与新移民（来自中国台湾和中国大陆）的华人混为一谈极为沮丧。① 由此看来，老华人与新移民可以说分属两种不同的类型。

① 一位在南非出生的华裔表示：“你会发现本土华人可能比香港和台湾来的新一代更传统……中华性是我们正努力抓住的东西，所以我们可能在这类事情上表现得更强烈些，这与香港人和台湾人不同。”另一位表达得更极端：“新移民？哦，我不喜欢他们，因为他们参与这里所有的非法活动，然后人们就以为南非所有华人都这样做……他们一出现我们绝不会认同这些台湾人。他们是台湾人，我们是华人。我们从不认同他们……他们来这儿开了这些工厂，不按规定付工人工资……所以，你看，这些台湾人带给我们非常坏的名声……这就是为什么我们不想认同他们的原因……现在大陆人来了，更糟糕。所有这些鲍鱼贩运、走私和非法的事情……不，我也不想认同他们。我们就是不一样。”朴尹正：《荣誉至上——南非华人身份认同研究》，第 104，108 页。

第二，研究者对华人的定义不一。以“diaspora”（移民裔群）为例。此名称原用来特指犹太人在其他国家的群体，后来逐渐用于其他国家或民族散居在外的群体。对此词的含义即有不同看法。王赓武先生认为“diaspora”已被政治化，反映了一些人的偏见。① 周南京先生认为，这一称谓的使用说明海外华人社会已是日益成熟的国际性社会群体；其世界性经济发展需要更加符合他们经济利益且更灵活和富于弹性的称谓；各地的排华事件和一些国家的多元文化政策促使海外华人寻求一个含义广泛、语义模糊且无政治色彩的称谓。② 此外，“Diaspora”在国际移民研究中已逐渐被接受。笔者参与编写的联合国教科文组织《非洲通史》（9—11 卷）的主题之一就是“African Diaspora”。③

第三，华人研究中的政治含义颇为明显。中国对“华侨”有明确界定，“华人”则有广义和狭义之分。学者在使用时往往连用，即“华侨华人”或“华人华侨”。④ 台湾学界亦如此，只不过统称为“华侨”。这种情况的出现有习惯因素和政治考量，也是社会现实的复杂性使然。然而，“华人”已在当地定居入籍，中国只是其祖籍国。为了最大限度地团结海外同胞，中国政府长期将“华侨”与“华人”并用，后来又不断使用“海外侨胞”这一称谓。虽然在宣传上采取的是一种有利于团结大多数的实用观点，但在具体执行上中国政府却有着严格的标准，而且主要是从政治认

---

① 参见 Asian Affairs Interview with Wang Gunwu，“Diaspora，a much abused word”，http://www.asian-affairs.com/Diasporas/wanggungwu.html，查阅日期：2015 年 10 月 8 日。

② 周南京：《华侨华人问题概论》，载周南京主编《华侨华人百科全书・总论卷》，北京：中国华侨出版社，2002 年，第 1—4 页。

③ 可参见非洲联盟的定义。African Union，*Report of the meeting of experts from the members of the States on the Definition of African Diaspora*，April 11-12，2005，Addis Ababa，Ethiopia.

④《中华人民共和国归侨侨眷权益保护法》中明确规定：“归侨是指回国定居的华侨。华侨是指定居在国外的中国公民。侨眷是指华侨、归侨在国内的眷属。“华人”的广义概念，既可包括所有的中国人（华夏人之简称），也可包括华侨及华裔，成为描述广义祖先来自中国的所有华裔之总称。狭义主要指生活在海外的、拥有外国国籍的华人，多被称为“海外华人”或“外籍华人”。“华侨华人”多用于中国国内，“华人华侨”往往是中国移民在居住国自称时所用。吴前进对华侨、华人和华族的概念进行了梳理。参见吴前进《国家关系中的华侨华人与华族》，北京：新华出版社，2003 年，第 5—18 页。

同来定义。西方学者在研究华侨华人时,往往喜欢将其作为一个政治议题来解读,与中国政策相联系,有时蓄意将其负面影响放大,甚至从自己臆想的政治角度来解释一些经济现象或社会现象,从而影响了其观察和分析问题的客观性。

(二) 华人的主体认同——“时间差”与“距离比”

我在这里要强调的是华侨华人研究中容易被忽略的另一个方面,即华人身份辨识的主体认同和客体认同。主体认同是指人们对身份归属的一种自我辨识和身份认可,即指一个人是否愿意承认自己属于某一集团。客体认同是指他者对一个人身份归属的辨识和指认,即他者是否将此人归入某一集团。

任何一个国家均存在着不同的民族集团。这种集团主要有以下特征:自己独特的生活方式;集团成员往往分属于不同的阶级;集团成员意识到自己是作为一个团体而存在,也知道其团体不同于其他的人。[①] 这种自我意识就是一种主体认同。就华人而言,“主体认同”是他(她)是否愿意承认自己是华人,这主要牵涉其切身利益和文化归属。从主观上看,有的人希望人家一看就知道自己是华人。有的海外华人在重大的场合总喜欢穿着有明显中国特色的服装(唐装或旗袍),以明确自己的华人身份。世界各国的华人会馆、唐人街及中餐馆均是对华人身份最明确的展示。有的人到国外后为生计着想开始千方百计地隐瞒自己的真实身份;还有的人则希望永远记住这种身份。[②] 有人根本不愿意承认自己的华人身份。[③] 当然,对于

① Ronald Cohen, “Ethnicity: Problem and Focus in Anthropology,” *Annual Review of Anthropology*, Vol. 7(1978), pp. 379 - 403.

② 如移居今中亚诸国的东干人对外讲自己是东干族,对内自称“中原人”“陕西老回回”。相当多居住在乌兹别克斯坦奥什州附近的东干人自称“奥什回回”,他们仍自认陕甘方言为母语。1990 年 11 月成立全苏东干人协会时,奥什回回因不会陕甘方言而号啕大哭。参见王国杰《1877 年移居中亚陕甘回族的地理分布》,《宁夏社会科学》,1997 年第 4 期,第 76—80 页。

③ 在世界海外华人研究会于 2001 年举行的台北学术研讨会上,一位美籍华人颇有怨言地表示:她不愿意被称为华人,但人家总是将她称为华人。这一事实表明:她本人的主观意愿并不能改变客体认同标识(体质特征),而这种客观标识正是他人认同她为华人的主要标志。

认同自己的华侨或华人身份的问题，还有各种其他态度。有的人一方面在家里和华人社区努力保持华人的文化特征，但在公开场合又希望人家不要将自己看作华人，这种现象在种族歧视相对严重的国家尤为突出。华人学者也肩负着双重使命：他们既要重现华人移民国外的历史，又要重建定居国华人的身份和文化。①

一般而言，主体认同受多种因素影响，主要有四种：中国因素、所属国因素、时间、距离。首先，中国国力与华人的主体认同成正比，即中国国力越强，华人的主体认同越强。其次，所属国的政策与主体认同密切相关。当华人受到排挤或歧视时，他们对中国文化的归属感和认同更深切。华侨华人对祖籍国认同程度存在"时间差"和"距离比"。"时间差"指迁出时间与主体认同的可能性成反比，移民时间越久远，主体认同的欲望和可能性较小。"距离比"指华人的所属国与中国相距越近，主体认同的可能性越大。当然，这并非绝对。

(三) 华人的客体认同——"减压阀"与"替罪羊"

"客体认同"是指华人群体以外的社会（特别是主流社会）是否将某一社会成员作为"华人"看待。华侨的辨识看似相对容易，主要因为他们仍保留着中国国籍，但由于各国情况不同，对双重国籍的认可程度不同，一些旅居他国的华侨也拥有了他国国籍，他们也成了中国政府定义中的"华人"。华人的客体认同与华人的特点有很大关系，因为一个群体总是被外界认为具有一些特点。这种"成见"(stereotype)往往成为一个社会区别异己分子的特征。在外界看来，华人可以有多种特征。他们可从族体上和政治上是华人，只要父亲是华人（台湾从 1999 年开始规定"华人"的父母双亲均需是华人）；"华人"也可以是指具有一种"中心王国心态"

① Jennifer W. Jay, "Writing the Chinese Diaspora: Multiculturalism and Confucian Values", in Billy K. L. So, John Fitzgerald, Huang Jianli & James K. Chin, *Power and Identity in the Chinese World Order: Festschrift in Honour of Professor Wang Gungwu*, Hong Kong University Press, 2003, pp. 311 - 330.

(Central Kingdom Mentality)的人。香港的华人企业家甚至被描绘为“本质上基本是持儒家思想”(basically Confucian in nature)。[①] 当然,“华人”的客体认同往往是与其居住的社会环境即所属国的政治经济状况紧密相连的。[②]

客体认同受到多方面因素的影响,关键却是权力和利益。当一个社会受到某种困扰(经济危机、政治斗争或对外战争)时,社会成员往往会将矛头转向同一社会的异己分子,即移民、少数民族、某种弱势群体或集团的成员。换言之,这些集团异己分子的身份在平时可能并不重要,然而,一到危机时刻,对他们的“族体认同”就成为缓解社会矛盾的“减压阀”,他们也就成了转移社会矛盾的“替罪羊”。以美国社会为例,黑人、华人、日本人和现在的阿拉伯人均在不同历史阶段成为一种矛盾的焦点和政治经济困境时的牺牲品。印尼的华人在印尼经济困难时也成为牺牲品。我将这种现象称为“替罪羊现象”——在国内危机或国际矛盾激化时将社会的某一有关联的非主流群体作为责怪和发泄的对象。

(四) 华人的辨识标准(ROOTS)与双重认同

华人在定居国长期生活,有的已有数代时间,还有的因为混血已经在体质容貌上有诸多差异。华人的辨识标准是什么?无论是社会生活或是学术探讨,确实有一个主体认同和客体认同的问题。由于中国独具特色的传统文化,综合国力的增强和经济的快速发展,对中国的认同感也在不断加强。对于海外华人而言,他们如何确认自己的华人特征呢?

对华人辨识的标准可以通过以下五个方面概括。除中华文化的强劲生命力外,这五条标准包括时间、地点、证据以及内外认知,即历史记

① Adrian Chan, “On Being Chinese”, in Billy K. L. So, John Fitzgerald, Huang Jianli & James K. Chin, *Power and Identity in the Chinese World Order*, pp. 269 - 270.

② 有关“主体认同”和“客体认同”、“时间差”和“距离比”、“减压阀”和“替罪羊”的概念以及华人辨识的标准,参见李安山等《双重国籍问题与海外侨胞权益保护》。还可参见李安山《华侨华人国籍问题刍议》,《国际政治研究》,2005 年第 2 期,第 101—114 页。

录(Records)、祖籍地(Origins)、客体认同(Objective Chinese)、迁移时间(Migration Time)和主体认同(Subjective Chinese)。存在某种历史记录说明其祖先来自中国;有证据表明自己或家族成员的祖籍地是中国;具有某种客观标识(主要指体质特征)并保留某种中国文化标记从而存在客体认同的依据;须是在居住国立国后迁去的才算华人;自己愿意认同华人或华裔身份。[①] 这五个因素可以根据其英文词(Record, Origin, Objective identity, Time, Subjective identity)的首个字母构成英文单词"ROOTS",意为"根"。

然而,除政治认同之外还存在族体认同(ethnic identity)和文化认同(cultural identity),这与祖籍国和所属国的政策有千丝万缕的关系。早期非洲华人已成为当地公民,他们有的是通过申请入籍,有的则是因为所在国实行的是出生地主义,华裔出生后自然成为当地公民。值得注意的是,出于中国政府(和许多其他国家)不承认双重国籍,因此华人移民往往必须在所属国和中国二者之间选择一个国籍。

对移民而言,民族认同可以是一个积极的过程,也可以是一个消极的过程;可以是一个主动的过程,也可以是一个被动的过程。然而,在面临只有一种选择的时候,这绝不会是一个轻松的过程。非洲华人一方面效忠于自己的所在国,另一方面又对中华文化保留着深厚的感情,这种双重认同比较普遍。[②] 国籍和身份都是一种表面的、技术性的因素,而文化则属于更深层次的内容。一个华人可以加入他国国籍,但他对中华文化的依恋和情感绝不会自然逝去;他可以成为他国公民,但他一般不会否认自己是华人,更不可能自觉地舍弃这种培育他成长的文化。国籍的改变是现实的,可选择的,但与中华文化的联系则是不可选择的。身份的改变并不会割断华人与祖籍国的血缘关系,更不可能割断他与中华文化的联系。

---

① 笔者曾主张这五条标准作为少数民族华人的辨识依据。参见李安山《少数民族华侨华人:迁移特点、辨识标准与人数统计》,《华侨华人历史研究》,2003 年第 3 期。

② 刘宏:《海外华人社团的国际化:动力・作用・前景》,《华侨华人历史研究》,1998 年第 1 期,第 50 页。

这样，华人在为所属国服务的同时也愿意为中国或他在中国的故乡服务。

(五) 中华文化与华人：生命力与适应性

1. 中华文化传统的保存

在华侨华人史研究中，一些学者不时表示对华人被所属国同化的担忧，这实际上是一个关于中华文化生命力的问题。[①] "文化"是一个内涵丰富且意思含糊的概念。塞缪尔·亨廷顿曾在他的那本给国际学术界带来巨大冲击的著作《文明的冲突与世界秩序的重建》中明确指出，语言和宗教是任何文化或者文明中最主要的两个因素。[②] 然而，将文化的关键因素归纳于语言和宗教过于机械，并明显带有种族优越感的成分。难道那些没有西方意义上的语言或宗教的民族就没有文化吗？[③] 实际上，早在 20 世纪 50 年代，克罗伯和克鲁克洪曾在《文化：关于概念和定义的检讨》一书中探讨了近代以来几乎所有重要的关于"文化"的概念。他们分析了自英国人类学家泰勒的代表作《原始文化》发表以来西方流行的各种文化定义，并将 1871—1951 年的 164 种文化定义概括为六种类型，但最后认为文化最好被理解为一种行为系统，其核心要素由传统观念尤其是价值系统所构成，并同时指出了文化的整体性和历史性。[④] 因此，价值观层面是文化更重要更有普世性的因素，从价值观念中去探讨文化更具有普遍意义。

---

① 对这一问题的探讨，可参见丘立本《同化论思想的衰落及其原因》，《华侨华人历史研究》，1988 年第 2 期；周南京《关于同化论的若干问题》，《北大亚太研究》，1991 年第 1 辑。

② [美]塞缪尔·亨廷顿：《文明的冲突与世界秩序的重建》，北京：新华出版社，1998 年版，第 47 页。

③ 西方人曾经认为只有基督教是正统宗教，信奉基督教的才是文明民族，其他都是蛮族和异教徒。后来，他们不得不承认伊斯兰教。对非洲的传统宗教，他们往往用带有贬义的"Fetish"来形容。参见 Li Anshan, "Abirewa: A religious movement in Gold Coast, 1906—1908", *Journal of Religious History*, 20:1(1996), pp. 32 - 52; Li Anshan, *British Rule and Rural Protest in Southern Ghana*, New York: Peter Lang, pp. 23 - 46.

④ Alfred Louis Kroeber and Clyde Kluckhohn, *Culture, A Critical Review of Concepts and Definitions*, Peabody Museum of American Archaeology and Ethnology, Harvard University, 1952.

从根本上说，世界历史的发展是各种文明互相融合的过程。中华文化在华人中的生命力取决于多种因素，本质的因素有四个：当地华侨人数、当地文化的影响力、中国地位的影响力、当地政府的政策。一般而言，华侨华人的人数越少，其保存自身文化独立地位的可能性越小，被融入本土文化的可能性越大。第二，当地文化的影响力越大，华侨华人保存自身文化的可能性越小；反之亦然。第三，中国在世界政治中的地位越强大，其影响力越强大，华侨华人对中国文化的认同感会越强，中华文化在华侨华人中的生命力也就越强；反之亦然。第四，所属国政府的政策对华人自身文化的保存有着至关重要的作用。有的国家强行实施同化政策，这必然会影响华人保存中华文化传统的努力；有的国家的多元文化政策则有利于鼓励华人自身文化的保存。“移民地位的提升也意味着许多受过良好教育的华人成为移民。他们陶醉于华人的价值观念中，对他们的文明感到自豪，并且能够保持华人的社会和文化生活，……”①当然，华人移民的素质与中华文化的保存也有一定关系。不论是从总体还是非洲情况看，华人(包括新移民)中努力保留或接受中华文化的因素会一直存在。②

2. 华人的适应性——一个不应忘记的因素

从20世纪60年代以来，在东亚各国经济迅速发展的过程中，华人企业起到了重要作用。华人经济成功的主要原因是什么？韩国学者金日坤最早提出“儒教文化区(圈)”的概念，认为儒教文化最大的特征在于家族团队主义的社会秩序，认为团队主义和儒教伦理是促进经济发展的根本柱石。③ 日本学者中岛岭雄将“儒教文化区(圈)”的概念进一步系统化，指出“儒教文化区(圈)”是“全面受到中国文化影响的地区”，可称为

① 王赓武：《王赓武自选集》，上海教育出版社，2002年，第219页。

② 王赓武：《新移民：何以新？为何新？》，《华侨华人历史研究》，2001年第4期，第3页；王奕华：《马达加斯加的混血华裔》，载吕伟雄主编：《海外华人社会新透视》，第37—38页，238—244页。

③ 可参见他的代表作《儒教文化区的秩序与经济》，名古屋大学出版社，1984年。

“汉字文化区”或“筷子文化区”。他认为儒教文化区(圈)主要有三个特点:团队精神、认真学习求进步和拥有一种伦理的行为规范。他将中国大陆、日本、韩国、中国台湾、越南、朝鲜、新加坡、中国香港等地区均划入“儒教文化区(圈)”,这样,“儒教文化圈”实际上包括了东亚和东南亚地区。他认为,这一地区的经济之所以能迅速发展,儒家文化起到了重要作用。① 有的学者不同意这种“儒教资本主义”的解释,认为这一地区的快速发展主要是“历史的机遇”使然。② 诚如梁英明先生所指出的那样:同属所谓儒家文化圈,新加坡与越南的华人企业发展和成就有着悬殊的差别。③ 然而,如果仅强调“历史的机遇”,则无法解释以下现象:与同一地区的其他民族相比,华人经济的发展在这个时期特别突出。

海外华人在所属国的应变策略多采取低姿态,这是他们对生存环境适应性的一种典型表现。身居异国他乡,必然遭受异族的歧视和异族文化的排斥,如果没有一种集体精神,要生存几乎是不可能的。既要适应陌生的生存环境,又要保持自身的文化特性,这需要一种集体智慧,而中国文化中“忍辱负重”“以曲求生”“以柔克刚”等通过集体无意识而形成的生存哲学提供了在恶劣环境中求生的理性依据。华人的适应性正是这种生存哲学的具体体现。这种适应能力主要表现在对不断变化的生存环境的适应,包括对所属国文化的适应和对当地居民的适应。对不断变化的形势的适应也引发了各种创新的企图和行动。正是这种以变应变的适应能力保持了华人文化和经济的持续生命力。

看来,中华文化的影响和历史的机遇都是海外华人经济繁荣的重要原因。除此之外,华人的其他特点也不应忽略,如华人的适应能力。王赓武先生在谈到华人的适应性时指出,这种“适应性”是一种颇有争议的

① 中岛岭雄:《20世纪中日韩领先世界》(陈才崑译),台北:渤海堂文化事业有限公司,1986年,第160—183页。关于“儒教文化区”的定义,可参见第160,177页。

② “第二次世界大战结束后的半个多世纪以来,东南亚一些国家的政治、经济的发展,使华商获得了难逢而独特的历史机遇,这是东盟各国华商企业得以迅速崛起的根本原因。”参见梁英明《东南亚华商企业与儒家文化》,《华侨华人历史研究》,1998年第4期,第6页。

③ 中岛岭雄对此的解释是由于越南实行了社会主义。

概念，学者们对用这一词语来形容华侨华人有各种不同的看法。有人认为这种适应性是指多变，是缺乏忠诚感、缺乏原则性的表现；有人则认为这是灵活性的表现，是一种强烈的求生本能的体现，是面对敌对势力时的一种有效的防御机制。王赓武先生认为，当我们用"具有适应能力"来形容华人时，他们可能具有以上特征的所有成分。① 黄昆章先生也对华人文化的适应和传承问题进行了分析，认为"在处理华人文化的适应和传承问题上，前者应该放在第一位"。②

(六) 华人的家族主义

中国传统即是以家庭为社会细胞。我们注意到，世界各地的华人社会均是以家族主义为特点。他们的社会活动主要以家族为中心，一个家族同甘共苦，祸福与共。非洲各地华侨华人中各姓氏宗亲组织的存在和发展就是明证。

这种现象的出现首先是独特的中华文化的积淀使然。③ 对中国文化进行过探讨的学者无一不注意到中国社会这种以家庭为核心的重要特点。如果单纯从农业社会的共性来解释恐怕难以说明这一独特现象。正如李光耀先生所言，"家庭这个基本单位的巩固团结，使华人社会经历了四千年而不衰。这是一个在延续方面很独特的文明。"④其次，这也是历史的原因。华人移民海外，多以男人为先，打好基础后再成家立业，或是将已有的家庭迁往国外，在此基础上繁衍发展。再次是实用的因素。在海外生存很不容易，必须调动一切可资利用的资源，在无其他关系的异族环境中，各种社会关系都利用了：同种同宗、同方言、同乡和同家庭。这诸多因素中，同一个家庭则成为最为可靠坚实的关系。

在非洲，华人商业和企业虽多以家族为单位操作。这种形式的突出

---

① Wang Gungwu, *China and Chinese Overseas*, Singapore: Times Academic Press, 1991, p. 170.

② 黄昆章：《华人文化的适应、传承与履行》，《华侨华人历史研究》，1998 年第 1 期，第 31 页。

③ 陈艳云、刘林平：《东南亚华人与家族主义》，《华侨华人历史研究》，1998 年第 1 期。

④《李光耀谈新加坡的华人社会》，转引自陈艳云、刘林平：《东南亚华人与家族主义》，第 13 页。

优点有两个：一是能够通过比较固定的领导层保持经营的持续性；二是应变能力较强，能够在较短时间内对变化的形势做出相应的对策。尽管规模一般来说比较小，但如果没有其他因素的干扰（自身的裂变或强大的竞争），它可以在良性循环的基础上不断发展。然而，这种以家族为单位的经营有一个难以克服的弱点，即难以融资，难以形成集团优势。这样，一旦面临强大的竞争对手，它往往难于继续保持已有的优势。在非洲，与其他各地的情况一样，华人的企业没能形成自己的拳头产品，这里固然有一个技术创新和企业文化的积累问题，但家族主义过分强调以本家族为中心的经营资本、管理人才、技术力量和营销渠道是一个十分重要的因素。华人企业要真正形成自身的优势，只有发挥家族企业的优势，同时借助现代的经营手段，才能在瞬息万变的形势下永远立于不败之地。

五、前瞻性结论

历史研究者是比较忌讳做出预测的。然而，知识综合、经验积累和逻辑思维并不妨碍对未来历史发展做出自己的判断。笔者的《非洲华侨华人史》成书于1999年，于2000年1月正式出版。在“结论”中提出过几个观点，其中涉及未来判断的有三个。

（一）已得到印证的观点

1. 关于华侨的消亡问题

有学者认为华侨迟早要消亡。① 笔者提出不同意见。第一，从最基本的概念来说，华侨是侨居他国的中国国民。只要中国与其他国家之间存在着正常的关系，只要中国存在着正面（如对华侨华人的宽松政策）和反面（人口多，生存条件相对较差）的推力，而在其他国家又存在着拉力

---

① “研究华侨历史动态，二十年后无华侨，这是无可避免的趋势。”参见何梓楠《毛里求斯罗帝利岛华侨史略》，载方积根编：《非洲华侨史资料选辑》，第67—68页。在对其他地区的华侨研究中亦有类似说法。

(如劳动力的缺乏和海外亲友的召唤),移民现象就会存在;只要有移民,华侨就不会消亡。华侨加入他国国籍的趋势不会阻止反而会鼓励其他的中国人移民海外,而这些新移民从本质上说首先是新华侨。[①] 现在看来这一观点是对的。

2. 关于中国人移民非洲的问题

笔者曾提出:在21世纪,中国人移民非洲的人数将大大增加。主要原因如下,中国经济发展需要新市场;非洲大陆具有极大潜力,将为中国提供一个互利合作的广阔天地;东亚和东南亚经济迅速崛起的一个重要因素是华人的参与,这种示范作用为华人移民非洲打下了良好基础;欧美国家对移民的控制日益严格,澳洲和东南亚对华侨的政策也多有歧视。中国与大多数非洲国家从20世纪60年代起就建立了良好的关系,非洲国家对华人移民多持欢迎态度。[②] 王赓武先生在2001年论及新移民的文章中只字未提非洲,[③]然而,在过去的15年里,非洲的华人大大增加。[④] 历史发展印证了这一观点。

3. 新世纪中非关系将达到一个新阶段

笔者曾提出,"到二十一世纪,中非关系将达到一个新的阶段。二十一世纪也将是一个中国国民重新发现非洲的世纪"。[⑤] 2000年,中非合作论坛成立。当年,中非贸易额突破100亿美元。2005年中非贸易额达397.5亿美元,比2000年接近翻了一番,五年间年均增幅高达32%。2014年,中非间进出口额达2 218.8亿美元,创历史新高,同比增长5.5%。中非关系经历了多重演变,意识形态从强调到弱化,交流领域从单一到多元,

---

① 李安山:《非洲华侨华人史》,第512—513页。

② 同上书,第513—514页。

③ 王赓武:《新移民:何以新?为何新?》,《华侨华人历史研究》,2001年第4期,第1—8页。

④ 李安山:《国际政治话语中的中国移民:以非洲为例》,《西亚非洲》,2016年第1期,第76—97页。有的西方学者甚至用中国"百万移民在非洲建立新帝国"的说法来恐吓世人。Howard W. French, *China's Second Continent: How a million migrants are building a new empire in Africa?* Knopf, 2014.

⑤ 李安山:《非洲华侨华人史》,第514页。

合作性质从注重经济援助到强调互利双赢。① 这一观点被证明是对的。

(二) 未来展望:融合、困境与人口

1. 新移民融入社会还有待时日

移民在新的国家总要经历生存、发展、适应和融合的过程,在非洲的华人也一样。非洲国家众多,国情民情与移民政策各有不同。同样,华人移民目的不一,现实状况迥异。目前,一些新移民处于去留的选择之中,相当部分的华人仍处于生存和发展的阶段,有的已经开始适应并逐渐融入当地社会。经济发展是他们的主要目的,所属国的移民政策和投资环境是其抉择的关键因素。就融合过程而言,语言是阻碍华人融入的重要因素,文化差异也是要克服的障碍之一。值得注意的是,在融合过程中,一些中国妇女表现得似乎更为适应。② 由于中华文化的政治传统,在非洲的华人参与政治的极少。这种情况不仅在老华人中是一种常态,在中国大陆的新移民中也存在,较为例外的是中国台湾新移民。对于在非洲打拼的中国大陆新移民而言,他们中的大部分集中力量挣钱。涉及政治方面,他们既无兴趣,又缺乏资本,更无策略。③ 然而,中国大陆移民参与政治在南非约翰内斯堡已经开始。随着华人融合程度的加深和各方面利益的卷

① 李安山:《论中国对非洲政策的调适与转变》,《西亚非洲》,2006 年第 1 期;李安山:《为中国正名:中国的非洲战略与国家形象》,《世界经济与政治》,2008 年第 4 期,第 6—15 页;张宏明主编:《中国和世界主要经济体与非洲经贸合作研究》,北京:世界知识出版社,2012 年;杨立华等:《中国与非洲经贸合作发展总体战略研究》,北京:中国社会科学出版社,2013 年;Shelton, Garth, Funeka Yazini April, Li Anshan, eds., *FOCAC 2015: A New Beginning of China-Africa Relations*, Pretoria: Africa Institute of South Africa, 2015.

② 例如在几内亚科纳克里综合大学医院工作的中国媳妇赖翠玲医生,在乌干达办学教中文的中国媳妇王丽红校长,远嫁阿尔及利亚的中国媳妇 Amira Tamoud(高伟)女士,还有在南非约翰内斯堡参加地方议员竞选的华商张晓梅和赵建玲女士。

③ 2012 年,当南非纽卡索华人纺织业的困境和抗争出现经济和政治的互动与矛盾时,任华人商会主席的少数党代表台商刘权毅希望通过抗争赢得华人经商的正当权利。然而,一般华人小业主只希望解决纠纷。一位华商表示:"刘主席是政治家,我们是企业家。他有兴趣和时间,我们没有。我们的态度是走,他的态度是打个翻身仗,彻底改变南非政治生态。我是打个问号:仗没打完,物力财力已经耗得差不多了,谁来给你补偿?为了政治上的考虑,被人利用都有可能。把华人的经济行为政治化,不是我想看到的。大象打架,踩死的是小草。"参见《南非华商困境》,2012 年 5 月 24 日,http://news.efu.com.cn/newsview-219885-1.html.

入，华人参政的热情将会日益升温。

2. 西方的指责和非洲国家的排外现象

西方国家对中国与非洲关系的发展一直十分在意。在今后若干年，随着中国人在非洲的增加，来自西方的指责和攻击在所难免。这些指责将主要集中在两个方面。一是中国移民抢夺当地人的就业机会，由于这直接关系到非洲社会底层的生存机会，因此这个因素还会发酵。其次是对个别中国移民的非法行径或不当做法会以偏概全，做足文章，作为攻击非洲华人的资料。① 此外，非洲国家的一些政策也会影响到华人的生存。非洲的民主基本上是选举政治，每个政党在选举造势过程都会运用各种因素。由于一般执政党与中国关系友好，反对党在竞选中很有可能将华人在非洲的贸易、投资、就业甚至商品质量作为选举造势中攻击执政党的工具。在一些经济遇到困难的非洲国家，人民可能将怨气发在移民身上，或是执政党将矛头转移到移民身上。南非这两年发生的排外浪潮就是明证。虽然这把火尚未烧到华人身上，但华人对这种复杂的局面应有所准备。

3. 新移民人数将继续增多

近年，非洲华侨华人中出现了一些新情况，如男性移民需要成家、赚了钱无人继承开始思乡、子女教育、经济不景气、社会治安不理想。② 这些情况促使一些华侨返回或再迁移。有学者据此认为“非洲华侨华人的数量不会继续增加，而会在目前的数量上略有减少”。③ 笔者认为，这一

---

① 2015 年 3 月，肯尼亚一家中餐馆在晚上 5 点后禁止非洲人入内，此事在当地媒体广泛报道。虽然这家餐馆的理由是因 2014 年遭到抢劫，店员无法辨认谁是恐怖组织青年党的成员，但这种措施带有明显的种族或民族歧视的因素，引发当地人的反响也属正常。然而，此事成为全球关注的事则明显有人在背后操纵。一位新华社常驻记者曾向笔者提及，此事件被大肆炒作的背后实际上有一家西方媒体的运作。

② 陈肖英：《南非中国新移民面临的困境及其原因探析》，《华侨华人历史研究》，2012 年第 2 期，第 28—35 页。也可参见张秀明主编、乔印伟副主编《追逐梦想：新移民的全球流动》，第 474—489 页。

③ 李新烽：《非洲华侨华人数量研究》，第 11—12 页；徐薇：《华侨华人在非洲的困境与前景展望》，《东南亚研究》，2014 年第 1 期，第 90 页。

看法理由不充分。上述现象确实存在，最近非洲一些国家货币贬值直接影响到移民的收入，回流现象相对明显。然而，中非经济关系的基础有望从贸易转到包括贸易、投资和金融等方面的多方位的合作。随着 2015 年 12 月南非中非峰会的召开，建立在中非产能合作基础上的投资会大大加强。此外，海上丝绸之路向非洲的延伸将继续引导中国中小企业投资非洲。中非民间交往与文化交流将促进中国人到非洲从事各种活动，从而加强对非洲国情的了解，也为中小企业投资非洲提供了知识储备。同时，大部分非洲国家仍愿以宽松的移民政策吸引外资。从各种迹象看，非洲华侨华人的数量仍会持续增加。与此相适应的是，华人的双语教学会加强以有利于华人后代的教育，华文新闻报刊和网络媒体也会继续发展。华人在非洲的发展会不断出现困难和阻碍，但前途无量。

附录一 非洲国家（地区）华侨华人人数统计表

资料来源:有关书籍和杂志文章。非洲国别华侨华人数字因正文中已有注释,此处不再重复。

（一）南非华侨华人人数统计表(1693—2007年)

年份	人数	备注
1693	5	犯人
1725	2	移民人数
1727	17	犯人
1743	38	移民人数
1750	16	同上
1760	14	同上
1770	5	同上
1774	3	同上
1775	3	同上
1814	23	同上
1815	25	同上
1875	75	同上
1876	53	同上

续 表

年份	人数	备注
1881	18	同上
1882	126	同上
1896	608	同上
1904	2 457	未包括契约华工
1907	1 100	同上
1910	2 399	同上
1911	1 905	华侨与华人
1921	1 828	下同
1930	2 970	
1936	2 944	
1946	4 340	
1954	7 000 以上	
1955	5 163	
1959	5 105	
1966	8 000 以上	
1972	8 700	
1973	8 800 以上	
1976	9 000	
1981	8 500	
1986	9 710	
1987	10 000	
1988	11 000	
1989	15 000	
1990	20 000/23 000	
1991	25 000	
1994	26 000	
1995	27 515	
2001	30 000	
2007	20 000—40 000	

(二) 毛里求斯华侨华人人数统计表(1604—2008年)

年份	人数	备注
1604	3	
1760	300户	第二年即被送回
1783	132	
1830	69	
1836	24	
1850	586	
1851	1 086	
1861	1 552/1 550/2 006	
1871	2 287	
1881	3 558/3 549	
1891	3 151/3 142	
1901	3 517/3 515/3 509	
1911	3 668/3 662/3 686	
1921	6 745	
1929	6 747	
1931	8 923	
1944	108 829 701	
1952	17 850/16 459/16 000	
1954	19 159	
1956	15 757	
1957	19 159	
1959	21 157	
1960	23 000	
1962	23 058/21 641	
1963	23 266	
1970	25 000	
1972	24 084/22 817	
1973	27 400	

续 表

年份	人数	备注
1974	24 996	
1976	30 000	
1978	31 000	
1979	31 500	
1981	33 120	
1982	34 100	
1983	28 039	
1984	30 716/30 000	
1987	32 000	
1988	30 700	
1989	31 320	
1991	35 000	
1994	38 000	《华侨经济年鉴》
1996	40 000	
2008	30 000	

（三）留尼汪华侨华人人数统计表（1844—2015 年）

年份	人数	年份	人数
1844	54	1897	547
1845	728	1901	1 026
1846	458	1902	1 378
1848	728	1907	810
1849	644	1911	884
1850	562	1921	1052
1851	522	1926	1 626
1852	503	1929	1 988
1853	475	1931	2 242

续　表

年份	人数	年份	人数
1854	460	1936	2 845
1855	448	1941	3 853
1856	445	1946	5 629
1857	451	1958	7 000
1858	445/451	1961	7 000
1859	436	1962	5 000
1860	420	1964	12 000—15 000
1861	417	1967	15 000
1862	415/413/443	1968	18 000
1864	977	1972	20 000
1866	1 123	1973	15 000
1871	1 179	1976	12 000
1872	935	1979	13 500
1873	792	1981	13 000
1875	707	1984	13 400
1876	688	1986	25 000
1877	654	1990	15 000
1878	637	1991	25 000
1879	620	1992	16 000
1880	618	1994	17 000
1881	532	1996	25 000
1887	537	2004	25 000
1892	412	2015	30 000—40 000

（四）马达加斯加华侨华人人数统计表（1862—2013 年）

年份	人数	年份	人数
1862	1	1960	8 900
1866	6	1961	8 901/7 894
1893	40	1962	8 519
1896	190/50	1963	8 066/8 901
1897	195	1964	8 045
1899	62	1965	9 008/8 519
1903	284	1966	9 203
1904	452	1967	9 203
1905	460/463/450/453	1968	8 489
1909	512	1970	9 482
1910	540	1971	8 600
1921	956/935	1972	9 482
1926	1 208	1973	10 519
1929	2 225	1975	4 039
1931	2 516/1 805	1976	11 500
1933	2 246	1977	12 000
1936	2 785/2 780	1979	12 800
1941	3 637/3 638/3 633/3 630	1981	13 250
1955	5 358	1982	13 600
1956	6 841	1990	14 500
1957	7 349	1995	27 000
1958	7 428/6 841/7 900	2003	60 000
1959	8 032/5 580	2013	70 000

(五) 非洲国家(地区)华侨华人人数统计表(1968—2017年)

国家(地区)	1968	1975	1984	1990	1996*	2001**	2003	2004—2017***①
阿尔及利亚					200	2 000		20 000
安哥拉	500	550	250	250	300	500		20 000—40 000
贝宁	32				100			4 000
博茨瓦纳		25	45	25	300	40		3 000—10 000
布基纳法索							20余	1 000
布隆迪								150
中非								300②
吉布提								无具体数字③
赤道几内亚					388			300④
喀麦隆	18⑤	10	10	10	407	50		1 000—7 000
佛得角					50			2 000
乍得	20						14	300—500
科摩罗								无具体数字⑥

① 2009年以后注明出处的信息为李安山收集。“无具体数字”系从中国驻当地大使馆的报道中的推论。

② 中国驻中非共和国大使孙海潮于2012年12月29日提供。参见《中国侨民大部分已安全撤离中非共和国》,http://news.xinhuanet.com/overseas/2012-12/30/c_124167238.htm.

③《吉布提人的中国形象您好! china good》,http://www.anfone.net/mil/ZJBTZGRYDS/2017-3/5069517.html.

④《驻赤道几内亚使馆举办2016年春节招待会》,中国外交部网站,http://gq.mofcom.gov.cn/aarticle/jmxw/200505/20050500096374.html.

⑤ 长期居留的老华侨为3人,其余为中国台湾派驻农耕队员15人。

⑥《驻科摩罗使馆举行2016年春节招待会》,2016年2月7日,中国外交部网站,http://www.fmprc.gov.cn/web/zwbd_673032/jghd_673046/t1339515.shtml.

续 表

国家（地区）	1968	1975	1984	1990	1996*	2001**	2003	2004—2017***
刚果（布）	1	1			142			7 000
刚果（金）	25	160	200	200	200	200		500—10 000
科特迪瓦	146	80	180	200	1 300	200	35	10 000
埃及	20	30	110	110	100	110	2 000	6 000—10 000
厄立特里亚								无具体数字①
埃塞俄比亚	55	60	50	55	55	100		3 000—5 000
冈比亚	15				150		11	无具体数字②
加纳	100	320	320	320	700	500	40 余	6 000
加蓬	16③				30			6 000
几内亚					10			5 000—8 000
几内亚比绍					60			无具体数字④
肯尼亚	150	160	145	150	150	190		7 000+
莱索托		30	200	500	450	1 000	6 600	5 000
利比里亚	20⑤	150	120	120	120	120		600

① 根据中国驻厄立特里亚大使馆官员提供的信息，2017 年 4 月 6 日。

②《驻冈比亚使馆举行 2017 年新春招待会》，2017 年 2 月 11 日，中国外交部网站，http://www.fmprc.gov.cn/web/zwbd_673032/jghd_673046/t1437743.shtml.

③ 除 1 人为老侨外，其余均为中国台湾派驻农耕队员。

④《驻几内亚比绍使馆举行 2015 年春节招待会》，2015 年 2 月 16 日，中国外交部网站，http://www.fmprc.gov.cn/web/zwbd_673032/jghd_673046/t1238518.shtml.

⑤ 除长期在此居留的 3 家华侨外，主要为中国台湾派往该国的农耕队队员，约有 14 人。

续 表

国家（地区）	1968	1975	1984	1990	1996*	2001**	2003	2004—2017***
利比亚	260	2 000	356	356	400	500		3 000
卢旺达	15							无具体数字①
马达加斯加	8 489	11 500	13 600	14 500	27 000	30 000	2 万余	60 000
马拉维	38②	50	33	50	40	40	70 余	2 000
马里								3 000—4 000
毛里塔里亚								无具体数字③
毛里求斯	23 300	27 400	30 716	30 700	40 000	40 000	30 000	30 000+
摩洛哥	15	15	20	20	20			无具体数字④
莫桑比克	3 500	5 000	650	200	600	700		1 500
纳米比亚								5 000(40 000)
尼日尔	15	15	15	15	22			1 000
尼日利亚	1	500	1 500	1 500	5 100	2 000		100 000
塞内加尔					10		500	2 000

① Mary Kay Magistad, “Chinese in Rwanda”, Public Radio International, October 17, 2011, https://www.pri.org/stories/2011-10-17/chinese-rwanda.

② 仅有 2 人为老华侨，其余为中国台湾派往该国的农耕队队员 36 人。

③《驻毛里塔尼亚使馆举行 2017 年春节招待会》，2017 年 1 月 24 日，中国外交部网站，http://www.fmprc.gov.cn/web/zwbd_673032/jghd_673046/t1433434.shtml.

④《驻摩洛哥大使孙树忠举行 2016 年“欢乐春节”招待会》，2016 年 2 月 2 日，中国外交部网站，http://www.fmprc.gov.cn/web/wjdt_674879/zwbd_674895/t1337231.shtml.

续 表

国家（地区）	1968	1975	1984	1990	1996*	2001**	2003	2004—2017***
塞舌尔		300	650	650	2 000			1 000①
塞拉利昂	10	20	25	20	20	20		400—500
南非	8 000	9 000	8 850	20 000	28 000	30 000	45 000	100 000—400 000
南苏丹								无具体数字②
圣多美和普林西比					100		8	100+③
索马里								无具体数字④
苏丹					45	45		20 000—74 000
斯威士兰			80	90	200	90	1 700	300
坦桑尼亚	350	450	500	510	510	600		3 000—20 000
多哥					112	50		3 000
突尼斯								2 000
乌干达	75	80	80	80	80	100		5 000—10 000
赞比亚	70			30	40	150		4 000—6 000（40 000）
津巴布韦	300	660	250		500	300		5 300—10 000

①《塞舌尔华人》，2013 年 5 月 17 日，http://www.360doc.com/content/13/0517/15/11567645_286113849.shtml.

②《驻南苏丹使馆举行 2017 年春节招待会》，2017 年 1 月 29 日。

③《圣多美和普林西比华人》，2013 年 5 月 16 日，http://www.360doc.com/content/13/0516/21/11567645_285941245.shtml.

④《驻索马里使馆温馨提示》，2014 年 11 月 5 日，http://so.chineseembassy.org/chn/lsfw/fsxz/t1428891.htm.

续 表

国家(地区)	1968	1975	1984	1990	1996*	2001**	2003	2004—2017***
留尼汪	3 000①	12 000	13 400	13 400	25 000	20 000	20 000+	25 000
加那利群岛					300			10 000②

主要资料来源:中国台湾侨务委员会(Overseas Chinese Affairs Commission, Taiwan):《华侨经济年鉴》(1968,1975,1984,1990,2003 年)。Hannah Postel 正在进行的一项专门调查表明,有关非洲的中国移民的估计数字大多数明显有夸大之嫌,从而误导了社会。作者列出了南非、安哥拉、马达加斯加、埃塞俄比亚、毛里求斯、阿尔及利亚、坦桑尼亚、留尼汪、刚果共和国、尼日利亚、加纳、赞比亚、莫桑比克、津巴布韦、埃及、苏丹、肯尼亚、乌干达、博茨瓦纳、莱索托等 20 个国家的最新估计数。Dana Sanchez, "20 African Countries With The Most Chinese Migrants", January 10, 2017, http://afkinsider.com/137127/20-african-countries-with-the-most-chinese-migrants/#sthash.okuJ8kMa.dpuf.

* 李安山:《非洲华侨华人史》,第 568—569 页。根据中国台湾华侨协会总会的统计,1998 年非洲华侨总数为 126 000 人。[台北]《侨协杂志》,第 65 期(1999 年 7 月),第 76 页。

** Ohio University data base of overseas Chinese, 2001.

*** Yoon Jung Park, "Chinese Migration in Africa", The South African Institute of International Affairs, China in Africa Project, Occasional Paper No. 24, 2009; 2009—2017 年的资料来源主要是网络和笔者与相关人员的通讯。

---

① 如果将混血华裔包括在内,华侨人数多达 10 000 人以上,华侨中存在 15 000 人的说法。

②《探访西班牙加那利群岛华人一族:繁荣岛上旅游业》,2009 年 2 月 11 日,http://www.chinanews.com/hr/ozhrxw/news/2009/02-11/1559044.shtml.

附录二　非洲华文学校一览表

地区	校名	创办日期	备注
毛里求斯	新华学校	1912 年	客属组织仁和会馆创办，1942 年开办中学，1973 年因生源等问题停办，后又恢复，非洲最早的华文学校
南非伊丽莎白港	华侨教会学校（亦称“华英学校”）	1918 年 2 月 4 日	梅侨商会与圣马克斯英国圣公会传教团合办，1932（一说 1933）年教会放弃了为学校提供师资的责任，开始由梅侨商会全面管理，改名为华文小学
南非东伦敦	华侨私塾	20 年代初	1926 年停办
留尼汪圣但尼	华侨学校	1927 年	刘文波创办，在中国国民党驻留尼汪支部上课
毛里求斯	培英学校	1928 年	广府人创办
南非约翰内斯堡	华文学校	1928 年	当地华侨创办，1933 年曾停办，后恢复；1939 年因与当时中国派驻约翰内堡总领事宋发祥发生冲突，搬出原址继续开办。1943 年与国定学校合并为“约翰内斯堡华侨国定学校”
葡属东非贝拉港	华侨学校	1929 年	1933 年停办，于抗战期间重新开办

续　表

地区	校名	创办日期	备注
葡属东非 洛伦索-马贵斯	智仁学校	1929 年[?]	私塾式学校，有教师 1 名，学生 20 余名
马达加斯加	补习教育	1929 年 12 月①	国民党驻马达加斯加支部设立
南非 伊丽莎白港	华文小学	1932 年	由华侨教会学校改名，由梅县侨商公会管理至 1950 年，后交由开普省东部的中华会馆接管。为获得经费，仍以英国圣公教会学校的名义开办。从 1951 年起教师工资由开普教育局支付。1973 年，华文小学与华侨中学合并，从皇后街搬到华人居住区卡贝嘎公园地区(Kahega Park)
南非 比勒陀利亚	华侨公学	1934 年 9 月	由当地华侨青年自治会创办，一直为私立学校，共有 8 个年级，当地华侨在种族隔离制度下仍坚持捐款办学。1970 年，由于经费困难，将课程设置降至 6 年级以下。1980 年，学校包括一个学前班。1978 年，学校正式招收白人小孩。1993 年搬至新校址温加特公园地区(Winggate Park)。现为南非唯一的华人私立学校
葡属洛伦 索-马贵斯	中华学校	1936 年	
马达加斯加 塔马塔夫	兴文学校	1938 年 10 月 10 日	于 1938 年 9 月 1 日先行招生；1940 年由国民党驻马达加斯加直属支部接管，并改名为“党立兴文学校”；1958 年开设初中班；1975 年被马达加斯加政府封闭；1976 年由塔马塔夫华侨总会接收，与华体学校并为“塔马塔夫华侨学校”
马达加斯加 费内里韦	中正学校	1938 年	初为私塾，借中华会馆为校址，1957 年才搬进新校，后改名为“中山学校”

① 一说 1926 年。

续 表

地区	校名	创办日期	备注
南非	华文小学	1939 年	Lee Simpson 等人创办，由于该校是从伊丽莎白的华侨学校分离出来，也称为“分离学校”。1948 年因经济困难关闭
南非 约翰内斯堡	国定学校	1940 年 8 月 8 日	从约翰内斯堡华文学校分出，在国民党政府派驻约翰内斯堡总领事宋发祥授意下在原华文学校地址上创办，1943 年与华文学校合并为“约翰内斯堡华侨国定学校”
南非东伦敦	东伦敦中华学校	20 世纪 40 年代早期	东伦敦中华会馆创办，从毛里求斯聘来华文教师；20 世纪 60 年代中期由于生源问题被迫关闭
毛里求斯	中华小学	1941 年	中国国民党驻毛岛直属支部建，在路易港市中山堂
毛里求斯	中华中学	40 年代?	中国国民党驻毛岛直属支部建
毛里求斯 罗斯希尔	中华学校	40 年代?	
毛里求斯 居尔皮普	中华学校	40 年代?	
毛里求斯 马可邦	华文学校	40 年代?	
毛里求斯 马可邦	华文学校	40 年代?	在村庄里，学生主要为福建人子女
毛里求斯	中华小学	40 年代?	SSR 街，学生多为南海和顺德人子女
马达加斯加 菲亚纳兰楚阿	华侨学校	1941 年	初期为私塾式，1946 年 10 月扩大，校长为梁亨，后由菲亚纳兰楚阿华侨公社领导；1959 年向台湾“侨委会”备案。1982 年学生不到 30 人
毛里求斯	新华中学	1942 年	由新华学校拓展

续　表

地区	校名	创办日期	备注
留尼汪圣安德烈	光华学校	1942 年①	
马达加斯加塔马塔夫	华体学校	1943 年	由华侨体育会主办，初期设备简陋。1948 年搬进新校舍。1976 年与兴文学校合并为“塔马塔夫华侨学校”
留尼汪圣皮埃尔	育侨学校	1943 年	
留尼汪圣路易	中华学校	1943 年	
留尼汪勒唐蓬	旺华学校	1943 年	
留尼汪圣但尼	华侨学校	1943 年	中国国民党驻留尼汪直属支部兴建
南非开普敦	中华学校	1943 年	开普敦中华会馆兴建，1980 年停办
南非约翰内斯堡	华侨国定学校	1943 年	由约翰内斯堡华文学校和国定学校合并而成；1949 年底新校址建成；1989 年搬至普兰普顿公园（Brampron Park）地区
马达加斯加马纳卡拉	华侨学校	1944 年	学校分中文部和外文部，用中、法、马三种语言授课，以法、马文为主
马达加斯加马南扎里	中山学校	40 年代？	设于当地中华会馆，私塾式
马达加斯加阿建帕	复兴小学	40 年代？	设于当地侨社内
南非埃滕哈赫	华侨小学	1944 年	由当地中华会馆创办，1949 年关闭
留尼汪圣但尼	兴华学校	1944 年	
留尼汪圣但尼	华民学校	1944 年 12 月 17 日	初期建在雷勒将军路，1956 年该校董事会改组为由法籍华侨为骨干的中法慈善教育协会（Association Cultured' Assistance etbientaisance Fran-Chinoise），以这个协会名义购买现在的校舍(因为当地政府不承认华商组织的董事会的存在)，改建后就迁至拿布顿尼路。中文、法文教员各 2 人

① 一说 1943 年 9 月。

续 表

地区	校名	创办日期	备注
南非金伯利	华侨小学	1945 年	一两年后即关闭
马达加斯加桑巴瓦	中正混合学校	二战后	以中华会馆会址作校址；学校用法语授课；1979 年有学生 179 人，其中中国籍学生 12 人；1980 年建成新校；对各国外籍学生开放
马达加斯加迭戈-苏瓦雷斯	中华学校（即培本学校）	40 年代?	设于当地会馆，1973 年因生源问题自行关闭
马达加斯加法拉凡加纳	三民小学	40 年代?	设于当地大同俱乐部
马达加斯加多凡堡	华侨学校	40 年代?	
南非克勒普敦	华侨学校	1948 年	20 世纪 70 年代初关闭
毛里求斯罗帝利岛	中山小学	二战结束后	该岛客属华侨创建
毛里求斯罗帝利岛	振华小学	二战结束后	该岛南顺华侨创建
南非伊丽莎白港	圣母升天华侨学院	1950 年	白人反对华人女童入同一修道院学校，华侨退出该校后，由天主教修女协助建立。20 世纪 50 年代颇为兴旺，但于 1971 年关闭
南非伊丽莎白港	华侨中学	1950 年	由中华会馆主办，地址在开普路，1973 年与华文小学合并
马达加斯加塔那那利佛	京华小学，即塔那那利佛侨校	1951 年	1948 年由塔那那利佛华侨华人集资筹建。1951 年开课，1954 年以“京华小学”校名在马达加斯加省政府教育局备案；1974 年 9 月由京城华侨公社接收并领导，1982 年只有 10 余名学生；后因经济困难，华侨公社将学校租给法国人办私立学校

续　表

地区	校名	创办日期	备注
马达加斯加瓦国曼德里	忠信学校	1951年	1952年校舍建筑完成,2月开学
留尼汪圣保罗	中法学校	1951年7月12日	由法国神父桑怀仁和中华商会在圣但尼市合办,1956年得到罗马教会捐助筹备新校,1959年9月迁至现址,为当地天主教会产业。中文、法文教员各2人,后停办,现已恢复
南非	华文中学	1951年	在由开普省东部的中华会馆接管的原"分离"华校的基础上由私人建立,教师包括王安(Aubrey Wong On)等三人。1958年由于经费困难,中华会馆申请由开普教育局接管;1973年与华侨小学合并,搬至新址
马达加斯加安塔拉哈	华侨学校	1951年	借当地侨团房屋为校址,师资更替,设备简陋,学生不多
马达加斯加塔马塔夫	塔马塔夫华侨学校	1976年初	由塔马塔夫的兴文学校和华体学校合并而成,1982年有学生120人
毛里求斯	明德中心	1980年12月	天主教神父吴时春创立
毛里求斯	中国音乐学校	1986年	由中国大使馆帮助建立,并捐助了一些乐器
科特迪瓦	华侨中文班	20世纪90年代初	由叶英敏先生的太太主持
莱索托	中华学校	1991年	台商创立,1994年迁往南非的淑女镇,更名为莱非台商学校
南非德班	华人中文班	1996年	由德班中华公会主办,学费象征性每月20兰特(约合5美元),除中文外,还专门请人讲授中华民间歌舞,1996年有学员50余名
南非	华心中文学校	1996年	台商创立

续 表

地区	校名	创办日期	备注
南非 约翰内斯堡	华侨学校?	1997 年	由中国大陆新移民创立
斯威士兰	中华学校	1997 年?	台商建立
毛里求斯	光明学校	1999 年	林碧芳女士创办,现任校长叶燕珍
科特迪瓦	中文学校	1999 年	台商创立
毛里求斯	华夏学校	2003 年	由毛里求斯中文教师联合会在会长房亮汶的领导下创立,现任校长王晓鹃、副校长梁美云
南非	中文学校	2007	中国大陆三九国际集团董事长徐有强先生创立
乌干达	鲁扬子中学 LUYANZI College	2011 年	校长王丽红,为私人学校,已由当地人经营 20 余年,2011 年通过银行拍卖中标获取经营权
南非德班	树德中文学校	2016 年	校长陈松华创办,属南非夸省华文教育基金会

资料来源:各种有关书籍和杂志文章。未标记地点的学校一般都位于该国首都。有些开设中文课程的学校未列入。

附录三 1895—2016年非洲华侨华人报刊

报刊名称	种类	发行地点	创刊日期	负责(发行)人	备注
毛里求斯华文报 *Mauritius Chinese Gazette*	报纸	毛里求斯	1895 年		毛里求斯最早的华文报纸
华民时报	报纸	毛里求斯	1926 年以前	雷壁堂	中文,1932 年改为《中华日报》
华侨商报 *The Chinese Commercial Paper*	日报	毛里求斯路易港	1926 年 9 月 7 日	李禹臣、黄叔优、邓军凯、吴隆祥	中文,1955 年 9 月 16 日与《中国时报》合并
侨民新报	报纸	马达加斯	1930 年 4 月 18 日	祝展华、何金泉	三天一期,中文,1937 年被封
侨声报 *Chinese Consular Gazette*① 即 *Chiao Sheng Pao*	报纸	南非约翰内斯堡	1931 年 6 月 1 日	江渠、林汉长、胡为真	每周一、三、五出版,原为中文报纸,1962 年改为中、英文双语报纸

① 国内媒体或学者有时写作“《侨声日报》”,实为“《侨声报》”之误。参见本书中“《侨声报》”的报头照片。

续 表

报刊名称	种类	发行地点	创刊日期	负责(发行)人	备注
中华日报 *Chinese Daily News*	日报	毛里求斯路易港	1932 年 8 月 11 日	1932 年李伯宇主持,侯俊任总编辑;1950 年代杜蔚文主持编务,1960 年代朱梅彝任董事长,杜蔚文任社长,李广炫任总编辑;1985 年陈汶生任总经理,钟永栗任社长,李广炫任总编辑;后由严俊杰任总编辑,经理李花白;2016 年总编冯太妃	由《华民日报》改名,中国国民党毛里求斯直属支部的报纸。2016 年 12 月 27 日停刊
电流刊		南非比勒陀利亚	20 世纪 30 年代		
战讯特刊	期刊(油印)	马达加斯加	20 世纪 40 年代	热心人士	中文,派送,不收费
天声三日刊	三日刊(油印)	留尼汪	1940 年秋	由陈信宁负责印刷	中文,两年后因缺乏印刷药水停刊
中华商报	报纸	毛里求斯	1942 年		主流报纸之一
黎明 *Dawn*	期刊	毛里求斯	抗战期间	华人青年	英、法文出版
新中国 *New China*	通讯	南非东伦敦	1946 年	Aubrey Wong On	华人青年协会 Chinese Youth Society
新黎明 *New Dawn*	?	南非	1946 年	Aubrey Wong On	

续 表

报刊名称	种类	发行地点	创刊日期	负责(发行)人	备注
民锋 *Man Foung* (*Min Feng*)	半月刊	马达加斯加塔马塔夫	1947 年 2 月 15 日	周应藩	马达加斯加兴文学校学生创办，油印，1948 年由教师接管。1949 年 2 月 15 日起由国民党驻马岛直属支部接办，1956 年 7 月 15 日因经济原因暂时停刊；1957 年 8 月 1 日复刊。1959 年 11 月 1 日改为铅印；1975 年初停刊
南风 *South Wind*	通讯（油印）	南非伊丽莎白	1949 年 9 月		中文，1950 年 12 月停刊
新青年 *New Youth*	刊物	南非约翰内斯	20 世纪 40 年代		后被封
起来	油印刊物	南非约翰内斯堡	1952 年 9 月		英文，继《新青年》被封后创刊
青年月刊 *Youth Monthly*	期刊	马达加斯加	1952 年 10 月 10 日	马达加斯加华侨青年会	中文，1956 年 7 月 10 日因经费困难停刊
新青年 *New Youth*	通讯	南非金伯利	1953 年	George Changfoot Frank Wong Fatt	南非华人青年激进派刊物，发行一、二年后停刊
好望角 *Cape of Good Hope*	期刊	南非开普敦	1953 年 2 月	Lau Wing Sun	由成立于 1950 年的华人文学会(Chinese Literature and Arts Society)创办，刊物仅出版两期

续 表

报刊名称	种类	发行地点	创刊日期	负责(发行)人	备注
中国时报 *China Times*	日报	毛里求斯路易港	1953年12月10日	张钢乔；2016年社长李济祥，总编张灌丽，总经理林萍宏	中文，1955年9月16日与《华侨商报》合并后改名为《华侨时报》
星光	半月刊	毛里求斯	1953年	青年进修社	
周末评论 *Weekend Review*	星期刊	南非	1953年	爱好体育者	1957年停刊
华侨时报 *China Times*	日报	毛里求斯路易港	1953年；1955年9月16日正式改版面	张钢乔 朱维导 1964年起吴隆祥任社长兼总编辑	由《中国时报》与《华侨商报》合并而成，英文名未改
新商报 *New Chinese Commercial Paper*	日报	毛里求斯约瑟夫	1956年3月8日	社长黄礼庆，总编朱维导，编务吴志英	中文，曾绍湘也出资协助 1974年因经济原因停刊
自由报	日报	毛里求斯	1956年12月	李伯宇	
光华日报	日报	毛里求斯	1957年		
国民日报 *Chinese National Paper*	日报	毛里求斯路易港	1958年10月31日	社长陈余美 总编缉钟猷章	1962年停刊
荣光日报	日报	毛里求斯路易港	20世纪50年代?		除中文外，后创办英、法文双语
华人评论	期刊	南非	20世纪50年代	华人社团	《星洲日报》报道
华人学生		南非	20世纪50年代	华人社团	
南非华人大学生 *SA Chinese Student*	通讯	南非约翰内斯堡	20世纪50年代	金山大学华人学生	后改名为 *The Chinese Student*

续 表

报刊名称	种类	发行地点	创刊日期	负责(发行)人	备注
华人大学生 *The Chinese Student*	通讯	南非约翰内斯堡	20世纪50年代	金山大学华人学生	由 *SA Chinese Student* 改名
呼声	期刊	南非	20世纪50年代	华人社团	《星洲日报》报道
中央日报	日报	毛里求斯	1960年6月25日	古祟鑫	台湾资助，后于20世纪60年代末停刊
Spectrum	通讯	南非开普敦	1961年	开普敦大学华人学生	
伊丽莎白港华人评论 *E. P. Chinese Review*	先为双月刊，后来不定期	南非伊丽莎白港	1964年4月	Wally Ah Now 等人	英、中文双语刊，1965年12月停刊
南非华人之声 *The Voice of South African Chinese*	月刊	南非	1967年7月	主编 Alan Ma Sing	英、中文双语刊，1968年4月停刊
纽带 *Vinculum*	杂志	南非约翰内斯堡	20世纪60年代中期	主编 Veronica Chokie(1972年)	由天主教华人协会(Catholic Chinese Association)创办，1967年正式定名
华人天主教之音	期刊	南非	20世纪60年代	华人天主教中心学生	疑即为 *Inter Nos*
Inter Nos	期刊	南非伊丽莎白港	20世纪60年代	华人天主教	疑即为《华人天主教之音》
国定评论 *Kuo Ting Review*	期刊	南非约翰内斯堡	20世纪60年代早期	约翰内斯堡国定中学校友	

续　表

报刊名称	种类	发行地点	创刊日期	负责(发行)人	备注
斐京通讯 *Feiking Bulletin*	通讯	南非比勒陀利亚	20世纪60年代早期	比勒陀利亚华侨公学校友	
镜报 *The Mirror*	周报	毛里求斯路易港	1975年4月14日	创办人朱维导社长兼总编辑吴志英	中文，编辑刘长江[卓虹]、冯云龙
日报 *le Quotidien*	报纸	留尼汪	1976年	陈剑豪	日销量3.5万份
Blue Banner	?	南非	1977年		伊丽莎白港中文学校出版
曙光 *L'Aurore*	杂志	毛里求斯	20世纪70年代?		1971年存在
Consommateur	期刊	留尼汪	20世纪70年代	陈剑豪	法文，免费
Periokic	期刊	留尼汪	20世纪70年代	陈剑豪	法文，免费
电视节目导视报	周报	留尼汪	20世纪70年代	陈剑豪	法文
VISU	杂志	留尼汪	20世纪70年代	陈剑豪	法文，随日报赠送
杜省中华公会通讯 *TCA Newsletter*	双月刊	南非德兰士瓦	1981年	德兰士瓦中华公会	中、英文双语刊
荣光日报	报纸	毛里求斯	1986年5月14日	董事长谢达寿社长任强	中文，出至第14号停刊
南非投资	月刊	南非	1986年9月1日	发行人甘居正	中文，面向台商南非投资协会
晨曦	杂志	毛里求斯	1987年		明德中心刊物

续 表

报刊名称	种类	发行地点	创刊日期	负责(发行)人	备注
天天日报 *Le Quotidien*	报纸	毛里求斯	20世纪80年代	社长钟锦光 Robert Ng	法文,1996年仍在发行
杜省华商	月刊	南非	1992年6月21日	发行人康陈圳	台商旅南非洲杜省商会会刊
彩虹商旅 *Rainbow Explorer*	期刊	南非	1997年1月1日	总编辑黄淑丽 发行人田丽	中文,由台湾旅南非洲总商会创
华侨新闻报 *China Chronicles*	报纸	南非	1997年	社长冯荣生,2007年冯荣生被害后,甘居正、陈仟蕙接手; 社长龙吾	每周二、五出版,后改为每周二、四、六出版;1997年底已达1万订户
南非华人报①	报纸	南非	1999年	社长王炜 总编唐芝云	中文
华侨周报	打印稿	博茨瓦纳	2001年	南庚戌	打印版试行,发展成《非洲华侨周报》
南极星	期刊	南非	2003年?	?	《华侨新闻报》创办
华声报 *Hua Sheng Bao*	报纸	毛里求斯	2005年7月23日	董事长萧有进 社长杨茸 总编林友成	有英文版面和法文版面
非洲时报	报纸	南非	2005年5月1日	董事长吴少康 社长李新铸 总编辑梁铨	面向非洲大陆的第一份华文报纸
西非统一商报	报纸	尼日利亚	2005年8月7日	董事长胡介国 社长钱国林	一周发行一次

① 有的书出现《南非华商报》,实为《南非华人报》之误。

续 表

报刊名称	种类	发行地点	创刊日期	负责(发行)人	备注
肯尼亚华声报	报纸	肯尼亚	2005 年 8 月 9 日	副总编高玮	肯尼亚华人华侨联合会和肯尼亚中国和平统一促进会主办
虹周刊	杂志	南非	2006 年 8 月 23 日	主编姒海	南非首个简体中文周刊
非洲华侨周报	报纸	博茨瓦纳	2009 年	社长南庚戌 总编辑李彦辉	2009 年起,《非洲华侨周报》与《人民日报海外版》合作出版非洲周刊在南部非洲大陆发行,有电子版
中非日报	报纸	马达加斯加	2009 年	社长许自树	有电子版
安哥拉华人报 *Jornal deChinês*	报纸	安哥拉	2009 年 10 月 7 日	创办人高阳	中文,2013 年第 39 期,有电子版 *angolanews*
肯中经贸快讯	报纸	肯尼亚	21 世纪初	社长余磊	原名《肯中经贸协会快讯》
博华时报 *Botswana Chinese News*	报纸	博茨瓦纳	21 世纪初	主编杨洋	中文,2008 年 11 月 20 日第 95 期
旅埃华人报	报纸	埃及	21 世纪初	?	?
5-*Plus*	报纸	毛里求斯	21 世纪初	创办人钟仿伦(Geroges CHUNG TICK KAN),他现为总理高级顾问	周末报,已被 LA SENTINELLE 集团收购

续 表

报刊名称	种类	发行地点	创刊日期	负责(发行)人	备注
Global Post	报纸	博茨瓦纳	2010年	社长南庚戌	英文,面向非洲
中国周报	半月刊	埃及	2012年	社长马强	中、阿双语,华文免费,阿语出售
中莫商桥	期刊	莫桑比克	2013年	社长李践红(笔名剑虹)	不定期
New Age	报纸	赞比亚	2013年	董事长南庚戌	英文报纸
西非华声	周报	科特迪瓦	2015年1月25日	主编金浩	面向西非地区华侨华人
Tanzania Brand	杂志	坦桑尼亚	2015年	董事长南庚戌	该刊2001年由坦桑尼亚人创刊
China Town Magazine	杂志	毛里求斯	2015年12月	总编 Shirleen Li	中、英双语
Global Knot	杂志	赞比亚	2016年	董事长南庚戌	

资料来源:各种有关书籍和杂志文章。

附录四　非洲的中国新移民主要社团

国家	名称	成立日期	负责人	备注
埃及	埃及中国文化交流协会	2007	马强常务副会长	会长为埃及人
	华人联谊会	2001	陈建南会长	
埃塞俄比亚	中华商会	2008	周永生会长	
	华人发展联合会	2014	姜培军会长	
安哥拉	中国总商会	2002	许宁会长	
	圣保罗华商联合会	2016	林峰平会长	
贝宁	华联会		陈宇会长	
博茨瓦纳	华人华侨总商会	1998	胡中文会长	
赤道几内亚	华侨华人联合总会	2006	金成立会长	
	华侨建筑企业联合会		邓爱全会长	
多哥	华人华侨联谊会	1997	谢燕申会长	
厄立特里亚	中国商会	2015	余江会长	
喀麦隆	华侨华人工商总会	2000	陈伯松会长	下设分会
刚果民主共和国	中华联合总商会	2012	林文钦会长	

续　表

国家	名称	成立日期	负责人	备注
几内亚	华人华侨商会	2010	陈仁兵会长	
	中几文化交流协会		傅素华会长	
加纳	中华工商总会	1994	苏跃华会长	
加蓬	华侨华人协会	2003	张原惠会长	秘书长裴树成
津巴布韦	华人华侨联合总会	2014	丛玲玉会长	
	北方同乡会		罗跃胜会长	
	华商联合总会	2004	李新烽会长	
科特迪瓦	华人华侨联合会		林新宽会长	
肯尼亚	华人华侨联合会	2005	郭文昌会长	
	东部非洲中国总商会	2011	韩军主席	
	东部非洲华文传媒联盟		韩军主席	
莱索托	福清同乡会	2000	方则江会长	
卢旺达	华侨华人协会		尹晴日会长	
马达加斯加	华商总会		蔡国伟会长	
马拉维	利隆圭华人商会		周善建会长	
马里	华人华侨联合总会	2005	陈学义主席	名誉主席欧阳日平
毛里塔尼亚	华人商会	1958	林文才会长	
莫桑比克	中华商会	2007	蒋昭耀会长	创始会长(2007年)
	福建总同乡会	2009	王孝金会长	
	莫桑比克华人协会		黄类思主席	
纳米比亚	中华工商联合总会	2001	林金淡会长	
南非	华商总会	2015	郑星利会长	
	南非紫荆会	1999	陈玉玲会长	
	南非华文教育基金会	2012	韩芳会长	
	南部非洲华侨华人联合工商总会	2009	庄斌官会长	

续 表

国家	名称	成立日期	负责人	备注
南非	南部非洲粤港澳总商会	1998	陈玉玲会长	
	南部非洲上海工商联谊总会	1997	姒海会长	
	南部非洲中华福建同乡会	1997	李新铸会长	原南非福建同乡会
	南部非洲华人妇女联合总会	2007	朱怡苑会长	
	南部非洲黑龙江商会	2015	张延请会长	
南苏丹	中国商会	2015	刘志勇会长	
尼日利亚	中国工商联合总会	2001	董瑞萼会长	薛晓明常务副会长
坦桑尼亚	中华总商会	2006	黄再胜会长	
	卡利亚库商会	2012	涂强会长	
	福建同乡会		许火炮会长	
	中华矿业商会	2013	冯瑛丹会长	
乌干达	河北商会		王文通会长	
赞比亚	华侨华人总会	2016	张健会长	
留尼汪	浙江华商会		王险峰会长	

资料来源：报刊及网络资料；《非洲华人华侨社团一览》，发表时间为 2008 年 8 月 21 日；http://www.360doc.com/content/09/0129/17/19147_2414505.shtml；国务院侨务办公室相关文献（2013—2016 年）。①

① 有关新闻报告参见《非洲 25 国华侨华人社团负责人聚厦研习》，海峡之声网，2015 年 7 月 12 日，http://www.vos.com.cn/news/2015-07/12/cms860646article.shtml.

附录五　非洲华侨华人人名英汉对照表[①]

阿春 Ah-Chuen，Vincent	全名温森特·阿春，朱梅彝之子，毛里求斯企业家
阿苏 Ah Sue，John William C. K.	全名约翰·威廉·C. K. 阿苏，毛里求斯企业家
陈焕南 Chan Funnam	留尼汪侨领
陈金 Maxime Chan Kin	马达加斯加商人
陈俊杰 An-Kite	留尼汪侨领，中华总商会会长
陈念汀 Paul Cheong Leong	毛里求斯检察总长
陈庆添 Chane Nam Victor	留尼汪侨领
陈绍宏 Chane Nam Raphael	留尼汪商人
陈文咸 James R. Mancham	塞舌尔政治家，第一任总统
陈耀基 André Chane-Hive	留尼汪侨领，中华总商会会长
陈溢洪 Chan Yet Hong	南非商人
陈造彝 Vincent Simjee	留尼汪侨领，中华总商会会长
邓军凯 Tang Jun Kai	毛里求斯侨领，新华中学校长，第一届全国人民代表大会非洲区华侨代表

① 囿于资料关系，非洲华人中很多著名人士均未能收入，特此说明。

续 表

邓旭升 Tang Yun Sing	毛里求斯侨领，毛里求斯华人社团联合会会长
冯云龙 Lioung Poon Yow Tse	毛里求斯华人，资深媒体人，《镜报》编辑
关和玉 W. Kwan	南非比勒陀利亚侨领，华侨公学创始人之一
管美玲 Aline Kwan	女，留尼汪大学孔子学院院长
管仕荣 Adrien Konfortion	毛里求斯侨领
古少彬 VENPIN Louis Marcel	毛里求斯侨领，仁和会馆会长
古文彬 Venpin, Wen Pin	毛里求斯侨领，新华学校创始人之一
何怀远 Ho Wai Yuen	南非华侨，曾在领事馆任职兼任华文教员
何金泉 Ho Kam Tun	马达加斯加华侨，《侨民新报》负责人，后被马政府驱逐出境
何显佩 H. P. Ho	南非比勒陀利亚侨领，华侨公学创始人之一
何源广 Ho Woo Lai (Foley)	南非比勒陀利亚侨领，华侨公学创始人之一
侯慧慧 Isabelle Ah-Sing	女，留尼汪金融家
侯沐凯 Alex How-Choong	留尼汪侨领，中华总商会会长
侯绍尧 Ah-Yon	留尼汪侨领，中华总商会会长
侯兴长 Alexandre Ah-Sing	留尼汪侨领，中华总商会会长
侯元长 Camille Ah-Sing	留尼汪侨领
黄素珍 Edith Wong-Hee-Kam	女，留尼汪华人历史学家，《留尼汪华人史》的作者
霍成坚 Kenneth Winchiu	南非华裔，20 世纪 80 年代被任命为南非总统咨询委员会华人代表
霍惠端 Fortoen	南非侨领
霍凌坚 Fok Ling Kien	南非约翰内斯堡华侨学校校长
霍明祥 Francois Fock-Yee	留尼汪医生，中华总商会会长
霍锡桂 Ah Quy	南非侨领，1944 年因公殉职
霍玉河 Fok Yuk Ho	南非侨领
雷炳阳 Ping Yang Lei, Ping Yang Lai	中华民国驻约翰内斯堡领事，1935—1936 年
雷长福 Ley Changfoot	南非华侨中的中国共产党党员

续　表

黎达夫 Lai Fat Fur	毛里求斯华商，新华学校创始人之一
黎文占 Lai Mun James	南非侨领
黎永文 Lai Fat Fur, Yoon Voon	毛里求斯侨领，仁和会馆名誉会长
黎子达 LAI PAT FONG, Louis C. B. E	毛里求斯侨领，仁和会馆会长
李光镜 Li Kwong Ken, Kwet Cheong	毛里求斯青年企业家
李贵涵 Li Kwee Han	毛里求斯侨领
李济祥 LI KOOK TSEUNG Y. K.	毛里求斯侨领，仁和会馆会长
李禹臣 Lee Nee Chow, Lew Nee Chow	毛里求斯《华侨商报》负责人
李卓凡 Hugett Ly-Tio-Fane Pineo	全名雨盖特·李卓凡·皮耐欧，女，毛里求斯历史学家，《西印度洋华侨史》的作者
梁禄元 Liang Luke Nain	医生，南非侨领
梁瑞来 Dianne Leong Man	女，南非历史学家，《南非华人史》作者
梁佐钧（梁萃轩）Leung Quinn, Leung Quin	南非维益社负责人，1908 年抗苛例运动领人
林艾宏 Lam Cham Kee	毛里求斯侨领
林德元 LAM YAN YU	毛里求斯侨领，仁和会馆会长
林法荣 LAM YAN YU Lim Fat	毛里求斯侨领，仁和会馆会长
林汉长 Lim Hon Dzong	曾任南非《侨声报》编辑
林检祥 LIM KIAN SIANG, Louis O. S. K	毛里求斯侨领，仁和会馆会长
林满登（林满东、林满丁）Edouard Lim Fat	毛里求斯华人经济学家
林孟超 LIM FAT Man, Chiu Ah Men	毛里求斯侨领，仁和会馆会长
林绍长 Sout Chong Wing King	南非侨领，留尼汪东省中华会馆主席
林万侨 LAM HANG A. T.	毛里求斯侨领，仁和会馆会长

续 表

林鑫登 AH FAT Lim Him Teng	毛里求斯侨领,仁和会馆会长
林影 Lum Yang, Hon Chong Wing Wing	南非华文教师
林政宏 LAM CHING WANG, Lim Chin Fen	毛里求斯侨领,仁和会馆会长
刘汉明 Jacques Law-Ye	留尼汪侨领,中华总商会会长
刘满添 Law-Han-Tien	留尼汪侨领
刘文波 Akwon Lawson	又名刘广原,留尼汪中华总商会首任会长;第一位华人市议员
刘锡辉 Raymond Seckwaye Lawson	刘文波之子,博士,留尼汪中华总商会会长
刘锡江 Guy Lawson	刘文波之子,留尼汪中华总商会会长
刘玉麟 Lew Yuk Lin	中国第一任驻南非总领事,1905—1907 年
刘毅 Liu Ngai	中国第二任驻南非总领事,1907—1911 年
刘宜钊 LAN YEE CHIU Rene	毛里求斯侨领,仁和会馆会长
刘耀楹 Lew Wal Fung	南非比勒陀利亚侨领,华侨公学创始人之一
刘攸宪 Lau You Hin	毛里求斯侨领,仁和会馆会长
刘宗翰 Tsung Han Liu	中国台湾驻约翰内斯堡"总领事",1920 1930 年
罗璋宝 C. P. Law	南非比勒陀利亚侨领,华侨公学创始人之一
陆才新 Hahyme Choisanne, Hahime Choisanne, Log Choi Sin, Look Tsoi San	毛里求斯第一位华人侨领,颇有见树
阙绍忠 Seeyave Sir Rene	爵士,毛里求斯侨领,仁和会馆名誉会长
任锡辉 Percy Whyte	南非侨领,1944 年因公殉职
宋发祥 Sung Fartsan	中华民国驻约翰内斯堡总领事,1939—1940 年
童一聪 Deng Yee Tsung	南非中文教师,又名林影,Lum Yang, Hon Chong Wing Wing
王安 Wong On, Aubrey	南非侨领,教师
吴森祥 Michel HA-SAM	留尼汪侨领,中华总商会会长
吴根光 Hg Ching Hing N. K. K.	毛里求斯侨领
吴国通 NG HA KWONG Henry	毛里求斯侨领,仁和会馆会长

续　表

吴时春 Paul Wu	毛里求斯第一位华人天主教神父
吴俠奎 Charles Ng Cheng Hin	毛里求斯侨领
吴源祥 NG CHENG HIN, Ng Nyan Seong	毛里求斯侨领,仁和会馆会长
吴韵琴 Ng Cheung Hin	又名吴松兴,新华学校创始人之一,新华学校校址捐献人
吴志云 Mr. NG YELIM Robert	毛里求斯侨领,仁和会馆会长
谢双发 Thia-Song-Fat	留尼汪侨领,中华总商会会长
谢文章 Fon Sing Alex	毛里求斯侨领,仁和会馆名誉会长
徐惠琳 Patrick Chui Wan Cheong	毛里求斯医生,致力于推广中国传统医学,1997 年获"路易港市荣誉市民"称号
亚方·唐文 Affen Tank Wen	毛里求斯第二位华人侨领
叶慧芬 Melanie Yap	女,南非华人历史学家,《南非华人史》作者
叶梦秋 Yip Siow Chun	南非华文教师
叶远东 Easton	南非约翰内斯堡华人侨领
张德生 Thuong Hime	留尼汪侨领,中华总商会会长
张钢乔 Chang Kang Chiao	南非《中国日报》编辑
张世模 Roger Thuong-Hime	留尼汪侨领,中华总商会会长
曾繁兴 Joseph Tsang Mang Kin	毛里求斯华人文学家、政治家,前毛里求斯文化、艺术和娱乐部部长
曾宪建 Andre Thien Ah-Koon	留尼汪顶磅市市长,法国国会议员
钟传元 Chong Lawson	南非华人侨领
周国亮 Pascal Thiaw-Kine	留尼汪侨领,中华总商会会长
周贵和 Chow Kwai For	南非华人,1908 年为抗议南非苛例而自杀
周贤忠 Daniel Thiaw-Wing-Kai	留尼汪侨领,华人社团联谊会会长
祝展华 Job Wam	马达加斯加华侨,《侨民新报》负责人,后被马政府驱逐出境
朱惠琼 Chung Fay	女,津巴布韦华人政治家,曾任津巴布韦初等和中等教育部部长,后任就业创造及合作部部长

续　表

朱梅粦 Jean Ah Chuen	爵士，企业家，毛里求斯第一位立法议员、华商总会会长
朱维导 Chu Vee Tow	毛里求斯侨领，《新商报》等华人报纸总编

资料来源：各种有关书籍和杂志文章。

附录六　非洲华侨华人常用地名英汉译名对照表

所属国(地区)	外文名称	标准译名	其他译名①
	Africa	非洲	斐洲、飞州、亚非利、加洲
埃塞俄比亚	Ethiopia	埃塞俄比亚	衣索匹亚*
博茨瓦纳	Botswana	博茨瓦纳	波扎那*
冈比亚	Gambia	冈比亚	甘比亚*
加纳	Ghana	加纳	迦纳*
津巴布韦	South Rhodesia	南罗得西亚	南罗
	Bulawayo	布拉瓦约	布维育、普鲁威
	Gwelo	圭洛	贵罗
	Salisbury	索尔兹伯里(今哈拉雷)	沙士堡,梳埠、萨里士伯勒
	Selukwe	塞卢奎	西六威
科特迪瓦	Cote d'Ivoire	科特迪瓦	象牙海岸*
肯尼亚	Kenya	肯尼亚	怯尼亚、肯亚*
	Mombasa	蒙巴萨	盲妹抄
	Olkalou		欧路加鲁

① 其他译名包括古代译名、当地华文译名、台湾译名等。

续 表

所属国(地区)	外文名称	标准译名	其他译名
莱索托	Lesotho	莱索托	赖索托*
利比里亚	Liberia	利比里亚	赖比瑞亚*
马达加斯加	Madagascar	马达加斯加	昆仑层期、马达格斯加、马达加士加、马拉加西
	Ambatondrazaka	安巴通德拉扎卡	八佐罅桔
	Ambohitratrimo		暗布杀占
	Ambositra	安布西特拉	暗杯史
	Aniverano, Anivorano	阿尼武拉努	新站
	Antalaba	安塔拉哈	晏打罅
	Antsirabe	安齐拉贝	晏扇拿啤
	Apada	阿帕达	晏白达
	Arivenimamo		亚聊乎杧
	Brickaville	布里卡维尔	贝架边
	Betroka	贝特鲁卡	比促
	Diego-Suarez	迭戈苏瓦雷斯	志高
	Farafangana	法拉凡加纳	化罅泛根
	Fenerive-Est	东费内里韦	片拿腰
	Fianarantsoa	菲亚纳兰楚阿	肥拿晏梳
	Fort Dauphin	多凡堡	科多芬
	Ihosy	伊胡西	夭士
	Mahanoro	马哈努鲁	文奴
	Majunga	马任加	马振加
	Manakara	马纳卡拉	文能卡
	Mananara	马纳纳拉	文能丫
	Mananjary	马南扎里	文能乍
	Manjakandriana		文桔东颠
	Miarinarivo	米阿里纳里武	美利亚那

续　表

所属国(地区)	外文名称	标准译名	其他译名
	Moramanga	穆拉曼加	么亚杧
	Morondava	穆龙达瓦	磨汉斗、毛按斗
	Nossi-Be	贝岛	哪丝啤
	Tulear	图莱亚尔	朱厘鸦
	Vatomandry	瓦图曼德里	八佐文
	Vohemar	武海马尔	伟孖
	Vohipeno	武海马尔	回边
	Waroantsetra		麻安昔
	Sainte-Marie	新麻衣	圣玛丽
	Sambava	桑巴瓦	岑包
	Soanierana-Ivongo	苏阿涅拉纳-伊翁古	纯尼莺
	Tamatave	塔马塔夫	侵麻邹
马拉维	Malawi	马拉维	马拉威*
毛里求斯	Mauritius	毛里求斯	毛里西亚、毛里寺、毛里斯、模里斯、模里西斯、毛利西斯、毛利求斯
	Curepipe	居尔皮普	鸠必、鸠比
	Grand Port	大港	庚波
	Port Louis	路易港	波累市
	Mahebourg	马可邦	马埃堡、喜埔、玛合埠
	Moka	摩卡	摩加
	Pamplemousses	庞普勒穆斯	彭贝利慕斯
	Phoenix	菲尼克斯	佛历
	Rivière du Rempart	兰坝河	利秽即菴坝
	Rivière Noire	黑河	利秽奴亚
	Rose Hill	罗斯希尔	荷精
	Savanne	沙瓦纳	沙湾

续 表

所属国(地区)	外文名称	标准译名	其他译名
莫桑比克	Mozambique	莫桑比克	莫三鼻克*
	Beira	贝拉	比鳟、卑拉、啤鳟
	Lorenço Marques	洛伦索-马贵斯(今哈拉雷)	罗埠、罗连士麦、马贵斯、西洋埠、羅嗹士嘢埠
南非	Benoni	伯诺尼	槟榔里
	Boksburg	博克斯堡	卜士碧
	Cape Town	开普敦	喼嚐、开省
	Cradock	克拉多克	古拉笃
	Durban	德班	爹滨、爹板、堆品
	Elsburg	埃尔斯堡	艾路士碧
	Germiston	杰米斯顿	占美士顿
	Grahamstown	格雷厄姆斯敦	格拉咸斯汤
	Heidelberg	海德堡	海德路碧
	Johannesburg	约翰内斯堡	约翰尼斯堡、约堡、津埠
	Kimberley	金伯利	金必利、庆伯利
	King William's Town	威廉王城	基威廉士顿
	Klerksdorp	克莱克斯多普	急利士笃
	Kliptown		急聂汤
	Krugersdorp	克鲁格斯多普	古老加士笃
	Mafeking	马弗京	马步京
	Meyerton		米马顿
	Natal	纳塔尔省	那他省
	Pietermaritzburg	彼德马里茨堡	彼得玛利堡
	Port Elizabeth	伊丽莎白港	渡里斯不、坡厘士碧坡埠、坡埠、依港
	Potchefstroom	波切夫斯特鲁姆	砵之士顿

续　表

所属国(地区)	外文名称	标准译名	其他译名
南非	Pretoria	比勒陀利亚	非京、斐京、彼多利亚、比列托里亚
	Rustenburg		落士顿碧
	Somerset East	东萨默塞特	东苏马室
	Springs	斯普林斯	士必灵
	Standerton	斯坦德顿	士丹打顿
	Tarkastad	塔卡斯塔德	塔加城
	Transvaal	德兰士瓦	杜兰斯哇、杜兰士畦、特兰斯哇尔、杜省、道省、杜嘝士花路
	Uitenhage	埃滕哈赫	腰匿,夭匿
	Vereeniging	弗里尼欣	非厘的近
	Zeerust		泗落士特
尼日尔	Niger	尼日尔	尼日*
尼日利亚	Nigeria	尼日利亚	奈及利亚*
留尼汪	Reunion	留尼汪	罅里央、布旺(埠)、罅些唎央、留尼旺*
	Le Port	勒波尔	港口市
	Saint Andre	圣安德烈	圣旦地
	Saint-Denis	圣但尼	圣丹尼
	Saint Louis	圣路易	圣路易
	Saint Pierre	圣皮埃尔	圣比尔
	Le Tampon	勒唐蓬	顶磅、担邦、丹蓬
塞拉利昂	Sierra Leone	塞拉利昂	狮子山*
斯威士兰	Swaziland	斯威士兰	史瓦济兰*

续 表

所属国(地区)	外文名称	标准译名	其他译名
坦桑尼亚	Tanzania	坦桑尼亚	坦尚尼亚*
	Dar es Salaam	达累斯萨拉姆	沙榄、打哩沙榄
	Musoma	穆索马	木苏马
	Zanzibar	桑给巴尔	山之巴

资料来源:《总领事馆辖区侨民数目统计》,[南非]《侨声报》,1946 年 1 月 15 日,1946 年 1 月 17 日;华侨问题研究会编:《华侨人口参考资料》,1956 年 3 月,第 135—141 页;相关文献资料。

* 中国台湾对这些地名的称呼。

附录七　非洲华侨华人企业家一览表
（不完全统计）

居留国	姓名	资本	经营范围(项目)	备注
科特迪瓦	朱政钧		餐饮业	在阿比让开“金龙酒家”,生意兴隆
	李师曾	550万美元	塑胶鞋、假发	
	范师尧	300万美元	搪瓷、白铁桶	
	沈台山	150万美元	胶塑、花布、鞋厂、卷烟厂、电风机装配厂	
	庄佑辅	60万美元	经销电器商品(Soleil公司)	
	李承谷		草席、农场业	经营最大草席厂
	杨国祥		塑腔加工厂	
	徐传飞	120万美元	针织厂	
	叶英敏	80万美元	电风扇装配厂、皮箱旅行袋厂、西点面包厂	

续　表

居留国	姓名	资本	经营范围(项目)	备注
埃及	阎永庆		餐饮业和娱乐业(北京饭店)	与人合办电影院
埃塞俄比亚	王立民		餐饮业	原为埃塞俄比亚国王御医
冈比亚	洪恕博	30 万美元	餐饮业	
加纳	周森林	600 万美元	钢铁、制冰	
	包总经理		纺织业(天马纺织厂)	1969 年员工已达 200 多人
	贾先生		经商	被当地华侨称为“巨贾”
	曾玉宝(女)		经商	第一个被加纳封为酋长的中国人,协助丈夫经商,乐善好施
几内亚共和国	郑胜次	800 万美元	贸易批发业	原为中国台湾农耕队队员,从 5 万美元起家
肯尼亚	刘太太与侄儿岑浩江		餐馆业,以内罗毕的“香江餐馆”为主	在蒙巴萨开设分店
莱索托	张希达	7 800万马搭蒂	牛仔裤	
	罗纪华		营造公司	颇具规模
	颜当霖		轮胎批发及零售	
利比里亚	肖草 瑞松	100 万美元	进出口	肖草组织中华商会并出任会长,此为兄弟俩
马达加斯加	何江帆(女)		经营药店	1986 年被拉齐拉卡总统授予骑士勋章

续　表

居留国	姓名	资本	经营范围(项目)	备注
马达加斯加	刘国鹏		餐饮业(玉楼亭饭店)	1986年被拉齐拉卡总统授予骑士勋章
	陈国桢		餐饮业(长城酒楼)	1986年被拉齐拉卡总统授予骑士勋章
	梁广诚		综合工厂(塑料加工、铅制品、织袜、肥批等十余项)	
	吴绍英	10亿—20亿马法郎之间	经营酒厂、木材家具厂、汽车进口代理商、进出口商、电器行、收购粮食等	为马达加斯加华侨首富
	周卓		综合农场	占地750余公顷
	马敬业		牧场、养猪业	
	陈坤	360余万美元(创业资本)	搪瓷业(中马搪瓷工厂)	与台湾厂商、马政府三方合作
	梁玉麟		综合农场	占地面积1 000余公顷
马拉维	黄昭煌 黄昭雄	35万美元	烤漆制品、五金贸易	此为兄弟俩
	谢胜天	300万美元	成衣	与周水顺合作
	周水顺	300万美元	成衣	与谢胜天合作
	陈大权	100万美元	白铁皮建材	
	庄福禄	15万美元	食品加工	
	苏水木	40万美元	原木加工厂、成品销售业	
	黄胜一 庄福禄	50万美元	经营农场	资本为两人共有的大约数额

续　表

居留国	姓名	资本	经营范围(项目)	备注
毛里求斯	吴应奎		鞋业、皮革业和商贸(毛里西亚振东百货公司、振东皮鞋厂和振东皮革厂)	为著名归侨吴恒兴之父,已去世
	李光镜		企业家(戈泽拉集团)	戈泽拉集团总裁,毛里求斯最优秀的年轻企业家之一,1987 年荣获"路易港市杰出青年奖";1992 年当选为"毛里求斯最优秀的总裁"
	阿苏		企业家(索特拉蒙股份有限公司)	索特拉蒙股份有限公司总裁
	黎允卓		酿酒业(中央酿酒厂)	产量最大,经营最为得法,曾任华商总会会长
	李现盖		工商业	
	吴伯谋		经商(德发隆祥洋杂商店)	已去世
	林鑫登		经商(毛里西亚亚发公司)	
	朱梅彜		进出口业、旅游业、印刷业、成衣公司(朱温有限公司)	朱温有限公司董事长、毛里求斯保险有限公司联合主席、大洋洲旅游代理有限公司董事长、印刷中心有限公司董事长;曾长期担任当地华商总会会长;1980 年被封为爵士,第一位华人议员

续　表

居留国	姓名	资本	经营范围(项目)	备注
毛里求斯	阿春		企业家(ABC集团)	朱梅辫之子;ABC集团董事长兼总经理,多家公司董事
	萧辉盛		金铺、藤器厂和胶鞋	
	刘攸宪		经营百货(永丰公司)	现任仁和会馆会长
	黎永添		经商(黎生五金公司)	现任南顺会馆会长
	林发		经商(林发父子公司)	
	梁国华		经商(香港超级商场)	
	黎永文		保险业务(海鸥保险有限公司)	仁和会馆名誉会长
	林秦祥		印刷业(新新印刷有限公司)	
	李笃平		经商(群龙贸易有限公司)	主要经营瓷器与古玩
	李柏昌		服装业(胜利出口服装有限公司)	
	黎俊辫		医药业(康乐药房)	
	林三		百货业(林三公司)	
	吴国通		餐饮业(第一饭店)	
	刘祥华		保险业(渊兴刘祥华保险公司)	公司代理天鹅保险公司和英模保险公司业务
	李秀生		百货业(港九公司)	
	林政宏		宏锦公司	
	王森华		经营建筑材料	
	古森泉		经商(泉记公司)	

续 表

居留国	姓名	资本	经营范围(项目)	备注
毛里求斯	熊国曾		旅游业(利华旅行社)	
	林宏艾		经商(汕头公司)	主要为工艺品
	李某		捕捞业	从台湾购得远洋渔船一艘,并聘请台湾技术人员训练当地捕捞人员
	林宏艾		经商	在路易港
	刘国动		经商	曾任华商总会理事长
	林检祥		餐饮业(东方大酒店)	与谢文章和徐长人合作
	谢文章		餐饮业(东方大酒店)	与林检祥和徐长人合作
	徐长人		餐饮业(东方大酒店)	与林检祥和谢文章合作
	柯记宗		医药业	中医
	侯少强		经商	曾任华商总会副理事长
	陈少仁		经商	曾任华商总会副理事长
尼日尔	魏长王		餐馆业	原中国台湾农耕队队员
尼日利亚	朱南扬		五金、搪瓷、玻璃器皿、合成纤维、钢铁、橡胶	被当地政府授予“伊凯贾工业区酋长”位,参与政府决策
	沈文伯		搪瓷业及其他实业(北方搪瓷有限公司)	第一位尼日利亚籍华人,与华人李健共同创立尼日利亚北方搪瓷有限公司

续 表

居留国	姓名	资本	经营范围(项目)	备注
尼日利亚	查济民		纺织、印染、餐饮业(雅亚华饭店)	1991年有6家印染企业,纱锭17万枚,占全国总数的1/3
	刘树功		经营实业	为北京惠利国际实业公司副总经理,该公司基地在尼日利亚卡诺
	李文龙		拖鞋、轧钢、模具、塑胶、搪瓷、电池、纸箱、餐馆(北京楼饭店)	公司名为“西非格兰工业公司”,1991年有5家拖鞋厂,被称为“拖鞋大王”
	张恩远		钢铁、钢管、焊条、搪瓷、塑胶	美籍华人,兄弟5人在尼日利亚共有12家公司
	李健		搪瓷业	与沈文伯一起创立北方搪瓷有限公司公司
	董之英		搪瓷、塑胶、钢管、玻璃、建筑钢材	在美国和台湾均有投资
	董瑞萼		同上	掌管董氏集团
	胡介国		餐馆与投资	曾为尼日利亚总统经济顾问
留尼汪(法属海外省)	侯沐凯		城市/工业垃圾处理服务	曾任留尼汪工商联合会会长、工业和城市垃圾处理
	侯兴长		经商	
	侯兴元		经商	
	刘锡辉		烟草业	曾任中华商会会长,20世纪40—50年代为维护华人利益与法国政府交涉

续　表

居留国	姓名	资本	经营范围(项目)	备注
留尼汪(法属海外省)	刘锡江		经商	曾任中华商会会长
	刘满添		经商	
	吴宙仁		经商	拥有15名店员的小超级市场
	朱俊翔		经商	
	陈庆添		咨询	拥有CNV咨询公司
	李顺成		经商	拥有ABC机械公司
	周国亮		经商	连锁超市董事长
	林利洋		经商	拥有3家连锁超市
	谢伟国		经商	拥有4 500平米超市
	陈彬贤		经商	拥有购物中心
	王宏		经商	大米加工，UCR总经理
	张财元		经商	大米加工，集团总裁
	曾宪章		经商	拥有印刷、直升机公司
	刘福华		经商	面包坊
	麦娜莉		经商	香肠和熟肉制品生产
	刘锐成		经商	废旧轮胎回收利用、太阳能生产
	邱海华		经商	百货商店
	王险峰		经商	百货商店

续　表

居留国	姓名	资本	经营范围(项目)	备注
塞舌尔群岛	李炎麟		经商	
	李伟麟		经商	
	李万年		经商	
	李万海		经商	
	陈胜松		经商	
	邓球		经商	
南非	孙瑞生	120 万美元	经营自粘性封箱胶带	公司名为“亚洲化学公司”
	褚伟钢	5 000 万兰特	成衣、电子、塑胶、鞋类、小五金	共有 20 余家工厂,所属“东方集团”后来破产
	梁兆礼		企业家	任中华总公会主席,热心华人社会事务
	林锦炫	1 500余万美元	纺织及印染	
	曹耀兴	360 余万美元	电脑销售	在德班起家,在开普敦和约翰内斯堡开设新厂
	甘居正	上亿美元	军火、电脑	从台湾军界到外交界,退休后定居南非
	甘致行	2 000 万美元	电脑制造,拥有子公司 7 家,该公司生产的电脑占南非市场的大约 50%,监视器 60%,PC 板 70%	甘居正之子,1986 年到约翰内斯堡投资办厂,到 1994 年已发展为南非最大的电脑制造商

续 表

居留国	姓名	资本	经营范围(项目)	备注
南非	孙火荣	2 000 万美元	塑胶、布料、纸厂、制鞋	在奥兰治地区投资设厂
	陈仟蕙		投资咨询、建筑开发、房地产、农产品、进出口	拥有 7 家公司
	苏华杰		投资、旅游、餐饮、娱乐、广告、房地产、国际贸易(南非祥发国际集团)	南非祥发国际集团总裁
	高福成		经营商业中心租赁(南非中华门商业中心)	南非中华门商业中心董事长,南非中华门商业中心总资产约为 1 200 万美元
	赵贤文		经营商业中心租赁(南非中华门商业中心)	南非中华门商业中心中方总经理
	周根成		经营商业中心租赁(南非中华门商业中心)	南非中华门商业中心中国招商部副总经理
	陈茂林		电子业(振桦公司)	
	许秋扬		实业家	
	陈裔桥		经商	曾组织南非中华工商联合会,并任会长
	潘标	600 万兰特	经营商业网点(MAKDO-HORONG)	连锁店已达 25 家之多

续　表

居留国	姓名	资本	经营范围(项目)	备注
南非	吴乃安	100 万兰特	进出口业	在约翰内斯堡经营
	马荣带	180 万兰特	肉食业(LIONELMEAT GROUP 肉食公司)	创业于 1969 年，有连锁公司 7 家
	刘煜		进出口、地产业	
	马荣业		餐饮业	以开赌场起家，在约翰内斯堡有一家大饭店
	严诺		经商	曾获优秀青年奖
	冯荣生		报业	南非《华侨新闻报》社长
	顾尚志		房地产中介	
	区伟明	300 万兰特	经营商业网点	在特兰斯凯①共建有 6 家超级市场
	江义龙		印刷厂	在特兰斯凯
	徐彰和		三胜电子厂	在特兰斯凯
	王东章		免洗筷子厂	在特兰斯凯，与日商合作，每日产量约 5 000 万双，全部外销日本
	余新发		三贵电子厂	在特兰斯凯
	王明球		打火机厂	在特兰斯凯
	欧忠义		餐具业、厨具业两家	在西斯凯②

① 此为当时南非政府所建立的两个“黑人独立家园”之一，南非政府为吸引投资，制定了相应的优惠政策。

② 此为当时南非政府所建立的两个“黑人独立家园”之一。

续 表

居留国	姓名	资本	经营范围(项目)	备注
南非	陈昌武		针织工厂	在西斯凯
	黄子建		锅锁工厂	在西斯凯
	欧思明		雪衣工厂	在西新凯
	欧思亮		运动鞋厂	在西斯凯
	张卓然		衬衫厂	在西斯凯
	欧忠男		橡胶鞋厂	在西斯凯
	潘慧琦		塑胶袋厂	在西斯凯
	韩香臣		运动衫厂	在西斯凯
	高鹏洲		背心夹克成衣工厂	在西斯凯
	李政权		手提式收录音机厂	在西斯凯
	宗成立		成衣工厂	在西斯凯
	张希嘉		牛仔裤工厂	在西斯凯
	叶北洋		经商	南非各地
	吴少康		经商	南非各地
	李新铸		经商	南非各地
	陈裔桥		经商	南非各地
	姒海		经商	南非各地
	王建旭		经商	兼任几内亚比绍驻南非领事
	徐有强		房地产、珠宝、葡萄酒、医疗、文化传媒等行业	南非各地
斯威士兰	黎庆辉	300 万美元	棉织内衣	
多哥	陈添六	200 万美元	经营农场和农产品进口	中华商会会长,其公司名称为 Etomariz 公司
津巴布韦	李玄		娱乐业(巴塔巴塔俱乐部)	华人协会副会长,在哈拉雷,占地近 1 000 平方米

续　表

居留国	姓名	资本	经营范围(项目)	备注
津巴布韦	叶国尚		经商	经营叶国尚父子公司
	罗祥泽		经商	
	马锦波		经商	任华人协会名誉会长
	余家荣		经商	任华人协会会长
	赵科		经商	哈拉雷
	王建红		经商	哈拉雷

资料来源:各种有关书籍和杂志文章。

附录八　非洲孔子学院/孔子课堂一览表
（2017 年 2 月底止）

国家	孔子学院地址	孔子课堂地址
埃及	开罗大学、苏伊士运河大学	尼罗河电视台共 3 个
博茨瓦纳	博茨瓦纳大学	
津巴布韦	津巴布韦大学	
喀麦隆	雅温得第二大学	1 个
肯尼亚	内罗毕大学、肯雅塔大学、埃格顿大学、莫伊大学	内罗毕广播共 2 个
利比里亚	利比里亚大学	
卢旺达	卢旺达大学教育学院	1 个
马达加斯加	塔那那利佛大学、塔马塔夫大学	1 个
南非	斯坦陵布什大学、开普敦大学、罗德斯大学、德班理工大学、约翰内斯堡大学	开普数学科技学院、威斯福中学、中国文化和国际教育交流中心共 5 个
尼日利亚	拉各斯大学、纳姆迪·阿齐克韦大学	1 个
苏丹	喀土穆大学	
摩洛哥	穆罕默德五世大学、哈桑二世大学	
多哥	洛美大学	

续　表

国家	孔子学院地址	孔子课堂地址
贝宁	阿波美卡拉维大学	1个
埃塞俄比亚	埃塞俄比亚职业教育孔子学院、亚的斯亚贝巴大学	马克雷大学、阿瓦萨大学共5个
马里		阿斯基亚中学
突尼斯		斯法克斯广播
布隆迪	布隆迪大学	
厄里特利亚	厄立特里亚高等教育委员会	
刚果(布)	马利安·恩古瓦比大学	
加纳	加纳大学、海岸角大学	
马拉维	马拉维大学	
莫桑比克	蒙德拉内大学	
纳米比亚	纳米比亚大学	
塞拉利昂	塞拉利昂大学	
塞内加尔	达喀尔大学	
坦桑尼亚	多多马大学、达累斯萨拉姆大学	桑给巴尔广播
赞比亚	赞比亚大学	2个
科摩罗		科摩罗大学
塞舌尔	塞舌尔大学	
安哥拉	安哥拉内图大学	
乌干达	麦克雷雷大学	
赤道几内亚	赤道几内亚国立大学	
佛得角	佛得角大学	
科特迪瓦	菲利克斯·乌弗埃·博瓦尼大学	
莱索托		莱索托马驰本学院国际学校
毛里求斯	毛里求斯大学	
33个国家	48所	27个

附录九　非洲华侨华人大事记

762年　▪杜环的《经行记》提到非洲，他可能是第一个到达非洲的中国人。

1405—1433年　▪郑和船队七次下西洋，在第三次（1409—1411年）、第四次（1413—1415年）、第五次（1417—1419年）、第六次（1421—1422年）和第七次（1431—1433年）均抵达东非海岸，访问过木骨都束（摩加迪沙）、卜剌哇（布腊瓦）、麻林（马林迪）、竹步（朱巴河口）等地。

1593年　▪葡萄牙人将中国人带到南非。

1652年　▪荷兰人范·里贝克由荷兰东印度公司调至好望角，他主张招募华工。

1654年　▪荷兰殖民者将3名中国人从巴达维亚（今印尼首都雅加达）送至毛里求斯。

1658年　▪荷兰东印度公司将数千名囚犯（包括华人）作为奴隶从巴达维亚送往南非。

1660年　▪一个名叫万寿的华人被荷兰东印度公司作为犯人流

	放到南非好望角。
1702 年	▪ 首名南非华人唐德秦(Tuko de Chinese)在开普敦接受洗礼。
1722 年	▪ 南非开普敦殖民当局规定,居住在桌湾的自由黑人和自由华人组成抢险队,以防不测。
1740 年	▪ 印度尼西亚发生屠杀华人的“红溪事件”,一些华人被遣送到开普殖民地。
1750 年	▪ 在毛里求斯的一块岩石上发现了刻下的中国人名单。
1760 年	▪ 法国人从巴达维亚掳掠的第一批华人抵达法兰西岛(即毛里求斯)的路易港;1762 年即将他们送回,这是法国殖民者引进华工的第一次尝试。
1761 年	▪ 毛里求斯的户口登记簿上在 4 月 20 日出现了两名澳门籍中国人的名字。
1773 年	2 月 23 日,巴达维亚委员会通过决议,将华人领袖高根河(Ko Kim Ko)放逐到好望角。
1786 年	▪ 谢瓦利埃 · 德桑吉里埃提议法国政府引进华人、印度人等移民,在马达加斯加建立一个商业区。
1810 年	▪ 东印度公司强运中国劳工到圣赫勒拿岛。
1812—1814 年	▪ 英国从福建和广东掠去华工 2 000 余人,流放到圣赫勒拿岛和班卡岛筑路、垦荒。
1814 年	▪ 南非的英国人哈里顿引进 23 名华人作建筑工人。
1815 年	4 月,开普总督查尔斯 · 萨默塞特勋爵从广东引进 25 名华人水泥匠和木工,三年期满后返回中国。

1817 年 ▪ 中国劳工进入毛里求斯。

▪ 法国政府官员福雷斯蒂埃向主管马达加斯加的海军大臣提议，研究将华人引进马达加斯加的可能。

1818 年 ▪ 毛里求斯的华人决定在拉沙粦建造一座关帝庙。

1822 年 ▪ 在毛里求斯定居的中国人陆才新（小名阿鑫）获该岛总督批准，作为中国自由移民毛里求斯的保证人，启程到中国招工。

1824 年 ▪ 毛里求斯第一次尝试从中国引进契约华工，未果。

1826 年 ▪ 12 月 3 日，陆才新将 5 名华人从中国带到毛里求斯。

1827 年 ▪ 留尼汪政府决定引进亚洲移民。

1829 年 3 月，南非华人领袖 William Assaw 向南非殖民当局请愿，要求修建第一座华人墓地。

4 月 1 日，400 名中国人在毛里求斯登陆。

7 月 3 日，英属毛里求斯政府颁布第一道关于引进印度和中国契约劳工的法令，从东南亚招募了 40 名契约华工到毛里求斯种植甘蔗，并不成功。

▪ 留尼汪政府发布有关印度、中国劳工和其他亚洲自由民的移民法令。

1838 年 4 月，南非华人领袖 William Assaw 两次为使从圣赫勒拿岛来的华人得到更好的待遇事宜上书请愿。

1839 年 ▪ 毛里求斯华人领袖陆才新为华人修建庙宇的要求得到政府批准。

1840 年 5 月 1 日，南非《好望角报》登出通告，华人筹资建立的华人墓地已圈起，所有华人逝世后可在此处安葬。

▪ 毛里求斯第三次尝试引进华工，两年多从新加坡和槟榔屿招募了 3 000 名，从马达加斯加招募了 3 187 名。

1842 年　1 月 29 日，毛里求斯华人领袖陆才新主持修建的关帝庙落成。

1843 年　11 月 10 日，留尼汪总督做出决定，准许运进 1 000 名华工。

1844 年　4 月 13 日，首批福建农业工人计 54 名乘“苏富伦”号船抵达留尼汪的圣保罗港，5 月 22 日即被人贩子以每人 450 法郎的身价卖掉；8 月份乘“帕拉斯女神”号来的第二批和 10 月份乘“新回归线”号的第三批中国人先后抵达留尼汪，后均被卖掉。

7 月 26 日，留尼汪总督颁布关于中国劳工的规定。

1845 年　▪ 留尼汪总督派法国舰船到厦门招募一批劳工。

1846 年　▪ 留尼汪的一位巡回演出组织者在圣但尼舞会上介绍中国体操队。

1847 年　3 月 31 日，第一艘中国船“耆英号”通过南非好望角毛里求斯；华人陆才新被授予英国国籍。

1849 年　▪ 英国殖民者在南非的开普敦和纳塔尔引进一批华工，在欧洲移民中引起强烈反响。

1850 年　▪ 4 名福建侨胞从毛里求斯移民到附近的罗帝利岛。

1852 年　▪ 首批 5 名华人商贩从留尼汪抵达毛里求斯路易港。

1854 年　▪ 南非的奥兰治自由邦法律禁止亚洲人拥有不动产。

1857 年　▪ 毛里求斯第四次尝试招募华工未果。

▪ 华人陈璋满在留尼汪领地开设第一家商店。

1859 年　▪ 毛里求斯华人社团南顺会馆(前身为忠义堂)成立。

	▪ 一批中国劳工被运抵南非的纳塔尔。
1860 年	▪ 第一名华人女性白文移民毛里求斯。 ▪ 留尼汪第一批华人商店开业，1861 年已达 11 家。
1862 年	▪ 第一次出现中国人抵达马达加斯加塔马塔夫的记载。 ▪ 留尼汪重新鼓励招募华工。
1864 年	▪ 第一批留尼汪华工的妻子来到岛上，第一个中国女婴在此诞生。
1874 年	▪ 毛里求斯华人领袖陆才新回到中国，后逝世。
1875 年	▪ 中国人移民留尼汪出现高潮。
1876 年	12 月，留尼汪 4 名华商申请成立"华人互助会"，第二年 6 月成立。
1877 年	▪ 英国驻毛里求斯殖民政府颁布移民法令，取消外国移民入境须事先经过批准的规定。
1880 年	▪ 第一批南非华人计 10 名移民毛里求斯。 ▪ 华人开始移民葡属东非。 ▪ 法国招募中国劳工前往法属苏丹（今马里）修建铁路。 ▪ 毛里求斯出现专营华人"进出口"的组织。
1882 年	▪ 南非招募华工移民德兰士瓦。
1883 年	▪ 继布拉肯伯里于 20 世纪 70 年代首次提出在黄金海岸引进华人的建议后，理查德 · F. 伯顿和 V. L. 卡梅隆再次提出引进华人勘探和开采黄金海岸金矿的建议。
1885 年	▪ 南非的德兰士瓦政府颁布《苦力、阿拉伯人及亚洲人

法令》。

1886 年　▪ 首批中国移民 23 人从毛里求斯再移居塞舌尔群岛。

▪ 首批华商计 15 名自毛里求斯的路易港抵达马达加斯加的塔马塔夫。

1887 年　▪ 留尼汪政府修改移民法。

1888—1898 年　▪ 约有 1 800 名华人通过毛里求斯的路易港来到南非。

1889 年　6 月，毛里求斯华人要求英国政府向中国领事发放许可证。

1890 年　4 月 4 日，南非 3 名华人在金伯利的《钻石矿广告报》撰文，驳斥关于华人的各种荒谬论调。

1891 年　▪ 南非的奥兰治自由邦颁布法令，不许华人在奥兰治自由邦定居；任何想要经过奥兰治自由邦到其他地方去的华人必须获得特许，其停留时间不得超过 72 小时。

1892 年　11 月，南非约翰内斯堡地区华人领袖黎胜和为华人建造寺庙一事上书政府。

1894 年　▪ 德兰士瓦政府颁布《非豁免权法令》，剥夺了亚洲人的豁免权。

1895 年　▪ 毛里求斯华人领袖亚方·唐文(Affan Tank Wen)为广东籍华侨修建关帝庙。

▪ 毛里求斯第一份华文报纸创刊。

▪ 法属马达加斯加殖民政府颁布对马达加斯加的亚洲人和非洲人征收特别税的法令。

1896 年　5 月，法属马达加斯加政府为修筑东部公路(塔马塔夫—塔那那利佛)从中国首次招募契约华工计 3 003 名，分 4 批运往该岛；第一批计 499 名于 1896 年 5 月

10日抵达，第二批计614名于1896年8月25日抵达，第三批计1 023名于1897年4月5日抵达，第四批计867名于1897年8月11日抵达。

11月3日，法属马达加斯加政府颁布关于亚洲移民事项的第84号法令，法令包括登记注册、交纳费用、分等级交纳营业税等规定。

12月12日，马达加斯加塔马塔夫华侨协会成立。

▪ 杨衢云来到非洲，在约翰内斯堡、彼得马里茨堡和葡属东非殖民地的洛伦索-马贵斯设立了兴中会分会。

1897年

7月26日，马达加斯加总督发布第829号法令，提高对居住在马岛的亚洲商人征收的营业税以保护法国商人；法令还使旨在控制亚洲移民的"强迫协会制"系统化。

7月，从英国海峡殖民地招来的16名华人矿工和技术人员抵达黄金海岸的温尼巴。

10月，《黄金海岸快报》登载关于华工希望离开的消息。

12月，华工离开黄金海岸转到英国，利用华工在黄金海岸采矿的计划失败。

▪ 居住在南非德兰士瓦共和国的约420名华人向政府请愿，要求华人在南非得到外国人在中国所享有的"自由贸易和居住的权利"。

▪ 南非的纳塔尔政府先后通过《限制移民法》和《商人许可证法》(即第18号法令)，限制亚洲移民及其经商活动。

1898年

5月22日，中国与刚果自由邦签订和好通商条约《天津专章》。

6月1日，在约翰内斯堡的广东人组成"维益社"。

12月，马达加斯加殖民政府重新确定对经商许可证的税率，并提高了对亚洲商人征收的附加税标准。

1898—1914年　▪德国政府雇佣华工数千名在坦噶尼喀修筑铁路。

1899年　12月31日，经法国殖民大臣批准，马达加斯加总督加利埃尼特别考察团到锡兰(今斯里兰卡)、爪哇、日本、上海、澳门、厦门和香港，考察招募劳工的可能性，并与中方订立了一项招募华工的临时契约；考察团于1900年9月返回马达加斯加，提出书面报告。

1900年　2月10日，法属马达加斯加政府从中国再次招募的华工计500名从海丰出发，于4月抵达马达加斯加的迭戈苏瓦雷斯港，从事海军基地的军事工程建设。

6月2日，毛里求斯华人领袖、"穷人卫士"亚方·唐文逝世。

▪华人移民葡属东非殖民地贝拉。

1900—1904年　▪共有752名华人被拒绝进入纳塔尔殖民地。

1901年　5月7日，法属马达加斯加政府与中间商人达成协议，从福建招募1 000名华人苦力，6个月内到达。

5月8日，马达加斯加总督加利埃尼在《独立的马达加斯加公务纪事》上颁布"有关本殖民地招募和使用华工的指令"。

6月27日，法属马达加斯加政府从中国招募的第三批华工计764名抵马岛。

▪一批契约华工计802名抵达留尼汪。

1902年　4月10日，马达加斯加最后一批契约华工全部遣回；

▪为了限制亚洲商人和便于政府检查，法属马达加斯加政府规定：一切商业账目的记录都必须用一种欧洲

	文字或马尔加什文字。
	▪ 马达加斯加华人修建的关帝庙在迭戈苏瓦雷斯落成。
	▪ 南非约翰内斯堡“白人协会”成立，其宗旨是反对亚洲移民。
1903 年	2 月，南非矿业协会派斯金纳和诺耶斯两人到中国等地调查雇佣廉价劳动力的可能性。
	9 月，斯金纳在调查报告中建议雇佣华人劳工。
	11 月，法属马达加斯加政府发布通告，规定凡是经由毛里求斯和留尼汪来马岛的亚洲人一概不认其为英国和法国臣民；扩大了移民协会会长的职责。
	▪ 英国高级专员米尔纳勋爵提出可在南非雇佣契约劳工。
	▪ 德兰士瓦政府颁布 356 号通告，严禁移民秘密入境。
	▪ 莫桑比克的一位名叫贾阿桑(Ja Assam)的木匠兼建筑师将自己的一块地捐献给洛伦索-马贵斯的华人，以修建一座“中国亭”。
	▪ 南非德兰士瓦中华公会成立。
1904 年	2 月，德兰士瓦立法议会公布《劳工进口法令》，法令禁止华工从事与技术有关的 55 项工种，同时包括其他带有歧视性的规定；《劳工人口法令》获英国政府批准。
	5 月 13 日，中国驻英公使张德彝代表清政府在伦敦就劳工问题签订《保工章程》。
	5 月 25 日，“特威戴尔”号船运送 1 055 名华人劳工从香港出发。
	6 月 18 日，1 005 名华工抵达南非德班。
	9 月 14 日，97 名在南非德班的华人联名向纳塔尔殖

民当局请愿，要求改变强使华人在特许证上留指印并随时携带证件的歧视做法。

9月22日，南非的开普殖民政府颁布《排除华人法令》；此后不久，开普殖民地的1 380名华人成立了以蔡光楼为首的“中华总公会”。

▪ 毛里求斯仁和会馆向政府申请登记为正式社团。

▪ 南非的纳塔尔殖民政府通过《移民过境法》。

▪ 英国议会通过《南非华工招募条例》。

▪ 法属马达加斯加政府修改法令，重新定义“经商许可证”，并采取了有利于欧洲人和土著人的措施。

1905年　5月，中国清朝政府向南非英属领地派出外交使节，刘玉麟为第一任驻南非总领事。

11月30日，法属马达加斯加政府颁布法令，规定移民每年必须登记注册，并规定亚洲人和非洲人必须交纳特别税。

1906年　3月，南非商会联合会举行大会，通过反对亚洲商人的决议。

6月21日，毛里求斯最高法院就持续5年多的华人内部争端做出裁决。

8月，南非德兰士瓦当局公布《亚洲人法律修正法》（又称《亚洲人登记法》），规定8岁以上的亚洲人须重新登记。

12月6日，根据德兰士瓦自治宪法规定，不再向亚洲移民发放许可证，也不准延长契约。

▪ 马达加斯加华人在塔马塔夫成立南顺会馆。

▪ 第一名华人学生被中国总领事推荐进入德兰士瓦技术学院。

1907 年

3 月 20 日(一说 2 月),德兰士瓦新政府向议会提出《亚洲人法律修正法》,两天后法案被通过;亚洲移民开始进行反抗。

4 月 19 日,南非华人领袖致电南非英籍印度人委员会主席,支持印度人关于继续进行消极抵抗和建立支持运动基金的决议;广东人俱乐部主任梁佐钧出任南非德兰士瓦中华公会主席。

5 月 2 日,英国皇室批准《亚洲人法律修正法》;6 月,德兰士瓦立法院通过"契约工临时续约第 19 条";英国政府决定不再招募华工。

6 月 8 日,《亚洲人法律修正法》获得英国皇家批准,7 月 1 日生效;华人社区立下"宁坐牢,勿登记"的誓言;截至 10 月底,只有 4 名华人登记。

7 月,第一批南非金矿契约华工乘船回国。

7 月 22 日,德兰士瓦中华公会发表《南非洲杜省虐待华侨惨状书》。

8 月,首任中国驻南非英国属地总领事刘玉麟奉召回国,刘毅接任代理总领事。

11 月 10 日,周贵和自杀事件;梁佐钧在华人大会上发言,谴责南非政府,认为其须对周贵和之死承担责任;甘地代表印度人出席会议。

11 月 30 日,德兰士瓦的亚洲人进行登记的最后期限。

12 月 28 日,德兰士瓦政府逮捕亚洲人抵抗运动领袖,包括华人领袖梁佐钧、叶远东(Easton)、霍惠端(Fortoen)等人。梁佐钧将中华公会领导权交给王希(音译,Wengsee)。

▪ 英国政府通过《契约劳工法》,规定自 1907 年 6 月起分批遣返合同期满的华工。

1908年	1月10日，被判流放的亚洲人领袖重新受审；甘地、梁佐钧等从狱中致函殖民大臣，要求政府中止等级法，表示亚洲侨民将自愿进行登记。 1月30日，经过谈判，南非德兰士瓦政府与亚洲抵抗运动达成妥协；后因政府出尔反尔，亚洲人社区恢复抵抗运动。 8月23日，在南非华人举行的大会上，梁佐钧为代表的"抵抗运动派"与"妥协派"发生冲突；后双方就中华公会的经费使用问题发生法律纠纷，南非华人中的"妥协派"成立联卫("联合自卫"之简称)会所。 ▪ 马达加斯加塔马塔夫的南顺会馆成立，后改为华商总会。 ▪ 葡萄牙殖民当局将一批澳门居民流放到几内亚(比绍)，从事筑路工程。
1909年	1月，毛里求斯华商公所成立，后改名为华商总会。 2月25日，南非华人领袖梁佐钧被捕，判刑3个月。 4月18日，南非华人的"抵抗运动派"与"妥协派"在约翰内斯堡发生械斗，导致4名华人受伤，29人被捕。
1910年	2月28日，在南非的最后一批契约华工被遣返回国。 4月，梁佐钧再次被捕。 5月18日，梁佐钧与其他25名被流放至科伦坡的华人乘"乌姆富里"号起航。此前，梁佐钧将南非中华公会主席职务委托给霍惠端。 12月底，梁佐钧返回德兰士瓦，即遭拘禁。
1911年	1月，南非联邦政府停止逮捕亚洲移民。 3月，中国驻南非总领事刘毅因屡屡提出废除《排除华人法令》惹怒南非当局而被召回国。

	4 月，梁佐钧获释；南非华人社区正式结束消极抵抗运动。
1912 年	▪ 毛里求斯新华学校在一年前创办的私塾的基础上正式成立。
1913 年	▪ 法属马达加斯加政府颁布法令，规定每一个亚洲或非洲人都必须随身携带附有照片的身份证，颁布了限制向中国人发放证件的命令。 ▪ 南非联邦制定《移民取缔法》。
1914 年	2 月 16 日，马达加斯加的马南扎里华人协会成立。 ▪ 马达加斯加的马南扎里华人成立了华人会馆。 ▪ 坦噶尼喀境内铁路完工，德国殖民政府留用华工 20 余名。
1915 年	10 月，留尼汪华人向总督提出申请并附章程，要求成立“留尼汪岛中华商会”；总督在 12 月 4 日与圣但尼商会磋商后拒绝了这一申请。 ▪ 27 名马达加斯加的华人对政府征收特别税的依据提出质疑。
1916 年	1 月 28 日，留尼汪岛华人向当地总督提出“中华商会”新章程，于 6 月 24 日获得批准。
1917 年	8 月 8 日，马达加斯加塔马塔夫的华人决定成立华人互助协会，虽未得到政府批准，这一组织始终保持活动(以“塔马塔夫华人商会”为人所知)。 12 月 27 日，马达加斯加塔那那利佛的华人致函殖民总督，申请成立“华人事务管理局”，未得到批准。
1918 年	2 月 4 日，南非华人在伊丽莎白港建立了第一所华人学校。

1919 年	10 月，刘毅作为中华民国政府总领事抵达南非。 ▪ 南非政府通过《亚洲人及土地商业法修正案》。
1920 年	▪ 毛里求斯又一次招募华工。
1921 年	4 月 28 日，马达加斯加华人在塔马塔夫成立国民党（支部）。
1921—1934 年	▪ 法国在刚果修筑布拉柴维尔-黑角港铁路，招募大批华工。
1923 年	▪ 留尼汪岛中华商会向法国莱翁·第埃克斯博物馆赠送 20 件 18 世纪运进波旁岛的粤产瓷器。 8 月 3 日，法属马达加斯加政府颁布法令，规定移民必须持有身份证，并附一张外国人未经许可不得从事的各项职业表。 8 月 17 日，法属马达加斯加政府颁布关于原籍亚洲和非洲的外国人居留条件的法令，规定移入的外国人必须交纳特别居住税。 10 月 24 日（一说 22 日），马达加斯加总督颁布附加法令，提高了各类营业许可证的附加税，并规定移民协会人数至少为十人。
1924 年	▪ 法属马达加斯加政府修改 1923 年 8 月 3 日法令，在外国人未经许可不得从事的职业表上又增加多项。
1925 年	▪ 马达加斯加政府颁布法律，规定华人成立自治组织“代表制”。
1926 年	9 月 7 日，毛里求斯《华侨商报》在路易港创刊。 ▪ 毛里求斯第一个华人学生陈海生考取官费留学生，到英国学医。
1927 年	11 月，马达加斯加的华人要求在塔那那利佛成立国民

党支部，遭到殖民当局拒绝。

- 留尼汪第一所华文学校成立。
- 毛里求斯华人成立以“中国书报会”命名的协会。
- 法属马达加斯加政府两次提高附加税。
- 中国国民党改组，南非国民党总支部分为四个直属支部和十个分部。

1928年　12月，马达加斯加塔马塔夫华人举行会议，决定对日货进行抵制。

- 由国民党驻约翰内斯堡分部主持建立了约翰内斯堡华侨学校。
- 毛里求斯培英学校成立。

1929年　4月12日，毛里求斯仁和会馆召开会员大会通过决议，批准将仁和会馆与仁和旅馆二者合并。

10月12日，法属马达加斯加政府颁布关于加强对原籍亚洲和非洲的外国人居留进行监督的法令，规定任何人不得擅自在该岛登陆；葡属东非殖民地贝拉学校成立。

1930年　4月18日，马达加斯加国民党创办《侨民新报》。

7月14日，马达加斯加华人举行会议，讨论抵制日货问题，会上几名华人因违反抵制日货的决定而遭到与会者的批评；随后马岛警察局对国民党进行了调查。

8月12日，马达加斯加中文报纸《侨民新报》的老板兼编辑祝展华、主笔何金泉及其他两名华人因涉嫌“非法出版中文报”被带到塔马塔夫地方法院，被判罚款300法郎；他们提出上诉，最高法院于11月改判：印刷者无罪，减少了另外两人的罚款；1931年1月总督将祝、何二人驱逐出境。

8 月底到 9 月初，100 多名南非华人聚会约翰内斯堡，举行南非洲第一次代表大会。

▪ 南非首都比勒陀利亚的华侨组织成立“非京中华公会”。

▪ 南非政府颁发“移民配额令”，规定每年最多 50 名华人（配偶或子女）可进入南非。

1931 年　6 月 1 日，南非的第一份华文报纸《侨声报》在约翰内斯堡创刊。

▪ 法属马达加斯加政府规定，移民协会副会长免交附加税。

▪ 布拉瓦约华侨林炳乾申请金矿开采权，该矿被命名为“孙逸仙金矿”，直到 1945 年才将开采权转给欧洲人。

1932 年　1 月 1 日，留尼汪华侨互卫社成立。

6 月 21 日，法属马达加斯加殖民政府颁布法令，提高对殖民地移民的要求，强调对自由移民的管理，并规定未经批准外国人不得从事的 15 种职业；移民马达加斯加的中国人需出示品行证明。

7 月 6 日，汪丰被任命为中华民国驻约翰内斯堡领事。

8 月 11 日，毛里求斯的《华民时报》改名为《中华日报》。

10 月 26 日，南非比勒陀利亚青年自治会成立。

▪ 南非联邦政府制定《亚洲人土地使用法》，明确禁止亚洲人在金矿附近等经济繁荣的地区居住和从事贸易活动。

▪ 伊丽莎白港华人学校正式成立小学部。

▪ 葡属东非洛伦索-马贵斯四邑会馆和联安社成立。

1933 年　▪ 南非政府废除《排除华人法令(1904 年)》。

1934 年　▪ 葡属东非贝拉小学停办。

■ 南非华人在比勒陀利亚建立了该地第一所华文学校。

1935年 5月14日至7月初，中华民国政府专员梁宇皋到非洲视察，与各地侨团领袖会晤，并建议成立中华会馆。

7月31日，中国驻埃及领事馆开办，邱祖铭任第一任总领事。

11月26日，雷炳阳被任命为中华民国驻约翰内斯堡总领事。

1936年 1月1日，葡属东非洛伦索-马贵斯小学成立。

7月，洛伦索-马贵斯华侨成立华侨学术研究社。

11月，中华民国政府驻南非总领事雷炳阳被认为触犯南非关于禁止华人购买和拥有酒精度超过2%的酒类的法律而被召回国。

1937年 9月14日，南非华侨成立“杜省华侨妇女协会”；“卢沟桥事变”后，毛里求斯的华侨救国会改名为华侨救国委员会，后又更名为华侨抗敌后援会。

1938年 7月2日，留尼汪华侨救国后援会成立；马达加斯加华侨在塔马塔夫创办了第一所正规学校——兴文学校。

1939年 7月8日，马达加斯加的塔马塔夫商会通过决议，要求政府对入境的华人进行更严格的管理，以便减少获准定居的华人人数。

■ 蒋介石的顾问、澳大利亚人威廉·亨利·唐纳德去马达加斯加度假，访问了塔那那利佛的华人。

■ 南非“约翰内斯堡华侨学校”校长霍凌坚与中华民国政府派驻南非总领事宋发祥发生冲突，宋发祥照会南非政府将霍凌坚驱逐出境。

	▪ 南非德兰士瓦颁布《亚洲人土地及营业法》，对亚洲人占用土地及营业权利进行限制。
1940 年	4 月 7 日，南非华人团体联卫会所的 102 名华人在庆祝清明节的晚宴上被捕，罪名是“非法饮酒”。 8 月 8 日，南非约翰内斯堡的华人建立了办学规模最大的华文学校“国定学校”。 ▪ 留尼汪华侨创办《天声三日刊》。 ▪ 毛里求斯华人青年创办英、法双语杂志《黎明》。 ▪ 马达加斯加塔那那利佛华侨公社成立。 ▪ 马达加斯加国民党支部接管兴文学校，并命名为“党立兴文学校”。
1941 年	▪ 毛里求斯华人创办的新华学校扩展为中学。 ▪ 毛里求斯国民党直属支部创办的中华中学成立。 ▪ 3 637 名华人移民马达加斯加。 ▪ 南非华裔 Ted Wong Hoption 成为第一个进入金山大学的华人。
1942 年	▪ 马达加斯加的塔马塔夫华人体育协会成立。 ▪ 中国海员协会纳塔尔分会成立；开普敦分会于 1943 年 5 月成立。 ▪ 南非中国战争救济基金会成立。
1943 年	4 月，南非中国战争救济基金会在约翰内斯堡举行“援华周”。 9 月，南非中国战争救济基金会在伊丽莎白港举行“援华周”，南非其他组织均举行“援华周”。 ▪ 南非德兰施行的《亚洲人土地及营业法》推广到纳塔尔省。 ▪ 马达加斯加华体学校创办。

1944年　5月26日，马达加斯加的国民党向中国驻加尔各答领事馆提出报告，汇报了马岛国民党的活动。

▪ 留尼汪华侨开办中法学校，取代了原来的华文学校。

▪ 中华民国政府在毛里求斯设立领事馆，由郑寿恩任第一任领事。

▪ 南非华人协会(CASA)成立，后来因无人组织而停止活动。

1945年　8月12日，贝拉港的华侨组织东华体育会成立。

▪ 南非的亚洲移民获得选举3名白人代表参加下议院的权利。

▪ 非洲各地华侨欢庆抗日战争胜利。

▪ 中华民国政府派叶汎宣慰员到非洲慰问华侨。

1946年　8月1日，第一任中国领事谷兆芬赴马达加斯加就任。

▪ 毛里求斯《中国时报》在路易港创刊。

▪ 留尼汪成为法国的“海外省”；福建同乡会会址被遗弃。

▪ 马达加斯加的菲亚纳兰楚阿华侨小学创办。

▪ 南非东伦敦华侨成立“华侨青年协会”，并发行通讯《新中国》。

1947年　2月15日，马达加斯加兴文学校学生创办华文半月刊《民锋》。

3月29日，马达加斯加人民起义反抗法国的殖民统治，一些华人因参与或支持起义而被法军杀害，中国领事馆就这些屠杀事件向法国提出抗议。

4月20—27日，首届南非侨大召开，并宣布成立南非华侨团体联合会。

5月6日，马达加斯加的菲亚纳兰楚阿华人协会成立。

6 月 3 日，中华民国经济部华侨经济事业视导专员翁德林抵南非视察，随后前往马达加斯加、留尼汪及毛里求斯视察。

6 月 17 日，马达加斯加的塔那那利佛华人体育俱乐部成立。

12 月 21 日，马达加斯加华人成立圣玛丽互助小组委员会。

1948 年

▪ 毛里求斯华人领袖朱梅彝被选为立法委员会的第一位华人代表，并于 1953 年、1959 年两次连任。

▪ 法国政府因留尼汪中华商会的名称与法律有冲突而命令其停止活动；1953 年留尼汪中华商会改换法文名称后获准重新开始活动。

▪ 南非华侨福利委员会成立，任务为废除苛例。

1949 年

2 月，威特沃特斯兰特大学即金山大学中国学生会成立。

▪ 毛里求斯华人获得选举权。

1950 年

1 月，法国高级官员要求马达加斯加各地的地方长官向他提供有关华人社团的情况。

3 月，台湾的国民党重新组建华侨部，拟请驻马达加斯加的法国当局指定一位当地华人以填补领事之职，未果。

▪ 南非政府颁布《集团住区法》，8 月 2 日，南非侨领梁禄元等人就此法案拜会南非内务部部长。

9 月 20 日，中国华侨事务委员会主任委员何香凝发表讲话，痛斥南非政府实行《集团住区法》。

▪ 法国政府于 1950 年明令禁止外国人移居留尼汪。

▪ 南非政府颁布《镇压共产主义条例》，禁止在南非联邦推行共产主义，并正式禁止从中国向南非移民。

▪ 南非颁布《人口登记法》，各种族成员鉴别登记的标准是“人的表面特征或是否被某一特定种族集团所接受”。

1951 年　2 月 21 日，南非侨领又一次就种族歧视问题拜会南非内务部部长。

10 月，台湾国民党政府驻南非约翰内斯堡总领事到马达加斯加访问；1953 年 5 月他对马达加斯加进行了第二次访问。

▪ 马达加斯加 12 个县治侨团合并为塔马塔夫省华侨总会。

▪ 马达加斯加京华小学正式开课。

▪ 南非伊丽莎白港的两所华人学校改由开普省教育厅主办，成为一所政府公立学校。

1952 年　9 月，南非约翰内斯堡华侨油印杂志《起来》创刊。

10 月 10 日，马达加斯加兴文学校的青年协会创办华人报刊《青年月刊》。

10 月 15 日，南非侨领梁禄元等再次就华侨权益问题拜会南非政府官员。

▪ 从 1952 年至 1967 年止，南非政府多次建议划分华人区域。

1953 年　2 月 5 日，马达加斯加的塔那那利佛华人协会成立。

7 月 1 日，马达加斯加的华中青年体育会成立。

12 月 10 日，毛里求斯《中国时报》创刊。

▪ 南非华人组织成立“侨影社”。

▪ 法国政府下令禁止留尼汪华侨从事酒吧生意，后经华人代表刘锡辉交涉，使已有酒吧商照者能够保持原有权益。

1954年　3月29日，南非华人代表向南非总理马兰递交改善南非华人状况问题备忘录。

4月，南非洲中华总公会成立，后因内部矛盾于1967年停止活动。

8月，台湾国民党政府特使访问南非、毛里求斯、留尼汪和马达加斯加；在马达加斯加，访问了所有主要的华人中心。

▪ 毛里求斯华侨领袖邓军凯当选为中华人民共和国第一届全国人民代表大会南非区代表；随后逝世于上海，归葬于家乡梅县。

1955年　9月16日，毛里求斯的《华侨商报》和《中国时报》合并为《华侨时报》；留尼汪第一座观音菩萨庙落成。

1956年　3月8日，毛里求斯华人报刊《新商报》在约瑟夫创刊。

5月29日，南非侨领就改善华人状况问题拜会南非官员。

7月，马达加斯加《民锋》杂志因经费问题停刊，后于1957年复刊。

▪ 毛里求斯华人妇联会成立，后停办。

1958年　▪ 毛里求斯华人《国民日报》创刊。

1960年　6月25日，毛里求斯华人《中央日报》创刊。

▪ 毛里求斯遭受特大台风袭击，仁和会馆向中国侨委会请求赈济，全国侨联捐款一万八千盾，由仁和会馆发放给灾民，数千户获得补助，其中包括其他民族的灾民。

▪ 南非政府颁布《出生法》，使华人在南非联邦内获一

	定地位。
1961 年	▪ 第一家华人工厂——搪瓷厂在尼日利亚创办。 ▪ 毛里求斯华人政治家曾繁兴获得学士学位，后来他不仅在文学上颇有造诣，同时也成为第一个华人部长。
1962 年	3 月，南非德班的华商 David Song 根据《人口登记法》成为第一位“白人”；南非与中国台湾建立领事级外交关系，并通过驻东京的代表与中国台湾联系。 ▪ 南非华人组织成立“约翰内斯堡业余音乐社”。 ▪ 津巴布韦(原为南罗得西亚)华人协会成立。
1963 年	5 月 31 日，南非政府发布宣言，掀起同化运动，承认华人能对南非民族的建设做出贡献。 ▪ 毛里求斯客属会馆成立；华人朱梅粦当选为毛里求斯国会议员，成为第一位华人议员。
1964 年	▪ 年初，南非华侨组成中非贸易促进会。
1966 年	▪ 南非政府对非法入境的华人进行拘捕，监禁百余人，侨胞梁侠飞和刘梓仁在狱中不甘侮辱，自尽身亡。
1967 年	▪ 南非共和国在台北开设总领馆。 ▪ 南非华人设立“罗明元奖学金”。
1969 年	▪ 加那利群岛的第一家华人餐馆开业。
1970 年	4 月，南非的华人女生 Patricla Tam 在参加校际网球比赛时因为警察干预而被迫退出比赛。 7 月，南非伊丽莎白港的 8 名华人婴儿被赶出一所白人住宅区内的托儿所，此事成为当时的一大新闻。 ▪ 本年考取毛里求斯 6 名官费留学生的全是华裔学生。

▪ 在南非的罗得斯大学(即“罗兹大学”)“校花”竞选中发生“陈月娥事件”。

1972 年 ▪ 毛里求斯的中华文化中心成立。

1973 年 ▪ 马达加斯加《民锋》杂志停刊。

1974 年 ▪ 毛里求斯的新华学校停办。

▪ 马达加斯加京华小学由塔那那利佛华侨公社接收并领导。

1975 年 4 月 14 日,毛里求斯华人《镜报》周刊创刊。

▪ 马达加斯加兴文学校与国民党海外直属支部一起被马政府取缔并关闭。

1976 年 4 月,南非政府与台湾双方将领事级关系升格为大使级关系。

▪ 马达加斯加兴文学校和华体两校合并为塔马塔夫华侨小学。

▪ 南非华人成立“基督教华人敬老基金会”。

1977 年 8 月,非洲地区第一届华人联谊会在南非召开。

11 月 23 日,象牙海岸(今科特迪瓦)华侨组成联谊会。

▪ 毛里求斯华人知识分子陈庆彛等人发起成立华联会,成员均为中高级知识分子,该会宗旨是争取提高华人的政治地位。

1978 年 7 月 28 日,非洲华侨协会第一届大会在约翰内斯堡召开。

1979 年 ▪ 第二届非洲华人联谊会在斯威士兰召开。

▪ 南非华侨国定中、小学校友会成立。

1980 年 ▪ 南非华侨国定中、小学正式改制成为公立学校。

	▪ 毛里求斯杰出华人朱梅麟被封为爵士。
	▪ 毛里求斯明德中心成立。
1981 年	1 月，留尼汪手球队应邀访问中国。
	1 月 25 日，南非华人在约翰内斯堡建立了"南非华人康宁院"。
	▪ 南非华人霍成坚被当地政府委任为南非总统咨询委员会华人代表。
	3 月，南非华人联合会成立；毛里求斯华人妇联会重建。
1982 年	8 月 15 日，南非约翰内斯堡"中华文化中心"揭幕。
1983 年	▪ 毛里求斯华人青年叶远媚考取中国奖学金，入读北京语言学院；1986 年获文学士学位。
	▪ 霍成坚被选为南非青商会副主席。
	▪ 留尼汪华人曾宪健当进为留尼汪顶磅市市长。
1984 年	7 月，南非国会通过修正《集团住区法》，伊丽莎白港的华人并入白人区；毛里求斯华裔李国华当选为路易港市市长。
1985 年	▪ 南非政府宣布华人可免除种族区域法律的限制。
1986 年	▪ 毛里求斯华侨、中国抗癌协会主席吴恒兴逝世，骨灰运到毛里求斯与父母合葬。
	▪ 留尼汪华裔曾宪建（法文名安德烈 · 田阿昆）竞选法国参议员成功，成为法国有史以来第一名华裔议员。
	▪ 华人侯沐凯出任留尼汪工商联合会会长。
	3 月，李先念主席访问马达加斯加，在塔那那利佛接见 50 位华侨代表。
	7 月，尼日利亚拉各斯大酋长莫莫杜 · 伊洛授予华人

朱南扬“伊凯贾工业区酋长”称号。

8 月，毛里求斯文化教育部在华人的支持下创办中国音乐学校。

8 月，世界华人团体联谊会第四届大会和非洲华人联谊会第五届大会同时在南非约翰内斯堡召开。

12 月，马达加斯加总统拉齐拉卡将国家骑士勋章授予陈国桢、刘国鹏和何江帆（女）三位华人实业家，以表彰他们对经济发展所做的卓越贡献。

▪ 南非总统博塔聘霍成坚为国家福利委员会委员，为霍婉拒。

1987 年　▪ 毛里求斯华裔青年李光镜荣获“路易港市杰出青年奖”。

1988 年　7 月 1 日，毛里求斯中国文化中心成立；9 月开设中文班，收学生 30 名。

9 月 2—4 日，第六届非洲华人联谊会在南非的开普敦召开，18 个国家和地区的代表约 200 人赴会。

10 月 2 日，毛里求斯华人社团联合会成立。

▪ 塞舌尔华裔警察总监安东尼·加米尔（中文名韦怡和）专程到广东顺德寻根。

▪ 津巴布韦华裔朱惠琼被任命为初等和中等教育部部长。

▪ 华人曾玉宝女士被推选为加纳东部省北阿夸平一个区的女酋长，成为第一个被封为加纳酋长的华人。

▪ 毛里求斯华裔李国华当选为国会议员。

1989 年　1 月，毛里求斯华裔陈凯被任命为驻法国大使。

3 月 19 日，李传豪在法国市政选举中当选为留尼汪圣但尼市副市长，时年 35 岁，10 月当选为留尼汪省议员。

	10月，南非著名侨领梁兆礼专程去中国驻博茨瓦纳使馆拜访。
	11月24日，毛里求斯华文教育促进委员会成立。
1990年	5月，代表老一辈南非华侨利益的“中华总公会”发表声明，反对任何将华人集中在一起的“中国城”计划。
	8月24—26日，第七届非洲华人联谊会在斯威士兰首都姆巴巴纳召开，150名代表出席。
	12月1日，莱索托中华会馆落成。
1991年	▪ 毛里求斯华裔青年李光镜当选为“毛里求斯杰出青年”，并成为发展协会副主席。
	▪ 台商在莱索托创立中华学校；1994年迁往南非的淑女镇，更名为莱非台商学校。
1992年	4月，第一届世界华人研讨会在毛里求斯召开。
	4月，台湾银行正式在约翰内斯堡挂牌营业，成为在南非的第一家亚洲银行。
	8月22—23日，第八届非洲华人联谊会在莱索托首都马塞卢召开，由莱索托中华商会主办，约300人参加。
	▪ 毛里求斯华裔青年李光镜任路易港市商会总裁，并当选为“毛里求斯最优秀的总裁”；同年，在津巴布韦首都哈拉雷举行的“国际青年商会非洲大会”上，荣获“非洲最佳团体发展项目奖”。
1993年	10月8日，毛里求斯唐人街发生严重火灾，30多幢楼房和商店毁于一旦。
	▪ “佛光寺”在南非比勒陀利亚郊外落成。
1994年	▪ 南非华侨冯荣生创办《华侨新闻报》。
	▪ 毛里求斯华人组织南顺会馆举行成立125周年庆典。

▪ 加纳中华工商总会成立。

1996 年　2 月 3 日，中国云南省部分地区发生严重地震灾害，毛里求斯仁和会馆向受灾地区慷慨捐赠 5 万卢比。

9 月 29 日，由中国大陆来的侨胞在南非约翰内斯堡正式成立南非中华工商联合会。

▪ 南非华人学者叶慧芬和梁瑞来所著的《南非华人史》出版。

▪ 留尼汪华人学者黄素珍所著的《留尼汪华人史》出版。

▪ 毛里求斯华人组织仁和会馆举行成立 125 周年庆。

▪ 台商在南非创立华心中文学校。

1997 年　1 月 1 日，《彩虹商旅》(*Rainbow Explorer*)在南非创刊；多哥华人华侨联谊会成立。

▪ 台商在斯威士兰创立中华学校。

▪ 中国大陆新移民在南非创立中华学校。

《华侨新闻报》(*China Chronicles*)在南非创刊。

1998 年　1 月 1 日，中华人民共和国与南非正式建立外交关系。

7 月 7 日，南非总统曼德拉致函南非华人社团，对在华人社区发生的华人孩童不幸遇害事件表示诚挚慰问。

▪ 毛里求斯的华人组织南顺会馆与义兴公司合并成功，并得到政府批准。

▪ 博茨瓦纳华人华侨总商会成立。

▪ 南部非洲粤港澳总商会成立。

1999 年　1 月 24 日，在马达加斯加进行正式访问的中国国家副主席胡锦涛会见了旅居马达加斯加的华侨和华人代表。

▪ 林碧芳在毛里求斯创办光明学校，现任校长叶燕珍。

	▪ 台商在科特迪瓦创办中文学校。
	▪《南非华人报》在南非创办。
	▪ 南非紫荆会成立。
2000 年	▪ 中非合作论坛创办，中非关系发展进入新阶段。
	▪ 喀麦隆华侨华人工商总会成立。
2001 年	▪ 纳米比亚中华工商联合总会成立。
	▪ 埃及华人联谊会成立。
	▪ 尼日利亚中国工商联合总会成立。
2002 年	1 月 19 日，全非洲中国和平统一促进会在南非约翰内斯堡成立，随后多个非洲国家成立和平统一促进会。
	▪ 安哥拉中国总商会成立。
	7 月 19 日，访问南非的福建省省长习近平为南非新侨的首家会馆——福建会馆揭牌。
2003 年	▪ 中国新移民在毛里求斯创办华夏学校。
	▪ 加蓬华侨华人协会成立。
2004 年	1 月，南非华人警民合作中心在中国驻南非使馆和驻约翰内斯堡总领馆的支持下正式成立，这是南非全侨性华人社团组织。
	10 月 3 日，津巴布韦华商联合总会（简称“华商会”）成立，这是新移民在津巴布韦的第一个正式的华侨社团。
2005 年	5 月 1 日，《非洲时报》在南非创刊。
	7 月 23 日，《华声报》（*Hua Sheng Bao*）在毛里求斯创刊。
	8 月 7 日，《西非统一商报》在尼日利亚创刊。
	8 月 9 日《肯尼亚华声报》在肯尼亚创刊。
	▪ 南非约翰内斯堡西罗町正式注册为唐人街。

▪ 马里华人华侨联合总会成立。

▪ 肯尼亚华人华侨联合会成立。

2006 年　8 月 23 日,《虹周刊》在南非创刊。

▪ 中国大陆三九国际集团董事长徐有强先生在南非约翰内斯堡创立中文学校。

▪ 赤道几内亚华侨华人联合总会成立。

▪ 坦桑尼亚中华总商会成立。

2007 年　▪ 埃及中国文化交流协会成立。

▪ 莫桑比克中华商会成立。

▪ 南部非洲华人妇女联合总会在南非成立。

2008 年　▪ 埃塞俄比亚中华商会成立。

2009 年　10 月 7 日,《安哥拉华人报》(*Jornal de Chinês*)在安哥拉创刊。

▪ 乌干达的鲁扬子中学通过银行拍卖中标后成为华校。

▪《非洲华侨周报》在博茨瓦纳创刊。

▪《中非日报》在马达加斯加创刊。

▪ 南部非洲华侨华人联合工商总会在南非成立。

2010 年　▪ 英文报纸 *Global Post* 在博茨瓦纳创刊。

▪ 几内亚华人华侨商会成立。

2011 年　▪ 东部非洲中国总商会在肯尼亚成立。

2012 年　1 月 15 日,华文周刊《西非华声》在科特迪瓦创刊。

▪ 中阿双语半月刊《中国周报》在埃及创刊。

4 月 9 日,胡锦涛主席会见第六届世界华侨华人社团联谊大会代表。

6 月 9 日,由南非侨胞自筹资金建立的非洲首家华文

	教育基金会“南非华文教育基金会”在约翰内斯堡设立。
	▪ 刚果民主共和国中华联合总商会成立。
2013 年	▪ 坦桑尼亚中华矿业商会成立。
2014 年	▪ 英文报纸 *New Age* 在赞比亚创办。
	3 月 31 日，津巴布韦华人华侨联合总会（简称“华联会”）成立；埃塞俄比亚华人发展联合会成立。
	6 月 6 日，习近平主席会见第七届世界华侨华人社团联谊大会代表。
2015 年	12 月，中、英文杂志 *China Town Magazine* 在毛里求斯创刊；英文双月刊 *Tanzania Brand* 在坦桑尼亚由南庚戌的传媒集团接管。
	▪ 南非华商总会成立。
	▪ 南苏丹中国商会成立。
	▪ 厄立特里亚中国商会成立。
2016 年	7 月 3 日，博茨瓦纳博华寺大雄宝殿举行落成开光庆典法会。
	▪ 英文双月刊 *Global Knot* 在赞比亚创刊。
	▪ 赞比亚华侨华人总会成立。

参考文献

此为笔者在研究过程中接触到的关于非洲华侨华人的参考资料目录。其中有的文献笔者没有机会使用,但为了尽可能地介绍这一专题的研究情况以利于后人研究,也一并列出。① 非洲华文报刊上的文章没有收录。囿于篇幅,有关契约劳工的英国国家档案未全数列出,有关中非关系史的一般论著未列出。特此说明。

英国政府文件(包括前殖民地文件)

CO96/269. Memorandum. "Coolie Immigration, Gold Coast", 28 Mar. 1895, CO96/300. Dispatch No. 495, Hodgson to Chamberlain, 23 Dec. 1897.

ADMl/496. Proposal to Import Chinese Gold Prospectors, No. 8, January 7, 1897.

① 官方档案和文件目录线索:有关南非契约华工和华人分别参见 Peter Richardson, *Chinese Mine Labour in the Transvaal*, London: Macmillan, 1982; Melanie Yap & Dianne Leong Man, *Colour, Confusion and Concessions, The History of the Chinese in South Africa*, Hong Kong: Hong Kong University Press, 1996. 有关留尼汪华人参见 Wong-Hee-Kam Edith, *La Diaspora Chinoise aux Mas-careignes: Le Cas de La Reunion*, Paris: L'Harmadan, 1996. 有关毛里求斯华人参见 Marina Carter and James Ng Foong Kwong, *Abacus and Mah Jong: Sino-Mauritian Settlement and Economic Consolidation*, Leiden & Boston: Brill, 2009; H. Ly-Tio-Fane Pineo, *La Diaspora Chinoise dans l'Ocean Indien Occidental*, Aix-cn-Provence: Presse du GIS Mediterranee. 1981. 有关马达加斯加华人参见 Leon M. S. Slawecki, *French Policy Towards the Chinese in Madagascar*. Connecticut: The Shoe String Press. 1971.

1844 [Cd. 530] Correspondence relative to Emigration of Labourers to W. Indies and Mauritius, from W. Coast of Africa, E. Indies and China.

1904 [Cd. 1895] Correspondence (containing the Chinese Labour Ordinance) relating to Affairs in the Transvaal and Orange River Colony.

1904 [Cd. 1950] Correspondence Relating to Recruiting of Labour in the British Central African Protectorate for Employment in the Transvaal, March 1904.

1904 [Cd. 1956] Convention between the United Kingdom and China respecting the Employment of Chinese Labour in British Colonies and Protectorates, Signed at London, 13th May 1904, No. 6.

1904 [Cd. 2028] Correspondence relating to the proposed introduction of Indentured Asiatic (Chinese) Labour into Southern Rhodesia.

1905 [Cd. 2246] Convention between the United Kingdom and China respecting the Employment of Chinese Labour in British Colonies and Protectorates, Signed at London, 13 May 1904.

1906 [Cd. 3251] The Asiatic Law Amendment Ordinance No. 29 of 1906.

1907 [Cd. 3405] Correspondence relating to the Introduction of Chinese Labourers into the Transvaal in excess of the number of Licenses issued.

法国政府文件(包括前殖民地文件)

Archives Nationales, Section Outre-Mer: Fonds Madagaacar MAD 308/778: Immigration—Reglementation de l'Immigration Asiatique et Africaine.

C432/d4517: Arrete du 10 novembre 1843 sur l'introduction de Chinois, C432/d4600: Immigration chinoise(1845). ANOM 为 Archives Nationals d'Outre-Mer 的缩写,海外部国家档案。

Serie Cabinet Civil, No. 358, Immigration Chinoise, 1912—1939.

Serie Cabinet Civil, No. 362, Kuomintang, 1932—1952.

Serie Cabinet Civil, No. 372, Activites Chinoises a Madagascar, 1932—1952.

Serie Cabinet Civil, (Travaux Publics) No. D-143, Chemin de Fer T. C. E., Ouvriers Grecs et Chnois.

非洲总论

艾周昌编注:《中非关系史文选(1500—1918)》,上海:华东师大出版社,1989 年(非洲华侨部分)。

艾周昌、沐涛:《中非关系史》,上海:华东师大出版社,1996 年(有非洲华侨内容)。

长野朗:《中华民族之海外发展》(黄朝琴译),台北:中华学术院南洋研究所,1983 年[1929 年](关于南非华人情况)。

陈碧笙:《世界华侨华人简史》,厦门:厦门大学出版社,1991 年。

陈翰笙:《"猪仔"出洋——七百万华工是怎样被拐骗出国的》,《百科知识》,1979 年第 5 期。

陈翰笙主编:《华工出国史料汇编》,第一辑《中国官文书选辑》,北京:中华书局,1985 年。

陈翰笙主编:《华工出国史料汇编》,第四辑《关于华工出国的中外综合性著作》,北京:中华书局,1981 年。

陈翰笙主编:《华工出国史料汇编》,第九辑《非洲华工》,北京:中华书局,1984 年。

陈泽宪:《非洲地区英、法、比、葡、西、德、各殖民地招募华工纪略》,陈翰笙主编:《华工出国史料汇编》,第九辑《非洲华工》。

陈泽宪:《十九世纪盛行的契约华工制》,《历史研究》,1963 年第 1 期。

陈怀东:《海外华人经济概论》,台北:黎明出版社,1986 年(有关非洲华侨经济部分)。

陈信雄:《唐代中国与非洲的关系——间接而强势的海路贸易》,吴健雄主编:《中国海洋发展史论文集》(第四辑),台北:"中央"研究院,1991 年。

常江、袁卿:《再见巴别塔——当中国遇上非洲》,北京大学出版社,2013 年。

楚汉:《非洲华侨华人社会中的关帝庙》,《八桂侨史》,1996 年第 2 期。

董悦华:《1910 年以来的非洲华人及其与中国的关系》,《山东师大学报》,1994 年第 2 期。

范彦萍:《非洲唯一华人酋长》,《华商世界》,2007 年第 3 期。

方积根:《非洲华侨史研究情况介绍》,《华侨历史学会通讯》,1984 年第 1 期。

方积根:《海外华人的历史与现状》,《华声报》,1990 年 1 月 12 日。

方积根编:《非洲华侨史资料选辑》,北京:新华出版社,1986 年。

方积根、胡文英:《非洲华文报刊》,《对外宣传参考》,1987 年第 4 期。

方积根、胡文英:《海外华文报刊的历史与现状》,北京:新华出版社,1989 年。

方伟:《中国公民在非洲的安全与领事保护问题》,《浙江师范大学学报》(社会科学版),2008 年第 33 卷第 5 期。

方雄普、谢成佳:《华侨华人概况》,北京:中国华侨出版社,1993 年(各章中对非洲华侨均有所介绍)。

方雄普、许振礼编著:《海外侨团寻踪》,北京:中国华侨出版社,1995 年。

《非洲大陆华侨近况》,[台北]《华侨经济参考资料》,第 231 期,1965 年 7 月。

《非洲各属华侨人口统计表》,《中央侨务月刊》,第 7—8 号合刊,1934 年 4 月。

《非洲华工之惨状》,《南大与华侨》,第 8 卷第 5 期,1930 年 6 月。

《非洲华侨概况表》,《中央侨务月刊》,第5—6号合刊,1930年2月。

《非洲华侨受虐情形》,《南大与华侨》,第8卷第3期,1930年2月。

《非洲与华人贸易的爱恨情》,[南非]《华侨新闻报》,2007年8月31日。

《斐洲华侨人口职业调查概况》,《中央侨务月刊》,第3—4期,1929年12月。

冯自由:《革命逸史》,第四集,北京:中华书局,1981年(有关杨衢云去南非建立兴中会介绍)。

福建师范大学历史系华侨史资料选辑组编:《晚清海外笔记选》,北京:海洋出版社,1983年(有一篇原载《新民丛报》关于南非华侨惨状的信件)。

《傅好文:非洲——中国的第二大陆》,《德国之声》,2014年8月9日,引自中国选举与治理网,http://www.chinaelections.com/article/722/232680.html,查阅日期:2016年7月20日。

傅宏波:《浙商在非洲》,《观察与思考》,2006年12月1日。

高欣、尹丽、汲东野:《中国人在非洲》,2013年4月23日,《法治周刊》,http://www.legalweekly.cn/index.php/Index/article/id/2568,查阅日期:2015年9月10日。

葛仁局:《炎黄子孙在海外》,长春:吉林人民出版社,1986年(有关毛里求斯和留尼汪等地华侨的部分)。

谷川编:《亚非利加洲华侨概况——上海侨务协进会非洲特派员莫次南调查》,《中央侨务月刊》,第7—8期合刊,1930年4月。

国务院侨办侨务干部学校编著:《华侨华人概述》,北京:九州出版社,2005年。

国务院侨务办公室编:《侨务法规文件汇编1955—1999年》,1999年编印。

顾强:《西非棉纺织业投资及市场前景》,《国际经济合作》,1998年第6期。此文同时在《中国纺织经济》(1998年第4期)上发表。

《海外华人华侨已超6000万分布于198个国家和地区》,中国网,2014年3月5日,http://news.china.com.cn/2014lianghui/2014-03/05/content_31685623.htm,查阅日期:2015年10月12日。

《海外各处华侨历史与现状》,《申报》,1931年8月28—30日(连载)。

何汉文:《华侨概况》,上海:神州国光社,1931年(有南非华侨的内容)。

何敏波:《非洲中国新移民浅析》,《八桂侨刊》,2009年9月第3期。

鸿甫:《非洲华侨琐谈》,《华声报》,1983年2月27日。

胡文英:《非洲华侨对祖国抗战的贡献》,《华声报》,1987年7月7日。

《华侨华文教育》,《教育大辞典》,上海教育出版社,1992年。

华侨革命史编纂委员会编:《华侨革命史》(上、下卷),台北:正中书局,1981年(有关于非洲华侨的零星资料)。

华侨经济年鉴编纂委员会编:《华侨经济年鉴》,台北:1958—1998年(有关于非洲华侨经济的情况,按国别介绍)。

华侨问题研究会编:《华侨人口参考资料》,北京,1956 年 3 月。

华侨问题研究会编:《亚非地区华侨情况介绍》,北京,1955 年 3 月。

华侨志编纂委员会编:《华侨志・总志》,台北:华侨志编纂委员会,1956 年。

华人经济年鉴编辑委员会编:《华人经济年鉴》,北京:中国社会科学出版社,1995 年(有关于南非、马达加斯加、毛里求斯和留尼汪华侨的一般情况)。

华人经济年鉴编辑委员会编:《华人经济年鉴》,北京:社会科学文献出版社,1996—1998 年(有关于南非、马达加斯加、毛里求斯和留尼汪华侨的一般情况)。

黄小坚、赵红英、丛月芬:《海外侨胞与抗日战争》,北京:北京出版社,1995 年。

黄小用、贺鉴:《论非洲华侨对祖国抗日的贡献》,《抗日战争研究》,2001 年第 3 期。

暨南大学华侨研究所编:《华侨史论文集》(三),广州:暨南大学华侨研究所,1983 年(有关于毛里求斯华侨的论文一篇)。

剑虹:《中国商人在非洲——商情、风情、人情》,北京:中国经济出版社,2003 年。

《金融危机来袭非洲华商近况堪忧》,《上海侨报》,2009 年 4 月 2 日。

尔・卡科科斯:《华工》(雍恢译),《非洲历史研究》,1986 年第 1—2 期。

李安山:《从坦赞铁路到蒙内铁路:中非合作中的技术转移》,《国际社会科学》,2016 年第 4 期。

李安山编注:《非洲华侨华人社会史资料选辑 1800—2005》,香港社会科学出版社有限公司,2006 年。

李安山:《非洲华侨华人史》,北京:中国华侨出版社,2000 年。

李安山:《非洲华侨华人史的外文史料及其利用》,《西亚非洲》,1999 年第 2 期。

李安山:《国际政治话语中的中国移民:以非洲为例》,《西亚非洲》,2016 年第 1 期。

李安山:《清朝政府对非洲华侨政策探析》,北京大学非洲研究中心编:《中国与非洲》,北京大学出版社,2000 年。

李安山:《论非洲华人史的中文史料及其利用》,《华侨华人历史研究》,1999 年第 1 期。

李安山:《论清末华侨在非洲的社区生活》,《华侨华人历史研究》,1999 年第 3 期。

李安山:《试论抗日战争中非洲华侨的贡献》,《世界历史》,2000 年第 3 期。

李安山:《试析非洲华人报刊的历史演变与社会功能》,《华侨华人历史研究》,2001 年第 3 期。

李安山:《为中国正名:中国的非洲战略与国家形象》,《世界经济与政治》,2008 年第 4 期。

李安山:《中非合作背景下的华侨华人与国家政策之关联》,《侨务研究》,2009 年第 1 期。

李安山:《中国走进非洲的现实与真相》,《社会观察》,2011 年第 8 期。

李长傅:《中国殖民史》,台北:商务印书馆,1983 年[1936 年](有关南非华侨的部分)。

李明欢:《当代海外华人社团研究》,厦门:厦门大学出版社,1995 年。

李南友:《契约华工在世界各地》,《广东侨报》,1984 年 8 月 24 日,8 月 31 日,9 月 7 日(连载)。

李鹏涛:《中非关系的发展与非洲中国新移民》,《华侨华人历史研究》,2010 年第 4 期。

李小玲:《非洲华侨与祖国抗战》,《西亚非洲资料》,1994 年第 2 期。

李新烽:《非洲华侨华人数量研究》,《华侨与华人》,2012 年第 1—2 期。

李新烽:《试论非洲华侨华人数量》,http://iwaas. cass. cn/dtxw/fzdt/2013 - 02 - 05/2513 shtml,查阅日期:2015 年 8 月 20 日。

李鹏涛:《中非关系的发展与非洲中国新移民》,《华侨华人历史研究》,2010 年第 4 期。

李新烽:《非洲踏寻郑和路》,北京:中国社会科学出版社,2013 年。

李原、陈大璋编著:《海外华人及其居住地概况》,北京:中国华侨出版公司,1991 年(关于非洲华侨华人情况,按国别介绍)。

黎海波:《晚清政府的非洲华侨政策:评价与反思》,《华侨华人历史研究》,2009 年第 1 期。

梁初鸿编:《华侨华人史研究集》,北京:海洋出版社,1989 年(有关于南非华工的论文一篇)。

廖小健:《战后各国对华侨华人政策》,广州:暨南大学出版社,1995 年(有毛里求斯、留尼汪、南非和马达加斯加等国情况)。

林美惠:《非洲华人奋斗的方向》,《海华杂志》,1988 年 10 月。

刘伟才:《华人私营企业在非洲:问题与对策》,《上海商学院学报》,2011 年第 12 卷第 1 期。

《论非洲宜禁华工》,《外交报》,第 23 期,1902 年 9 月。

梅守仁:《华人移居非洲溯源》,《八桂侨史》,1998 年第 2 期。

[法]米歇尔・塞尔日、米歇尔・伯雷:《中国的非洲——中国正在征服黑色大陆》(孙中旭、王迪译),北京:中信出版社,2009 年。

潘翎主编:《海外华人百科全书》,香港:三联书店,1998 年(中、英文同时出版)。

潘琳:《炎黄子孙——华人移民史》(陈定平、陈广鳌译),上海:三联书店,1992 年。

彭家礼:《十九世纪开发西方殖民地的华工》,《世界历史》,1980 年第 1 期。

《侨务统计辑要,三十五年度》(油印本),中华民国侨务委员会,1946 年。

丘汉平:《华侨问题》,上海:商务印书馆,1936 年。

丘进主编:《华侨华人蓝皮书》,北京:社科文献出版社,2011 年。

任贵祥:《华夏向心力:华侨对祖国抗战的支援》,桂林:广西师范大学出版社,1993 年。

商岳衡:《在非洲的中国人》,[台北]《侨务月报》,第 217 期,1970 年 9 月 16 日。

沈福伟:《中国与非洲——中非关系二千年》,北京:中华书局,1990 年。

《史诺先生介绍非洲华侨历史概况》,《华侨历史学会通讯》,1982 年第 2 期。

松集:《非洲的华侨》,《广东侨报》,1983 年 1 月 7 日。

《首届非洲华侨协会团结侨胞加强反共》,《四海之友月刊》,第 48 期,1978 年 9 月 1 日。

索然:《海外华人的分布》,《华声报》,1989 年 5 月 5 日。

《外交部特派员莫次南过叻赴非宣慰》,《南大与华侨》,第 7 卷第 1 期,1928 年 10 月。

王望波、庄国土编著:《2008 年海外华侨华人概述》,世界知识出版社,2010 年。

王铁崖编:《中外旧约章汇编》,第一册,北京:三联书店,1982 年[1959 年]。

魏建国:《此生难忘是非洲——我对非洲的情缘和认识》,北京:中国商务出版社,2011 年。

巫乐华:《华侨史概要》,北京:中国华侨出版社,1996 年。

吴凤斌:《契约华工史》,南昌:江西人民出版社,1988 年。

吴泽主编:《华侨史研究论集》,上海:华东师范大学出版社,1984 年(有关于南非华工的论文一篇)。

《险!非洲华商钱不好赚》,《上海侨报》,2009 年 4 月 2 日。

萧次尹编著:《非洲华侨经济》,台北:海外出版社,1956 年。

炎子:《非洲华人纵横谈》,《华声报》,1988 年 2 月 5 日。

严海蓉、沙伯力:《关于中国的修辞法?——对中国向发展中国家输出囚劳谣言的分析》,李安山、刘海方主编:《中国非洲研究评论 2012》,北京:社科文献出版社 2013 年,第 137—164 页。

严元仁:《华侨对于世界文明的贡献》,《侨务季刊》,第 4 期,1941 年 3 月。

杨力:《海外华文报业研究》,北京:燕山出版社,1991 年。

杨力:《福建华侨移居非洲史略》,《侨史资料》,第 9 期,1991 年 11 月。

杨庆南编著:《世界华侨华人历史纵横谈》,厦门:厦门大学出版社,1994 年。

应才:《〈非洲华侨史资料选辑〉出版》,《华声报》,1986 年 5 月 6 日。

余思伟:《中外海上交通与华侨》,广州:暨南大学出版社,1991 年。

袁南生:《走进非洲》,北京:世界知识出版社,2011 年。

曾厚仁:《台商在斐投资回顾》,《彩虹商旅》(*Rainbow Explorer*)创刊号(1997 年 1 月 1 日)。

张芳:《华侨在非洲》,《侨务报》,1964 年第 1 期。

张兴汉等主编:《华侨华人大观》,广州:暨南大学,1990年(有介绍非洲华侨的一些词条)。

张秀明:《青田人出国的历史与现状初探》,《华侨华人历史研究》,1998年第3期。

张芝联:《1904—1910年南非英属德兰斯瓦尔招用华工事件的真相》,《北京大学学报》,1956年第3期。

《招募华工赴非垦殖近讯》,《南大与华侨》,第7卷第2期,1928年12月。

郑民等编:《华侨华人史书刊目录》,北京:中国展望出版社,1984年。

[德]弗朗克·泽林:《中国冲击:看中国如何改变世界》,北京:社科文献出版社,2013年。

中共开滦煤矿委员会矿史编委会辑:《前开滦矿英、比帝国主义分子贩卖华工的一些资料》,《北国春秋》,1960年第2期。

《中国大学生奔赴非洲闯天地》,《福建侨报(海外版)》,2008年2月4日。

中国华侨历史学会、中国华侨华人历史研究所编:《侨史研究十年——中国华侨历史学会成立十周年纪念刊》,北京:中国华侨出版社,1991年。

《中国人非洲淘金喜忧参半》,[南非]《南非华人报》,2008年9月3日。

《中国人为何爱去非洲因处处都有发展机会》,[南非]《华侨新闻报》,2006年10月30日。

《中国商务年鉴2004》,北京:商务出版社,2004年。

中华经济研究院编:《华侨经济年鉴欧非篇2002—2003年》,台北,2004。

周海金:《非洲华侨华人生存状况及其与当地族群关系》,《东南亚研究》,2014年第1期。

周建琳:《裘援平冀华侨华人借苏州国际精英创业周回国圆梦》,http://news.xinhuanet.com/yzyd/overseas/20140711/c_1111571076.htm,查阅日期:2015年10月12日。

周慕红:《80年代以来我国学者关于非洲华侨华人问题研究综述》,《西亚非洲》,1998年第3期。

周慕红:《关于非洲华人华侨问题研究中文文献索引》,《非洲历史研究》,1997年。

周南京主编:《华侨华人百科全书》(多卷),北京:中国华侨出版社,1999年。

周南京主编:《世界华侨华人词典》,北京:北京大学出版社,1993年。

周廷权:《促进中斐邦交之管见》,《华侨先锋》第5卷,1942年第3期。

朱慧玲:《非洲侨情及其特点》,《八桂侨刊》,2002年第1期。

庄炎林主编:《世界华人精英传略·大洋洲与非洲卷》,南昌:百花洲文艺出版社,1994年。

庄炎林、伍杰主编:《华侨华人侨务大辞典》,山东:友谊出版社,1997年。

Accone, Darryl, "'Ghost People': Localizasing the Chinese Self in an African Context", *Asian Studies Review*, 30 (September 2006), pp. 257 - 272.

Adams Bodomo, *Africans in China: A sociocultural study and its implications for Africa-China relations*, Cambria Press, 2012.

Adams Bodomo, ed., *Africans in China: Guangdong and Beyond*, New York: Diasporic Africa Press, 2016.

Alden, Chris, *China in Africa*, London: Zed Books, 2007.

Alden, Chris, Daniel Large, & Ricardo Soares de Oliveira, eds., *China Returns to Africa: A Rising Power and a Continent Embrace*, London: Hurst and Company, 2008.

Alemu, D., *Chinese and Brazilian cooperation with African agriculture: The case of Ethiopia*, Future agricultures working paper 050, Brighton: Institute of Development Studies, 2013.

Alemu, D. Cook, S. & Qi, G. *Chinese agricultural expertise support in Ethiopia: approaches, motives and perspectives*, Future agricultures working paper 114, Brighton: Institute of Development Studies, 2015.

Alemu, D. & Scroones, I., "Negociating new relationships: how the Ethiopian state is involving China and Brazil in agriculture and rural development", *IDS Bulletin: China and Brazil in African Agriculture*, 44(4), 2013, pp. 91 - 100.

Ambrose, David P., *Summary of Events in Lesotho* (quarterly), Roma, Lesotho: National University of Lesotho, 1994—2011.

Ang, I., "To be or not to be Chinese: Diaspora, Culture and Postmodern Ethnicity", *Southeast Asian Journal of Social Science*, 21:1, 1993.

Auerbach, Sascha, *Race, Law, and "The Chinese Puzzle" in the Imperial Britain*, Basingstoke, Hampshire: Palgrave Macmillan, 2009.

Baah, Anthony Yaw, and Herbert Jauch, eds., *Chinese Investments in Africa: A Labour Perspective*, Accra and Windhoek: African Labour Research Network, 2009.

Bailey, Paul J., "'An Army of Workers' Chinese Indentured Labour in First World War France", in S. Das (ed.), *Race, Empire and First World War Writing*, Cambridge: Cambridge University Press, 2011, pp. 35 - 52.

Baker, H., "The myth of the travelling wok: the overseas Chinese", *Asian Affairs*, vol. 28, 1997.

Beesly, E. S., "Yellow Labour", *Positivist Review*, April 1904, pp. 139 - 155.

Benton, Gregor & Edmund Terence Gomez, *The Chinese in Britain, 1800-Present, Economy, Transnationalism, Identity*, Basingstoke, Hampshire: Palgrave

Macmillan, 2008.

Bezlova, A., *China-Latest Africa foray: Altruism or hegemony?*, Inter Press Service News Agency, 2009.

Blue, Gregory, "Gobineau on China: Race Theory, the 'Yellow Peril' and the Critique of Modernity", *Journal of World History*, 10:1(1999), pp. 93 - 134.

Bolt, P., "Chinese Diaspora Entrepreneurship, Development and the World Capitalist System", *Diaspora* vol. 6, no. 2, 1997.

Bosshard, Peter, "China: not the rogue dam builder after all?", Pambazuka News 476 (2010). Available online: http://www. pambazuka. org/en/category/africa_china/63527 [accessed 13 July 2010].

Bräutigam, D. & Tang, X., *An overview of Chinese agricultural and rural engagement in Ethiopia*, IFPRI discussion paper 01185, Washington, D C: International Food Policy Research Institute, 2012.

Bräutigam, D., "Close Encounters: Chinese Business Networks as Industrial Catalysts in Sub-Sahara Africa", *African Affairs*, vol. 102, issue 408, July 2003.

Bräutigam, D., *The dragon's gift: The real story of China in Africa*, Oxford: Oxford University Press. 2011.

Bräutigam, D., *Will Africa feed China?*, Oxford: Oxford University Press, 2015.

Bräutigam, Deborah, et. al., Taxation and State-Building in Developing Countries: Capacity and Consent. Cambridge: Cambridge University Press, 2008.

Bräutigam, Deborah, Close Encounters: Chinese Business Networks as Industrial Catalysts in Sub-Saharan Africa. *African Affairs*, 102, 2003, pp. 447 - 467.

Bräutigam, Deborah, *The Dragon's Gift: The real story of China in Africa*, New York: Oxford University Press, 2009.

Bredeloup, Sylvie, "Les entrepreneurs migrants chinois au Sénégal. La métaphore du jeu de go?", in M. C. Diop, ed. *Le Sénégal des migrations: mobilités, identités et sociétés*, Dakar: Crepos, 2008, pp. 343 - 364.

Bredeloup, Sylvie & Brigitte Bertoncello, "La Migration Chinoise en Afrique: Accélérateur de Développement ou 'Sanglot de L'homme Noir'?", *Afrique Contemporaine*, 218:2(2006), pp. 199 - 224.

Bright, Rachel, "Asian Migration and the British World, 1850—1914", in Andrew S. Thompson & Kent Fedorowich (eds.), *Empire, Identity and Migration in the British World*, Manchester: Manchester University Press, 2013.

Buckley, E. V., "Colonial Office Policy to Constitutional Change in Cyprus,

Hong Kong, Mauritius and Ceylon, 1878—1890", PhD, University of London, 1975.

Buckley, L., "Chinese agriculture development cooperation in Africa: Narratives and policies", *IDS Bulletin*, 44(4), 2013, pp. 42 - 52.

Buell, Raymond Leslie, *Native Problem in Africa*, New York, Macmillan Company, 1928.

Bun, C. K. (ed.), *Chinese Business Networks: State Economy and Culture*, NIAS 2000.

Campbell, Persia Crawford, *Chinese Coolie Emigration to Countries within the British Empire*, London: P. S. King & Son, 1923.

Cardenal, J. & Araújo, H., *China's Silent army: The pioneers, traders, fixers and workers who are remarking the world in Beijing's image*, London: Penguin Books Ltd, 2013.

Carling, Jorgen & Heidi, Haugen, "On the Edge of the Chinese Diaspora: The Surge of Baihuo Business in an African City", *Ethnic and Racial Studies* 28: 4 (2005), pp. 639 - 662. https://www. prio. org/Publications/Publication/? x=11, 查询 2017 年 3 月 2 日。

Chan, Clement, *Hakkas Worldwide*, Moka: DCI Studios Ltd, 2010.

Chan, K. B., "A Family Affair: Migration, Dispersal, and the Emergent identity of the Chinese Cosmopolitan", *Diaspora*, vol. 6, no. 2, 1997.

Chan, K. B. (ed.), *Chinese Business Networks: State Economy and Culture*, Prentice Hall, NIAS, 2000.

Chang, Sen-Dou, "The Distribution and Occupations of Overseas Chinese", *Geographical Review*, 58:1 (Jan. 1968). pp. 89 - 107.

Chaterland, Solange Guo, "Chinese Relationship and Marriage Customs in Africa", China Talking points podcast, October 2010, Available online: http://www. chinatalkingpoints. com/audio-chineserelationship-and-marriage-customs-in-africa/ [accessed 20 March 2010].

Chen, Ta, *Chinese Migrations, with Special Reference to Labor Conditions*, Washington, 1923.

Crissman, L. W., "The Segmentary Structure of Urban Over-seas Chinese Communities", *Man*, 2, June 1967. pp. 185 - 204.

Chu, P., "Social Network Models of Overseas Chinese Entrepreneurship: The Experience in Hong Kong and Canada", *Canadian Journal of Administrative Sciences*, vol. 13, no. 4, 1996.

Chu, R. T., "Imaging, Contesting, and Negotiating Chinese-ness: Four Books on the Chinese Diaspora", *China Review International*, vol. 13, 2006, pp. 63 - 82.

Cohen, Roberta, "China Has Used Prison Labor in Africa", *New York Times*, May 11, 1991.

Constable, N. (ed.), *Guest People. Hakka Identity in China and Abroad*, University of Washington Press, 1996.

Consulat Chine Strasbourg. "An Introduction to Gansu Province", Available online: http://www. consulatchine-strasbourg. org/fra/LaChineactuelle/t114865. htm.

Cook, Nicolas, "China's Foreign Policy and 'Soft Power' in South America, Asia, and Africa", 2008, Available online: http://www. fas. org/irp/congress/2008_rpt/crs-china. pdf [accessed 14 April 2009].

Corkin, Lucy, "Chinese Migrants to Africa: A Historical Overview", *The China Monitor*, Issue 26, February 2008.

Easton, G. L., "Sur les traces de Hahime Choisanne, le premier négocian chinois", *Le Mag*, 29 Oct. 1995.

Economy, Elizabeth, "The Perils of Beijing's Africa Strategy", International Herald Tribune, 2 November 2006, Available online: http://www. ou. edu/uschina/SASD/SASD2007readings/EconomyMonaghan2006ChinaAfrica. pdf [accessed 12 September 2008].

Elegant, R. S., *The Dragon's Seed: Peking & the Overseas Chinese*, St Martins Press, 1959.

Earnest, J., "Influx of Chinese immigrants invades Africa driving locals out of business", http://www. newscastmedia. com/africa-for-the-chinese-francis-galton. html.

Erasmus, Yvonne & Yoon Jung, Park, "Racial classification, redress, and citizenship: the case of the Chinese South Africans", *Transformation: Critical Perspectives on Southern Africa*, 68: 2008, pp. 99 - 109.

Farley, M. Forster, "The Chinese Coolie Trade 1845—1875", *Journal of Asian and African Studies*, Vol. 3, 1968, pp. 257 - 270.

Fielding, Tony, *Asian migrations*, London: Routledge, 2015.

Fitzgerald, Stephen, *China and Overseas Chinese: A Study of Peking's Changing Policy 1949—1970*, London: Cambridge University Press, 1972.

Fitzgerald, Stephen, "Overseas Chinese Affairs and Cultural Revolution", *China Quarterly*, (40) Oct. —Dec., 1969, pp. 123 - 26.

Fitzgerald, Stephen, "China and the Overseas Chinese: Perception and Policies", *China Quarterly*, (44) Oct—Dec. 1970, pp. 1 - 37.

Freedman, Maurice, *The Study of Chinese Society*, Stanford: Stanford University Press, 1979.

French, Howard W., *China's second continent: How a million migrants are building a new empire in Africa*, New York: Knopf, 2014.

Gabas, Jean-Jacques & Jean-Raphaël Champonnière, eds., *Le Temps de la Chine en Afrique: Enjeux et Réalités au Sud du Sahara*, Paris: Gemdev-Karthala, 2012.

Gadzala, Aleksandra W., "Chinese and Indian Entrepreneurs in the East African Economies", Emma Mawdsley and Gerard McCann (eds), *India in Africa: Changing Geographies of Power*, London: Fahamu, 2011, pp. 88 - 107.

Gadzala, Aleksandra & Hanusch, Marek, "African Perspectives on China-Africa: Gauging Perceptions and their Economic and Political Determinants", Afrobarometer Working Paper 117 (2010), Available online: http://www.afrobarometer.org/papers/AfropaperNo117.pdf [accessed 13 July 2010].

Games, Dianna, "Chinese the New Economic Imperialists in Africa", *Business Day*, February 21, 2005.

Gong, Sasha, "Chinese Workers in Africa", 2007, Contemporary Sino-African Relations, AfricaFiles Available online: http://www.globalizationafrica.org/papers/80.pdf. [accessed 16 September 2008]

Gordon, S. I., "The Chinese Labour Controversy in British Politics and Policy-Making", University of Ulster Thesis, 1987.

Gu, Jing, "China's Private Enterprises in Africa and the Implications for African Development", *European Journal of Development Research*, 24:1(2009), pp. 570 - 587.

Gu, J. & Zhang, C., Mukweraza & Amanor, K. Chinese state capitalism? Rethinking the role of the state and business in Chinese development cooperation in Africa, *World Development*, 2016.

Hailey, Lord, *An African Survey* (Revised Edition), London: Oxford University Press, 1958.

Hamilton, G., *Cosmopolitan Capitalists: Hong Kong and Chinese Diaspora at the End of the Twentieth Century*, University of Washington Press, 1999.

Harries, P. *Work, Culture and Identity: Migrant Labourers in Mozambique and South Africa, 1860—1910*, Johannesburg: Pearson Education, 1994.

Harris, J. H., *Coolie Labour in the British Crown Colonies and Protectorates*, London, 1910.

Hart, Gillian, *Disabling Globalization. Places of Power in Post-Apartheid South Africa*. Pietermaritzburg, South Africa: University of Natal Press, 2002.

Haugen, Heidi & Jorgen, Carling, "On the Edge of the Chinese Diaspora: The surge of baihuo business in an African city", *Ethnic and Racial Studies*, 28:4 (2005), pp. 639 - 62.

He Fangchuan, "The Relationship between China and African History", *UCLC African Studies Centre Newsletter*, Fall 1987.

Heller, R., "How the Chinese Manage to Keep It All in the Family", *Management Today*, vol. 46, no. 11, 1991.

Hitchens, Peter, "How China Has Created a New Slave Empire in Africa", *Daily Mail*, September 28, 2008, http://www.dailymail.co.uk/news/article-1063198/PETER-HITCHENS-How-China-created-new-slave-empire-Africa.html，查阅日期：2015 年 9 月 20 日。

Huttenback, Robert A., *Racism and Empire: White Settlers and Coloured Immigrants in the British Self-Governing Colonies, 1830—1910*, Ithaca, NY: Cornell University Press, 1976.

Huttenback, Robert A., "The British Empire as a 'White Man's Country'—Racial Attitudes and Immigration Legislation in the Colonies of White Settlement", *Journal of British Studies*, 13:1(November 1973), pp. 108 - 137.

Jackson, Terence, L. Louw, S. Zhao, R. Boojihawon, T. Fang, "Chinese Organizations in Sub-Saharan Africa: New Dynamics, New Synergies", *AIB Insights*, 14:1(2014), pp. 11 - 15.

Jung, Moon-Ho, "Outlawing 'Cookies': Race, Nation and Empire in the Age of Emancipation", *American Quarterly*, 57:3(2005), pp. 677 - 701.

Kale, Dinar & Giles, Mohan, *The Invisible Hand of South-South Globalisation: Chinese Migrants in Africa*. A report for the Rockefeller Foundation prepared by the Development Policy and Practice Department at the Open University, 2007, Available online: http://asiandrivers.open.ac.uk/documents/Rockefeller%20Report%20on%20Chinese%20diasporas%2010th%20Oct%20_3_.pdf [accessed 22 March 2017].

Kernen, Antoine, "Les Stratégies Chinoises en Afrique: Du Pétrole aux Bassines en Plastique", *Politique Africaine*, 105(2007), pp. 163 - 180.

Kohnert, Dirk, "Are the Chinese in Africa More Innovative than the Africans? Comparing Chinese and Nigerian Entrepreneurial Migrants' Cultures of Innovation", German Institute of Global and Area Studies Working Papers, No. 140.

Kraar, L., "The overseas Chinese", *Fortune*, vol. 130, no. 9, 1994.

Kwado, Assante, "Former Transport Minister denies MMT MD's Assertions", 2009, Available online: http://news.peacefmonline.com/social/200909/25848.php

[accessed 18 October 2010].

Kuang, E. M. M., "The new Chinese migration to Africa", *Social Science Information*, 47:4(2008), pp. 643 - 649.

Labin, S., *Les Colonialistes Chinois en Afrique*, Paris: Editions de la Ligue de la Liberte, 1965.

Large, D. "Beyond 'Dragon in the Bush': The study of China-Africa relations", *African Affaris*, 107:426, 2007, pp. 45 - 61.

Larkin, Bruce, *China and Africa 1949—1970: The Foreign Policy of the People's Republic of China*, Berkeley and Los Angeles: California University Press, 1971.

Lee, Ching Kwan, "Raw Encounters: Chinese Managers, African Workers and the Politics of Casualization in Africa's Chinese Enclaves", *The China Quarterly*, 199 (2009), pp. 647 - 666.

Leung, F. Fook-Lun. "Overseas Chinese Management: Myths and realities", *East Asian Executive Reports*, vol. 17, no. 2, 1995.

Lever-Tracy, C., Ip, D. & Tracy, N., *The Chinese Diaspora and Mainland China: An Emerging Economic Synergy*, Macmillan, London, 1996.

Li Anshan, *A History of Overseas Chinese in Africa to 1911*, New York: Diasporic Africa Press, 2012.

Li Anshan, "African Studies in China in the Twentieth Century: A Historiographical Survey", *African Studies Review*, 48:1 (2005), pp. 59 - 81.

Li Anshan, "African Studies in China in the Twentieth Century", in Paul Tiyambe Zeleza, ed., *The Study of Africa, Global and Transnational Engagements*, Dakar: CODESRIA, 2007.

Li Anshan, "African Studies in China in the 21st Century: A Historiographical Survey", *Brazilian Journal of African Studies*, 1:2 (2016), pp. 48 - 89.

Li, Anshan, "China's Africa policy and the Chinese immigrants in Africa", in C. Tan, ed., *Routledge Handbook of the Chinese Diaspora*. London: Routledge, 2013, pp. 59 - 70.

Li Anshan, "China's Immigrants in Africa and China's Africa Policy: Implications for China-Africa Cooperation", Sharon T. Freeman, *China, Africa, and the African Diaspora: Perspectives*, New York: AASBEA Publishers, 2009, pp. 94 - 105.

Li Anshn, "China and Africa: Policies and Challenges", *China Security*, 3:3 (2007).

Li Anshan, "Transformation of China's Policy towards Africa", *CTR Working*

Paper, 2007, Hong Kong University of Science and Technology, http://www.cctr.ust.hk/papers.htm.

Li Anshan, "Gli studi africanistici in Cina agli inizi del XXI secolo", *Afriche e Orienti*, No. 2 (2008), Cristiana Fiamingo, ed., *La Cina in Africa*.

Li Anshan, "China-Sudan Relations: The past and present", *Symposium on Chinese-Sudanese Relations*, London: Center for Foreign Policy Analysis, 2008.

Li Anshan, "China's New Policy towards Africa", in R. Rotberg, ed., *China into Africa: Trade, Aid, and Influence*, Brookings Institution Press, 2008, pp. 21 - 49.

Li Anshan, "China's immigrants in Africa and China's Africa policy: Implications for China-African cooperation", in Sharon T. Freeman, ed., *China, Africa, and the African Diaspora: Perspectives*, Washington, D. C.: AASBEA Publishers, 2009, pp. 94 - 105.

Li Anshan, "What's to be done after the Fourth FOCAC", *China Monitor*, Nov. 2009, pp. 7 - 9.

Li Anshan, "Control and Combat: Chinese Indentured Labor in South Africa, 1904—1910", in *Encounter*, No 3(Fall 2010), pp. 41 - 61.

Li Anshan, "African Studies in China: A historiographical survey", in Axel Harneit-Sievers, et al., eds., *Chinese and African Perspectives on China in Africa*, Pambazuka Press, 2010, pp. 2 - 24.

Li Anshan, *Chinese Medical Cooperation with Africa: With a Special Emphasis on Chinese Medical Team and Anti-Malaria Campaign*, Uppsala: Nordiska Afrikainstitutet, 2011.

Li Anshan, "La coopération médicale Sino-Africaine: une autre forme d'aide humanitaire", in Caroline Abu-Sada, ed., *Dans l'œil des Autre: Perception de l'action humanitaire et de MSF*, Suisse: Editions Antipodes, 2011.

Li Anshan, "From 'how could' to 'how should': The possibility of a pilot U.S.-China Project in Africa", in Charles W. Freeman III, Xiaoqing Lu Boynton, ed., *China's Emerging Global Health and Foreign Aid Engagement in Africa*, CSIS (Center for Strategic and International Studies), 2011, pp. 37 - 46.

Li Anshan, "Cultural heritage and China's Africa policy", in Jing Men and Benjamin Barton, eds., *China and the European Union in Africa*, Ashgate, 2011, pp. 41 - 59.

Li Anshan, "China and Africa: Cultural similarity and mutual learning", in James Shikwati, ed., *China-Africa Partnership: The quest ofr a win-win relationship*, Nairobi: Inter Region Economic Network (IREN), 2012, pp. 93 - 97.

Li Anshan, "Neither Devil Nor Angel—The Role of the Media in Sino-African Relations", Opinion, 2012, http://allafrica.com/stories/201205180551.html.

Li Anshan, "BRICS: Dynamics, resilience and role of China", *BRICS-Africa: Partnership and Interaction*, Moscow, Institute for African Studies, Russian Academy of Sciences, 2013, pp. 122 - 134.

Li Anshan, "Book review: *The Dragon's Gift: The Real Story of China in Africa*", *Pacific Affairs*, 86:1(March, 2013), pp. 138 - 140.

Li Anshan, "A Long-Time Neglected Subject: China-Africa People-to-People Contact", Shelton, Li, eds., *FOCAC*, April, 2015, pp. 446 - 475.

Li Anshan, "African Diaspora in China: Reality, Research and Reflection", *The Journal of Pan African Studies*, 7:10 (May 2015), pp. 10 - 43.

Li Anshan, "Contact between China and Africa before Vasco da Gama: Archeology, Document and Historiography", *World History Studies*, 2: 1 (June 2015).

Li Anshan, "10 questions about migration between China and Africa", China Policy Institute, 2015, http://blogs.nottingham.ac.uk/chinapolicyinstitute/2015/03/04/10-questions-about-migration-between-china-and-africa/. [Accessible on June 10, 2016.]

Li Anshan & Funeka Yazini April, eds., *Forum on China-Africa Cooperation: The Politics of Human Resource Development*, Pretoria: Africa Institute of South Africa, 2013.

Li Anshan, et al., *FOCAC Twelve Years Later Achievements, Challenges and the Way Forward*, Uppsala: The Nordic Africa Institute, 2012.

Li, J. et al., "Family-oriented collectivism and its effect on firm performance: A comparison between overseas Chinese and foreign firms in China", *International Journal of Organizational Analysis*, 8, no. 4, 2000.

Liu, H., "Old linkages, new networks: The globalization of overseas Chinese voluntary associations and its implications", *China Quarterly*, no. 155, 1998.

Liu, Haifang, "China-Africa Relations through the Prism of Culture—The Dynamics of China's Cultural Diplomacy with Africa", *China Aktuell-Journal of Current Chinese Affairs*, 37:3 (2008), pp. 10 - 45.

Lu, Ching-Long, "Nouvelles Initiatives de Taiwan en Afrique", in *Outre-Terre*, 30:4(2011), pp. 377 - 379.

Macnamara, T. J., *Chinese Labour*, London, 1904.

Mohan, Giles, "Migrants as Agents of South-South Cooperation: The Case of Chinese in Africa", Justin Dargin, ed., *The Rise Of The Global South*:

Philosophical, Geopolitical and Economic Trends of the 21st Century, London: World Scientific, 2013, pp. 283 - 322.

Mohan, Giles, and Ben Lampert, "Negotiating China: Reinserting African Agency into China-Africa Relations", *African Affairs*, 112:446 (2013), pp. 92 - 110.

Mohan, G. and M. Tan-Mullins, "Chinese Migrants in Africa as new Agents of Development? An Analytical Framework", *European Journal of Development Research*, 21(2009), pp. 588 - 605.

Ma Mung Kuang, Emmanuel, "The new Chinese migration flows to Africa", *Social Science Information*, 47:4(2008), pp. 643 - 659.

Ma Mung Kuang, Emmanuel, "Chinese Migration and China's Foreign Policy in Africa", *Journal of Chinese Overseas*, 4:1(May 2008), http://muse.jhu.edu/login?auth=0&type=summary&url=/journals/journal_of_chinese_overseas/v004/4.1.mung.html.

MacNair, Harley Farnsworth, *The Chinese Abroad, Their Position and Protection: A Study in International Law and Relations*, Shanghai: The Commercial Press, 1924.

Mao, Michael Xinxiang & Yu, Mei-Yu, "The global distribution of the overseas Chinese Around 1990", *Population and Development Review*, 20: 3 (1994), pp. 631 - 645.

McKeown, A., "Conceptualizing Chinese Diasporas, 1842 to 1949", *The Journal of Asian Studies*, 58:2(May 1999), pp. 306 - 337.

McNamee, Terence, et al., *Africa in Their Words: A Study of Chinese Traders in South Africa, Lesotho, Botswana, Zambia and Angola*, The Brenthurst Foundation, Discussion Paper, 2012/1

Michel, Serge, "When China met Africa", *Foreign Policy*, 1 (May 2008).

Mission Catholique Chinoise, 10ème *anniversaire*, 1950—1960, Mauritius, 1960.

Mohan, G. & D. Kale, *The invisible hand of South-South globalisation: Chinese migrants in Africa*, A report for the Rockefeller Foundation, 2007.

Mohan, G., B. Lampert, M. Tan-Mullins and D. Chang, *Chinese Migrants and Africa's Development: New Imperiailists or Agents of Change?* London: Zed Books, 2014.

Mohan, Giles & May Tan-Mullins, "Chinese migrants in Africa as new agents of development? An analytical framework", *European Journal of Development Research*, 2009, pp. 21, 588 - 605, Available online: http://link.springer.com/article/10.1057%2Fejdr.2009.22

Moon-Ho Jung, "Outlawing 'Cookies': Race, Nation and Empire in the Age of Emancipation", *American Quarterly*, 57:3, 2005.

Mootoosamy, C., "Yeung Sik Yuen: Le succès du supermarché Sik Yuen est l'œuvre de toute ma famille", *L'Aurore*, no. 6, 1987.

Morse, Hosea B., *The International Relations of the Chinese Empire*, London: Longmans, Green & Co., 1910—1918, 3vols.

Moumouni, Guillaume, "Domestic transformations and change in Sino-African relations", Paper Prepared for the Workshop on China-Africa Relations: Engaging the International Discourse. Hong Kong University of Science and Technology, November 11—12, 2006. Available online: http://www. cctr. ust. hk/materials/working_papers/WorkingPaper21_GuillaumeMoumouni. pdf

Moyo, Dambisa, *Dead Aid: Why aid is not working and hoe there is a better way for Africa*, New York: Farrar, Staus and Giroux, 2009.

MqVu. "Baoding Villages Again: A MqVu Project on China's Aid, Investment and Migration", 2010, Available online: http://mqvu. wordpress. com/2010/02/20/baoding-villages-again/ [accessed 14 April 2010].

Ng Chin-Keong, "The Amoy riots of 1852-Coolie Emigration and Sino-British Relations", in Mathew, K. ed., *Mariners, Merchants and Oceans. Studies in Maritime History*, Manohar, Delhi, 1995.

Ng Foong Kwong, J., "Bibliographie de M. Ng Chung Hin", *L'Aurore*, no. 40, 1993.

Ngomba, Teke, "We Are Just Trying To Do Something Good: Contending Perspectives on Contemporary Sino-African Relations", Africa Files, 2007, Available online: http://www. africafiles. org/article. asp? ID=16169#relatedlinks [accessed September 2008].

Newbury, C, "Labour Migration in the Imperial Phase: An interpretation", *Journal of Imperial and Commonwealth History*, 3: 2 (1975). pp. 234 - 256.

Niang, Ibrahima, "Les Chinois du secteur informel dakarois: migration et intégration d'une communauté économique", DEA thesis, Université Cheikh Anta Diop de Dakar, 2007.

Nyíri, Pal, "Chinese Entrepreneurs in Poor Countries: A Transnational 'Middleman Minority' and Its Futures", *InterAsia Cultural Studies*, 12:1(2011), pp. 145 - 153.

Northrup, D., *Indentured Labour in the Age of Imperialism, 1834—1922*, Cambridge: Cambridge University Press, 1995.

Ofeibea Quist-Arcton, "Army Of Shopowners Paved China's Way In Africa",

NPR, August 1, 2008, http://www.npr.org/templates/story/story.php? storyId=93143915. [accessed 20 September 2015].

Ohene, Elizabeth, "African view: China's new long march", *Pambazuka News*, 454 (October 2009), Available online: http://pambazuka.org/en/category/africa_china/59674 [accessed 14 July 2010].

Ofusu-Appiah, Ben, "Beware of Fake and Dangerous Imported Chinese Products", 2007, Available online: http://www.modernghana.com/news/138359/1/beware-of-fake-and-dangerous-importedchinese-prod.html [accessed 18 October 2010].

Ong, A., "On the edge of empires: Flexible citizenship among Chinese in diaspora", *Positions*, I(3), 1993, pp. 745 - 778.

Otte, T. G., *The China Question: Great Power Rivalry and British Isolation, 1894—1905*, Oxford: Oxford University Press, 2006.

Oxfeld, E., *Blood, Sweat and Mahjong, Family Enterprise in an Overseas Chinese Community*, Cornell University Press, 1993.

Pál Nyíri, "Expatriating is Patriotic? The discourse on 'new migrants' in the People's Republic of China and identity construction among recent migrants from the PRC", *Journal of Ethnic and Migration Studies*, 27:4 (2001), pp. 635 - 653.

Pan, Lynn, *Sons of the Yellow Emperor*, London: Secker & Warburg, 1990.

Park, Yoon Jung, "Boundaries, Borders and Borderland Constructions: Chinese in Contemporary South Africa and the Region", *African Studies* 69: 3 (2010), pp. 457 - 479.

Park, Yoon Jung, "Chinese Enclave Communities and Their Impact on South African Society", Stephen Marks, ed., *Strengthening the Civil Society Perspective: China's African Impact*, Stephen Marks, 2010.

Park, Yoon Jung, "Chinese Migration in Africa", Occasional Paper No. 24, China in Africa Programme, South African Institute for International Affairs, Johannesburg: SAIIA, 2009.

Park, Yoon Jung, *A Matter of Honour: Being Chinese in South Africa*, Johannesburg: Jacana Media Pty (Ltd), 2008.

Park, Yoon Jung, "Sojourners to Settlers: Early Constructions of Chinese Identity in South Africa", *African Studies*, 65:2(2006), pp. 201 - 223.

Park, Yoon Jung, "State, Myth, and Agency in the Construction of Chinese South Africa Identities, 1948—1994", *Journal of Chinese Overseas*, 4: 1 (2008), pp. 69 - 90.

Park, Yoon Jung, "White, Honorary White, or Non-White? Apartheid-Era

Constructions of Chinese", Evelyn Hu-DeHart and Kathleen López, eds., *Afro-Hispanic Review*, *Special Issue on Afro-Asia*, 27:1(2008), pp. 123 - 138.

Park, Yoon Jung & Anna Ying Chen, "Intersections of Race, Class, and Power: Chinese in Post-Apartheid Free State", Lindy Heinecken and Heidi Prozesky, eds., *Society in Focus: Change, Challenge and Resistance. Reflections from South Africa and Beyond*, Newcastle upon Tyne: Cambridge Scholars Publishing, 2010.

Payne, E. George, *An Experimerrt in Alien Labor*, Chicago: University of Chicago Press. 1912.

Pew Research Center, "Global Unease with Major World Powers: 47-Nation Pew Global Attitudes Survey", (June 2007).

Pieke, Frank, "Community and Identity in the New Chinese Migration Order", *Population, Space and Place*, 13: 81 - 94 (2007).

Pineo, Huguette Li-Tio-Fane, *Chinese Diaspora in Western Indian Ocean*, Singapore: Ed. de l'océan indien, translation from French, 1985.

Polgreen, L. & French, H. W., "China's Trade in Africa Carries a Price Tag", *New York Times*, 21 August 2007.

Politzer, Malia, "China and Africa: Stronger Economic Ties Mean More Migration", August, 2008, http://www.migrationinformation.org/feature/display.cfm? ID=690l.

Poston, D. L. and Mei-Yu, Y., "The Distribution of the Overseas Chinese in the Contemporary World", *International Migration Review*, 24:3, 1990.

Rauch, James & Vitor Trindade, "Ethnic Chinese Networks in International Trade", *The Review of Economics and Statistics*, 84 (1) February 2002, pp. 116 - 130, Available online: http://www.parisschoolofeconomics.eu/docs/koenig-pamina/article_rauchtrindade_ethnic-chinese-networks.pdf.

Rauch, James, "Business and social networks in international trade", *Journal of Economic Literature*, Vol. XXXIX. December 2001, pp. 1177 - 1203, Available online: http://econweb.ucsd.edu/~jrauch/pdfs/JEL_Dec_2001.pdf [accessed 22 March 2017].

Redding, S. G., *The Spirit of Chinese Capitalism*, Berlin, 1990.

Richardson, Peter, *Chinese Mine Labour in the Transvaal*, London: Macmillan, 1982.

Richardson, Peter, "Chinese Indentured Labour in the Transvaal Gold Mining Industry, 1904—1910", in Kay Saunders (ed.), *Indentured Labour in the British Empire, 1834—1920*, London: Croom Helm, 1984, pp. 260 - 290.

Rosario，L.，“China：Network capitalism”，*Far Eastern Economic Review*，vol. 156，no. 48，1993.

Samuel，Herbert，MP，“The Chinese Labour Question”，*Contemporary Review*，85，January/June 1904，pp. 457－467.

Sanchez，Dana，“20 African Countries With The Most Chinese Migrants“，January 10，2017. http://afkinsider. com/137127/20-african-countries-with-the-most-chinese-migrants/#sthash. okuJ8kMa. dpuf

Sautman，Barry & Yan Hairong，“Friends and Interests：China's Distinctive Links with Africa”，*African Studies Review*，50:3(2007)，pp. 75－114.

Seagrave，S.，*Lords of the Rim*：*The Invisible Empire of the Overseas Chinese*，New York，Putnam，1995.

Schumacher，R. W.，*A Tranvaal View of the Chinese Labour Question*，London，1906.

Schwarz，E. H. L.，“The Chinese in Africa”，*The South African Nation*，Feb. 12，1927，pp. 7－8.

Shelton，Garth，Funeka Yazini April，Li Anshan，eds.，*FOCAC* 2015：*A New Beginning of China-Africa Relations*，Pretoria：Africa Institute of South Africa，2015.

Sinn，Elizabeth，ed.，*The Last Half Century of Chinese Overseas*，Hong Kong：Hong Kong University，1998.

Sinn，E.（ed.），*Last Half Century of Chinese Overseas*：*Comparative Perspectives*，Hong Kong：Hong Kong University Press，1994.

Skeldon，Ronald，“The Last Half Centurv of Chinese Over-seas (1945—1994)：Comparative Perspective”，*The International Migration Review*，Summer 1995.

Skeldon，Ronald，“China：An Emerging Destination for Economic Migration”，*Migration Information Source*，May 2011. Washington，DC：Migration Policy Institute，Available online：http://www. migrationpolicy. org/article/china-emerging-destination-economic-migration/ [accessed 22 March 2017].

Slawecki，Leon M. S.，“The Two Chinas in Africa”，*Foreign Afairs*，Vol. 41，No. 2 (January 1963)，pp. 368－409.

Snow，Philip，*The Star Raft*：*China's Encounter with Africa*，London：Weidenfeld & Nicolson. 1988.

Song，Hong，“Chinese Private Direct Investment and Overseas Chinese Network in Africa”，*China & World Economy*，19:4(2011)，pp. 109－126.

Spencer，Scott C.，“British Liberty Stained：‘Chinese Slavery’，Imperial Rhetoric，and the 1906 British General Election”，*Madison Historical Review*，7

(May 2010), pp. 1 - 27.

Thompson, H. C., " Chinese Labour and Imperial Responsibility ", *Contemporary Review*, March 1906, pp. 431 - 437.

Vanguard Documentary. "Chinatown Africa" (2009). Available online: http://current. com/shows/vanguard/89565630 _ chinatown-africa. htm [accessed 26 May 2009].

Vircoulon, Thierry, "Chinois d'Afrique, Chinois en Afrique et Afro-chinois: Les Multiples Visages de la Communauté Chinoise d'Afrique du Sud", *Monde Chinois*, 8 (2006), pp. 27 - 38.

Wang, Gungwu, *China and the Chinese Overseas*, Singapore: Times Academic Press. 1991.

Wang, Gungwu, *The Chinese Overseas from Earthbound China to the Quest for Autonomy*, Harvard University Press, 2000.

Wiens, Herold J., *China's March towards the Tropics*, Hamden: Shoe String Press. 1954.

Wohlmuth, Karl, et al. (eds), *African Development Perspectives Yearbook 1996: Regional Perspectives on Labour and Employment*. Munster, Germany: Lit Verlag, 1997.

Wong Hee Kam, Edith, *Guan Yu—Guan Di: Héros régional Culte impérial et populaire*, Sainte Marie: Azalées edition, 2008.

Xiang Biao, " Emigration from China: A Sending Country Perspective ", *International Migration*, 41 (3) 2003, pp. 22 - 48. Available online: http://onlinelibrary. wiley. com/doi/10. 1111/1468 - 2435. 00240/abstract [accessed 22 March 2017].

Xing, Li & Paul Opuku-Mensah, "Diaspora in development and integration: the case of the Chinese and African diasporas", Centre for Comparative Integration Studies-CCIS Working paper No7, 2008, Available online: http://vbn. aau. dk/files/19559702/CCIS_wp_7. pdf [accessed 22 March 2017].

YanHairong & Barry, Sautman, "African Perspectives on China-Africa Links", *The China Quarterly*, 199 (2009), 728 - 759.

Yan Hairong & Barry Sautman, "'The Beginning of a World Empire'? Contesting the Discourse of Chinese Copper Mining in Zambia", *Modern China*, 39: 2, 2013, pp. 131 - 164.

Yan Hairong & Barry Sautman, "Chinese farms in Zambia: From socialist to 'agro-imperialist' engagement?", *African and Asian Studies*, 9, 2010, pp. 307 - 333.

Yan Hairong & Barry, Sautman, "Stirring Up Trouble: Claims That China Sends Convicts to Labour in Africa Are Unfounded", *South China Morning Post*, 2010, Available online: http://www. chinaafricarealstory. com/2010/08/chinese-prisoners-rumor-redux-south. htm [accessed February 2011].

Yen Ching-Hwang, *Coolies and Mandarins: China's Protection of Overseas Chinese during the Late Ch'ing Period (1851—1911)*, Kent Ridge: Singapore University Press, 1985.

Yu, Chung-Hsun, "Ethnic Chinese overseas-their economic power and likely role in the 21st century", *Management Japan*, vol. 27, no. 2, 1994.

福崎久一编:《华人、华侨关系文献目录》,アヅア经济研究所,1996 年。

埃及

李振中:《学者的追求》(四),《阿拉伯世界》,1994 年第 3 期。

纳忠:《埃及九年》,《阿拉伯世界》,1992 年第 3 期。

庞士谦:《埃及九年》,北京:月华文化服务社,1951 年。

天权:《埃及的中莱餐厅》,《华声报》,1986 年 4 月 4 日。

《新设驻开罗领馆已开馆》,《外部周刊》,第 82 期,1935 年 10 月 7 日。

《驻开罗领馆通讯第一号(三则)》,外部周刊,第 90 期,1935 年 12 月 2 日。

"Chinese Muslim traders in Cairo", January 21, 2013, http://mqvu. wordpress. com/

埃塞俄比亚

Seth Cook, Jixia Lu, Henry Tugendhat and Dawit Alemu, "Chinese Migrants in Africa: Facts and Fiction from the Agri-Food Sector in Ethiopia and Ghana", *World Development*, 2016, pp. 1 - 10.

安哥拉

郭外:《"华社之光"代表社团撷影——"华社之光"代表社团之安哥拉中国总商会》,《侨务工作研究》,2016 年第 3 期。

"Angola: Prevention made in China", http://www. plusnews. org/Report. aspx? ReportId=81432

博茨瓦纳

徐薇:《华侨华人在非洲的困境与前景展望:以博茨瓦纳的中国移民为例》,《东南亚研究》,2014 年第 1 期。

Chen, A. Y., “China's role in infrastructural development in Botswana”, *South African Institute of International Affairs*, 44 (2009), pp. 1 - 20.

Akhidenor, Anthonia Eboseremen, “Code-switching in the conversations of the Chinese trading community in Africa: the case of Botswana”, *English Today*, 116, 29:4(December 2013), pp. 30 - 36.

布基纳法索

季夫・默罕默德(Guive Khan Mohammad):《中国人在布基纳法索:民间的中非合作》(王唱译),李安山、潘华琼主编:《中国非洲研究评论 2014》,北京:社科文献出版社。

Cabestan, Jean-Pierre, “Burkina Faso: Between Taiwan's active public diplomacy and China's business attractiveness”, *South African Journal of International Affairs*, pp. 1 - 25.

Khan Mohammad, Guive, “The Chinese Presence in Burkina Faso: A SinoAfrican Cooperation from Below”, *Journal of Current Chinese Affairs*, 43:1 (2014), 71 - 101.

赤道几内亚

Esteban, Mario, “The Chinese Amigo: Implications for the Development of Equatorial Guinea”, *The China Quarterly*, 199(2009), pp. 667 - 685.

Esteban, Mario, “A Silent Invasion? African Views on the Growing Chinese Presence in Africa: The Case of Equatorial Guinea”, *African and Asian Studies*, 9:3(2010), pp. 232 - 251.

多哥

苏庄元:《西非的一家华侨农场》,《华人之声》,1989 年第 2 期(总 22 期)。

Axelsson, L. and N. Sylvanus, “Navigating Chinese Texile Networks: Women Traders in Accra and Lomé”, Fantu Cheru & C. Obi, eds., *The Rise of China and India in Africa*, Zed Books, London, 2010, pp. 132 - 141.

Steck, Jean-Fabien, “Un emergent face āla gouvernance locale: Question āpartir d'études de cas ā Lomé et ā Bamako”, Jean-Jacques Gabas & Jean-Raphaël Champonnière, eds., *Le Temps de la Chine en Afrique: Enjeux et Réalités au Sud du Sahara*, 2012, pp. 131 - 141.

Sylvanus, Nina, and Vincent Foucher, "Commerçantes Togolaises et Diables Chinois: Une Approche par la Rumeur", *Politique Africaine*, 1, 113 (2009), pp. 55 - 70.

费尔南多波

《西班牙在沪募集华工赴非开垦》,《南大与华侨》,第 7 卷第 1 期 (1928 年 10 月)。

《西班牙在沪募集华工赴非开垦》,《申报》,1928 年 9 月 29 日。

《西班牙在沪募集华工赴非开垦》,《新中国报》,1928 年 10 月 8 日。

《招募华工赴非垦殖近况》,《南大与华侨》,第 7 卷第 2 期(1928 年 12 月)。

中华民国侨务委员会:《本会对于西班牙代表在华招工赴非洲凡能杜渡岛开垦一案之经过》(铅印,无日期,无出版地)。

中华民国侨务委员会:《西班牙商人私招华工赴非洲斐南杜波岛开垦案,正续篇》,1932 年。

佛得角

Do Rosario, Césarine, "Les Chinois au Cap-Vert", Jean-Jacques Gabas & Jean-Raphaël Champonnière, eds., *Le Temps de la Chine en Afrique: Enjeux et Réalités au Sud du Sahara*, 2012, pp. 107 - 117.

Horta, L., "The Changing Nature of Chinese Business in Africa: the Case of CapeVerde", *RSIS commentaries*, janvier, 2008.

Horta, Loro, "China in Cape Verde: the Dragon's African Paradise", *Africa Policy Forum*, January 2, 2008, Center for Strategic and International Studies.

Carling J. and O. Haugen. "Mixed fates on a popular minority: Chinese migrants in Cape Verde", in Chris Alden, Daniel Large, and Ricardo Soares de Oliveira, eds., *China Returns to Africa*, 2008, pp. 319 - 337.

刚果(布)

《非洲华工之惨状》,《南大与华侨》,第 8 卷第 5 期 (1930 年 6 月)。

孙星文:《记兴建刚果——大洋铁路的华工》,《华声报》,1984 年 8 月 19 日。

腾伟:《华工开赴刚果修筑铁路》,《华声报》,1987 年 7 月 24 日。

彦非:《华工与刚果——大洋铁路》,《非洲研究资料》(湘潭大学非洲研究室),1984 年第 9 期。

Sautter, Giles, "Notes sur la construction du chemin de fer Congo-Ocean

(1921—1934)", *Cahier d'etudes africaines*, Paris, VII: 26 (1967), pp. 219 - 299.

刚果(金)

艾周昌:《一八九八年中刚(扎伊尔)条约与华工》,《社会科学战线》,1983 年第 3 期。

强涛、陈典:《但愿人长久,千里共婵娟——访我国前驻外大使李善一》,《华声报》,1987 年 2 月 10 日(有关扎伊尔华侨资料)。

几内亚

赖翠玲:《嫁到黑非洲》,《书摘》,1996 年第 11 期。

赖翠玲:《远嫁黑非洲,爱情之旅任重道远》,《知音》,1996 年第 9 期。

赖翠玲:《嫁到黑非洲》,北京:人民文学出版社,1996 年。

Esteban, Mario, "A Silent Invasion? African Views on the Growing Chinese Presence in Africa: The Case of Equatorial Guinea", *African and Asian Studies*, 9: 3 (2010), 232 - 251.

Esteban, Mario, "The Chinese Amigo: Implications for the Development of Equatorial Guinea", *The China Quarterly* 199 (2009), 667 - 685.

加纳

王申望:《迦纳华侨大聚会》,[台北]《侨务月报》,第 199 期,1969 年 3 月 16 日。

朱倩:《第一个被加纳王国封为酋长的福建人》,《华人之声》,1996 年第 2 期(总 64 期)。

展易(Karsten Giese):《无心插柳柳成荫——西非中国新移民商人与当地草根社会创新的关联互动分析》,《华人研究国际学报》,第 8 卷第 1 期(2016 年 6 月)。

Akurang-Parry, Kwabena, "We Cast About for a Remedy: Chinese labor and African Opposition in the Gold Coast, 1974—1914", *The International Journal of African Historical Studies*, 34:2 (2001), 365 - 384.

AllAfrica. com, "Ghana: Chinese fishermen accused of depleting country's territorial waters", 2008, Available online: http://www. illegalfishing. info/item_single. php? item=news&item_id=1561&approach_id=12 [accessed 18 October 2010].

Amanor, K., "Expanding agri-business: China and Brazil in Ghanaian agriculture", *IDS Bulletin*, 44(4), 2013, pp. 80 - 90.

Chao, Donovan, "Assistance of a Different Kind: Chinese Political Warfare in

Ghana, 1958—1966",*Comparative Strategy*, 26:2 (2007), 141 - 161.

Dagbon. net,"Tamale Girls School Project Nears Completion", 2008, Available online: http://www. dagbon. net/news. php? bo=showNews&ID=3119 [accessed 14 April 2009].

Daily Graphic,"Chinese Nationals jailed total of 39 years", 2009, Available online: http://ahtu. org/www/readupdate. html? id = 308 [accessed 11 October 2010].

Daily Graphic,"Down and Out—400 Metro Mass Buses grounded", 2009, Available online: http://www. modernghana. com/news/235915/1/down-out-400-metro-mass-buses-grounded. html [accessed 18 October 2010].

Daily Graphic,"Yaxing Buses on the Road", 2009, Available online: http://www. modernghana. com/print/245907/1/039yaxing-buses-on-road039. html [accessed 18 October 2010].

Daily Guide,"Chinese Casanovas Hit Tamale", 2006, Available online: http://www. ghanaweb. com/GhanaHomePage/NewsArchive/artikel. php? ID = 109575&comment=22182 19#com [accessed 10 March 2009].

Ghanaian Chronicle,"Bui Workers Want Government Intervention", 2008, Available online: http://www. ghanaweb. com/GhanaHomePage/NewsArchive/artikel. php? ID=145339 [accessed 10 March 2009].

Ghanaian Chronicle,"Chinese illegal Miner Wreak Havoc at Wassa", 2009, Available online: http://allafrica. com/stories/200907080826. html [accessed 18 October 2010].

Ghanaian Chronicle,"Construction Workers Run Amok", 2009, Available online: http://allafrica. com/stories/200909100369. html [accessed 10 March 2009].

Ghanaian Chronicle, "Family Sues Chinese Company", 2009, Available online: http://www. modernghana. com/news/210189/1/family-sues-chinese-company-over-chilling-storyof. html [accessed 10 March 2009].

Ghanaian Chronicle, "Local Manufacturers Go Wild... Ask Government to Stop Chinese Invasion", 2009, Available online: http://www. modernghana. com/news/252069/1/local-manufacturers-gowild-ask-govt-to-stop-chine. html [accessed 18 October 2010].

Ghana News Agency,"Court Convicts Chinese Couple for Smuggling and Evading Tax", 2009, Available online: http://www. modernghana. com/news/48095/1/court-convicts-chinese-couple-forsmuggling-and-ev. html [accessed 11 October 2010].

Ghana News Agency,"Chinese companies asked to consider workers' interest",

2009, Available online: http://www.ghanabusinessnews.com/2009/03/17/chinese-companies-asked-to-considerworkers% E2% 80% 99-interest/ [accessed 10 March 2009].

Ghana News Agency, "Court convicts illegal miners", 2010, Available online: http://www.modernghana.com/news2/276503/1/-court-convicts-illegal-miners-to-gh-56600-fine.html [accessed 18 October 2010].

Ghana News Agency, "Submit documents on Bui Dam-Ministers order", 2009, Available online: http://www.modernghana.com/news/234587/1/submit-documents-on-bui-dam-minister-orders.html [accessed 10 March 2009].

Giese, Karsten, and Alena Thiel, "The Vulnerable Other—Distorted Equity in Chinese-Ghanaian Employment Relations", *Ethnic and Racial Studies*, 2012.

Habia, James. K., "The Bui Dam Impact on Ghana-China Relations: Transparency, Accountability and Development Outcomes from China's Sino Hydro Dam Project in Ghana", MA Thesis submitted to the Department of Urban Studies and Planning, Massachusetts Institute of Technology, September 2009.

Ho, C., "The 'doing' and 'undoing' of community: Chinese networks in Ghana", *Journal of Current Chinese Affairs*, 3, 2008, pp. 45 – 76.

Ho, Conal Guan-Yow, "Living Transitions: A Primer to Chinese Presence in Ghana", *China Monitor* 2 (2008), pp. 9 – 11.

Idun-Arkhurst, Isaac, "China and Ghana: A Case Study Engagement", *South African Institute of International Affairs*, 2008, Available online: www.africaunion.org/root/ua/.../2008% 20i% 20arkhurst.pdf [accessed 28 October 2010].

Illegal-fishing. "Pirate Trawlers Gutting Ghana's Fishing Industry", 2009, Available online: http://www.illegal-fishing.info/item_single.php?item=news&item_id=3863&approach_id=12 [accessed 18 October 2010].

Joy News, "More Ghanaians Go for Chinese Stuff-Survey", 2009, Available online: http://www.modernghana.com/news/231829/1/more-ghanaians-go-for-chinese-stuff-survey.html [accessed 18 October 2010].

Kokutse, Francis, "Chinese traders flock into Ghana", 2010, Available online: http://www.africareview.com/Special% 20Reports/-/825444/.../-/index.html [accessed 18 October 2010].

Kokutse, Francis, "Into the claws of another predator?", 2008, Available online: http://www.ipsnews.net/news.asp?idnews=43352 [accessed 18 October 2010].

Kokutse, Francis, "You have to speak up when competition destroys you",

2008, Available online: http://ipsnews.net/news.asp? idnews=43396 [accessed 18 October 2010].

Lau, Raymond, "Web-sharing: Ghana Trip", July 2007, Available online: http://cimcanada.blogspot.com/2006/02/short-termers-corner.html [accessed 20 March 2009].

Liu, Jing Jing, "Contact and Identity: The Experience of 'China Goods' in a Ghanaian Marketplace", *Journal of Community & Applied Social Psychology*, 20 (2010), 148 - 201.

Marfaing, Laurence & Alena Thiel, *Chinese Commodity Imports in Ghana and Senegal: Demystifying Chinese Business Strength in Urban West Africa*, GIGA working paper No180, November 2011, Available online: https://www.giga-hamburg.de/en/publication/chinese-commodity-imports-in-ghana-and-senegal-demystifying-chinese-business-strength-in

Marfaing, L. & Thiel, A., *Chinese commodity imports in Ghana and Senegal: Demystifying Chinese business strength in urban West Africa*, Working Paper 180, Hamburg: German Institute of Global and Area Studies, 2011.

Modern Ghana News. "Bui Dam Workers Up Against Chinese Employers", 2008, Available online: http://www.modernghana.com/news/167059/1/bui-dam-workers-up-against-chinese-employers.html [accessed 10 March 2009].

Modern Ghana News, "Chinese attacks.... 2 Ghanaians injured", 2003, Available online: http://www.modernghana.com/news/38552/1/chinese-attacks-2-ghanaians-injured.html [accessed 10 March 2009].

Modern Ghana News. "Chinese Company Defaults Vat Payment", 2009, Available online: http://www.modernghana.com/news/247768/1/chinese-company-defaults-vat-payment.html [accessed 10 March 2009].

Modern Ghana News, "Clash at Sea... Canoe Fishermen Battle Chinese Boat Captain", 2008, Available online: http://www.modernghana.com/news/166073/1/clash-at-seacanoe-fishermen-battlechinese-boat-ca.html [accessed 18 October 2010].

Quartey, Peter, "The Textiles and Clothing Industry in Ghana", in Jauch, Herbert and Traub-Merz, Rudolf (eds.), *The Future of the Textile and Clothing Industry in Sub-Saharan Africa*, Bonn: Friedrich-Ebert-Stiftung, 2006, pp. 135 - 146.

Shanghaiist, "Chinese Casanovas's Hit Tamale", 2006, Available online: http://shanghaiist.com/2006/08/27/chinese_casanov.php [accessed 18 June 2008].

The Independent, "Textile Workers Declare War on Chinese Importer", 2005, Available online: http://www.modernghana.com/news/78006/1/textile-workersdeclare-war-on-chinese-importer. html [accessed 18 October 2010].

The Statesman,"Chinese Contractors in for Stadia Job", 2005, Available online: http://www. modernghana. com/news/86420/1/chinese-contractors-in-for-stadia-job. html [accessed 10 March 2009].

Yu, L., & Lu, J., Tugendhat, H. & Li, X., *A Chinese pesticide enterprise in Ghana: Motivations, impacts, challenges and local interactions*, Future agricultures working paper 124, Brighton: Institute of Development Studies, 2015.

津巴布韦

黄炯湘:《津巴布韦的华人》,《编译参考》,1984 年第 5 期。

林贵、王悦:《成功闯荡非洲政坛的华裔女子——费琼》,2015 年 6 月 17 日,新华网,http://news. xinhuanet. com/overseas/2015 - 06/17/c_1115646934. htm.

《南罗得西亚华侨近况》,[台北]《华侨经济参考资料》,第 230 期,1965 年 7 月。

沈晓雷:《试析中国新移民融入津巴布韦的困境》,《国际政治研究》,2015 年第 5 期。

沈志德:《拳拳思乡情》,《华声报》,1983 年 8 月 21 日。

湘:《血管里流着中国血的津巴布韦女部长》,《广东侨报》,1993 年 2 月 23 日。

余彬:《津巴布韦华人朱惠琼生活史研究的一种传记学方法》,《八桂侨刊》,2013 年第 3 期,第 51—57 页。

Dart, Raymond A.,"A Chinese Character as a Wall Motive in Rhodesia," *South African Journal of Science*, Vol. 36, Dec. 1939, pp. 474 - 476.

Farjon, Stéphanie, W. Anseeuw, J. Gabas, J. Chaponnière, "Chine-Zimbabwe Limites et derives de la cooperation gagnant-gagnant", Jean-Jacques Gabas & Jean-Raphaël Champonnière, eds., *Le Temps de la Chine en Afrique: Enjeux et Réalités au Sud du Sahara*, pp. 75 - 190.

Fay Chung, *Re-Living the Second Chimurenga*, Harare: Weaver Press, 2006.

Tandon, Mary Olivia, "The Chinese in Zimbabwe", Paper for the World Chinese Conference, Mauritius, April 1992.

科特迪瓦

李运修:《华侨在科特迪瓦》,《华声报》,1986 年 5 月 9 日。

《我旅象牙海岸华侨组织联谊加强团结》,《四海之友月刊》,第 40 期,1978 年 1 月 1 日。

雪峰:《侨生在象牙海岸》,《四海之友月刊》,第 13 期,1975 年 9 月 15 日。

肯尼亚

《她在非洲传播中华艺术》,《人民日报》(海外版),1986 年 7 月 27 日(转载《华声报》文章)。

姚宗仪:《她在非洲传播中华艺术》,《华声报》,1986 年 7 月 18 日。

Hsu E. (Forthcoming), *Mobility and Connectedness: Chinese Medical Doctors in Kenya*.

莱索托

Cobbe, Jim, "Lesotho: From Labor Reserve to Depopulating Periphery?", 2012, http://www.migrationinformation.org/Profiles/display.cfm? ID=891

Crush, Jonathan, et al., "Migration, Remittances, and 'Development' in Lesotho", *Migration Policy*, Series No. 52, Cape Town: IDASA, 2010.

Ngoan'a Nts'oana, "Lesotho Media and the Growing Intimidation of Chinese Shop Owners", http://africasacountry.com/2013/02/14/lesotho-media-and-the-growing-intimidation-of-chinese-shop-owners/.

Thahane, "Timothy T., Budget Speech to Parliament for the 2011/2012 Fiscal Year", Maseru, Lesotho: Ministry of Finance and Development Planning, February 14, 2011, Available online: https://www.gov.is [accessed].

利比亚

徐知音:《中国人在利比亚》,《侨务月报》,第 165 期,1966 年 5 月。

Wang, Jie and Josh Stenberg, "Localizing Chinese migrants in Africa: A study of the Chinese in Libya before the Civil War", *China Information*, 28: 1 (2014), pp. 69 - 91.

马达加斯加

陈洪才:《陈福胜:马岛首席华人代表、企业家》,庄炎林主编:《世界华人精英传略·大洋洲与非洲卷》,南昌:百花洲文艺出版社,1995 年。

《陈明沃》,华侨协会总会编著:《华侨名人传续集》,台北:黎明公司,1987 年。

陈铁魂:《马拉加西共和国华侨概况》,台北:正中书局,1989 年。

陈宇:《马岛华侨反共复国会第二次代表大会》,[台北]《侨务月报》,第 161 期,1966 年 1 月。

崔宝林:《李先念会见马达加斯加华侨》,1986 年 4 月 1 日(附照片)。

方积根:《马岛华商职业状况》,《华声报》,1986年1月10日。

方积根、李秀华:《马达加斯加华侨的历史与现状》,《参考资料》,1982年1月29日。

方积根、李秀华:《马达加斯加华侨的历史与现状》,《华侨历史学会通讯》,1985年第2期。

管仲方:《华人初到毛里寺岛之考证》,《南洋情报》,1:3(1932年12月15日)

《函总理陵园管理委员会为据马达格斯加桔站二分部续汇法郎一仟枚办理奉安纪念品请查照办理》,《中央侨务月刊》,第5—6号合刊,1930年2月。

华林:《在马尔加什的华侨》,《福建社科情报》,1987年第12期。

黄意华:《马达加斯加的华侨》,《华声报》,1986年12月16日。

李南友:《非洲第二华侨最多的国家——马达加斯加》,《广东侨报》,1981年9月11日。

利昂·M.S.斯劳基:《法国对马达加斯加华人政策》(励文强摘译),方积根编:《非洲华侨史资料选辑》。

《马达加斯加和津巴布韦华侨纪念辛亥革命——支持叶委员长谈话要求尽快实现祖国统一》,《人民日报》,1981年10月12日。

《马达加斯加华侨警告马岛蒋匪徒赶快投靠人民》,《侨讯》,第4期,1950年8月31日。

《马达加斯加华侨热烈庆祝中国共产党十届三中全会召开》,《人民日报》1977年8月3日。

《马达加斯加取消亚非洲人特别税之本末》,《华侨通讯》,1948年1月31日。

《马达加斯加招工合同(1901年,光绪二十七年,福州)》,陈翰笙主编:《华工出国史料汇编》,第九辑。

缪化民:《马达加斯加的华裔族群社团》,《华声报》,1991年9月10日。

田志东:《忆出使马达加斯加》,《外交学院学报》,1991年第2期。

吴行赐:《马达加斯加的广东顺德人》,《华声报》,1987年12月15日。

吴行赐:《马尔加什的顺德人》,《华人》,1986年第8期。

《兴文同学年刊》,塔马塔夫兴文学校出版社,1960年。

《兴文学校廿年概况》,塔马塔夫兴文学校出版社,1958年。

徐植:《"昆仑层期"的侨胞》,《华声报》,1984年6月17日。

殷民:《马达加斯加的新华侨华人》,吕伟雄主编:《海外华人社会新透视》,广州:岭南美术出版社,2005年,第27—32页。

于淑芬:《马达加斯加马南卡拉"中山文化馆"开馆》,1985年2月5日。

张为之:《生活在马达加斯加的华侨》,《华声报》,1989年3月28日。

郑向恒:《马拉加西侨情》,[台北]《侨务月报》,第166期,1966年6月16日。

《中央侨务委员会致马达格斯加桔站第二分部函》,《中央侨务月刊》,1930年

2月。

Andriamanana, S. R., "Chinese immigrants to California and Madagascar: A comparative study", PhD. Dissertation, Th University of Texas at Austin, 1987.

Bardonnet, D.,"Les minorires asiatiques a Madagascar", *Annuaire francais de droit international*, 10 (1964),pp. 127－224.

Baron, Capt. V., "L' immigrantion chinoise a Madagascar, La Grande lle militare", *Revue des forces armees de Madagascar et De-pendances*,nov. 1954.

"Le Cemre Catholique Chinois de Tamatave", *Lumiere*,No. 1694. October 27, 1968. pp. 5－6.

Cohen, Myron. L., "Review of Tsien Tche-hao. 'The Social Life of the Chinese in Madagascar,' in L. A. Fallers, *Immigrants and Associations*, The Hague. Mouton and Co.,1967.

De Monforand, P., "Chinois. Annamites. Australiens. Abyssins", in Roussin A. (ed.). *Album de l'ile de la Reunion*, Vol. Ⅲ, Paris, Leon Vanier, 1883, pp. 106－115.

Donque, Gerald, "Les Minorites chinoise et indienne a Madagascar", *Revue francaise d'etudes politiques afncaines*, No. 26. February, 1968. pp. 85－103.

Gallieni, Joseph-Simon, "Main-d'oeuvre chinoise a Madagascar", *Revue de Madagascar*, 6th year, 2nd semester, 1904, pp. 69－72.

Gayet, G., "Immigrations Asitatiques a Madagascar", *Civili-sations*, Vol. V, No. i, 1955, pp. 54－65.

Guerin, Jean, "Les minorites asiatiques et comoriennes a Madagascar", Tananarive, Universite de Madagascar. Memoire pour la Faculte de Droit et des Sociences Economiques. October. 1961.

Kent, Raymond K., "Alfred Grandidier et le mythe des fondateurs d'etats d'origine asiatique dans le Madagasar ancien", *Bulletin de Madagascar*, No. 277－278, June July, 1969, pp. 603－620.

Lacroix, Louis,*Les derniers voyages de bois d'ebene de coolies er de Merles du Pacifique*, Lucon, Imprimerie S. Pacteau, 1943.

Ratsima, J., "Les congregations chinoises de Madagascar," *Revue de Madagascar*, New Series, No. 11,1960, pp. 36－41.

La Republique de China accueille avec Tsiranana, Taipei: Societe d'Edition de Chine. no date (1962?).

Slawecki, L., "L'orlglne et la croissance de la communaute chinoise a Madagascar,"*Bulletin de Madagascar*, 276 (mai 1967),pp. 484－498.

Slawecki, Leon M. S., *French Policy Towards the Chinese in Madagascar*.

Connecticut:The Shoe String Press. 1971.

Tremann, Cornelia, "Temporary Migration to Madagascar: Local perceptions, economic impacts and human capital flows", *African Review of Economics and Finance*, 5:1 (December 2013), pp. 7 - 16.

Tsien Tche—hao, "La vie sociale des chinois a Madgaascar", *Comparative Studies in Society and History*, Vol. 3. No,2,1961, pp. 170 - 181.

Tsien Tche-hao, "The Social Life of the Chinese in Madagascar", in *Immigrants and Associations*, edited by L. A. Fallers, The Hague, Mouron and Co., 1967.

Vingtieme Anniversaire de l'Ecole Franco-Chinoise de Tamatave, Tamatave: Imprimerie du Commerce, 1958.

You, Andre, "La main-d'oeuvre et la colonisation a Madagascar", *Outre-Mer: Revue Generale de Colonisation*, June, 1929, pp. 210 - 220.

马里

Bourdarias, Françoise, "Migrants Chinois au Mali: Une Pluralité de Mondes Sociaux", *Revue Européenne des Migrations Internationales*, 25: 1 (2009), pp. 7 - 24.

Bourdarias, F. "Chinese migrants and society in Mali: Local constructions of globalization", *African and Asian Studies*, 9 (2010), pp. 269 - 285.

Dupré, Mathilde, and Weijing Shi, "La Présence Chinoise en Afrique de l'Ouest: Le Cas du Mali et du Bénin", Agence Française de Développement, Document de Travail, 69(2008).

Kernen, Anotine, "Small and Medium-sized Chinese Business in Mali and Senegal", *African and Asian Studies*, 9(2010), pp. 252 - 268.

Kernen, Antoine, and Benoît Vulliet, "Petits Commerçants et Entrepreneurs Chinois au Mali et au Sénégal", *Afrique Contemporaine*, 228:4(2008), pp. 69 - 94.

马斯克林群岛

余建华:《近代契约华工输入西印度洋诸岛探析》,《西亚非洲》,1991 年第 1 期。

Farquhar, R. T., *Suggestions Arising from the Abolition of the African Slave-trade for Supplying the Demands of the West Indian Colonies with Agricultural Labourers*, Londres, 1807.

Gerbeua, H., "Les esclaves asiatiques des Mascareignes au XIX'. Enquetes et hypotheses", *APOI(Annuaire des Pays de l'Ocean Indien)*, Vol. 1980.

Helly, D., "Des Immigrants Chinois dans les Mascareignes", *Annuaire des Pays de l'océan Indien*, vol. 3, 1976.

Ly-Tio-Fane Pineo, H., *La Diaspora Chinoise dans l'Ocean Indien Occidental*, Aix-en-Provence, Presse du GIS Mediterra-nee. 1981.

Ly-Tio-Fane Pineo, H., *Chinese Diaspora in the Western Indian Ocean*, Mauritius: editions de l'Ocean Indien and Chinese Catholic Mission, 1985.

Mission Catholique Chinoise ed., *Congres evangaiisation des Chinois, Ocean Indien Occidental*, 12—18 Juin 1983, Maurice, Port-Louis, 1983.

Wong, E., *La Diaspora Chinoise aux Mascareignes: le cas de la Réunion*, Paris: l'Harmattan, 1996.

毛里求斯

伯伦:《毛里求斯的华人》(刘新粦译),暨南大学华侨研究所:《华侨史论文集》(三),广州:暨南大学,1983年。

常春:《欢聚在羊城——英、法、毛里求斯华裔青少年在广州联欢》,《华声报》,1991年8月27日。

陈秋霞、石沧金:《毛里求斯南顺会馆天后宫考察》,《莆田学院学报》,2016年第1期。

陈维善:《他们与当地人民友好相处,老华侨林鑫登介绍毛里求斯华侨华人情况》,《广东侨报》,1983年11月25日。

陈晓、饶淦中:《望重南洲的邓军凯先生》,1986年12月26日。

陈伊美:《模里斯华侨的爱国热》,《华侨战士》,1938年第8期。

陈伊美:《模里斯华侨救国运动》,蔡仁龙、郭梁:《华侨抗日救国史料选辑》,福州:中国华侨史学会,福建党史工作委员会,1987年。

陈英东:《模里西斯华侨概况》,台北:正中书局,1989年。

崔志鹰:《毛里求斯华人的历史与现状》,《西亚非洲资料》,1995年第3期(总第145期)。

多米尼克·迪朗、让·亨顿:《留尼汪华侨史》,方积根编:《非洲华侨史资料选辑》。

杜晖:《中国民族舞蹈之花在毛里求斯绽开》,《华声报》,1988年5月10日。

房介之:《华人的好去处,中毛文化的桥梁——记毛里求斯中国文化中心成立一周年》,《华声报》,1989年8月8日。

房介之:《华人脸上的光彩——毛里求斯"中国机械产品展销会"巡礼》,《华声报》,1986年10月10日。

房介之:《毛里求斯华人积极筹备迎接中华人民共和国成立四十二周年》,《华声报》,1991年10月1日。

房介之:《毛里求斯华人纪念孙中山先生诞辰一百二十周年》,《华声报》,1986年

12 月 5 日。

房介之:《毛里求斯华文教育的前景》,《华声报》,1990 年 2 月 6 日。

房介之:《毛里求斯中国艺术之花争奇斗艳》,《华声报》,1988 年 10 月 14 日。

房介之:《千人宴欢庆国庆,大团结社团联合——毛里求新华人庆祝中华人民共和国成立三十九周年和华人社团联合会成立纪盛》,《华声报》,1988 年 10 月 28 日。

房介之:《勤勤恳恳地为侨社服务——访毛里求斯华人社团联合会主任》,《华声报》,1991 年 9 月 27 日。

房介之:《拳拳爱心飞越印度洋——毛国华人募捐助同胞》,1991 年 8 月 2 日。

房介之:《送龙迎蛇庆新岁,千家万户喜洋洋——毛里求新华人欢庆蛇年春节点滴》,《华声报》,1989 年 2 月 24 日。

房介之:《铁建杂技团风靡毛里求斯》,《华声报》,1990 年 7 月 10 日。

房介之:《为弘扬中华文化矢志不渝——访毛里求斯〈镜报〉社长兼总编辑吴志英》,《华声报》,1994 年 11 月 1 日。

房介之:《羊年春节在毛里求斯》,《华声报》,1991 年 2 月 26 日。

房介之:《一位到中国留学的炎黄儿女——访毛里求斯中国留学生叶远媚女士》,《华声报》,1986 年 11 月 21 日。

房介之:《友谊之花放异彩——记毛里求斯"中国文化双周"》,《华声报》,1987 年 6 月 2 日。

房介之:《中国驻毛使馆邀老华侨座谈,为汇编毛里求斯华侨史做准备》,《华声报》,1986 年 12 月 9 日。

房介之:《中医药业在毛里求斯生根发芽——柯记宗中医师一席谈》,《华声报》,1989 年 1 月 13 日。

《粉碎"四人帮"是海外华侨共同心愿——旅居毛里求斯华侨举行庆祝招待会》,《人民日报》,1976 年 11 月 24 日。

盖夒:《华人在世外桃源——毛里求斯》,《华人》,1985 年第 9 期。

管仲方:《华人初到毛里寺岛之考证》,《南洋情报》,第 1 卷第 3 期(1932 年 12 月)。

何梓楠:《毛里求斯罗帝利岛华侨史略》,[毛里求斯]《镜报》,1981 年 3—4 月刊。

侯碧红:《毛里求斯从政华人探析》,吕伟雄主编:《海外华人社会新透视》,第 238—244 页。

胡文英:《邓军凯:非洲侨胞首届人大代表》,庄炎林主编:《世界华人精英传略·大洋洲与非洲卷》。

胡文英:《陆才新:毛里求斯首任侨领》,庄炎林主编:《世界华人精英传略·大洋洲与非洲卷》。

《华裔众多的非洲岛国毛里求斯》,《广东侨报》,1983 年 6 月 10 日。

《华人在毛里求斯》,《华声报》,1983 年 5 月 29 日。

黄昆章:《毛里求斯仁和会馆》,《华声报》,1993 年 4 月 20 日。

黄昆章:《仁道必获福,和气乃致祥——记毛里求斯客家仁和会馆》,《华人月刊》,1993 年第 12 期(总 149 期)。

怀旧客:《陆才新开发毛里求斯》,《星暹日报》,1990 年 5 月 4 日。

《蒋帮与毛岛政府串通霸占领馆产业诬陷华侨商报》,《侨讯》,第 32 期,1951 年 3 月 29 日。

李东:《陈祝维先生谈毛里求斯华人》,《广东侨报》,1985 年 2 月 6 日。

李原:《毛里求斯——印度洋"糖罐"》,《广东侨报》,1981 年 8 月 21 日。

林金枝:《毛里求斯的华人社团》,《八桂侨史》,1995 年第 2 期。

林莉:《毛里求斯的华人》,《华夏》,1987 年第 1 期。

刘新彝:《漫谈毛里求斯华侨教育》,《华诉教育》,第 1 辑,1983 年 4 月。

刘新彝:《在第二故乡的日子里》,广州:暨南大学出版社,1984 年。

刘新彝:《我在毛里求斯的见闻》,《广东文史资料》,第 47 辑,1986 年。

刘新彝译:《毛里求斯华人简史》(原载毛里求斯《周末报》1981 年 4 月初),方积根编:《非洲华侨史资料选辑》。

刘新彝:《毛里求斯的客家话》,《现代中国》,1991 年第 1 期。

刘新彝:《毛里求斯简讯》,《广东侨报》,1983 年 9 月 9 日。

刘新彝:《毛里求斯探亲杂记》,《同舟共进》,广东,1990 年 3 月。

刘新彝:《三访毛里求斯散记》,《今日中国》,1995 年第 8 期。

刘新彝:《他山之石》,北京:中国文联出版社,2000 年。

罗英样:《中毛友谊的使者——访毛里求斯〈华侨时报〉社长兼总编辑吴隆祥》,《华声报》,1994 年 6 月 28 日。

卢华能:《毛里求斯华人先侨陆才新》,《华声报》,1989 年 10 月 10 日。

《毛岛"华联会"组织年老华侨华裔旅游》,《华声报》,1986 年 7 月 29 日。

《毛岛侨青中国舞跳得地道》,《华声报》,1985 年 11 月 5 日。

《毛国华人踊跃签名支持北京申办奥运》,《华声报》,1993 年 8 月 10 日。

《毛里求斯岛华侨概况》,《侨讯》,第 226 期,1954 年 5 月 27 日。

《[毛里求斯岛]蒋匪帮特务逞凶捣毁新华中学殴打民主人士》,《侨讯》,第 13 期,1950 年 11 月 2 日。

《毛里求斯的华人教育》,《台湾与海外文摘》,1985 年第 8 期。

《毛里求斯光华日报将出版》,《侨情参考资料》,第 482 期,1956 年 12 月 27 日。

《毛里求斯华侨捐款劳军》,《新华日报》,1941 年 8 月 5 日。

《毛里求斯华侨热烈庆祝粉碎"四人帮"的伟大胜利》,《人民日报》,1976 年 11 月 24 日。

《毛里求斯华侨的政治经济组织状况》,《参考资料》,1980 年 7 月 19 日。

《毛里求斯华侨纪念孙中山诞辰希望台湾国民党人员接受和谈》,《侨情参考资料》,第 482 期,1956 年 12 月 27 日。

《毛里求斯华侨闹不团结》,《侨情参考资料》,第 447 期,1956 年 8 月 27 日。

《毛里求斯华侨商业情况》,《侨情参考资料》,第 509 期,1957 年 4 月 4 日。

《[毛里求斯]华侨时报企图破坏新商报信誉的经过》,《侨情参考资料》,第 456 期,1956 年 9 月 27 日。

《毛里求斯华人》,《八桂侨史》,1998 年第 2 期。

《毛里求斯华人筹备庆祝中国国庆》,《华声报》,1986 年 9 月 26 日。

《毛里求斯华人动态(四则)》,《广东侨报》,1983 年 3 月 4 日。

《毛里求斯华人欢宴庆贺——林检祥获国家勋章,七学生考取留英生》,《华声报》,1993 年 5 月 27 日。

《毛里求斯华人热烈庆祝中华人民共和国成立四十一周年》,《华声报》,1990 年 9 月 28 日。

《毛里求斯华人热烈庆祝中国国庆:七百华人欢宴,十艘龙舟竞游》,《华声报》,1993 年 10 月 15 日。

《毛里求斯华人热情迎送中国广东侨办访问团》,《华声报》,1993 年 11 月 5 日。

《毛里求斯华人学生学习成绩斐然》,《广东侨报》,1983 年 5 月 6 日。

《毛里求斯竞选立委当地党派向华侨争取选票》,《侨情参考资料》,第 433 期,1956 军 7 月 9 日。

《毛里求斯举办中国文化节活动》,《广东侨报》,1984 年 2 月 17 日。

《毛里求斯举办中国文化周》,《广东侨报》. 1983 年 2 月 25 日。

《毛里求斯决定明年为“中国文化年”》,《华声报》,1986 年 6 月 27 日。

《毛里求斯仁和会馆建馆一百廿五周年纪念特刊》,路易港,1996 年 11 月 10 日。

《毛里求斯新商报促国民党人员接受和平解放台湾》,《侨情参考资料》,第 509 期,1957 年 4 月 4 日。

《毛里求斯新商报纪念邓军凯逝世两周年不满“华侨商报”在“联合出版”的名义下被封杀》,《侨情参考资料》,第 482 期,1956 年 12 月 27 日。

《毛里求斯新商报揭发华侨时报破坏其信誉的诡计》,《侨情参考资料》,第 456 期,1956 年 9 月 27 日。

《毛里求斯新商报评争取和平解放台湾问题》,《侨情参考资料》,第 447 期,1956 年 8 月 27 日。

《毛里求斯新商报社论号召华侨团结做好福利工作》,《侨情参考资料》,第 456 期,1956 年 9 月 27 日。

《毛里求斯新商报社长朱维导的声明》,《侨情参考资料》,第 456 期,1956 年 9 月 27 日。

《毛里求斯政府文化部拟开设中国音乐学院》,《华声报》,1986 年 8 月 8 日。

《毛里求斯中国音乐学校举行成立暨开学典礼》,《中国音乐》,1987 年第 1 期。

《毛里求斯岛华侨情况介绍》,华侨问题研究会编:《亚非地区华侨情况介绍》,第243—250页。

《毛里西亚侨胞捐款劳军》,《新华日报》,1944年1月16日。

《毛里西亚新华学校》,《华侨周报》,第27期,1933年3月15日。

缪化民:《毛里求斯的华裔族群社团》,《华声报》,1991年9月20日。

缪化民:《为求艺,不远千里回祖籍——访毛里求斯华裔女青年霍瑞媚》,《人民日报》(海外版),1986年1月11日。

缪化民:《中国佛山展会在毛里求斯》,《华声报》,1985年12月3日。

明:《世界客家华人恳亲大会在毛里求斯举行》,1986年6月6日。

《模里斯:救护侨商声应气求(模里斯来信)》,《华侨周报》,第44期,1933年9月20日。

《钱其琛访同毛里求斯,与华侨华人相聚甚欢》,《华声报》,1994年2月4日。

卿:《深受华人欢迎的毛岛中国文化中心》,《广东侨报》,1993年1月1日。

沈立新、汪义生:《中国—华夏儿女的骄傲——访毛里求斯华文〈镜报〉总编辑冯云龙》,《人民日报》(海外版),2001年11月7日。

石沧金:《衰微中的坚持与努力——毛里求斯华人社会发展动态考察与分析》,《东南亚研究》,2014年第1期。

《世界华人研讨会下月举行三百华商、学者将聚毛岛》,《华声报》,1992年3月20日。

《世界华人研讨会在毛里求斯开幕,毛国总统及600嘉宾出席》,《华声报》,1992年5月8日。

舒章:《首访毛里求斯的中国特使》,《世界博览》,1991年第12期。

孙兆震;《李老师教我们跳中国舞》,《华声报》,1990年1月19日。

孙兆震:《毛里求斯新中校友会在京举行告别晚会》,《华声报》,1989年10月6日。

谭德婷:《毛里求斯华人地位高——访毛里求斯第一位华人部长李国华》,《华声报》,1992年3月27日。

巫秋玉:《客家文化在海外的传承与发展——以毛里求斯客家人为例》,《八桂侨刊》,2009年第1期。

吴辅林:《殖民主义的后果》(卢丽平译),北京:友谊出版社,1987年(作者为毛里求斯华人)。

辛雯:《毛总理赞扬华人,积极推动该国经济发展》,《华声报》,1992年5月26日。

许永璋:《陆才新——毛里求斯华侨社会奠基人》,《华侨华人与侨务》,1995年第1期。

许永璋:《毛里求斯的华工和华侨》,《河南大学学报》,1993年第1期。

汪大钧:《绵绵亲情先,地远心相遇》,《华声报》,1986 年 5 月 2 日。

王惠君:《毛里求斯华文教育的探讨》,[毛里求斯]《镜报》,1997 年 11 月 15 日。

王学信:《天涯异域恋乡情——访毛里求斯侨胞林艾宏先生》,《华声报》,1986 年 10 月 7 日。

文成:《决策正确,一视同仁——毛岛侨胞赞中国落实侨房政策》,《华声报》,1987 年 6 月 30 日。

吴大利:《[毛里求斯]华文报业,挣扎求存》,《联合晚报》,1985 年 6 月 16 日。

吴越天:《祖国我们为你歌唱》,[毛里求斯]《镜报》,1997 年 9 月 27 日。

炎群:《毛里求斯总理会见当地华人,赞扬他们为毛岛经济做出重大贡献》,《华声报》,1987 年 4 月 7 日。

杨直绳:《客家人在毛里求斯》,[马来西亚]《星洲日报》,1997 年 4 月 21 日。

《1954 年毛里求斯华侨人口总数》,《侨情参考资料》,第 433 期,1956 年 7 月 9 日。

《一位法国牧师谈毛里求新华侨的历史》,《侨情参考资料》,第 433 期,1956 年 7 月 9 日。

余思:《毛国首座中国庙宇建成》,《华声报》,1988 年 1 月 22 日(侨史月志)。

《在[毛里求斯]华侨业余文工社的庆祝会上与会侨团表示促进团结》,《侨情参考资料》,第 456 期,1956 年 9 月 27 日。

张为之:《毛里求斯华人点滴》,《华声报》,1987 年 8 月 25 日。

张为之:《毛里求斯华人点滴》,《星暹日报》,1987 年 10 月 6 日。

曾繁兴:《寻根:毛里求斯的华人》(邓抗升译),《明报月刊》,1980 年第 1 期。

振华:《吴恒兴先生的骨灰移葬毛国》,《华声报》,1987 年 8 月 4 日。

朱孟香:《毛里求斯的华人与华文报》,《联合早报》,1985 年 7 月 15 日。

朱孟香:《毛里求斯的风土人情》,《联合早报》,1985 年 8 月 7 日。

朱志筠:《写我真情》,北京:艺术与科学电子出版社,2006 年。

Beaton, P., *Creoles and Coolies or Five Years in Mauritius*, London: James Nisbet & Co., 1859.

Bowman, Larry W., Mauritius. *Democracy and Development in the Indian Ocean*. Boulder and San Francisco: Westview Press, 1991.

Carter, M., (ed.), *Colouring the Rainbow: The Making of Mauritian Society*, CRIOS, Mauritius, 1997.

Carter, M. and J. Ng Foong Kwong, *Forging the Rainbow: Labour Immigrants in British Mauritius*, Alfran, 1997.

Carter, Marina and James Ng Foong Kwong, *Abacus and Mah Jong: Sino-Mauritian Settlement and Economic Consolidation*, Leiden & Boston: Brill, 2009.

Chan Kin, P., "La contribution des Mauriciens d'origine chinoise *à* l'industrialisation de l'Ile Maurice", *L'Aurore*, no. 2, 24 juin 1987.

De Chazal, A. and Piang Sang Sew Hee, K., "The Growth and Ascension of the Chinese Community in Mauritius", *Vision*, no. 23, 25 - 31, Jan. 1995.

Deschamps, Hubert, *Histoire de Madagascar*, Paris: Editions Berger-Levrault, 1961.

Fock-Seung, M., "Les catholique chinois a l'ile Maurice. leur origine et leur formation au cours des annees", Mission Catholique Chinoise, ed., *Congres evangalisation des Chinois*, *Ocean Indien Occidental*, 12 - 18 *Juin* 1983, Maurice, Port-Louis, 1983.

Giampietro, J., "Ile Maurice-Hong Kong Deux petites îles *à* côté de deux immenses territoires", *L'Aurore*, no. 9, 29 juin 1988.

Heseltine, Nigel, *Madagascar*, London: Pall Mall. 1971.

Ibbotson, P., "Rival Chinese Factions in Mauritius" in Kumria, K. D. *The African & Colonial World and the Indian at Home & Overseas*, vols. 7 - 8. 1959—1960.

Kouvenhoven, A., "Kinship and Integration: the Chinese in Mauritius" unpublished and undated research paper, [c. 1986].

Krivtsov, N., "The Chinese Community in Mauritius", *Far Eastern Affairs*, no. 1, 1980.

La Chesnais, M., "Etudes sur l'Ile Maurice. Population Chinoise", *Revue du Monde Colonial*, 2eme serie, Tome VII, Paris, 1862, pp. 51 - 54.

Lim Fat, E., "The contribution of the Chinese to the Industrialisation of Mauritius", s. n. 1. d.

Lim Fat, E., "L'industrialisation a Maurice", Mission Catholique Chinoise. ed., *Congres evangelisatzon des Chinois*, *Ocean Indien Occidental*, 12 - 18 *Juin* 1983, Maurice. Port-Louis. 1983.

Ly-Tio-Fane, H., "La religion traditionnelle pratiquee a la Pagoti Kwan-ti", Mission Catholique Chinoise. ed., *Congresevangaiisation des Chinois*, *Ocean Indien Occidental*. 12 - 18 Juin 1983. Maurice. Port-Louis, 1983.

Ly-Tio-Fane Pineo, H., *La Diaspora Chinoise dans l'Ocean Indien Occidental*, Aix -cn-Provence: Presse du GIS Mediterranee, 1981.

Ly-Tio-Fane Pineo, H., *Chinese Diaspora in Western Indian Ocean*, Editions de l'Océan Inien-Chinese Catholic Mission, 1985.

Ly Tio-Fane, H., "Le vieux quartier chinois rerouve", *L'Aurore*, n°1, Port-Louis, 1987.

Ly-Tio-Fane Peneo, H., "L'implantation et L'avolution de la communaute chinoise a Maurice", Memoire de maltrise, Aix-Province, 1974.

Ly Tio Fane, H., "La pagode Kwan Ti", minutes du Congrès Evangélisation des Chinois-Océan Indien occidental, Port-Louis, 12—18 juin 1983.

Ly Tio Fane, H., "Une phase peu connue de l'immigration chinoise *à* Maurice", *L'Aurore*, no. 27, 1991.

Ly Tio Fane, H., "Ah Chin-Joseph Koo Tat Chong", *L'Aurore*, no. 42, 1993.

Ly Tio Fane, H., "Mauritius. History of the Mauritian Chinese" in Pan, L. ed., *the Encyclopedia of the Chinese Overseas*, Chinese Heritage Centre, Singapore, 1998.

Ly Tio Fane, H. & Edouard Lim Fat, E., *From alien to citizen—The Integration of the Chinese in Mauritius*, Editions de l'océan Indien, Rose-Hill, 2008.

Nagapen, A., *Les practiques, rites et eroyances de la religion populaire chinoise*, Mission Catholique Chinoise. Port-Louis: NicePrinting, 1975.

Nagapen, A., *A L'aube de la mission de La Mission Catholique Chinoise à l'ile Maurice, 1873—1945*, Port-Louis, Best graphics LTD. 1991.

Negapen, A., *A l'aube de la mission catholique chinoise à l'île Maurice 1873—1945*, Port-Louis, 1991.

NG-Foong-Kwong, J., "Les Hakka de l'Ie Maurice", Memoire de maitrise d'histoire, Saint Denis: Universite de la Reunion.

Ng Foong Kwong, "La Naissance du Commerce Chinois, 1826—1875", Mémoire de DEA, Université de La Réunion, France, 1996.

Ng Foong Kwong, J., "Les Hakkas A L'Ile Maurice", Mémoire de maîtrise, Université de La Réunion, France, 1989.

Ng Foong Kwong, J., "Mutations sociales et développement du commerce chinois au XIXème siècle", *Journal of Mauritian Studies*, MGI, Mauritius, New Series, vol. 1, no. 1, 2001.

Ng Foong Kwong, J., "The Role of Creoles in Chinese Settlement" in Carter, M. ed. *Colouring the Rainbow: The Making of Mauritian Society*, CRIOS, Mauritius, 1997.

Ng Foong Kwong, J., "The Beginnings of Chinese Commerce in Mauritius, 1826—1875", *Journal of Mauritian Studies*, MGI, Mauritius, vol. 5, no. 1, 1999.

Ng Tock Mine, E., *Cuandi baodan tekan* (《关帝宝诞特刊》), *Saint-Pierre. n. d.*

Siew, Pascale:《唐人街:毛岛往事》, Port Louis: Edition Vizavi, 2016.

Sylvon, Sydney, *A Dragon in Dodoland, Dr. Patrick Chui Wan Cheong*,

Pioneer of hi-tech medicine in Mauritius, Coromandel: City Clinic Limited, 2009.

Tang-Chew-See, "A Theory on the Origin of the Merina of Madagascar from the Yueh of China", Unpublished paper.

Tsang-Man-Kin, J., *Le grant chant hakka*, Port-Louis, Ed. Du Flamboyant, 1992.

Tsang Mang Kin, J., "Les Chinois de Maurice", in Hua Lien Souvenir Magazine 2006, Trianon, pp. 80 - 86.

Vandewalle, E. M., *Les Débuts de la Mission Chinoise*, Mauritius, 1960.

Wei, Min, "Ministre. poete et homme de science", *CHINAFRIQUE*, No. 127 (Juillet 1998), pp. 37 - 38.

Wei, Min, "Tsang Fan-Hin: A Minister, Poet and Scholar", *CHINAFRICA*, No. 91 (July 1998). pp. 38 - 39.

摩洛哥

柯月霖:《"浪迹天涯,落叶归根"——一位摩洛哥老华侨的身世》,《华声报》, 1984 年 8 月 12 日。

De Volkskrant. "Chinese smokkelwaar ondermijnt eerlijke handel", 7 January 2006, Available online: http://www.volkskrant.nl/vk/nl/2680/Economie/article/detail/764095/2006/01/11/Chinesesmokkelwaar-ondermijnt-eerlijke-handel.dhtml [accessed 12 September 2008].

Langendries, Kristin, "Rozenschijn en Manengeur", 2006, Available online: http://kristinlangendries.waarbenjij.nu/reisverhalen/kristinlangendries/Ghana/rozenschijn+en+maneng eur/? &module=site&page=message&id=1490107 [accessed 10 March 2009].

Metropolis TV. "Wereldchinezen", 2009, Available online: http://www.metropolistv.nl/nl/themas/wereldchinezen [accessed 25 May 2010].

莫桑比克

《东非罗埠中华学校开学有期》,《侨务月报》,1936 年 2 月号。

《[东非]罗埠华侨成立华侨学术研究社》,《侨务月报》,1936 年 7—8 月合刊号。

《[东]非罗连士麦中华小学编一周年纪念刊》,《侨务月报》,1936 年 7—8 月号。

《东非洲华侨概况》,《华侨半月刊》,第 85 期,1936 年 5 月。

国务院侨务办公室:《中国驻莫桑比克大使:中国重视保护侨民合法权益》, http://www.gqb.gov.cn/news/2007/0424/1/4750.shtml。

剑虹:《莫桑比克华侨的历史与现状》,《西亚非洲》,2007 年第 5 期。

《罗埠中华小学举办成绩展览及恳亲游艺会》,《侨务月报》,1936 年 5—6 月合刊号。

《罗埠中华小学开幕纪盛》,《侨务月报》,1936 年 3 月号。

《[葡属]东非啤埠华侨概况》,《南大与华侨》,第 12 卷第 1—2 期(1934 年 1 月)。

《东非葡属卑埠华侨经济概述》,[台北]《华侨经济参考资料》,第 226 期,1965 年 5 月。

《葡属东斐洲华侨概况》,《侨务月刊》,第 1 卷第 2 期(1928 年 8 月)。

黄达:《东非卑拉华侨的爱国活动》,[台北]《侨务月报》,第 161 期,1966 年 1 月。

徐姁:《侨居东非掇拾》,[台北]《侨务月报》,第 200 期,1969 年 4 月 16 日。

子渔:《东非洲罗连士麦埠华侨一瞥》,《侨务月报》,1936 年 11—12 月合刊号。

Soares-Rebelo, D. J., "The Chinese Extraction Group in Mocambique", Unpublished Paper, July 1966.

纳米比亚

Amadhila, Nelago, "Grassrootsperceptions of China in Namibia: Effects on domestic politics and foreign policy", *African East-Asian Affaris: The China Monitor*, 2(2012), pp. 17 - 45.

Dobler, Gregor, "Cheapness and Resentment: Chinese traders and Local Society in Oshikango, Namibia", Paper for ASC Seminar, Leiden, 27 March 2008.

Dobler, Gregor, "Chinese Shops and the Formation of a Chinese Expatriate Community in Namibia", *The China Quarterly*, 199(2009), pp. 707 - 727.

Dobler, Gregor, "From Scotch Whyski to Chinese Sneakers: International Commodity Flows and New Trade Networks in Oshikango, Namibia", *Africa: The Journal of the International African Institute*, 78:3(2008), pp. 410 - 432.

Dobler, Gregor, "Oshikango: The dynamics of growth and regulation and in a Namibian boom town", *Journal of Southern African Studies*, 35:1(2009), pp. 115 - 131.

Dobler, Gregor, "Solidarity, Xenophobia and the Regulation of Chinese business in Namibia", in Chris Alden, Daniel Large, and Ricardo Soares de Oliveira (eds.), *China Returns to Africa*, London: Hurst, 2008, pp. 237 - 255.

Dobler, Gregor, "South-South business relations in practice: Chinese merchants in Oshikango, Namibia", Working Paper, Basel University: Institute for Social Anthropology, 2009.

Dobler, Gregor, "South-South Business Relations in Practice: Chinese Merchants in Oshikango, Namibia", September 2005. Available online: http://

www. eldis. org/vfile/upload/1/document/0708/doc22353. pdf [accessed 22 March 2017].

Donque, G. "Les minorities Chinoise et Indienneã Madagascar", *Revue Française d'Etudes Politiques africaines*, 26(1968), pp. 85 - 103.

Fournet-Guérin, C., "La nouvelle immigration ã Tananarive", *Perspectives Chinoises*, 96(2006), pp. 46 - 57.

Institute Nationale de la Statistique (INSTAT), "Liste des Entreprises Chinois Enregistrées ã Madagascar", *INSTAT*, *Antananarivo*, 2010.

Niikondo, Andrew, and Johan Coetzee, *Perceptions on the Impact of Chinese Businesses in Namibia: A Case Study of the Retail and Construction Sector in Windhoek*, Windhoek: Friedrich-Ebert-Stiftung, 2009.

南非

詹姆斯·C.阿姆斯特朗:《荷兰东印度公司时期好望角华人(1652—1795)》(励文强译),方积根编:《非洲华侨史资料选辑》。

柏理稳注:《南斐洲金矿华工信图》,天津:义合堂,光绪丙午年(三十二年,1906年春)。

艾周昌:《近代华工在南非》,《历史研究》,1981年第6期(后被分别收入梁初鸿:《华侨华人史研究集》和吴泽主编:《华侨史研究论集》)。

白灵:《从种族隔离夹缝中走过来的南非华人》,《八桂侨史》,1994年第4期。

陈凤兰:《南非华人族群的内部关系研究》,《八桂侨刊》,2013年第2期。

陈凤兰:《文化冲突与跨国迁移群体的适应策略——以南非中国新移民群体为例》,《华侨华人历史研究》,2011年第3期。

陈凤兰:《南非中国新移民研究》,厦门大学社会学2013年博士论文。

陈凤兰:《南非中国新移民与当地黑人的族群关系研究》,《世界民族》,2012年第4期。

陈平白:《忧心忡忡话南非——访陈静波代表》,《华侨通讯》,第10期,1948年6月。

陈平润:《二十世纪初广西籍华工被输入南非的前前后后》,《八桂侨史》,1990年第1期。

陈斯人:《南非侨界组成中非贸易促进会》,[台北]《侨务月报》,第160期,1965年12月。

陈肖英:《民族聚集区经济与跨国移民社会适应的差异性——南非的中国新移民研究》,《开放时代》,2011年第5期。

陈肖英:《南非中国新移民面临的困境及其原因探析》,《华侨华人历史研究》,2012年第2期。

陈泽宪:《1904—1910 年英国为南非特兰士瓦金矿招雇华工史料辑存》,陈翰笙主编:《华工出国史料汇编》,第九辑《非洲华工》。

池丽芳:《南非华人人人住洋房》,[新加坡]《联合晚报》,1993 年 4 月 12 日。

《杜省亚洲人赁居律》,《华侨周报》,第 9 期,1932 年 9 月 14 日。

《杜省亚洲人赁居律》,《华侨周报》,第 21 期,1932 年 12 月 10 日。

欧铁:《南非共和国华侨概况》,台北:正中书店,1991 年。

房学嘉:《南非梅县籍华侨与孙中山护法斗争》,《华声报》,1991 年 5 月 14 日。

《访南非〈华侨新闻报〉社长冯荣生》,[马来西亚]《星洲日报》,1997 年 11 月 18 日。

《非京公学力进展图》,《侨务月报》,1936 年 3 月号。

《非京华侨公学近况》,《侨务月报》,1936 年 2 月号。

《非洲华侨受虐情形》,《南大与华侨》,第 8 卷第 3 期(1930 年 2 月)。

冯自由:《南非兴中会》,《革命逸史》,第四集,北京:中华书局,1981 年。

凤生译:《南非华侨与种族问题》,[台北]《侨务月报》,第 186 期,1968 年 2 月 17 日。

付亮:《今日南非华人社会》,《八桂侨刊》,2009 年第 1 期。

付亮:《南非的中国新移民:以福清新移民为例》,厦门大学国际关系 2009 年硕士论文。

马克·格雷厄姆:《在南非的华人》,《编译参考》,1992 年第 11 期。

葛公尚:《南非的华工》,《世界民族研究资料》,第 22 期,1982 年。

《各地华侨近闻:南非洲》,《东方杂志》,第 7 卷第 6 期(1910 年 7 月 31 日)。

《各埠华侨近闻:南非洲》,《东方杂志》,第 7 卷第 3 期(1910 年 5 月 4 日)。

《官英甫谈南非华侨当前的处境》,《侨情参考资料》,第 439 期,1956 年 7 月 30 日。

郭剑波:《20 世纪初南非金矿也有浙江契约华工》,《八桂侨刊》,2010 年第 2 期。

《函外交部据南斐总支部等电请勿签中斐绅士协约改订平等条约请切实办理由》,《中央侨务月刊》,第 10 号,1931 年 5 月。

韩辛:《与圣雄甘地同在南非的华人》,《华人文化世界》,1995 年第 3 期。

何长棋:《南非洲侨务之最近观察》,《华侨周报》,第 1 卷第 2 期(1932 年 7 月 3 日)。

胡文英:《梁金:南非首任侨领》,庄炎林主编:《世界华人精英传略·大洋洲与非洲卷》。

《华侨纪闻》[南非特兰斯哇尔苛待华侨新例],《外交报》,1907 年 1 月 9 日。

《华侨纪闻》[南非特兰斯哇尔苛待华侨新例],《外交报》,1908 年 5 月 14 日。

《华侨事务委员会主任委员何香凝发表谈话,斥南非联邦政府实行"种族分区法案",望南非侨胞联合当地各族人民争取正当权益》,《人民日报》,1950 年 9 月 20 日。

《华侨在南非洲》,福建师范大学历史系华侨史资料选辑组:《晚清海外笔记选》(即南非洲坡厘士碧坡埠中华会馆:《南非洲华侨惨状记》)。

华兴:《中华传统文化在南非的潜力》,[台北]《侨务月报》,第 189 期,1968 年 5 月 16 日。

郝春萍:《南非侨情漫谈》,[台北]《侨务月报》,第 199 期.1969 年 3 月 16 日。

黄如捷:《20 世纪的南非华工》,《历史知识》,1984 年第 6 期。

黄泽全:《超过商界的善举:记南非爱国华侨企业家苏华杰》,《西亚非洲》,1996 年第 1 期。

《积极参政,服务华社:记活跃于南非政坛的华人议员》,2006 年 10 月 31 日,新华网 http://www.jrj.com。

《记南非洲华工肇事始末》,《大陆报》,第 5 期,1905 年 4 月。

季甫:《种族隔离与南非华人》,[香港]《华人月刊》,1991 年第 3 期(总第 116 期)。

纪光羽:《约堡华侨的国民外交》,[台北]《侨务月报》,第 149 期,1965 年 1 月。

警蛮:《南非洲虐待华侨惨状述》,《新民丛报》,第 4 年,第 14 号,1906 年 9 月 3 日。

静瑛:《中华文化的非洲苗圃——南非约翰尼斯堡中华文化中心揭幕》,《四海之友月刊》,第 95 期,1982 年 8 月 15 日。

《[开普敦]中华会馆全侨大会推展侨务福利工作》,《四海之友月刊》,第 55 期,1979 年 4 月 1 日。

黎启康:《南非华工在种族隔离中挣扎》,《海外文摘》,1987 年第 3 期。

李安山:《论早期南非华人与印度移民之异同》,《华侨华人历史研究》,2006 年第 3 期。

李清全:《国际关系变动中的南非华侨华人:一种历史的分析》,暨南大学国际关系 2008 年硕士论文。

李毓尧:《非洲华侨受虐情形》,《南大与华侨》,1930 年 2 月。

Li Ying, Karen Harris,《中国到南非的第三次移民潮》(姚昭亮译),吕伟雄主编:《世界海外华人研究学会地区性非洲国际会议论文摘译》,香港社会科学出版社有限公司,2008 年。

梁次狂:《南非洲党务实况》(中国国民党中央党史史料编纂委员会库藏原件),蒋永敬编:《华侨开国革命史料》,台北:正中书局,1977 年。

廖小健:《种族隔离与南非华侨华人》,《八桂侨史》,1993 年第 4 期。

刘华:《谢子修和〈游历南非洲记〉》,《文物天地》,1982 年第 6 期。

刘华:《谢子修及其〈游历南非洲记〉》,《羊城晚报》,1983 年 12 月 4 日。

刘腾飞:《20 世纪初南非华工的法律保护状况研究》,《商品与质量:理论研究》,2012 年第 9 期。

陆以正:《南非台资厂商知多少?》,[南非]《彩虹商旅》,创刊号,1997年1月1日。

《论北[南]非华工》,《外交报》,第57期,1903年9月25日。

《论非洲宜禁华工》,《外交报》,第25期,1902年10月6日。

《论南非华工》,《外交报》,第107期,1905年4月29日。

《论南非华工》,《外交报》,第125期,1905年10月23日。

《论南非开矿宜禁华工》,《外交报》,第37期,1903年3月13日。

《论南非招募华工》,《外交报》,第74期,1904年4月20日。

《论南非招募华工》,《外交报》,第138期,1906年4月8日。

《论南非招募华工之利害》,《外交报》,第76期,1904年5月10日。

《论南非洲招华工事二则》,《外交报》,第70期,1904年3月。

《论南非洲招募华工开矿事》,《外交报》,第67期,1904年1月2日。

《论南非洲招用华工》,《外交报》,第61期,1903年11月3日。

《论特国华工》,《外交报》,第149期,1906年7月25日。

罗俊翀、周聿娥:《南非华文传媒现状及其对华人社会的影响》,《西亚非洲》,2008年第2期。

梦焦:《解除南非华侨苛例之对策》,《新闻报》,1936年12月8日。

南部非洲上海工商联谊总会编:《追梦——上海人在非洲》,自印本,2014年。

《南非白人区撤禁例,华裔人士可居住经商》,《广东侨报》,1985年6月19日。

《南非杜省亚洲人赁居律交涉之经过》,《华侨周报》,1932年10月19日。

《南非妇女救济基金委员会电》,《华侨周报》,1932年8月7日。

《南非国会排斥东亚人,何总领事求要将华侨除外》,《南大与华侨》,第9卷第5期(1931年4月)。

《南非华工之情况》,《万国公报月刊》,第211期,1906年8月。

《南非华侨爱用国货》,《国际贸易情报》,第2卷第7期(1937年2月24日)。

《南非华侨代表梁次狂等返沪赴京请愿结果圆满》,《申报》,1937年1月6日。

《南非华侨刊物〈起来!〉经常介绍祖国情况》,《侨讯》,第138期,1953年7月2日。

《南非华侨所受的种种苛待》,《中南情报》,第5—6期,1934年8月1日。

《南非华侨组织维益社致中央侨务委员会电》,《中央侨务月刊》,1931年5月。

《南非华人地位如何?》,[南非]《南非华人报》,2009年8月17日。

《南非华人怒告当地人诽谤律师:将正式向法院起诉》,2017年2月9日,中国侨网,http://www.chinaqw.com/hqhr/2017/02-09/125594.shtml.

《南非华人团体赞扬救曼德拉》,[香港]《华人月刊》,1990年第3期。

《南非华人心系祖国》,2009年5月11日,新华社,http://news.xinhuanet.com/video/2009-05/11/content_11353854.htm.

《南非华人要求严惩犯罪活动》,《参考消息》,1998 年 7 月 13 日。

《南非有一座非洲最大的佛教寺庙》,2016 年 3 月 28 日,http://mt. sohu. com/20160328/n442519261. shtml. 2017 年 1 月 20 日。

《南非华人在夹缝中顽强生存》,[马来西亚]《星洲日报》,1998 年 1 月 7 日。

《南非华裔女青年获金山大学博士学位》,《华声报》,1984 年 8 月 26 日。

《南非华裔女青年获金山大学遗传学系首位博士》,《广东侨报》,1984 年 10 月 10 日。

《南非禁华人入马场白人会员栏》,《华侨经济参考资料》,第 237 期,1965 年 10 月。

《南非捐款援华》,《解放日报》,1943 年 4 月 23 日。

《南非矿工约章新坛三例》,《大陆报》,第 11 期,1905 年 7 月。

《南非老华侨落叶要归根》,《人民公报》,1981 年 3 月 14 日。

《南非联邦华侨情况介绍》,华侨问题研究会编:《亚非地区华侨情况介绍》,第 233—241 页。

《南非联邦克鲁加士笃市华侨要求居住在市区内营商》,《侨情参考资料》,第 482 期,1956 年 12 月 27 日。

《南非联邦中华总分会举行第三届代表大会》,《侨情参考资料》,第 439 期,1956 年 7 月 30 日。

《南非赁居律实行有待》,《申报》,1937 年 4 月 14 日。

《南非排华》,《南大与华侨》,第 10 卷第 4 期(1932 年 7 月)。

《南非排华苛例(约翰内斯堡粤侨俱乐部书记霍惠端函)》,《南大与华侨》,第 11 卷第 1 期(1932 年 10 月)。

《南非侨胞筹金诛汪》,[重庆]《现代华侨》,第 1 卷第 6—7 期(1940 年 11 月 15 日)。

《南非侨领回国观光》,[香港]《大公报》,1954 年 5 月 18 日。

《南非侨界痛失侨彦追悼故侨领李仕华》,《四海之友月刊》,第 52 期,1979 年 1 月 1 日。

《南非人物介绍——陈裔桥》,2011 年 2 月 24 日,http://www. 360doc. com/content/11/0224/06/5043743_95591631. shtml。

《南非实施"种族分区法案",华侨居住谋生将受严重影响》,《侨讯》,第 40 期,1951 年 5 月 24 日。

《南非施行苛例摧残我侨胞商业,归国请愿代表已抵沪》,《申报》,1936 年 11 月 28—30 日(连载)。

《南非首所华侨学校开学》,《人民日报》,1998 年 3 月 2 日。

《南非我国领署人被拘》,《南大与华侨》,第 9 卷第 2 期(1930 年 10 月)。

《南非英属禁止华工入境新例》,《外交报》,第 97 期,1904 年 12 月 1 日。

《南非英属禁止华工入境新例》,《东方杂志》,第 1 卷第 10 期(1904 年 12 月 1 日)。

《南非政府内政部强制购买在白种人区域内的非白种人产业》,《侨情参考资料》,第 475 期,1956 年 12 月 3 日。

《南非政府内政部尚未宣布华侨居住区》,《侨情参考资料》,第 475 期,1956 年 12 月 3 日。

《南非中华工商联合会正式成立》,《人民日报》,1996 年 10 月 1 日。

《南非中华总公会举行常委会议》,《侨情参考资料》,第 439 期,1956 年 7 月 30 日。

《南非之华侨人数》,《史地学报》,第 1 卷第 3 期(1922 年 5 月)。

《南非洲颁布新条例》,《海外月刊》,第 2 期,1932 年 10 月。

《南非洲第二通信》,《新民丛报》,第 3 年第 6 号,1904 年 10 月 9 日。

《南非洲杜兰斯哇排华激烈》,《南大与华侨》,第 7 卷第 5 期(1929 年 6 月)。

《南非洲杜兰斯哇省华侨情形》,《地学杂志》,第 12 卷第 9—10 期(1921 年)。

《南非洲杜兰斯哇省华侨情形(摘录)》,《史地学报》,第 1 卷第 3 期(1922 年 5 月)。

《[南非洲]非京华侨学校消息一束(五则)》,《侨务月报》,第 10—11 期合刊号,1934 年 11 月。

《南非洲华工回国事宜》,《外交报》,1906 年 9 月 22 日。

《南非洲华侨近况》,《南大与华侨》,第 9 卷第 2 期(1930 年 10 月)。

《南非洲华侨电请交涉苛例》,《华侨周报》,第 4 期,1932 年 8 月 7 日。

《南非洲华侨经济衰退》,《侨务月报》,1936 年 9 月号。

《南非洲华侨救国之热烈》,《南非与华侨》,第 11 卷第 3 期(1933 年 4 月)。

《南非洲华侨惨状记》,《新民丛报》,第 49 期,1904 年 6 月 28 日。

《南非洲华侨惨状记》(续),《新民丛报》,第 50 期,1904 年 7 月 13 日。

《南非洲华侨青年自治会提议请派领事》,《侨务月报》,第 9 期,1934 年 9 月。

《南非洲禁止华工入境》,《南侨日报》,第 2 期,1922 年 9 月。

《南非洲禁止华工入境新例》,《中国白话报》,第 21—24 期,1904 年 10 月。

《南非洲坡华埠侨胞李钜祥捐献》,《新华日报》,1941 年 1 月 4 日。

《南非洲英属特兰斯哇尔招募华工开矿合同》,《外交报》,第 79 期,1904 年 6 月 8 日。

《南非洲英属特兰斯哇尔招募粤工开矿合同》,《外交报》,第 82 期,1904 年 7 月 8 日。

《南非洲之华人》,《江苏》,第 3 期(1903 年 6 月)。

《南非洲总领馆交涉准许[南罗得西亚]华人购买炸药案》,《外交部公报》,第 3 卷第 12 期(1931 年 4 月)。

《南非洲总领馆交涉废除华人指模案》,《外交部公报》,第 3 卷第 12 期(1931 年 4 月)。

《南非最大旅游集团积极扩展华人市场》,《福建侨报》,2006 年 10 月 19 日,第 3 版。

《南菲联邦华侨近况》,《时事报》,1936 年 11 月 10 日。

《南斐华侨备受苛律压迫》,《华侨半月刊》,第 32 期,1933 年 10 月。

《南斐华侨消息(三则)》,《南大与华侨》,第 12 卷第 1—2 期(1934 年 1 月)。

《南斐排华》,《南大与华侨》,第 10 卷第 4 期(1932 年 7 月)。

《南斐政府压迫华侨》,《南大与华侨》. 第 7 卷第 3 期(1929 年 2 月)。

南华:《南非华人参政:酸甜苦辣咸滋味最缺睡觉时间》,2016 年 8 月 2 日,南非华人网,http://www.nanfei8.com/huarenzixun/huarenzixun/2016-08-02/33925.html.

彭家礼:《清末英国为南非金矿招募华工始末》,《历史研究》,1983 年第 3 期。

彭永兴:《南非——华人移民的新天地》,《国际新闻界》,1994 年第 1 期。

朴尹正(Yoon Jung Park):《华人是落地生根的不是跨国主义的?——种族隔离制度废除后南非华裔身份的多重性和易变性》(秦天译),吕伟雄主编:《世界海外华人研究学会地区性非洲国际会议论文摘译》,香港社会科学出版社有限公司,2008 年,第 114 页。

朴尹正:《荣誉至上:南非华人身份认同研究》(吕云芳译),广州:广东人民出版社,2014 年。

卜一村:《社会网络分析视角下的南非华人家庭移民网络》,暨南大学国际关系 2015 年硕士论文。

启华:《种旗歧视下的南非华人》,[台北]《侨务月报》,第 237 期,1972 年 5 月 16 日。

乔安:《在种族隔离下南非的华人生活》,[台北]《侨务月报》,第 192 期,1968 年 8 月 16 日。

《前沿人物:访陈裔桥　他把 LQ 带进中国市场》,人民网,http://www.people.com.cn/GB/keji/1059/1921115.html。

《谴责访台:南部非洲上海工商联谊总会发起致茨瓦尼市市长公开信》,2017 年 1 月 5 日,南非 http://mp.weixin.qq.com/s?__biz=MzAwMzA3NDA2MQ==&mid=2655211089&idx=2&sn=6d4c3243d533dd13dfa65915f3fe7cda&chksm=81775f33b600d625f7852dadd101a58930b28787f63b1ccba32ef186ae0bb35b2564b41b35b9&scene=0#rd。

《商联会电请外交部交涉南非苛待华侨》,《申报》,1937 年 3 月 16 日。

桑艳东:《契约华工在南非(1904—1910)——兼论南非华、印侨工之比较》,《华侨华人历史研究》,2001 年第 1 期。

邵挺:《南非杜省亚洲人赁居律交涉之经过》,《华侨周报》,第 14 期,1932 年 10 月 19 日。

沈立新:《华人在南非》,《侨务工作研究》,1995 年第 6 期。

宋方灿:《所有南非华人挺直腰杆,面对这种侮辱必须一告到底!》,2017 年 2 月 8 日,中新网。

宋晞:《清末华工对南非屈兰斯瓦尔金矿开采的贡献》,台北:华冈出版社,1974 年。

颂华:《南非及美国对于中日移民的差别待遇》,《东方杂志》,第 27 卷第 21 期(1930 年 11 月)。

《书南非英属禁止华工入境新例后》,《东方杂志》,第 1 卷第 10 期(1904 年 12 月 1 日)。

《双脚跨南非种族分界线》,《南华早报》,1996 年 10 月 31 日。

谭志林:《南非华人社会地位变迁——以南非华人协会胜诉 BEE 为例》,暨南大学国际关系 2015 年硕士论文。

汤熙勇:《台湾人在赖索托(Lesotho):台民移居非洲的个案研究(1970—1980)》,未刊稿。

腾伟:《第一批华工启程赴南非》,《华声报》(侨史月志),1986 年 5 月 16 日。

《堤岸〈中国日报〉报道的“南非华侨情况”》,《侨讯》,第 149 期,1953 年 8 月 10 日。

《外部函复南非赁居营业律交涉情形》,《华侨周报》,第 5 期,1932 年 8 月 26 日。

《外务部奏议定英属南非洲招工章程请旨菲员画押折》,《东方杂志》,第 1 卷第 7 期(1904 年 9 月 4 日)。

《外务部奏议定英属南非洲招工章程请旨派员画押折》,《外交报》,第 91 期,1904 年 11 月。

万晓宏:《南非华人现状分析》,《八桂侨刊》,2007 年第 1 期。

万晓宏:《挑战与机遇并存:世纪之交的南非华人》,《南洋问题研究》,2007 年第 2 期。

王爱云:《二十世纪初南非华工事件初探》,《南开学报》,1996 年第 2 期。

王光华:《南非华人的百年沧桑》,《海内与海外》,1994 年第 9 期。

王起鹍:《走近南非,透视华人社会》,《鹭风报》,2007 年 5 月 10 日。

王晓鹏:《南非华人生存调查》,《南方人物周刊》,2008 年第 24 期。

王颖丽、孙红旗、张文德:《刘玉麟与晚清侨务在南非的开展》,《潍坊教育学院学报》,第 20 卷第 1 期(2007 年 3 月)。

王颖丽、张渊:《华工·南非自治·英国政坛》,《八桂侨刊》2009 年第 2 期(6 月),第 17—21 页。

王乃凡:《华夏文化在南非薪火相传》,《广东侨报》,1995 年 4 月 18 日。

王佩琏:《清末华工开发南非金矿的贡献》,《北京师范学院学报》(社会科学版),1991 年第 6 期。

《为南非洲杜省虐待华侨复杜省华侨商会函》,《中央侨务月刊》,1929 年 9 月创刊号。

温宪:《我们的心永向祖国——记南非中华工商联合会》,《人民日报》,1996 年 10 月 3 日。

温宪:《三百年的屈辱与抗争——读〈南非华人史实〉》,《人民日报》,1997 年 3 月 21 日。

温宪:《南非华人创业史》(连载),《华声月报》,1997 年 7 月—12 月号。

文烈:《南菲洲底中国人》,《新人周刊》,1936 年第 2 期。

奚学瑶:《秦皇岛输出出南非华工述略》,《华声报》,1986 年 12 月 5 日。

夏波:《南非的昔日华工与今日华人》,《华声报》,1986 年 12 月 5 日。

谢子修:《游历南非洲记》,陈翰笙主编:《华工出国史料汇编》,第九辑。

谢子修:《游历南非洲记》,《华侨历史学会通讯》,1984 年第 2 期。

《新华社记者非洲行:南非华人生存境遇全调查》,2006 年 9 月 29 日,http://news.xinhuanet.com/overseas/2006-09/29/content_5152411_1.htm。

许永璋:《近现代时期南非的华工和华侨》,《山西大学学报》,1982 年第 3 期。

徐艺圃:《清末南非华工被虐纪实》,《文物天地》,1983 年第 1 期。

徐艺圃:《清末英属南非招工案初探》,《文献》,第 22 期,1984 年。

薛士兵:《南非传媒业的历史变迁与现状》,《西亚非洲》,2006 年第 9 期。

《亚裔游移于黑白之间》,[香港]《快报》,1994 年 5 月 2 日。

叶纯绍:《南非洲华侨概况》,《南洋研究》,第 4 卷第 5—6 期(1933 年 6 月15 日)。

叶迅:《南非华侨情况忆述》,《文史资料选辑》,第 87 辑,北京:文史资料出版社,1983 年。

《英国殖民大臣关于南非管理华工的说明》,《外交报》,1905 年 4 月 15 日。

《英属南非洲嗯噹省虐待华工苛例》,《政艺通报》,第 21—23 期,1905 年。

《踊跃热烈华侨捐款救国》,《新华日报》,1938 年 1 月 19 日。

尤今:《南非华人非散沙》,[台湾]《"中央"日报》,1996 年 3 月 17 日。

《约翰内斯堡华侨商店、住宅遭当局迫迁》,《侨情参考资料》,第 489 期,1957 年 1 月 21 日。

《约翰内斯堡"侨声报"董事会议决增加该报新闻篇幅》,《侨情参考资料》,第 475 期,1956 年 12 月 3 日。

《约翰内斯堡"侨声报"促华侨要求南非政府放宽商业范围》,《侨情参考资料》,第 475 期,1956 年 12 月 3 日。

《约翰内斯堡市参议会要求当局撤销人种集团分区法案》,《侨情参考资料》,第 475 期,1956 年 12 月 3 日。

袁冶:《试析毛里求斯华侨华人的内部特点》,北京大学 2010 年国际政治硕士论文。

苑焕乔:《清末政府向南非输出劳务述论》,《北京联合大学学报》(人文社会科学版),第 4 卷第 1 期(2000 年 3 月)。

宇玮:《南非侨民的吸烟与禁烟》,《华声报》(侨史月志),1990 年 7 月 20 日。

《在压迫下的南非华侨》,《星洲日报》,1937 年 5 月 23 日。

张高:《贩卖华工发迹的胡佛》,《广东侨报》,1984 年 12 月 5 日。

张伟才:《模里斯 Mauritius 概况》,《南洋研究》,第 5 卷第 6 期(1936 年 2 月 1 日)。

张自中:《南非约翰内斯堡联卫会》,《华声报》,1988 年 9 月 6 日。

曾菲:《首位"非洲和尚"》,《华人之声》,1993 年第 4—5 期。

曾厚仁:《台商在斐投资回顾》,[南非]《彩虹商旅》,创刊号,1997 年 1 月 1 日。

郑家馨:《17 世纪至 20 世纪中叶中国与南非的关系》,《西亚非洲》,1995 年第 5 期。

赵红:《晚清南非契约华工研究》,山东大学 2014 年历史学硕士论文。

《直督袁咨外务部南非洲招工请遴派领事保护文》,《东方杂志》,第 1 卷第 7 期(1904 年 9 月 4 日)。

赵家坤:《南非华人抗议恶劣治安》,《人民日报》(海外版),2016 年 4 月 13 日,第 10 版。

《致南非民主联盟和茨瓦尼市市长的公开信(附倡议书)》,2017 年 1 月 5 日,南非侨网,http://www.sa2cn.com/a/zhongguoxinwen/zhongguojingji/47534.html.

《中国国民党南非总支部致中央侨务委员会函》,《中央侨刊》,1931 年 5 月。

《中国人在兰德》,《北华捷报》,1905 年 3 月 10 日。

《中央侨务委员会复杜省华侨商会函》,《中央侨务月刊》,1929 年 9 月。

周南京:《南非华侨华人教育概述》,《八桂侨史》(季刊),1997 年第 3 期(总第 35 期)。

《驻约翰尼斯堡总领馆通讯》,《外部周刊》,第 38 期,1934 年 12 月 3 日。

《驻约翰尼斯堡总领馆通讯,第一号》,《外部周刊》,第 81 期,1935 年 9 月 30 日。

《驻约翰尼斯堡总领馆通讯,第二号》,《外部周刊》,第 91 期,1935 年 12 月 9 日。

《驻约翰尼斯堡总领馆通讯,第三号》,《外部周刊》,第 97 期,1936 年 1 月 20 日。

《驻约翰尼斯堡总领馆消息(二则)》,《外部周刊》,第 43 期,1935 年 1 月 7 日。

《奏定英属南非洲招工章程》,《东方杂志》,第 1 卷第 7 期(1904 年 9 月)。

Accone, Darryl, *All Under Heaven, The Story of the Chinese Family in South Africa*, Cape Town: David Philip, 2004.

Accone, Darryl, "Chinese Communities in South Africa", *The China Monitor*, Issue 19, August 2007.

Anon,“CASA News Specia issue”, *Transvaal Chinese Asso-ciation Bulletin 85*, 8 April 1994.

Anon,“Your Vote is Important”, *Transvaal Chinese Asso-ciation Bulletin 85*, 8 April 1994.

“At Last the Dragon Stir”,*Sunday Times*, 14 June 1981.

Armstrong, James C., *The Chinese at the Cape in the Dutch East Indian Company Period, 1652—1795*, SA Chinese History Project, 1996.

Bailey, Abe, *Speeches on The Chinese Question by Mr. Abe Bailey*, MLA' Delivered in the House of Assembly, Cape Town, 8 and 16 March 1904, Reprinted from *Cape Times*, Cape Town, 1904.

Bauer, Charlotte, “Happy New Year to the Chinese Community of South Africa but Do They Live Happily Ever After?”, *Sunday Express*, 13 February 1983.

Birnbaum, Doris, “Chinese Labour in the Transvaal”, *Independent Review*, June 1905, pp. 142 - 153.

Bright, Rachel K., *Chinese Labour in South Africa, 1902—1910: Race, Violence and Global Spectacle*, Palgrave, 2013.

Browne, R. E.,“Working Costs of the Mines of the Witwatersrand”, *Journal of the South African Institution of Engineers*, 12(1907), pp. 332 - 333.

Burns, John,“Slavery in South Africa”, *Independent Review*, 2(May 1904), pp. 594 - 611.

Burns John, MP, “Bondage for Black Slavery for Yellow Labour”, reprinted from *Independent Review*, London, May 1904.

Burt, Thomas, “Chinese Labour: How Public Opinion is Ascertained, or Manufactured in the Transvaal”, 1904, N. P.

Cape of Good Hope, Parliament. Correspondence and Paperson the Subject of immigration from India and China [G39—1975].

Carnegie, D. P., *Chinese Emigration to Natal Discussed and Its Defence Answered*, Durban: Cullingworth, 1875.

Chamber of Mines, *Annual Reports*, 1898, 1903, 1904, 1905, 1906, 1907, 1908, 1909, 1910.

Chaplin, F. D. P., “The Labour Question in the Transvaal”, *National Review*, April 1903, pp. 296 - 367.

Chaplin, F. D. P., “The Labour Question in the Transvaal”, *National Review*, February 1905, pp. 999 - 1000.

Chen Fenglan, “Chinatown in Johannesburg—A social survey”, *The China Monitor*, no. 64 (2011), pp. 8 - 11.

Chilvers, Hedley A., *Out of Cruable: Being the RomanticStory of the Witwatersrand GoLdfields; and of the Great Czty WhichArose in Their Midst*, Johannesburg, 1948.

Chilvers, Hedley A. *The Yellow Man Looks On*, London, 1933.

Chinese High School, Port Elizabeth, *Blue Banner: Magazine of the Chinese Hzgh School*, Port Elizaberh, Pori Elizabeth: Lawlers, 1977.

Chinese New Year: Year of Rabbit Brochure, Johannesburg, Chung Wah Sports Oub. Jan 1987.

"City Banquet for Chinese Premier", *Pretoria News*, 11 March 1980.

Conservative Publication Department, *Chinese Labour, A Protest from Transvaal Nonconformist Ministers*, London, 1904.

Conservative Publication Department, *Chinese Labour Brings More Employment for Whites in the Transvaal*, London, 1905.

Crush, Jonathan & James, Wilmot (eds), *Crossing Boundaries: Mine Migrancy in a Democratic South Africa*, Cape Town: IDASA, 1995.

De Kiewiet, C. W., *A History of South Africa: Social and Economic*, London: Oxfard University Press, 1957 [1941].

Dellatola, L., "Chinese of Kimberley", S. A. Panorama, 22, 7, July 1977. pp. 44 - 47.

Denoon, D. J. N., "The Transvaal Labour Crisis. 1901—1906", *Journal of African History*, 8: 3(1967), pp. 481 - 494.

Des Voeux, Sir W., "Chinese Labour in the Transvaal: A Justification", *The Nineteenth Century and After*, April 1906, pp. 581 - 594.

Deumert, Ana and Nkululeko Mabandla, "'Every day a new shop pops up'— South Africa's 'New' Chinese Diaspora and the Multilingual Transformation of Rural Towns", *English Today*, 113, 29:1 (March 2013), pp. 44 - 52.

Dinath, M. Y. D., "Asiatic Population Settlement in the Transvaal (1881—1960) with Special Reference to the Johanneshurg Municipality, B. A. (Hons) thesis", University of the Witwa-tersrand, Department of Geography, 1963.

An English Eye Witness, *John Chinaman on the Rand*, London: R. A. Everett & Son, 1905.

Erasmus, Yvonne and Yoon Jung Park. "Racial classification, redress, and citizenship: the case of the Chinese South Africans", *Transformation: Critical Perspectives on Southern Africa*, 68: (2008), pp. 99 - 109.

50th *Anniversary Pretoria Chinese School*, Pretoria: 50th Anniversary Committee for the Pnitoria Chinese School, 1984.

Ford, R. F., "The Dilemma of Being Born a South AfricanChinese", *Vinculum*. Dec. 1972, p. 27.

Foster, Arnold, "Chinese Coolie Labour in South Africa: A Missionary's Rejoinder to the Rev. T. W. Pearce", *Chronicle of the London Missionary Society*, London, 1905, pp. 19 - 23.

Friedfut, A. J., "How We Treat the Gallam Chinese", *The Forum*, 7 Aug. 1943.

Gastrow, Peter, "Triad Societies and Chinese Organised Crime in South Africa", Institute for Security Studies, Occasional Paper, 48, 2001, pp. 1 - 8.

Geldenhuys, Deon, "South Africa and China Question: A Case for Dual Recognitzon", Johannesburg, University of the Witwatersrand. International Relations Department, East Asia Project, 1995 (Working Paper Series 6).

Giese, Karsten, "Same-same but Different: Chinese Traders' Perspectives on African Labor", *The China Journal*, 69(2013), pp. 134 - 153.

Gin, Trevor, "Decline of Chinese Civilisation in S. A. ", *Spectrum*, Aug. 1963, pp. 6 - 7.

Gluckstein, S., *Black, White or Yellow? The South African Labour ProbLem, The Case for and against the introduction of Chinese Coolies*, London, 1904.

Goldman, Charles Sydney, "South Africa and Her Labour Problem", *Nineteenth Century & After*, 4, May 1904.

Hales, Frank, "The Transvaal Labour Difficulties", *Fortnightly Review*, July 1904, pp. 110 - 123.

Hamill, John, *The Strange Career of Mr. Herbert Hoover under Two Flags*, New York, 1930.

Harris, Karen L., "'Accepting the Group, but not the Area': The South African Chinese and the Group Areas Act", South African Historical Society Biennial Conference, Pretoria, 1997.

Harris, Karen L., "The Chinese in South Africa, A Preliminary Overview to 1910", *Kleio*, 26 (1994), pp. 9 - 26.

Harris, Karen L., "Chinese Merchants on the Rand, c. 1850—1910", *South African Historical Journal*, 33 (1995), pp. 155 - 168.

Harris, Karen L., "The Chinese 'South Africans': An Interstitial Community", in Wang Ling-Chi & Wang Gungwu (eds.), *The Chinese Diaspora, Selected Essays*, volume Ⅱ, Singapore: Times Academic Press, 1998, pp. 275 - 294.

Harris, Karen L., "Coseted Culture, The South African Chinese", Paper presented at the International Conference on the Ethnic Chinese "Inter-cultural Relation and Cultural Transformation of Ethnic Chinese Communities", Manila,

Nowmber 26－28 1998.

Harris, Karen L., "Early Trade Unionism on the Gold Mines in South Africa and Australia, A Comparison", *Historia*, Nov. 1990, pp. 76－97.

Harris, Karen L.,"Gandhi, the Chinese and Passive Resistance",J. Brown and M. Prozesky, eds., *Gandhi and South Africa: Principles and Politics*, Pietermaritzburg: University of Natal Press, 1996,pp. 69－94.

Harris, Karen L., "A History of the Chinese in South Africa to 1912", D. Litt et Phil, University of South Africa, 1998.

Harris, Karen L.,"Not a Chinaman's Chance: Chinese Labour in South Africa and the United States of America",*Historia*, 51:2(2006),pp. 170－189.

Harris, Karen L.,"Private and Confidential: The Chinese Mine Labourers and 'Unnatural Crime'", *South African Historical Journal*, 50(2004), pp. 115－133.

Harris, Karen L., "Rand Capitalists, Chinese Resistance", *Contree*, 35 (June. 1994), pp. 19－31.

Harris, Karen L., "The South African Chinese Merchant, An Economic Threat?", International Symposium on Ethnic Chinese Economy, 1993.

Harris, Karen L.,"Sugar and Gold: Indentured Indian and Chinese Labour in South Africa", *Journal of Social Science*, 25(2010), pp. 147－158.

Harris,Karen L., "Waves of migration: A brief outline of the history of Chinese in South Africa", *The China Monitor*, Issue 21, August 2007.

Harris, Karen L., and Frank N. Pieke, "Integration or Segregation: The Dutch and South African Chinese Compared", in Elizabeth Sinn, ed., *The Last Half Century of Chinese Overseas*,pp. 115－138.

Harris, Karen L., and Jan Ryan, "Chinese Immigration to Australia and South Africa,A Comparative Analysis of Legislative Control", in Elizabeth Sinn, ed., *The Last Half Century of Chinese Overseas*, pp. 373－389.

Harrison, Philip, "Reconstruction and Planning in the aftermath of the Anglo-Boer South African War: The Experience of the Colony of Natal, 1900—1910", *Planning Perspectives*, 17(2002), pp. 1－20.

Harrison, Philip, Khangelani Moyo and Yan Yang, "Strategy and Tactics: Chinese Immigrants and Diasporic Spaces in Johannesburg, South Africa", *Journal of Southern African Studies*, Volume 38, Number 4, December 2012.

Hart, Gillian Patricia, *Disabling Globalization: Places of power in post-apartheid South Africa*, Berkeley: University of California Press, 2002.

Hart, Gillian, *Disabling Globalization: Places of Power in Post-Apartheid South Africa*, Pietermaritzburg, South Africa: University of Natal Press, 2002.

Hart, Gillian Patricia, *Global Connections: The Rise and Fall of a Taiwanese Production Network on the South African Periphery*, Working Paper, 6, Berkeley: Institute of International Studies and University of California, 1996.

Hawker, Dianne, "Silicosis case boost for poor litigants", *Independent Online*, April 2, 2012, Available online: http://www. iol. co. za/sundayindependent/silicosis-case-boost-for-poor-litigants-1268120 [accessed 22 March 2017].

Human, Linda, *The Chinese People of South Africa, Freewheeling on the Fringe*, Pretoria: University of South Africa, 1984.

Humphriss, Deryk & David G. Thomas, *Benoni, Son of my Sorrow: The Social, Political and Economic History of a South African Gold Mining Town*, Benoni: Benoni Town Council, 1986.

Huynh, Tu T., Yoon Jung Park & Anna Ying Chen, "Faces of China: New Chinese Migrants in South Africa, 1980s to Present", *African and Asian Studies*, 9 (2010), pp. 286 - 306.

Huynh, Tu T., "From Demand for Asiatic Labor to Importation of Indentured Chinese Labor: Race Identity in the Recruitment of Unskilled Labor for South Africa's Gold Mining Industry, 1903—1910", *Journal of Chinese Overseas*, 4: 1 (May 2008), pp. 51 - 68.

Imperial South Africa Association (ISSA), *Chinese Labour: Dignified Rebuke from Nonconformist Ministers in the Transvaal to Their Brethren in England*, London, 1904.

ISAA, *Chinese Labour: Five Reasons for Supporting the Government on Chinese Labour*, London, 1904.

ISAA, *Free Church Approval of Chinese Labour*, London, 1904.

ISAA, *Chinese Labour for the Transvaal Mines: Nonconformist Condemn Agitation Against It*, London, 1904.

ISAA, *A Scottish South African MP on Transvaal Labour: Mr John Stroyan, MP, on the Importation of Chinese Labourers*, London, 1904.

Jeeves, A., "Het Volk and The Gold Mines: The Debate on Labour Policy, 1905—1910", University of the Witwatersrand, African studies seminar paper, 92, 1980.

Jeeves, A. H., "The Control of Migratory Labour in the South African Gold Mines in the Era of Kruger and Milner", *Journal of Southern African Studies*, 2:1 (1975). pp. 3 - 29.

Jeeves, Alan, *Migrant Labour in South Africa's Mining Economy*, Witwatersrand: McGill-Queen's Press, 1985.

Jennings, H., *Chinese Labour on the Rand*, London, 1904.

Johannesburg Chinese Kuo Ting High School Annual, 1956.

Johannesburg Chinese Kuo Ting High School, *21th Anniversary Publication*, 1971.

Kim, Sing & Maureen, "The Problem of the Chinese Student", *E. P. Chinese Review*, 1: 4 (Now-Dec. 1964). pp. 10 - 15.

King, Gloria Luksun, "Domestic Religious Beliefs and Practices among the Chinese in Johannesburg", M. A. thesis, University of the Witwatersrand, Johannesburg, 1974.

Kinloch Cooke, C., *Chinese Labour (in the Transvaal), Being a Study of Its Moral, Economic, and Imperial Aspects*, reproduced from *The Empire Review*, London, 1904.

Kuo Ting Chinese School, 1942.

Kynoch, Gary, "Controlling the Coolies: Chinese Mineworkers and the Struggle for Labor in South Africa, 1904—1910", *The International Journal of African Historical Studies*, 36:2(2003), pp. 309 - 329.

Kynoch, Gary, "'Your Petitioners are in Mortal Terror': The Violent World of Chinese Mineworkers in South Africa, 1904—1910", *Journal of Southern African Studies*, 31:3(September 2005), pp. 531 - 546.

"Land Tenure By the Asiatics and South African Coloured People in the Transvaal", *Race Relations Journal*, 2:5 (November1935).

Landham-Carter. R. R., "Cape Town's First Graveyards", *Cabo*, 2: 2 (June 1973), pp. 16 - 22.

Laribee, Rachel, "The China Shop Phenomenon: Trade Supply within the Chinese Diaspora in South Africa", *Afrika Spectrum*, 43:3(2008), pp. 353 - 370.

Legislative Assembly, *Correspondence Between Colonial Secretary's Office and Leaders of the Asiatic and Chinese Communities*, 28—30 *January 1908*, Pretoria: Government Printer, 1908.

Leonard, Andrew, "What color are Chinese South Africans?", June 20, 2008, http://www. salon. com/2008/06/19/chinese_declared_black/,查阅日期:2015 年 8 月 30 日

Lewcock, Ronald, "Chinese Craftmen", *in Standard Ency-clopaedia of Southern Africa*, Vol. 3, Cape Town: Nasou, 1971, p. 197.

Leys, P., "Chinese Labour for the Rand", *The Nineteenth Century and After*, 51, January/June 1902, pp. 183 - 194.

Li Anshan, "Control and Combat: Chinese indentured labour in South Africa, 1904—1910", *Encounter*, 3 (Fall, 2011), pp. 41 - 61.

Lin, Edwin, "'Big Fish in a Small Pond', Chinese Migrant Shopkeepers in South Africa", *International Migration Review*, 48:1(June 2014), pp. 181 - 214.

MacDonald, Andrew, "In the Pink of Health or the Yellow of Condition?: Chinese Workers, Colonial Medicine and the Journey to South Africa, 1904—1907", *Journal of Chinese Overseas*, 4:1(May 2008), pp. 23 - 50.

Malherbe, V. C., "Indentured and Unfree Labour in South Africa: Towards an Understanding", *South African Historical Journal*, 24(1991), pp. 3 - 30.

Martens, Jeremy, "Richard Seddon and Popular Opposition in New Zealand to the Introduction of Chinese Labour into the Transvaal, 1903—1904", *New Zealand Journal of History*, 42:2(2008), pp. 176 - 195.

Mather, William, *Chinese Workers on the Witwatersrand Mines*, Johannesburg, 1904.

Maxim, H. S., "The Chinese and the South African Labour Question", *Fortnightly Review*, 73, March 1903, pp. 506 - 511.

McDonald, David & Jonathan Crush (eds), *Destinations Unknown: Perspectives on the Brain Drain in Southern Africa*, Pretoria: Africa Institute of South Africa, 2002.

Miao Tung, *Legal Status of Chinese in the Union of South Africa*. Johannesburg: Chiao Sheng Pao, 1947.

Moore Anderson, A. S., "The Chinese Allies We insult", *The Forum*, 24 Oct. 1942.

"More Chinese Seek White Status", *Sunday Times*, 11 March 1962.

Munro, Dr. Aneas, *The Transvaal Chinese Labour Problem*, London, 1905.

Naylor, T., *The Truth About the Chinese in South Africa*, London: London Chronicle Office, 1904.

Naylor, T., *Yellow Labour: The Truth about the Chinese in the Transvaal: Being A Study of its Moral, Economic and Imperial Aspects*, London, 1904.

Park, Yoon Jung, "Boundaries, Borders and Borderland Constructions: Chinese in Contemporary South Africa and the Region", *African Studies*, 69:3(2010), pp. 457 - 479.

Park, Yoon Jung, "Chinese Enclave Communities and Their Impact on South African Society", In Stephen Marks, ed., *Strengthening the Civil Society Perspective: China's African Impact*, 2010.

Park, Yoon Jung, "Chinese Migration in Africa", *Occasional*, Paper No. 24, China in Africa Programme, South African Institute for International Affairs, Johannesburg: SAIIA, 2009.

Park, Yoon Jung, "Faces of China: New Chinese Migrants in South Africa, 1980s to Present", *African and Asian Studies*, 9 (2010).

Park, Yoon Jung, "Living in between: The Chinese in South Africa", 4 January 2012, http://www. migrationpolicy. org/article/living-between-chinese-south-africa.

Park, Yoon Jung, *A Matter of Honour: Being Chinese in South Africa*, Lexington Books, 2009.

Park, Yoon Jung, "Perceptions of Chinese in Southern Africa: Constructions of the 'Other' and the Role of Memory", *African Studies Review* Special Issue China/Africa Issue, 56:1(2013), pp. 131 - 153.

Park, Yoon Jung, " Recent Chinese Migrations to South Africa: New Intersections of Race, Class and Ethnicity", in Tina Rehima, ed., *Representation, Expression and Identity: Interdisciplinary Perspectives*, Inter-Disciplinary Press, 2009.

Park, Yoon Jung, " Sojourners to Settlers: Early Constructions of Chinese Identity in South Africa, 1879—1949", *African Studies*, 65:2 (2006), 201 - 231.

Park, Yoon Jung, "White, Honorary White, or Non-White? Apartheid-Era Constructions of Chinese", *Afro-Hispanic Review*, *Special Issue on Afro-Asia*, 27 (1):123 - 138, guest eds. Evelyn Hu-DeHart and Kathleen López.

Park, YoonJung and Anna Ying Chen, " Intersections of Race, Class, and Power: Chinese in Post-Apartheid Free State", In ed. by Lindy Heinecken and Heidi Prozesky, *Society in Focus: Change, Challenge and Resistance. Reflections from South Africa and Beyond*, Newcastle upon Tyne: Cambridge Scholars Publishing, 2010.

Paver, F. R., "The Asiatics in South-east Africa", *South African Journal of Science*, Vol. 22, 1925, pp. 516 - 522.

Paver, F. R., "Far Eastern Contacts with South African South African", *South African Journal of Science*, Vol 39. 1943. pp. 88 - 94.

Pearce, Rev. T. W., "Chinese Coolie Labour in South Africa, A Statement from the Chinese Missionary Standpoint", *Chronicle of the London Missionary Society*, 1904, pp. 226 - 228.

Perry, F., "The Transvaal Labour Problem", *Paper Read to the Fortnightly Club*, Johannesbourg, 1 November 1906.

Port Elizabeth Municipality, *A Report on the Asiatic Problem in Port Elizabeth, presented to the Port Elizabeth Municipality by the Chief Sanitary Inspector*, Port Elizabeth: Walton, 1911.

Reeve, J. A., "Chinese Labour in South Africa. 1901—1910", M. A. thesis,

Universiry of the Witwatersrand, 1954.

Report of the Special Committee Appointed to Inquire into the Present Conditions in Regard to the Control of Chinese Indentured Labourers' in the Witwatersrand District, Johannesburg, Argus, 1906.

Richard, D., "The Chinese Community", *Standard Encyclopedia of Southern Africa*, Vol. 3, pp. 196 - 197.

Richardson, P., "Coolies and Randlords: The North Randfontein Chinese Miners 'Strike' of 1905", *Journal of Southern African Studies*, 2: 2 (1976), pp. 151 - 177.

Richardson, P., "The Recruiting of Chinese Indentured Labour for the South African Gold Mines, 1903—1908", *Journal of African History*, 18: 1(1977), pp. 85 - 108.

Richardson, P., *Chinese Mine Labour in the Transvaal*, London: Macmillan, 1982.

Richardson, Peter & Jean Jacques Van-Helten, "Labour in the South African Gold Mining Industry, 1886—1914", in Shula Marks & Richard Rathbone (eds.), *Industrialisation and Social Change in South Africa: African Class Formation, Culture and Consciousness, 1870—1930*, London: Longman, 1982, pp. 77 - 98.

Ross Skinner, H., "Report... Furnished to Witwatersrand Labour Association: the Result of His-Visit to the East to Enquire into the Prospects of Obtaining Asiatic Labourers for the Mines of the Witwatersrand", Roodepoort, 1903.

Samuel, H., "The Chinese Labour Question", *Contemporary Review*, 85 (April, 1904).

Sautman, Barry and Yan Hairong, "Friends and Interests: China's Distinctive Links with Africa", *African Studies Review*, 50:3(2007), pp. 75 - 114.

Schumacher, R. W., *A Transuaal View on Chinese Labour Question*, London, 1906.

Seely, J. E. B., "Greater Britain: South Africa-White, Black and Yellow", *National Review*, January 1904.

Simelane, Sandile E., *Trend in International Migration: Migration among Professionals, Semi-Professionals, and Miners in South Africa*, 1970—1997, Pretoria: Statistics South Africa, 1999.

Smedley, Linda N., *The Chinese Community in South Africa; Phase 2: A Sociological Study*, Pretoria, HSRC, 1978 (S-50).

Smedley, Linda N., *Multipurpose Survey amongst Whites*, 1978: *Attitudes of the White Population Group towards the Chinese Minority Group, A Follow-up*

Study, Pretoria, HSRC, 1979 (S-N-159).

Smedley, Linda N., "A Sociological Analysis of Some Aspects of the Life of South Africa's Chinese Community", D. Litt Thesis, Pretoria: University of South Africa, 1980.

Smedley, Linda N., and Groenewald. D. C., *The Chinese Community in South Africa*, Phase Ⅰ: *Background and Attitudes of the White Population Group towards the Chinese Minority Group*, Pretoria, HSRC, 1976 (S-44).

Song, Arthur, "The Effects of Protestant Christianity on the Chinese Cult of Ancestors as Practised in the Johannesburg Area", Ph. D. thesis, Westville: University of Durban, 1989.

Specight, W. L., "South Africa's Chinese Visitors", *in Africa Revealed by Word and Puture*, 5: 1 (Jan. 1938), p. 42.

Staff Reporter, "A 'Brain Drain' of South African Chmese?", *Rand Mail*, 7 April 1967.

Stead, W. T., "South Africa and Its Problems: The Chinese Question", *Review of Reviews*, June 1904, pp. 37 - 46.

"Stop the Brain Drain of SA's Chinese!", *Pretoria News*, 12October 1971.

Suid-Afrika (Republiek), "Buro vir Rasse-aangeleenthede. Die Sjinese van Suid-Afrika," Memorandum nr. 69/1, 31 Maart, 1969.

Summary of Circulars Issued by the Chamber of Mines Labour Importation Agency Ltd., from May 1904 *to December* 1906, *for the guidance of mines employing Chinese Labour*, Johannesburg: Chamber of Mmes, 1906.

Sung, Shee, "Chinese Labour in the Transvaal, 1904—1907", M. A. thesis, University of Columbia 1957.

Swart, M. J., "Die Chinese mynarbeiders", *Dre Taalgenoot*, Descember 1965: 10 en 17.

Ticktin, David, "Wlite Labour's Attitude, 1902—1904, Towards the Importation of Indentured Chinese Labourers by the Transvaal Chamber of Mmes", in University of Cape Town, Centre for African Studies, African Seminar, Vol. 1, 1978, pp. 64 - 93.

Transvaal, *Report of the Special Committee Appointed to Inquire into the Present Conditions in Regard to the Control of Chinese Indentured Labourers in the Witwatersrand District*, Johannesburg, Argus, 1906.

Van Tonder, C. J., *Chinese van die RSA*, *'n Sosiologese On-dersock*, Pretoria, Universiteit van Pretoria, 1972.

Voeux, Scr W., Des, "Chinese Labour in the Transvaal: A justification", *The*

Nineteenth Century and After, no. 350(April, 1906), pp. 19－20.

Weeks, J. A., "The Controversy over Chinese Labour in the Transvaal", Ph. D. thesis, Ohio State University, 1968.

Wessels, L., "Suid-Afrika se Chinese: Onseker oor hultoekoms", *Die Hutsgenoot*, 42, 21 Augustus 1970, pp. 28－35.

Wing King, Ernest, "How Chinese are we?", *E. P. Chinese Review*, 1:4, Nov-Dec. 1964, pp. 3－5.

Xu Liang, "Cyrildene Chinatown, Suburban Settlement and Ethnic Economy in Post-Apartheid Johannesburg", Young-Chan Kim ed., *China and Africa: A New Paradigm of Global Business*, *The Palgrave Macmillan Asian Business Series*, London, UK: Palgrave Macmillan, 2017, pp. 81－104.

Xu Liang, "On the Edge of Capitalism: Local African States, Chinese Family Firms, and the Transformation ofIndustrial Labor", PhD. Dissertation, Department of History, Harvard University, 2017.

Yap, M., "Portrait of South Africa's Chinese", *Rand Daily Mail*, 7 Feb. 1977.

Yap, Melanie & Dianne Leong Man, *Colour, Confusion and Concessions, The History of the Chinese in South Africa*, Hong Kong: Hong Kong University Press, 1996.

尼日尔

De Haas, Marine, "Les Chinois Arrivent au Niger", in Jean-Jacques Gabas & Jean-Raphaël Champonnière, eds., *Le Temps de la Chine en Afrique: Enjeux et Réalités au Sud du Sahara*, Paris: Gemdev-Karthala, 2012, pp. 119－130.

尼日利亚

蔡国忠:《尼日利亚的华侨酋长》,《华声报》,1986 年 9 月 26 日。

方积根:《一位善良而宽宏大量的绅士——记尼日利亚首位华人酋长朱南扬》,《华声报》,1987 年 6 月 19 日。

古月:《尼日利亚首位华人酋长朱南扬》,《人民日报》(海外版),1987 年 4 月 17 日。

顾龙生:《尼日利亚著名华人企业家沈文伯》,《人物》,1993 年第 2 期。

顾龙生:《沈文伯:第一位尼日利亚籍华人》,庄炎林主编:《世界华人精英传略·大洋洲与非洲卷》。

海陵:《第一个被封为酋长的中国人》,《羊城晚报》(海外版),1986 年 11 月

29 日。

何慧卿:《尼日利亚首位华人酋长》,《大公报》,1986 年 9 月 27 日。

胡文英:《朱南扬:尼日利亚首位华人酋长》,庄炎林主编:《世界华人精英传略·大洋洲与非洲卷》。

华龙生:《首位入籍尼日利亚的华人》,《海外星云》,1993 年第 17 期。

姜齐放:《尼日利亚华裔酋长在广州——访朱南扬夫妇》,《羊城晚报》,1986 年 11 月 28 日。

刘利君:《华人酋长:胡介国的非洲传奇》,《海内与海外》,2006 年第 11 期。

廖先旺等:《来自非洲的第一位华人酋长——访香港定威利公司董事会主席朱南扬》,《人民日报》(海外版),1986 年 12 月 14 日。

廖先旺、文小燕:《来自非洲的第一位华人酋长》,《人民日报》(海外版),1986 年 12 月 5 日。

陆融:《尼日利亚首位华人酋长》,《星暹日报》,1986 年 11 月 18 日。

《尼日利亚华人社团发倡议书呼吁树立文明国人形象》,2012 年 12 月 4 日,新华网,http://news. xinhuanet. com/overseas/2012 - 12/04/c_124046114. htm.

《奈及利亚华侨近况》,《华侨经济参考资料》,第 219 期,1965 年 1 月。

宋方灿:《尼日利亚侨领董瑞萼:我们和非洲彼此需要》,《中国新闻周刊》,2017 - 02 - 09,http://viewpoint. inewsweek. cn/detail - 3372. html.

炎子:《尼日利亚的华人企业家》,《华声报》,1991 年 2 月 19 日。

Lampert, Ben, and Giles Mohan, "Sino-African Encounters in Ghana and Nigeria: From Conflict to Conviviality and Mutual Benefit", *Journal of Current Chinese Affairs*, 43:1(2014), pp. 9 - 39.

Maiwada, Salihu and Elisha Renne, "The Kaduna Textile Industry and the Decline of Textile Manufacturing in Northern Nigeria, 1955—2010", *Textile History*, 44:2(November 2013), pp. 171 - 196.

Mthembu-Salter, Gregory, "Elephants, Ants and Superpowers: Nigeria's Relations with China", Johannesburg: South African Institute of International Affairs, 2009.

"Nigeria accuses Chinese traders of 'scavenging' in Kano",2009, http://www. bbc. co. uk/news/world-africa-18169983.

Obasola, Kemi, "China Town for Made-in-Nigeria Goods", *The Punch*, 11 April,2006.

Okere, Roseline, "China Town: An Aberration to Nigeria's Industrial Development Plan, Say Manufacturers", *The Guardian*, 18 January, 2006.

Oyeranti, Gboyega Alabi, Musibau Adetunji Babatunde, and E. Olawale Ogunkola,"An Analysis of China-Nigeria Investment Relations", *Journal of Chinese*

Economic and Foreign Trade Studies, 4:3 (2011), pp. 183 - 199.

Renne, Elisha P., "The Changing Contexts of Chinese-Nigerian Textile Production and Trade, 1900—2015", *TEXTILE*, 13:3 (2015), pp. 212 - 233, http://dx.doi.org/10.1080/14759756.2015.1054105.

留尼汪

《本会指令驻孟买副领事呈复 Currimjee 公司与 Reunion 华侨纠纷情形》,《华侨周报》,第 34 期,1933 年 5 月 25 日。

何静之编著:《留尼旺岛华侨志》,台北:华侨志编纂委员会,1965 年。

胡文英:《曾宪健:法国首任华裔议员》,庄炎林主编:《世界华人精英传略・大洋洲与非洲卷》。

李雅媛:《留岛华裔少年喜学中国舞蹈》,《华声报》,1988 年 11 月 18 日(附照片)。

李原:《岛龟(原文如此)——留尼汪》,《广东侨报》,1983 年 7 月 1 日。

刘先林、王仁义:《一条皮带、市长、老板——访留尼汪岛圣彼埃尔市前副市长》,《华声报》,1986 年 10 月 21 日。

《留岛华人两兄妹荣获武术双冠军》,《华声报》,1984 年 6 月 17 日。

饶淦中:《身居留岛,情牵梅水——记留尼汪华人朱俊翔先生》,《华声报》,1986 年 12 月 30 日。

饶淦中:《长觐海岛月,心飞星玉楼——留尼汪法国国营工商业总会会长侯沐凯先生寻根问祖记》,1989 年 5 月 30 日(附照片)。

汤曼莉编著:《海上传奇:留尼汪华人华侨志》,北京:飞和文化传播有限公司,2013 年。

司徒双:《留尼汪纪行》,《华声报》,1992 年 11 月 11 日。

为之:《留尼旺的华侨》,《华人》,1989 年第 7 期。

为之:《留尼旺的华人》,《联合早报》,1989 年 8 月 22 日。

为之:《留尼汪的华裔旗群社团》,《华声报》,1988 年 6 月 3 日。

韦文:《勤劳机敏的留尼汪华人》,《华声报》,1987 年 8 月 4 日。

韦文:《勤劳机敏的留尼汪华人》,《星暹日报》,1987 年 10 月 6 日。

新:《留尼汪西商会会长关心留岛开展华文教育》,《华声报》,1986 年 10 月 31 日。

徐植:《武术世家添功名,李家兄妹齐上阵》,《华声报》,1985 年 2 月 12 日。

张自中:《法国留尼汪岛的华人》,《海外星云》,1996 年第 11 期。

Ah-Chuen, V., "La contrIbution des petitesentreprlseschinoises a Yeconomie mauricienne", Congres evangelisation des Chi-nois O. I. O, 1983.

Ah-Kang, D., et Schmidt, B., "Six familles reunionnaise, chinoises, trois generations", memoire de maitrise d'anthropolog-ie, Universite de La Reunion, Saint-Denis, 1984.

Bombard, J-M., "Notes sur le systeme de Ja banque chinoise", *Cahiers de Centre Unversitsire Reunionnairs* ,no. 7,1976.

Dagoun, G.,*La communauta chinaise de la Reunion*,s. 1. n. d.

Durand, D. & Hin-Tung, J.,*Les Chinos de la Raunion*,Capetown: Australe Editions. 1981.

Fock-Yee, J., "Les Chinois de La Reunion", Memoire de DESS de Geographie, Toulouse:Universite de Toulouse-le Mi-rail, 1974.

Garard,"Les Reunionais d'origine chinoise", memoire de maltrise de chinois, Universite de Bordeaux 111, 1989.

Gerbeau, H.,"Les minorltes chinoises de la Reunion des orig-ines au de but du XX' siecle", *Minorites et societes coloniales*,*XIX'-XX'*, AIX-en Provence: IPHOM, 1988, pp. 173 - 192.

Ho-Ching-Ti,"Ecole franco-chinoise, album souvenir", Zhuiyi shiqude jiaoxue shiguang("追忆逝去的教学时光"),*Qi LinBao*《麒麟报》no. 4, Fevrier 1994, pp. 15 - 20.

Ho-Ching-Ti, *Liuniwang Huaqiao yizhishi* (《留尼汪华侨移植史》),s. l. n. d.

Lan, A., "La mission catholique chinoise a l'ile de la Reunion", Mission Catholique Chinoise, ed., *Congres evangelisation des Chinois*, Ocean Indien Occidental, 12 - 18 Juin1983, Maurice, Port-Louis, 1983.

Lee-Tin, R., "Les Chinois a la Reunion, parcours d'adaptation socio-conomique et d'ethnicite", memoire de'anthropologie, Universite de la Reunion.

Lombard, D. & J, Aubin, Ed.,*Marchands et Hommes d'affaires asiatiques dans l'ocean Indien et la Mer de Chine* (*XIII'-XX' siecles*), Paris, Ed. EHESS, 1988.

Mollat du Jourdain, M., "The contacts historiques del'Afrique et de Madagascar avec l'Asiae du sud et du sud-Est: le role de l'ocean Indien", *Archipel* 21, pp. 35 - 54.

Ng Tock Mine, E., Dadao(《大道》), 33eme anniversaire de la chapelle Kouan-Yin A Saint-Pierre, Saint-Pierre:Imp Chane-Pane, 1988.

Ng Tock Mine, E., Dadao II(《大道》) (teste non encorepublie).

Thiaw-Ti (Zhou Xiaoshang), Buwangfu Guanghuaxuexiao chuanglishi yijitingbande shimoyixiaoyihui chengliyifazhanguocheng (《布旺埠光华学校创立史》), texte manuscrit, s. I. n. d.

Wong Cheng, J., "Les Chinois d la Reunion", memoire demaltrise de chinois,

INALCO, 1982.

Wong-Hee-Kam, E., *De Canton a Bourbon: les Chinois a l'ile de La Reunion*, Saint-Denis: ADR. Ed. CNH, 1993.

Wong-Hee-Kam, Edith, *La Diaspora Chinoise aux Mas-careignes: Le Cas de La Reunion*, Paris: L'Harmadan, 1996.

Wong-Hee-Kam, E., "La religjon populaire des Chinois de La Reunion", memoire de maitrise de chinois, Aix-en Provence, Universite de Provence, 1987.

Wong-Hee-Kam, E., "Le role des femmes dans l'ancrage insulaire des Chinois a La Reunion", Colloque "L'insularite: the matique et reprentations", Universite de La Reunion, 1992.

Wong-Hee-Kam, E., "Les acoles chinoises de La Reunion: Parcours socio-cultu rel d' une minorite", communication presentee a la Conference Mondiale des Chinois, Mahatma Gandhi institute, Maurice, 1992.

Wong-Hee-Kam, E., "Les temples chinois de La Reunion. ou la memoire ancestrale sur une terre nouvelle", J. Peyras. ed., *Les monuments et la memoire*, Paris: Edition de L'Harmattan et de Universite de La Reunion, 1993.

塞内加尔

《塞内加尔商人排挤中国商人》,[巴西]《南美日报》,2004年8月19日。

Bredeloup, Sylvie, "Les entrepreneurs migrants chinois au Sénégal. La métaphore du jeu de go?", in M. C. Diop, ed. *Le Sénégal des migrations: mobilités, identités et sociétés*, Dakar: Crepos, 2008, pp. 343 - 364.

Cissé, Daouda, "A Portrait of Chinese Traders in Dakar, Senegal", 2013, http://www. migrationinformation. org/Feature/display. cfm? ID=95

Dittgen, Romain, *From Isolation to Integration? A study of Chinese Retailers in Dakar*, SAIIA occasional paper No 57, March 2010, Available online: http://www. saiia. org. za/occasional-papers/from-isolation-to-integration-a-study-of-chinese-retailers-in-dakar [accessed 22 March 2017].

Gadio, Cheikh Tidiane & Seyni Diop, "De la Nature des Relations Diplomatiques Entre le Sénégal et la Chine", *Monde Chinois*, 33:1(2013), pp. 77 - 79.

Gehrold, Stefan & Lena Tietze, "Far from Altruistic: China's Presence in Senegal", *KAS International Reports*, November 2011, pp. 90 - 118, Available online: https://www. prio. org/Publications/Publication/? x = 11 [accessed 22 March 2017].

Niang, Ibrahima, "Les Chinois du secteur informel dakarois: migration et intégration d'une communauté économique", DEA thesis, Université Cheikh Anta

Diop de Dakar, 2007.

Marfaing, Laurence, and Alena Thiel, *Chinese Commodity Imports in Ghana and Senegal: Demystifying Chinese Business Strength in Urban West Africa*, 2011, GIGA Working Papers, 180, Hamburg: German Institute of Global and Area Studies, online: < www. giga-hamburg. de/de/system/files/publications/wp180_marfaing-thiel. pdf> (13 July 2012).

Scheld, Suzanne, "The 'China Challenge': The Global Dimensions of Activism and the Informal Economy in Dakar, Senegal", Ilda Lindell (Ed.). *Africa's Informal Workers: Collective Agency, Alliances and Transnational Organizing in Urban Africa*, Zed Books: Nordiska Afrikainstitutet, 2010.

塞舌尔群岛

《塞舌尔华人不足二千》,[泰国]《星暹日报》,1989 年 9 月 26 日。

《寻访龙的子孙:塞岛的华人社会》,《联合日报》,1989 年 8 月 13 日,8 月 16 日,8 月 19 日,8 月 21 日(连载)。

圣赫勒拿

A Beatson, *Tracts Relative to the Islands of St. Helena*, London: Bulmer, 1816.

索马里

葛下明:《"非洲之角"的"郑和村"》,《人民日报》,1985 年 7 月 2 日。

国纲:《意在粤招募华工说》,《东方杂志》,第 32 卷第 14 期(1935 年 7 月 16 日)。

《意领署昨正式否认意政府招募华工》,《申报》,1935 年 6 月 29 日。

《意政府拟在粤招募华工七千人,运往意属索玛里伦筑道路》,《晨报》,1935 年 6 月 22 日。

苏丹

久流编译:《香港医生在苏丹》,《世界之窗》,1995 年,第 10 期。

《中国农民在苏丹开农场》,[美国]《侨报》,2007 年 5 月 8 日。

坦桑尼亚

曲拯民:《中国人在东非洲造铁路》,《明报月刊》,1981 年第 11 期,第 69—75 页。

Hus, Elisabeth, "Medicine as business: Chinese medicine in Tanzania", in C. Alden, et al., *China Returns to Africa*, pp. 221 - 235.

Hus, Elisabeth, "'The medicine from China has rapid effects': Chinese medicine patients in Tanzania", *Anthropology and Medicines*, Special Issue, 9:3 (2002), pp. 291 - 314.

Hsu, Elisabeth, "Zanzibar and its Chinese Communities", *Population, Space and Place*, 13:2 (2007), 113 - 124.

Mihalyi, Louis J., "Characteristic and Problems of Labour in the Usambara—Highlands of East Africa during the German Period, 1885—1914", *East Africa Journal*, 5 (May. 1970), Nairobi.

Monson, Jamie, *Africa's Freedom railway: How a Chinese Development Project Changes lives and Livelihoods in Tanzania*, Bloomington: Indiana University Press, 2009.

乌干达

Arsene, Codrin, "Chinese Employers and Their Ugandan Workers, Tensions, Frictions and Cooperation in an African City", *Journal of Current Chinese Affairs*, 43:1(2014), pp. 139 - 176.

Lee, M., "Uganda and China: unleasing the power of the dragon", in H. Melber, ed., *China in Africa*, Uppsala: Norkiska Afrikainstitutet, 2007.

赞比亚

李鹏涛、翟珣:《浅论赞比亚中国新移民的基本状况》,《非洲研究》,2014 年。

Brooks, Andrew, "Spinning and Weaving Discontent: Labour Relations and the Production of Meaning at Zambia-China Mulungushi Textiles", *Journal of Southern African Studies*, 36:1(2010), pp. 113 - 132.

Gadzala, Aleksandra W., "From formal—to informal-sector employment: examining the Chinese presence in Zambia", *Review of African Political Economy*, 37:123(2010), pp. 41 - 59.

Guo Chatelard, S., "Chinese agricultural investments in Zambia", *GREAT Insights*, 3(4), 2014 retrieved from: http://ecdpm. org/great-insights/emerging-economies-and-africa/chinese-agricultural-investments-zambia/, 2014.

Guo Chatelard, S. & Chu, J., "Chinese agricultural engagements in Zambia: A grassroots analysis", Paper presented at the inaugural conference on Researching China's Agricultural Investment in Africa: "Land Grabs" or "Friendship Farms?",

Washington. DC, 16 May 2014.

Guo Chatelard, S. & Chu, J., *Chinese agricultural engagements in Zambia*: *A grassroots analysis*, Policy brief no. 04, SAIS China-Africa Research Initiative, John Hopkins University, 2015.

Yan Hairong and Barry Sautman, "Chinese activities in Zambia: More than just mining", *The China Monitor*, no. 44(2009), pp. 4 - 7.